高职高专汽车类 "十二五"规划 精品课程建设 教材

汽车零部件识图

（第二版）

U0748132

主　编　李立斌　　吴光华

副主编　陈现臣　　包晨阳　　姜　凌　　丑振江

参　编　（按姓氏笔画排序）

　　　　王治校　　刘绍忠　　汪　勇　　易来华

　　　　张雪文　　康心灯　　谭颖琦　　颜志勇

主　审　欧阳中和

中南大学出版社
www.csupress.com.cn

内容简介

本教材紧扣汽车类专业教学内容，选用汽车中的多个典型零、部件作为实例，通过 9 个项目有机整合了汽车零部件识图课程的知识目标和能力目标。本课程的教学能力目标为"绘制和识读中等复杂程度的零件图和装配图"，为后续汽车专业课程的学习奠定良好基础，使学生职业技能的形成时间前移。

本书在编写过程中注重突出以下几个特点：

(1)注重职业技能的培养，使课程内容融入汽车工程项目中。

(2)采用最新的《技术制图》、《机械制图》等国家标准。

(3)插图绘制精美，并采用大量的三维实体造型，生动直观，为学习者带来很大的方便。

(4)书中信息量大，提供多个汽车零、部件实例。

(5)在各项目正文前配有"学习目标"，为本项目的教与学过程提供指导；项目结尾有"学习小结和自我评估"，以便于学习者高效率地学习、提炼与归纳。

在项目任务的完成进程中，建议多采用现场教学、多媒体演示等现代化教学手段，并向学生推荐相关的工具书，如各类设计手册、各类标准，以及指导学生利用网络搜寻专业信息，逐步养成行业工程技术人员的职业素养。

前　言

随着我国经济高速发展和人民生活水平的大幅提高,汽车产业随之蓬勃发展,对汽车技术服务人员的需求也在不断增大。为了满足高等职业技术院校培养技能型人才的需要,结合高职高专院校汽车类专业的教学实际,我们编写了《汽车零部件识图》教学用书。

为积极响应教育部倡导的职业教育改革,以能力为本位,以就业为导向,我们结合与多家企业合作教学的经验,在多年来课程改革实践的基础上,编写了本课程项目式教学教材,力求课程能力服务于专业能力,专业能力服务于岗位能力,推动职业教育改革的进一步深化。

项目式教学是以项目任务来驱动和展开教学进程的教学模式,学习者在完成项目任务的过程中获得知识,同时了解行业背景,熟悉行业的工作特点。本教材紧扣汽车类专业教学内容,选用汽车中的多个典型零、部件作为实例,通过9个项目有机整合了汽车零、部件识图课程的知识目标和能力目标。本课程的教学能力目标为"绘制和识读中等复杂程度的零件图和装配图",为后续专业课程的学习奠定良好基础,使学生职业技能的形成时间前移。

本书在编写过程中注重突出以下几个特点:

(1)注重职业技能的培养,使课程内容融于汽车工程项目中。

(2)采用最新的《技术制图》、《机械制图》等国家标准。

(3)插图绘制精美,并采用大量的三维实体造型,生动直观,为学习者带来很大的方便。

(4)书中信息量大,提供多个汽车零部件实例。

(5)在各项目正文前配有"学习目标",为本项目的教与学过程提供指导;项目结尾有"学习小结和自我评估",以便于学习者高效率地学习、提炼与归纳。

在项目任务的完成进程中,建议多采用现场教学、多媒体演示等现代化教学手段,并向学生推荐相关的工具书,如各类设计手册、各类标准,以及指导学生利用网络搜寻专业信息,逐步养成行业工程技术人员的职业素养。

参加本书编写的人员有湖南机电职业技术学院李立斌、吴光华、颜志勇、汪勇、易来华、康心灯,周口职业技术学院陈现臣,郴州职业技术学院包晨阳,永州职业技术学院姜凌,湖南物流职业技术学院丑振江,益阳职业技术学院张雪文,邵阳职业技术学院刘绍忠,湖南省工业科技职业技术学院王治校,吉林大学珠海学院谭颖琦。全书由李立斌、吴光华担任主编,陈现臣、包晨阳、姜凌、丑振江担任副主编。

本书由欧阳中和教授担任主审。

在本书编写过程中得到了兄弟院校同行专家的大力支持和帮助,在这里表示衷心感谢。

由于编者水平有限,项目式教学法又正处于经验积累和改进过程中,故书中难免存在疏漏和不足之处,希望同行专家和读者批评指正。

编　者

目　录

绪 论

一、课程目标与学习任务

汽车零、部件识图在汽车行业是工程技术部门、生产加工部门传递技术信息、表达工程技术人员设计思想、进行技术交流的重要媒介和工具；是汽车行业用以组织制造和指导生产、了解汽车零(部)件结构和性能，进行汽车零(部)件加工、检验、装配、调试、维修要求的技术语言，它用机械图样形象、直观地表达汽车零(部)件的结构、尺寸、技术要求。

高等职业院校汽车专业，要求学生能够熟练运用正投影法图示空间物体；能够掌握和贯彻国家新标准的有关规定，快速查阅工程图样中常用的国家标准；能够快速识读工程图样，弄清汽车零(部)件结构、尺寸、技术要求，想象出该零(部)件的三维图形。能够根据给定的三维图形正确绘制工程图样、标注尺寸、提出合理的技术要求；能够根据给定的汽车零(部)件测绘出该零(部)件的技术图纸。

汽车零(部)件识图是汽车类专业一门重要的技术基础课程，通过本课程的学习，可为后续汽车机械基础和专业课程的学习及发展自身的职业生涯打下必要的基础，是后续在生产管理及技术提升方面必备的基本技能。

二、主要内容与基本要求

汽车零、部件识图的主要内容包括：制图的基本知识与技能；正投影作图基础；基本体；轴测图；组合体；机件的表示方法；零件的结构分析及尺寸标注；常用件及标准结构要素及表示方法；零件图；装配图。

学完本课程应达到以下基本要求：

(1)能正确使用绘图工具和仪器绘制中等复杂程度的汽车零件图、部件装配图；

(2)能徒手绘制物体的二维、三维草图；

(3)能阅读零件图及部装图，正确叙述该零件图、部装图的全部技术内容；

(4)能用一至两周时间集中测绘汽车部件装配图，并拆画非标准件的零件图。

三、学习方法指导

(1)本课程既有理论，又有较强实践性，要求学生在学习掌握投影理论和投影方法的同时注意分析物体模型，零件、部件的形状与结构特点，积累对物体的感性认识，以总结它们的投影规律；

(2)学习本课程时自始至终把物体的投影与其空间形状紧密联系起来，不断"由物想图"和"由图想物"，既要想象构思出物体的形状，又要思考作图的投影规律，使固有的三维形态思维提升到形象思维和抽象思维相融合的境界，逐步提高空间想象和思维能力；

（3）学生要认真学习，弄懂该课程的每一知识点，学练结合，对每个项目都要进行严格训练、按标准认真完成相应的习题或作业，对于没有过关的问题要反复练习与咨询，直至按标准完成为止；

（4）要重视实践，理论联系实际。在零、部件测绘阶段，要多到现场观察汽车零、部件的结构、形状，想象出零件图的绘制方法；要多对汽车零件测绘，以提高工程图样绘制能力。应综合运用基础理论正确表达和识读工程实际中的零、部件，既要用理论指导画图，又要通过画图实践加深对基础理论和作图方法的理解，以利于工程意识和工程素质的培养。

（5）工程图样是我国工程界的技术语言，也是国际上通用的工程技术语言，不同国籍的工程技术人员都能看懂。工程图样之所以具有这种性质，是因为工程图样是按国际上共同遵守的若干规则绘制的。这些规则可归纳为两个方面：一方面是规律性的投影作图；另一方面是规范性的制图标准。学习本课程时，应遵循这两方面的规律和规定，要熟练掌握空间形体与平面图形的对应关系，具有丰富的空间想象力以及识读和绘制图样的基本能力，同时还要了解并熟悉《技术制图》、《机械制图》国家标准的相关内容并严格遵守。

四、工程图学发展概况

我国是世界文明古国之一，工程图学历史悠久，该门学科随着生产发展而产生并日臻完善。2000 多年前，我国就已有图样史料记载。例如，在春秋时代的技术著作《周礼·考工记》中，就有画图工具"规矩、绳墨、悬锤"运用的记载；在《周髀算经》中，有关于勾股和方圆相切的几何作图问题的记载。自秦汉以来，建筑宫室都有图样。我国历史上保存下来最著名的建筑图样是宋朝李明仲所著《营造法式》，书中记载的各种图样与现代的正投影图、轴测图的画法已非常接近。宋代以后，元代王桢所著《农书》、明代宋应星所著《天工开物》等书中都附有上述类似图样。清代徐光启所著《农政全书》，画出了许多农具图样，包括构造细部和详图，并附有详细的尺寸和制造技术的注解。

20 世纪 50 年代，我国著名学者赵学田教授简明而通俗地总结了三视图的投影规律为"长对正、高平齐、宽相等"，从而使工程图易学易懂。1959 年，我国正式颁布国家标准《机械制图》，1970 年、1974 年、1984 年、1993 年和 1998 年又对某些标准进行修订，现已逐步实现了与国际标准化组织(ISO)标准接轨。这不仅使我国标准更新，也更有利于工程技术的国际交流。

目前，计算机绘图技术已在很多部门用于设计、生产、科研和管理工作，显示了它的极大优越性。但是，计算机的广泛应用，并不意味着可以取代人的作用。同时，进行手工绘图训练对于高职教育仍然是一种工程图学教学与学习的有效方法。手工绘图的基本训练也是计算机绘图必备的基础。

制图的基本知识与技能

项目一

学习目标

（1）了解图样是传递和交流技术信息和思想的媒介和工具，是工程界通用的技术语言；

（2）熟悉和理解国家标准《机械制图》的基本规定；

（3）学会正确使用绘图工具和仪器；

（4）掌握绘图基本技能。

任务1.1 国家标准《机械制图》和《技术制图》的基本规定

任务描述

国家标准《技术制图》和《机械制图》是工程界重要的技术基础标准，是绘制和阅读机械图样的准则和依据。本节着重介绍《机械制图》的相关标准。

任务分析

我国国家标准（简称国标）的代号是"GB"。例如，《GB/T 17453—2005 技术制图图样画法剖面区域表示法》即表示制图标准中图样画法的剖面区域表示法部分。其中，GB/T 为推荐性国标，17453 为发布顺序号，2005 是年号。需要注意的是，《机械制图》标准适用于机械图样，《技术制图》标准则普遍适用于工程界各种专业技术图样。

知识准备

一、图纸幅面和格式（GB/T 14689—2008）

1. 图纸幅面

图纸幅面是指由图纸宽度与长度组成的图面。

为了使图纸幅面统一，便于装订和管理，并符合缩微复制原件的要求，绘制工程技术图样时应按以下规定选用图纸幅面。

（1）应优先采用表 1－1 中规定的图纸基本幅面（表中基本幅面共有 5 种，其尺寸关系见图 1－1）。

表1-1　图纸幅面尺寸　mm

幅面代号	$B \times L$	e	c	a
A0	841×1189	20	10	25
A1	594×841			
A2	420×594	10		
A3	297×420		5	
A4	210×297			

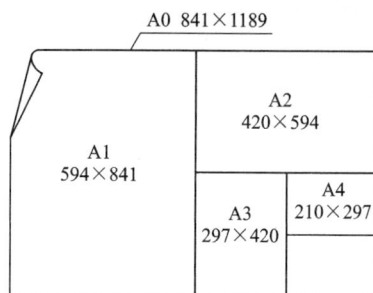

图1-1　基本幅面的尺寸关系

(2)必要时允许选用加长幅面,其尺寸必须是由基本幅面的短边成整数倍增加后得出。

2.图框格式

图纸上限定绘图区域的线框称为图框。

(1)在图纸上必须用粗实线画出图框,其格式分为留装订边和不留装订边两种,如图1-2(a)、(b)。

(2)同一产品图样只能采用一种格式。

3.看图方向和对中符号

图框右下角必须画出标题栏,标题栏中的文字方向为看图方向。为了使图样复制时定位方便,在各边长的中点处分别画出对中符号(粗实线)。如果使用预先印制的图纸,需要改变标题栏的方位时,必须将其旋转至图纸的右上角。此时,为了明确绘图与看图的方向,应在图纸的下边对中符号处画出方向符号,如图1-2(c)所示。

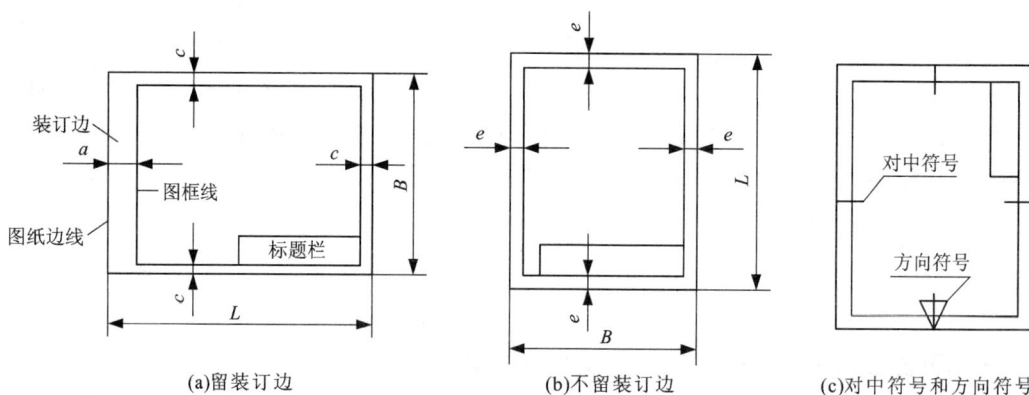

(a)留装订边　　　　　　(b)不留装订边　　　　　(c)对中符号和方向符号

图1-2　图框格式和看图方向

4.标题栏

国家标准(GB/T 10609.1—2008)对标题栏的内容、格式及尺寸做了统一规定。学生制图作业建议采用图1-3所示的格式。

(a) 零件图标题栏

(b) 装配图标题栏

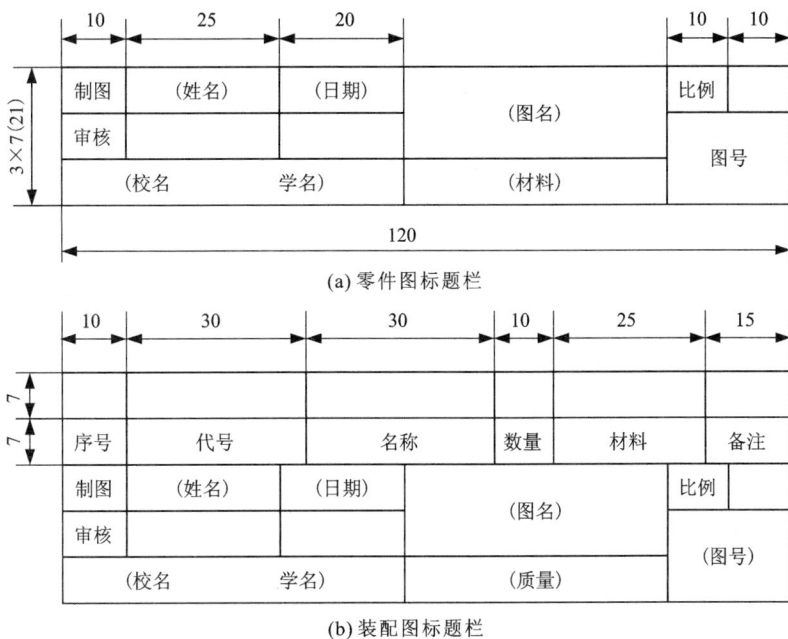

图 1-3 制图作业用简化标题栏

二、比例(GB/T 14690—1993)

比例是指图样中图形与其实物相应要素的线性尺寸之比。绘图时,应从表 1-2 规定的系列中选取比例。

表 1-2 常用的比例(摘自 GB/T 14690—1993)

种类	比 例					
原值比例	1:1					
放大比例	2:1	2.5:1	4:1	5:1	10:1	
缩小比例	1:1.5	1:2	1:2.5	1:3	1:4	1:5

为了从图样上直接反映实物的大小,绘图时应优先采用原值比例。若机件太大或太小,可采用缩小或放大比例绘制。选用比例的原则是有利于图形的清晰表达和图纸幅面的有效利用,并便于标注尺寸。必须注意,不论采用何种比例绘图,在标注尺寸时,均按机件的实际尺寸大小标注,如图 1-4 所示。

三、字体(GB/T 14691—1993)

图样中书写的汉字、数字和字母,必须做到:字体工整、笔画清楚、间隔均匀、排列整齐。字体的号数即字体的高度 h,分为 8 种:20,14,10,7,5,3.5,2.5,1.8(单位:mm)。

汉字应写成长仿宋体,并采用国家正式公布的简化字。汉字的高度不应小于 3.5mm,其宽度一般为字高 h 的 $1/\sqrt{2}$。

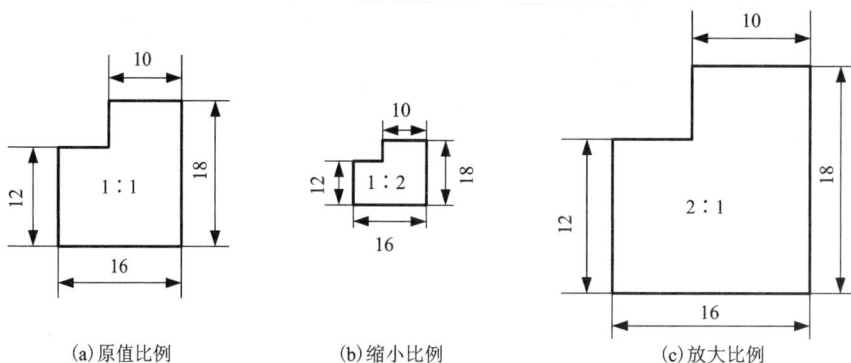

(a)原值比例　　　　(b)缩小比例　　　　　(c)放大比例

图 1-4　不同比例绘制的图形

数字和字母分为 A 型和 B 型。A 型字体的笔画宽度 d 为字高 h 的 1/14；B 型字体的笔画宽度 d 为字高 h 的 1/10。数字和字母可写成正体或斜体（常用斜体），斜体字字头向右倾斜，与水平基准线约成 75°。

书写字体示例：汉字、数字和字母书写示例，如图 1-5 所示。

图 1-5　汉字、数字和字母书写示例

四、图线（GB/T 17450—1998、GB/T 4457.4—2002）

1. 图线的类型及应用

绘图时应采用国家标准规定的图线形式和画法。国家标准《技术制图　图线》规定了绘制各种技术图样的 15 种基本线型。根据基本线型及其变形，机械图样中规定了 9 种图线，其名称、型式、宽度以及应用示例见表1－3和图1－6。

表1－3　图线的型式与应用（摘自 GB/T 4457.4—2002）

图线名称	图线型式	图线宽度	一般应用举例
粗实线	——————	d	可见轮廓线
细实线	————	$d/2$	尺寸线及尺寸界线 剖面线 重合断面的轮廓线 过渡线
细虚线	－ － － －	$d/2$	不可见轮廓线
细点画线	—·—·—	$d/2$	轴线 对称中心线
粗点画线	—■—·—■—	d	限定范围表示线
细双点画线	—··—··—	$d/2$	相邻辅助零件的轮廓线 轨迹线 极限位置的轮廓线 中断线
波浪线	～～～	$d/2$	断裂处的边界线 视图与剖视的分界线
双折线	—⌇—⌇—	$d/2$	同波浪线
粗虚线	▬ ▬ ▬ ▬	d	允许表面处理的表示线

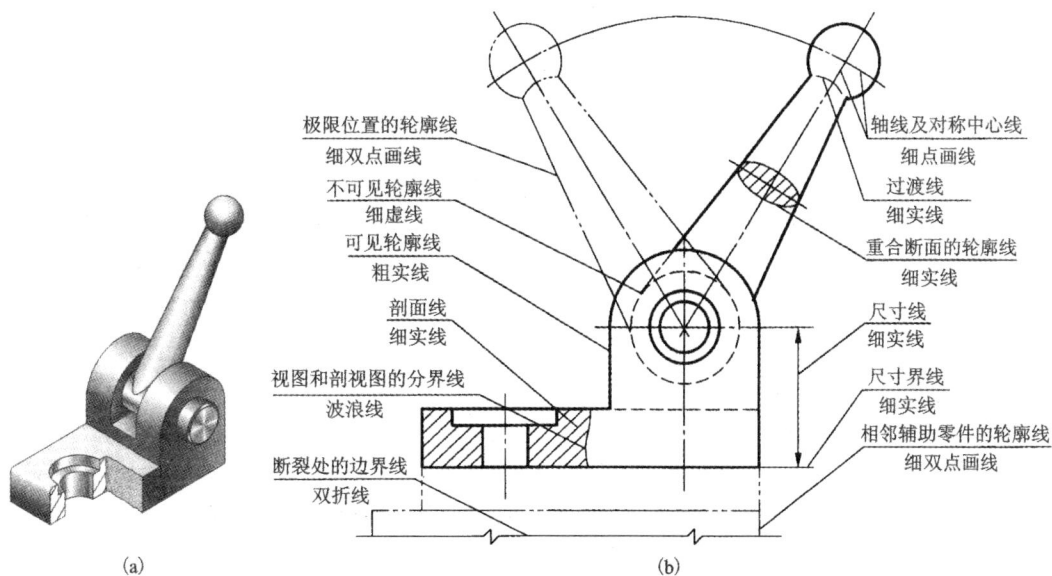

图1－6　图线应用示例

2. 图线宽度

机械图样中采用粗细两种图线宽度，它们的比例关系为 $2:1$。图线的宽度(d)应按图样的类型和尺寸大小，在下列数系中选取：0.13、0.18、0.25、0.35、0.5、0.7、1.0、1.4、2(单位：mm)。粗线宽度通常采用 $d=0.5$mm 或 0.7mm。为了保证图样清晰，便于复制，图线上应尽量避免出现线宽小于 0.18mm 的图线。

3. 注意事项(图1-7)

(1)在同一图样中，同类图线的宽度应一致，虚线、点画线、双点画线的线段长度和间隔应大致相同。

(2)绘制圆的对称中心线时，圆心应在线段与线段的相交处，细点画线应超出圆的轮廓线约3mm。当所绘圆的直径较小，画点画线有困难时，细点画线可用细实线代替。

(3)细虚线、细点画线与其他图线相

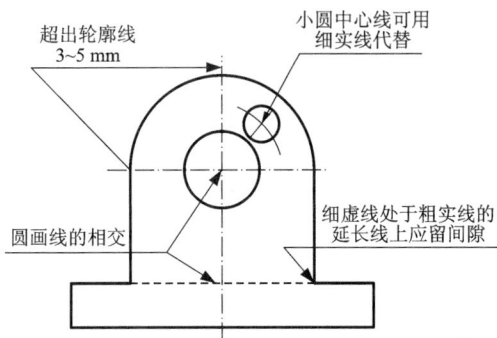

图1-7　图线画法的注意事项

交时，都应以线相交而不能交在空处。当细虚线处于粗实线的延长线上时，细虚线与粗实线之间应留有空隙。

任务1.2　尺寸标注方法

任务描述

图形只能表示物体的形状，而其大小是由标注的尺寸确定的。尺寸是图样中的重要内容之一，是制造汽车零件的直接依据。因此，在标注尺寸时，必须严格遵守国家标准有关规定，做到正确、齐全、清晰和合理。

任务分析

本任务主要介绍标注尺寸怎样达到正确的要求。所谓正确，是指标注尺寸要符合尺寸注法的规定。尺寸注法的依据是 GB/T 4458.4—2003、GB/T 16675.2—1996 的规定。

知识准备

一、标注尺寸的基本规则

(1)汽车零件的真实大小应以图样上所注的尺寸数值为依据，与图形的比例及绘图的准确度无关。

(2)图样中的尺寸以 mm 为单位时，不必标注计量单位的符号(或名称)。如采用其他单位，则应注明相应的单位符号。

(3)图样中所注的尺寸为该图样所示汽车零件的最后完工尺寸，否则应另加说明。

(4)汽车零件的每一尺寸一般只注一次，并应标注在表示该结构最清晰的图形上。

二、标注尺寸的要素

标注尺寸由尺寸界线、尺寸线和尺寸数字三个要素组成，如图 1-8 所示。

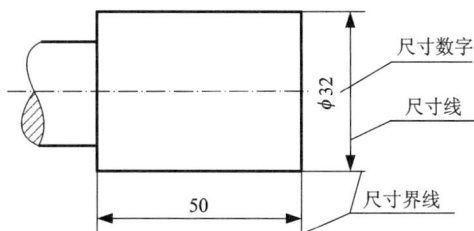

图 1-8 标注尺寸的要素

尺寸界线和尺寸线画成细实线，尺寸线的终端有箭头如图 1-9(a) 和斜线如图 1-9(b) 两种形式。通常机械图样的尺寸线终端画箭头，土建图的尺寸线终端画斜线。当没有足够的地方画箭头时，可用小圆点代替如图 1-9(c)。尺寸数字一般注写在尺寸线的上方。

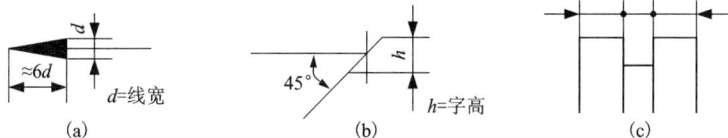

图 1-9 尺寸线的终端形式

三、尺寸注法示例

尺寸注法示例见表 1-4。

任务实施

右图中尺寸标注有错误，请在左图上正确标注尺寸（图 1-10，采用原图数值）

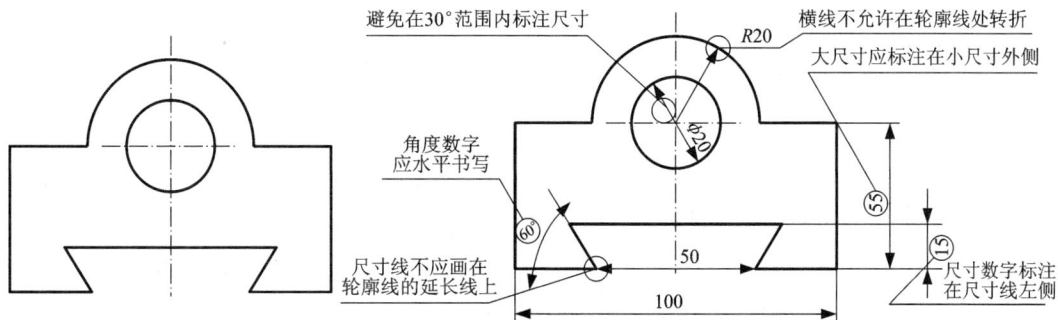

图 1-10

表 1-4 尺寸注法示例

项目	图 例	说 明
尺寸界线	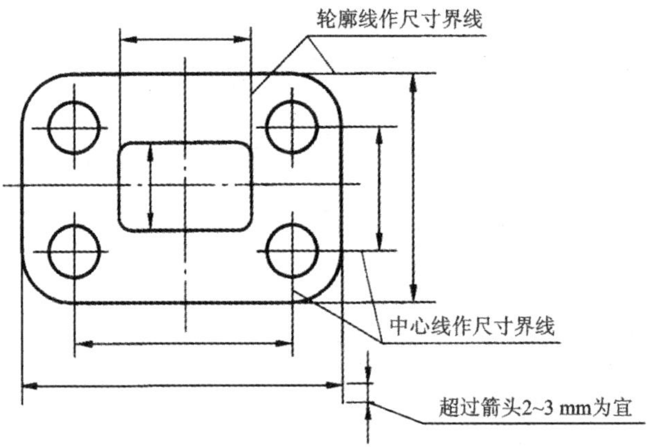	尺寸界线应由图形的轮廓线、轴线或对称中心线处引出，也可利用轮廓线、轴线或对称中心线作尺寸界线；尺寸界线一般应与尺寸线垂直并超过箭头 2~3mm
尺寸线	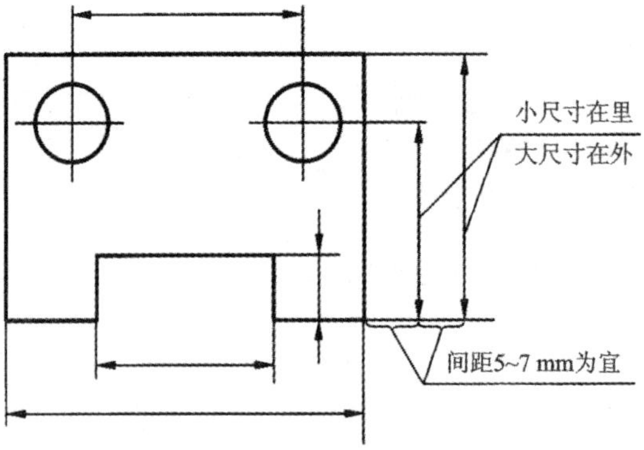	尺寸线不能用其他图线代替，一般也不得与其他图线重合或画在其他图线的延长线上；尺寸线应平行于被标注的线段，其间隔及两平行的尺寸线间的间隔以 5~7mm 为宜；尺寸线间或尺寸线与尺寸界线之间应尽量避免相交
尺寸数字	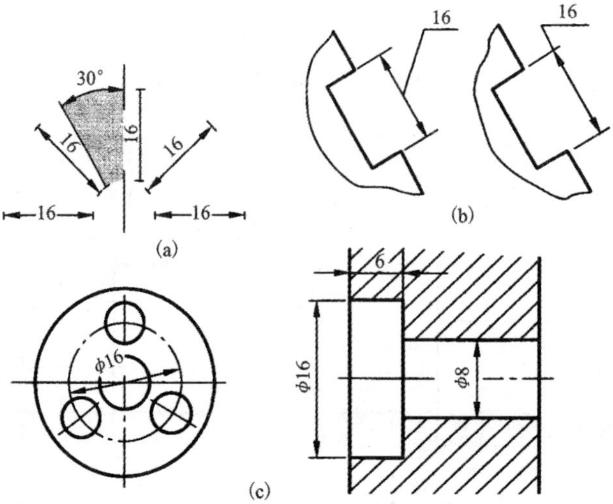	尺寸数字一般书写在尺寸线的上方或中断处；线性尺寸数字的注写方向如图(a)所示，并尽量避免在 30°范围内标注尺寸，当无法避免时，可按图(b)所示的形式标注；尺寸数字不能被图样上的任何图线遮挡，当不可避免时，必须将图线断开，如图(c)所示

续表 1-4

项目	图 例	说 明
直径和半径	(a)　(b)	标注直径时，在尺寸数字前加注符号"ϕ"，标注半径时，在尺寸数字前加注符号"R"，其尺寸线应通过圆心，尺寸线的终端应画成箭头（图 a）； 当圆弧半径过大或在图纸范围内无法标出其位置时，可按图（b）的形式标注
角度		标注角度尺寸的尺寸界线应沿径向引出，尺寸线是以角度顶点为圆心的圆弧线，角度的数字应水平注写，一般注写在尺寸线的中断处，必要时也可注写在尺寸线的上方、外侧或引出标注
小尺寸		无足够位置注写小尺寸时，箭头可外移或用小圆点代替两个箭头；尺寸数字也可写在尺寸界线外或引出标注

任务 1.3　手工绘图工具及作图方法

任务描述

　　手工绘图是指用铅笔、丁字尺、三角板和圆规等绘图仪器和工具来绘制图样。

任务分析

工程图样已经逐步由计算机绘制，但手工绘图仍是工程技术人员必备的基本技能，同时也是学习和巩固理论知识不可忽视的训练方法，因此必须熟练掌握作图方法。

知识准备

一、手工绘图的工具和仪器用法

1. 图板和丁字尺

画图时，先将图纸用胶带固定在图板上，丁字尺头部紧靠图板左边，画线时铅笔垂直纸面向右倾斜约30°如图1-11(a)。丁字尺上下移动到画线位置，自左向右画水平线如图1-11(b)。

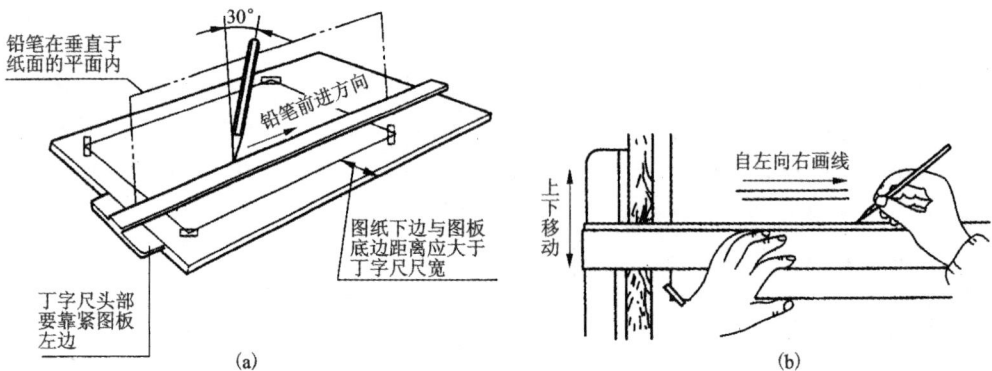

图1-11　图板和丁字尺

2. 三角板

一副三角板由45°和30°(60°)两块直角三角板组成。三角板与丁字尺配合使用可画垂直线如图1-12，还可画出与水平线成30°、45°、60°以及75°、15°的倾斜线如图1-13。

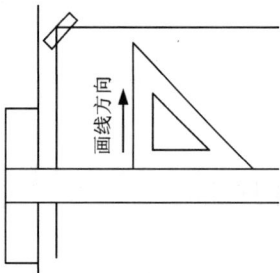

图1-12　用三角板丁字尺画垂直线

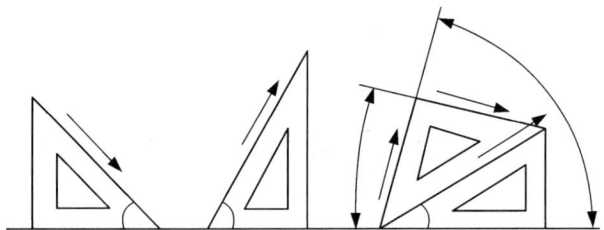

图1-13　用三角板画常用角度斜线

两块三角板配合使用，可以画任意已知直线的平行线或垂直线，如图1-14。

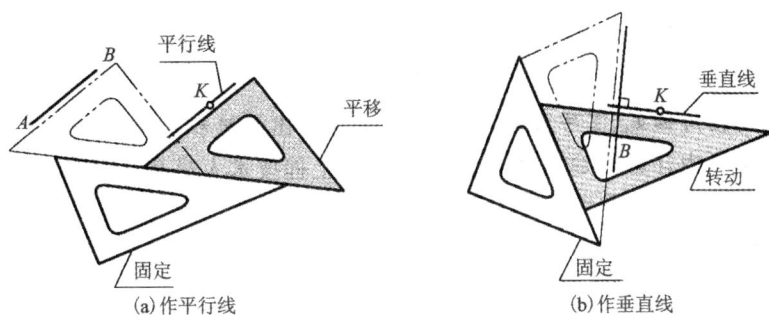

图 1-14 两块三角板配合使用

3.圆规和分规

(1)圆规用来画圆和圆弧。画圆时,圆规的钢针应使用有台阶的一端,以避免图纸上的针孔不断扩大,并使笔尖与纸面垂直,圆规的使用方法如图 1-15。

(2)分规用来截取线段、等分直线或圆周,以及从尺上量取尺寸的工具。分规的两个针尖并拢时应对齐,如图 1-16。

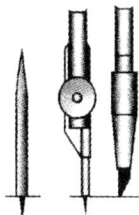

图 1-15 圆规的使用方法

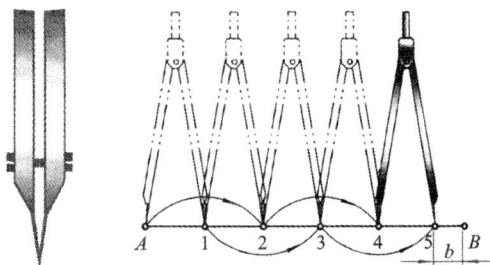

图 1-16 分规的使用方法

4.铅笔

绘图铅笔用"B"和"H"代表铅芯的软硬程度。"B"表示软性铅笔,B 前面的数字越大,表示铅芯越软(黑);"H"表示硬性铅笔,H 前面的数字越大,表示铅芯越硬(淡)。"HB"表示铅芯软硬适中。画粗线常用 B 或 HB,画细线常用 H 或 2H,写字常用 HB 或 H。画底稿时建议用 2H 铅笔。画圆或圆弧时,圆规插脚中的铅芯应比画直线的铅芯软 1~2 级。

除了上述工具外,绘图时还要备有削铅笔的小刀,磨铅芯的砂纸,橡皮以及固定图纸的胶带纸等。有时为了画非圆曲线,还要用曲线板。如果需要描图,还要用直线笔(鸭嘴笔)或针管笔。

二、几何图形画法

机件轮廓图形是由直线、圆弧和其他曲线组成的几何图形,因此,熟练掌握几何图形的正确作图方法,是提高绘图速度、保证绘图质量的基本技能之一。常见的几何图形作图方法见表 1-5。

表 1-5 常见几何图形的作图方法

种类	作图步骤	说明
正六边形	(a)作法一 (b)作法二	作法一：利用外接圆半径作图； 作法二：利用外接圆以及三角板、丁字尺配合作图
正五边形	(1) (2) (3)	(1)取半径的中点 K； (2)以 K 为圆心，KA 为半径画弧，得点 C，AC 即为五边形的边长； (3)等分圆周得五个顶点，将顶点连成五边形
椭圆		四心圆法：已知椭圆长、短轴，作图时，连接椭圆长、短轴的端点 A、C，取 $CE_1 = CE = OA - OC$。作 AE_1 的中垂线，与两轴交于点 O_1、O_2，并作对称点 O_3、O_4；分别以 O_1、O_2、O_3、O_4 为圆心，以 O_1A、O_1C、O_3B、O_4D 为半径作弧，切于 K、N、N_1、K_1，即得近似椭圆
斜度	(1) (2) (3)	(1)给出图形； (2)作斜度 1:6 的辅助线； (3)完成作图并标注尺寸。 注：标注斜度符号时，其符号的斜边的斜向应与斜度的方向一致
锥度	(1) (2) (3)	(1)给出图形； (2)作锥度 1:3 的辅助线； (3)完成作图并标注尺寸。 注：标注锥度符号时，其锥度符号的尖端应与圆锥的锥顶方向一致

三、圆弧连接

用一段圆弧光滑地连接相邻两已知线段(直线或圆弧)的作图方法称为圆弧连接。例如在图 1 – 17 中，用圆弧 R16 连接两直线，用圆弧 R12 连接一直线和一圆弧，用圆弧 R35 连接两圆弧等。要保证圆弧连接光滑，作图时必须先求作连接圆弧的圆心以及连接圆弧与已知线段的切点，以保证连接圆弧与线段在连接处相切。圆弧连接的作图方法见表 1 – 6。

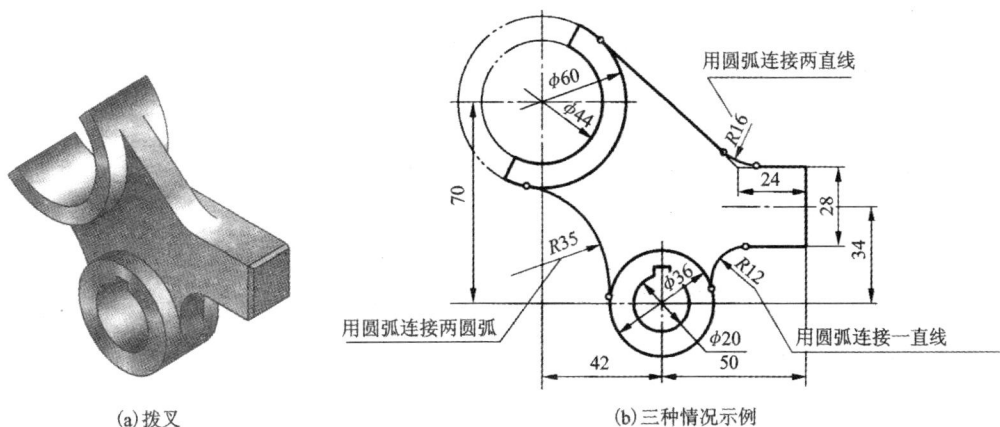

(a)拨叉　　　　　　　　　　　(b)三种情况示例

图 1 – 17　圆弧连接的三种情况

四、平面图形的分析与作图

平面图形是由若干直线和曲线封闭连接组合而成，这些线段之间的相对位置和连接关系根据给定的尺寸来确定。在平面图形中，有些线段的尺寸已完全给定，可以直接画出，而有些线段要按照相切的连接关系画出。因此，绘图前应对所绘图形进行分析，从而确定正确的作图方法和步骤。下面以图 1 – 18 所示图形为例进行尺寸和线段分析。

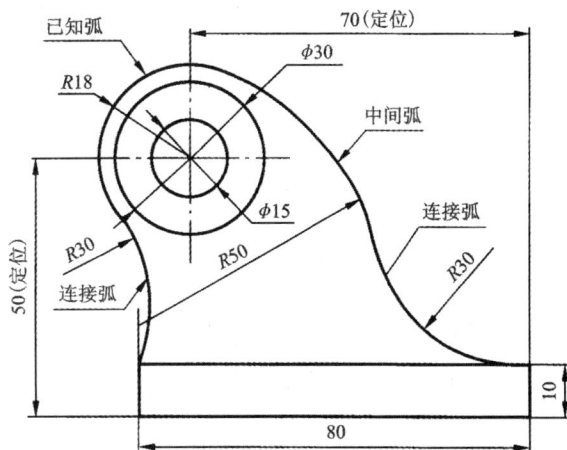

图 1 – 18　平面图形的尺寸分析与线段分析

表1-6　圆弧连接作图举例

已知条件	作图方法和步骤		
	1.求连接弧圆心 O	2.求连接点(切点) A、B	3.画连接弧并描粗
圆弧连接两已知直线			
圆弧连接已知直线和圆弧			
圆弧外切连接两已知圆弧			
圆弧内切连接两已知圆弧			
圆弧分别内外切连接两已知圆弧			

1.尺寸分析

平面图形中所注尺寸按其作用可分为两类：

（1）定形尺寸 确定图形中各线段形状大小的尺寸，如 $\phi15$、$\phi30$、$R18$、$R30$、$R50$ 以及 80、10。一般情况下确定几何图形所需定形尺寸的个数是一定的，如矩形的定形尺寸是长和宽、圆和圆弧的定形尺寸是直径和半径等。

（2）定位尺寸 确定图形中各线段间相对位置的尺寸，如尺寸 50 和 70 是以下部矩形的底边和右边为基准确定 $\phi15$、$\phi30$ 圆心位置的定位尺寸。必须注意，有时一个尺寸既是定形尺寸，也是定位尺寸，如尺寸 80 是矩形的长，也是 $R50$ 圆弧水平方向的定位尺寸。

2.线段分析

平面图形中，有些线段具有完整的定形和定位尺寸，可根据标注的尺寸直接画出；有些线段的定形和定位尺寸并未全部注出，要根据已注出的尺寸和该线段与相邻线段的连接关系，通过几何作图才能画出。因此，通常按线段的尺寸是否标注齐全将线段分为三种：

（1）已知线段 定形、定位尺寸全部注出的线段，如 $\phi15$、$\phi30$ 的圆，$R18$ 的圆弧，80 和 10 矩形的长、宽等，均属已知线段。

（2）中间线段 注出定形尺寸和一个方向的定位尺寸，必须依靠相邻线段间的连接关系才能画出的线段，如 $R50$ 圆弧。

（3）连接线段 只注出定形尺寸，未注出定位尺寸的线段，其定位尺寸需根据该线段与相邻两线段的连接关系，通过几何作图方法求出，如两个 $R30$ 圆弧。

图 1-19 所示为平面图形的作图步骤：（a）画基准线、定位线；（b）画已知线段；（c）画中间线段；（d）画连接线段。

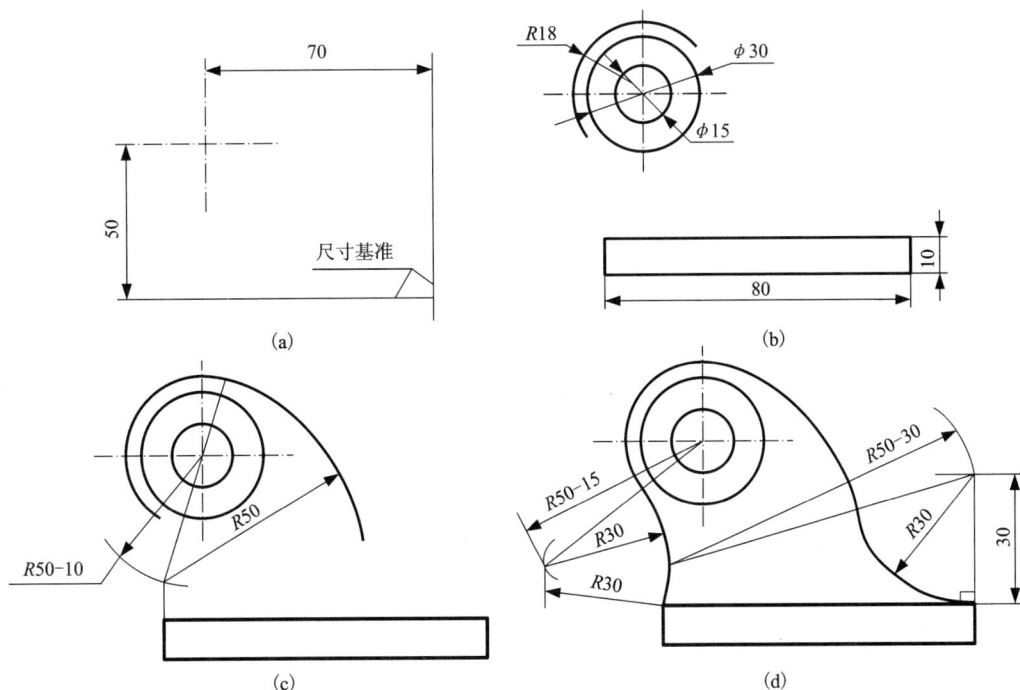

（a）

（b）

（c）

（d）

图 1-19 平面图形的作图步骤

五、平面图形的尺寸标注

平面图形标注尺寸的基本要求是：正确、齐全、清晰。

标注尺寸首先要遵守国家标准有关尺寸注法的基本规定，通常先标注定形尺寸，再标注定位尺寸。通过几何作图可以确定的线段，不要标注尺寸。尺寸标注完成后要检查是否有重复或遗漏。在作图过程中没有用到的尺寸是重复尺寸，要删除；如果按所注尺寸无法完成作图，说明尺寸不齐全，应补注所需尺寸。标注尺寸时应注意布局清晰。图1-20所示为平面图形的尺寸标注示例。其方法和步骤如下：

（1）先在水平及竖直方向选定尺寸基准。

（2）进行线段分析，即确定已知线段、中间线段和连接线段。

（3）按已知线段、中间线段、连接线段的顺序逐个标注尺寸。

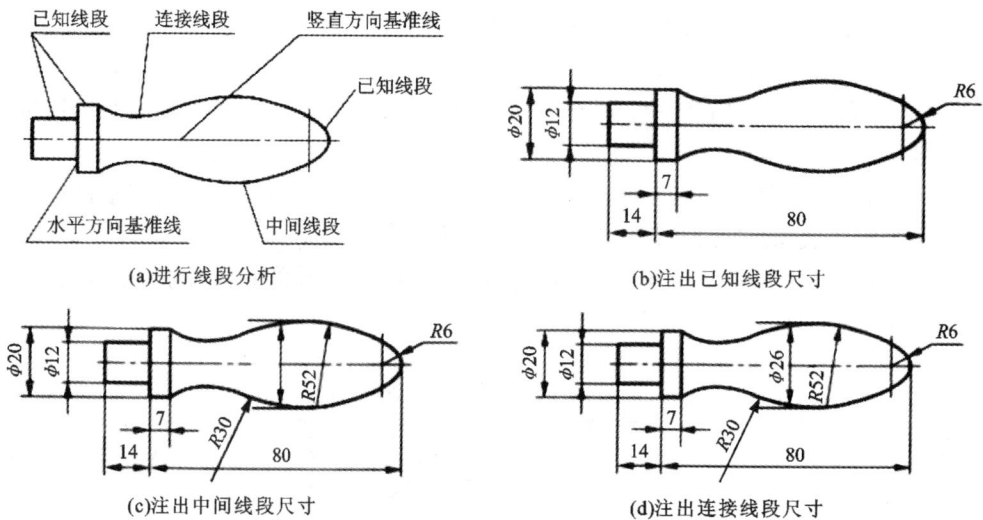

图1-20 平面图形的尺寸注法示例

[**案例**] 图1-21所示为几种常见平面图形尺寸的注法。

六、手工绘图的操作步骤

1. 画图前的准备工作

准备好必需的绘图工具和仪器，将图纸固定在图板的适当位置，使绘图时丁字尺、三角板移动自如。

2. 布置图形

根据所画图形的大小和选定的比例，合理布图。图形尽量匀称、居中，并要考虑标注尺寸的位置，确定图形的基准线。

3. 画底稿

底稿宜采用H或2H铅笔轻淡地画出。画底稿的一般步骤是：先画轴线或对称中心线，再画主要轮廓，然后画细节。

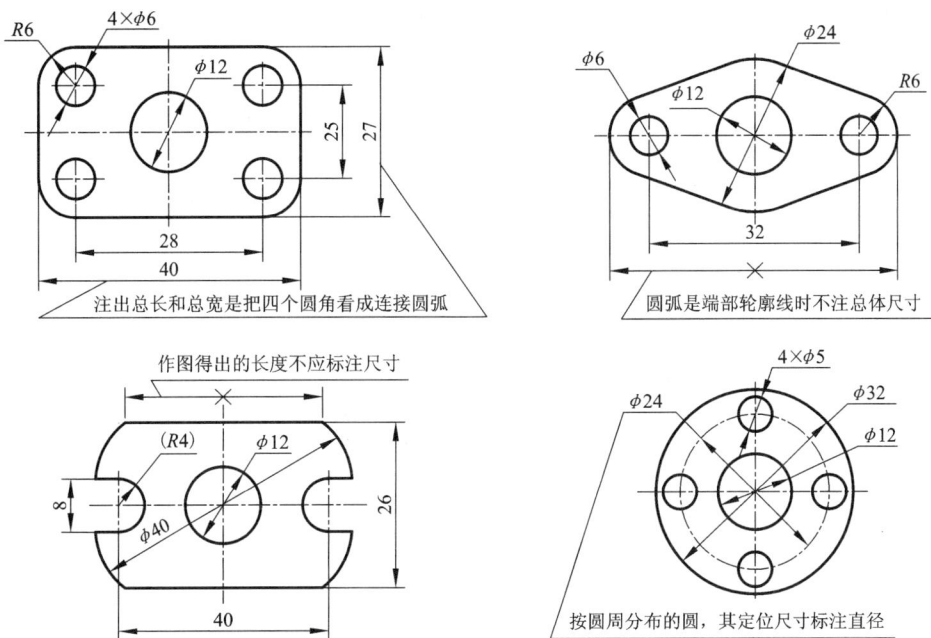

图 1 - 21　几种常见平面图形尺寸的注法

4.检查并用铅笔描深

描深图线前,要仔细检查底稿,纠正错误,擦去多余的作图线和图面上的污迹,按标准线型描深图线。描深图线的顺序为:①描深全部细线(H 或 2H 铅笔);②描深全部粗实线(HB 或 B 铅笔),具体来说,先描深圆和圆弧,后描深直线;先描深水平线(先上后下),再描深垂直线、斜线(先左后右)。

5.标注尺寸和填写标题栏

按国家标准有关规定在图样中标注尺寸和填写标题栏。

学习小结

(1)国家标准《技术制图》和《机械制图》是工程界重要的技术基础标准,是绘制和阅读机械图样的准则和依据。国家标准(简称国标)的代号是"GB"。《机械制图》标准适用于机械图样,《技术制图》标准则普遍适用于工程界各种专业技术图样。

(2)尺寸标注方法:①标注尺寸怎样达到正确的要求即标注尺寸要符合尺寸注法的规定。尺寸注法的依据是 GB/T 4458.4—2003、GB/T 16675.2—1996。②标注尺寸的基本规则:一是汽车零件的真实大小应以图样上所注的尺寸数值为依据,与图形的比例及绘图的准确度无关。二是图样中的尺寸以 mm 为单位时,不必标注计量单位的符号(或名称)。但如采用其他单位,则应注明相应的单位符号。三是图样中所注的尺寸为该图样所示汽车零件的最后完工尺寸,否则应另加说明。四是汽车零件的每一尺寸一般只注一次,并应标注在表示该结构最清晰的图形上。③标注尺寸的要素,即标注尺寸由尺寸界线、尺寸线和尺寸数字三个要素组成。尺寸界线和尺寸线画成细实线,尺寸线的终端有箭头和斜线两种形式。通常机械图样的尺寸线终端画箭头。

(3)手工绘图仪器和工具的正确使用及绘图方法的掌握。

任务实施

掌握几种常见的几何制图方法。

1.圆弧外连接两已知圆弧。

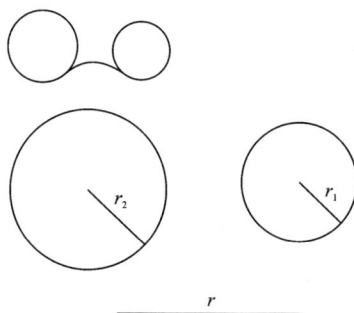

图 1－22

2.圆弧内连接两已知圆弧。

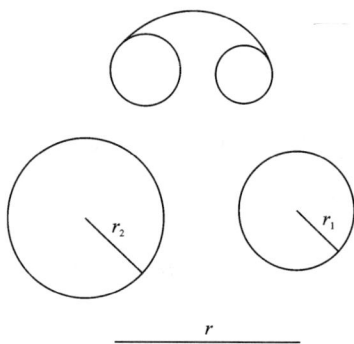

图 1－23

自我评估 (总分 100 分,时间 45 分钟)

一、单项选择题(每小题 8 分,共 64 分)

1.图纸中斜体字字头向右倾斜,与( )成 75°角。

　　A.竖直方向　　　　　B.水平基准线　　　　　C.图纸左端　　　　　D.图框右侧

2.目前,在机械图样中仍采用 GB 4457.4－1984 中规定的( )种线型。

　　A.4　　　　　　　　B.6　　　　　　　　　C.8　　　　　　　　　D.10

3.点画线与虚线相交时,应使( )相交。

　　A.线段与线段　　　B.间隙与间隙　　　　C.线段与间隙　　　　D.间隙与线段

4.图样上标注的尺寸,一般应由尺寸界线、(　　)、尺寸数字组成。

　　A.尺寸线　　　　　　　　　　　　　　B.尺寸箭头

　　C.尺寸箭头及其终端　　　　　　　　　D.尺寸线及其终端

5.尺寸线终端形式有(　　)两种形式。

　　A.箭头和圆点　　　　B.箭头和斜线　　　　C.圆圈和圆点　　　　D.粗线和细线

6.图样中尺寸数字不可被任何图线所通过,当不可避免时,必须把(　　)断开。

　　A.尺寸线　　　　　　B.尺寸界线　　　　　C.图线　　　　　　　D.数字

7.画图时,铅笔在前后方向应与纸面垂直,而且向画线(　　)方向倾斜约30°。

　　A.前进　　　　　　　B.后退　　　　　　　C.相反　　　　　　　D.前后

8.圆规使用铅芯的硬度规格要比画直线的铅芯(　　)。

　　A.软一级　　　　　　B.软二级　　　　　　C.硬一级　　　　　　D.硬二级

二、判断题(每小题6分,共36分)

1.同一产品的图样,只能采用不留装订边和留有装订边其中的一种图框格式。(　　)

2.图纸中字体的宽度一般为字体高度的1/2倍。(　　)

3.当标注线性尺寸时,尺寸线必须与所注的线段平行。(　　)

4.标注圆的直径尺寸时,应在尺寸数字前加注符号"Sφ"。(　　)

5.角度尺寸的标注方法与线性尺寸标注方法相同。(　　)

6.使用圆规画圆时,应尽可能使钢针和铅芯垂直于纸面。(　　)

项目二 正投影作图基础

学习目标

（1）能够根据给定的立体图正确绘制三视图；

（2）能正确运用正投影法根据给定的平面上的两个点找出第三个点、判别点的可见性、比较几个点的位置关系；能根据给定点的坐标正确绘制出各投影面上的点；

（3）能够根据给定平面上两直线的投影正确绘制各种位置关系直线的第三投影、判别点是否在直线上、判别两直线的位置关系；

（4）能根据给定条件(点、直线)正确绘制平面的三个投影、根据给定平面上点的两个投影绘制第三投影、判别点是否属于平面。

任务2.1 三视图的形成及其投影规律

任务描述

一般情况下，物体的一个投影不能唯一确定物体的形状。图2-1所示为三个不同形状的物体，它们在同一投影面上的投影却完全相同，所以，要正确表达物体的整体形状和大小，必须采用多面投影(通常情况下采用三视图)才能将物体的整体形状及大小表达清楚。三视图就是最基本的表达方法。

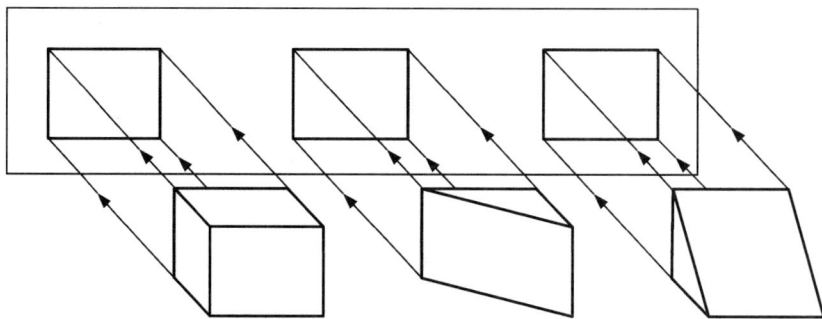

图2-1 三个不同的物体得到相同的投影图

任务分析

三视图由主视图、俯视图、左视图形成，用以全面、准确地表达物体的形状和大小。

知识准备

一、投影法（GB/T 16948—1977）

要掌握三视图的形成及投影规律，必须弄清投影法，因为投影法是了解三视图的基础。

1.投影法的概念

在日常生活中，太阳光或灯光照射物体时，在地面或墙面上会产生影子。人类对这种自然现象加以概括总结，便抽象出投影法。

2.投影的种类

中心投影法——投射线交汇于投射中心的投影方法称为中心投影法。中心投影法用于透视图、建筑图、机械产品图、各种立体造型图等。

图2-2(a)为中心投影法示意图；

图2-2(b)汽车造型图

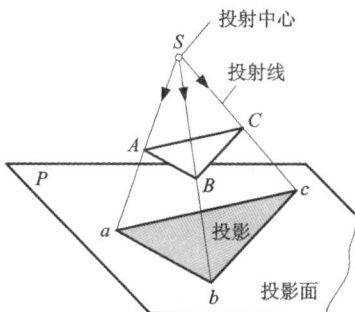

(a)中心投影法示意图　　　　　(b)汽车造型图

图 2 - 2

平行投影法——投射线互相平行的投影方法称为平行投影法。

平行投影法又分为：正投影法、斜投影法

正投影法——投射线与投影面垂直的平行投影法，如图2-3(a)所示；

斜投影法——投射线与投影面倾斜的平行投影法，如图2-3(b)所示。

由于正投影法所得到的投影图形能准确反映物体的形状和大小，度量性好，作图简便，因此，汽车各种零部件的图样广泛采用了正投影法绘制。

二、正投影法基本性质

1.真实性

直线或平面平行于投影面时，直线的投影反映实长，平面的投影反映实形，这种投影特性称为真实性，如图2-4(a)所示。

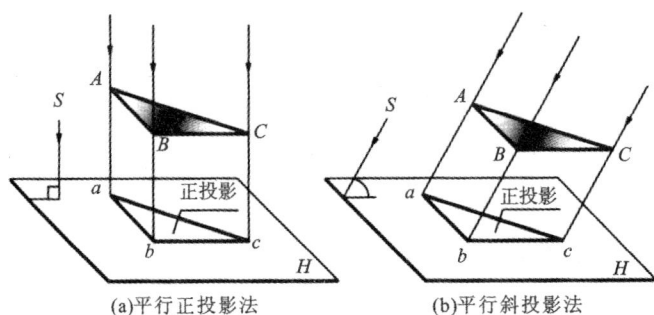

(a)平行正投影法　　　　　　(b)平行斜投影法

图 2-3

2. 积聚性

直线或平面垂直于投影面时，直线的投影积聚成点，平面的投影积聚成直线，这种投影特性称为积聚性，如图 2-4(b)所示。

3. 类似性

直线或平面倾斜于投影面时，直线的投影是影长小于实长的直线，平面的投影是投影面积小于原平面面积的类似形(但原平面的各种关系保持不变)，这种投影特性称为类似性，如图 2-4(c)所示。

4. 平行性

空间两平行直线的同面投影也平行，如图 2-4(d)所示。

5. 从属性

某点在空间直线上，则在同名投影面上，该点的投影也一定在其直线的投影上且分直线成定比，如图 2-4(e)所示。

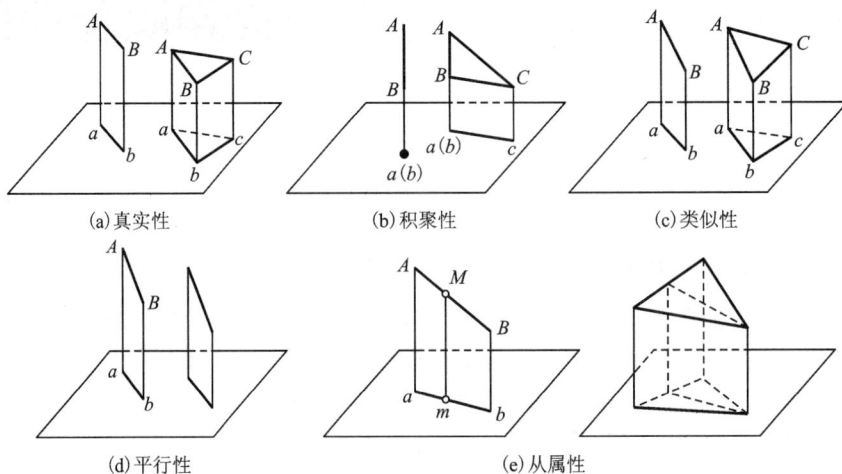

(a)真实性　　　　(b)积聚性　　　　(c)类似性

(d)平行性　　　　(e)从属性

图 2-4　正投影法的基本性质

三、三投影面体系的建立

如图 2-5 所示，设三个互相垂直的投影面：正立投影面 V(简称正面)、水平投影面 H

（简称水平面）、侧立投影面 W（简称侧面）。三个投影面的交线 OX、OY、OZ 称为投影轴，三个投影轴两两垂直且交汇于一点 O，称为原点。

四、三视图的形成

如图 2－6 所示，将物体放在三投影面体系中，按正投影法向各投影面投射，即可分别得到正面投影、水平投影和侧面投影。在工程图样中"根据有关标准绘制的多面正投影图"也称为"视图"。在三投影面体系中，物体的三面视图是国家标准中基本视图中的三个，规定的名称是：

主视图——由前向后投射，在正面上所得的视图；

俯视图——由上向下投射，在水平面上所得的视图；

左视图——由左向右投射，在侧面上所得的视图。

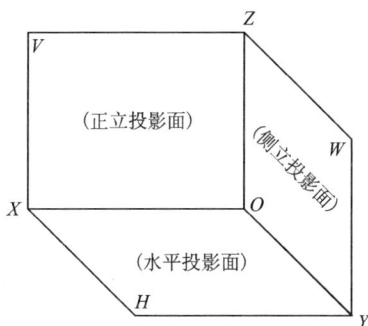

图 2－5　三投影面体系的建立

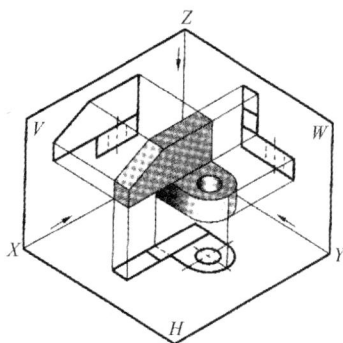

图 2－6　物体在三投影面体系的投影

五、投影面的展开

为画图和看图方便，必须使处于空间位置的三视图在同一个平面上表示出来。如图 2－7(a)所示，规定正面 V 不动，将水平面 H 绕 OX 轴旋转 $90°$，将侧面 W 绕 OZ 轴旋转 $90°$，使它们与正面处在同一平面上。如图 2－7(b)，在旋转过程中，OY 轴一分为二，随 H 面旋转的 Y 轴用 Y_H 表示，随 W 面旋转的 Y 轴用 Y_W 表示。为了清晰表达展开后的三视图，去掉边框，就得到实际绘制的三视图，如图 2－7(c)所示。

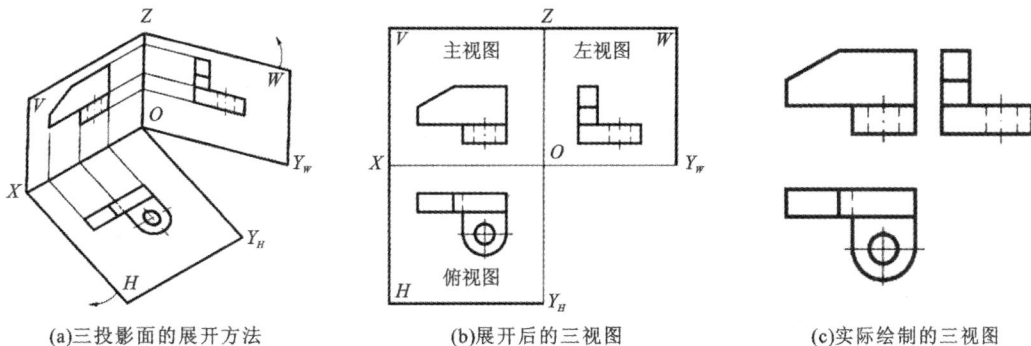

(a)三投影面的展开方法　　　(b)展开后的三视图　　　(c)实际绘制的三视图

图 2－7　投影面的展开

六、三视图的投影规律

由三视图的形成可知，每个视图都表示物体两个方向的尺寸和四个方位，如图 2 - 8 所示。

主视图反映了物体上下、左右的位置关系，即反映了物体的高度和长度；

俯视图反映了物体左右、前后的位置关系，即反映了物体的长度和宽度；

左视图反映了物体上下、前后的位置关系，即反映了物体的高度和宽度。

由此得出三视图的投影规律：

主、俯视图——长对正；

主、左视图——高平齐；

俯、左视图——宽相等。

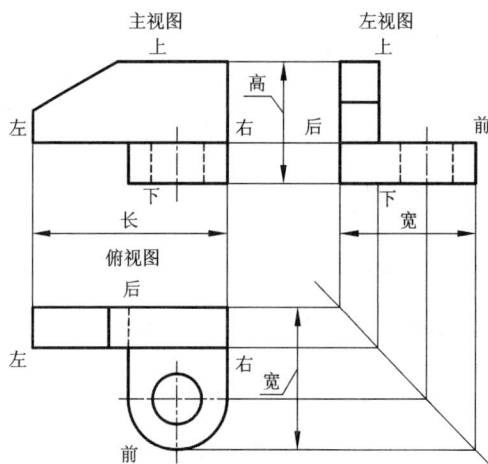

图 2 - 8　三视图的方位及投影关系

"长对正、高平齐、宽相等"的投影对应关系是三视图的重要特性，也是画图和读图的依据。

[案例 2 - 1]　根据给定圆筒的立体图（图 2 - 9），画出圆筒的三视图。

分析

该立体图如图 2 - 9(a)，由圆柱体中间开一圆柱孔，根据其结构特点，确定看图方向如图 2 - 9(a)所示。

作图

(1)画视图的基准线，如图 2 - 9(b)；

(2)画特征结构图、俯视图，如图 2 - 9(c)；

(3)按投影关系画主、左视图，如图 2 - 9(d)；

(4)画中间孔的投影，如图 2 - 9(e)；

(5)完成全部视图，检查无误后加粗，如图 2 - 9(f)。

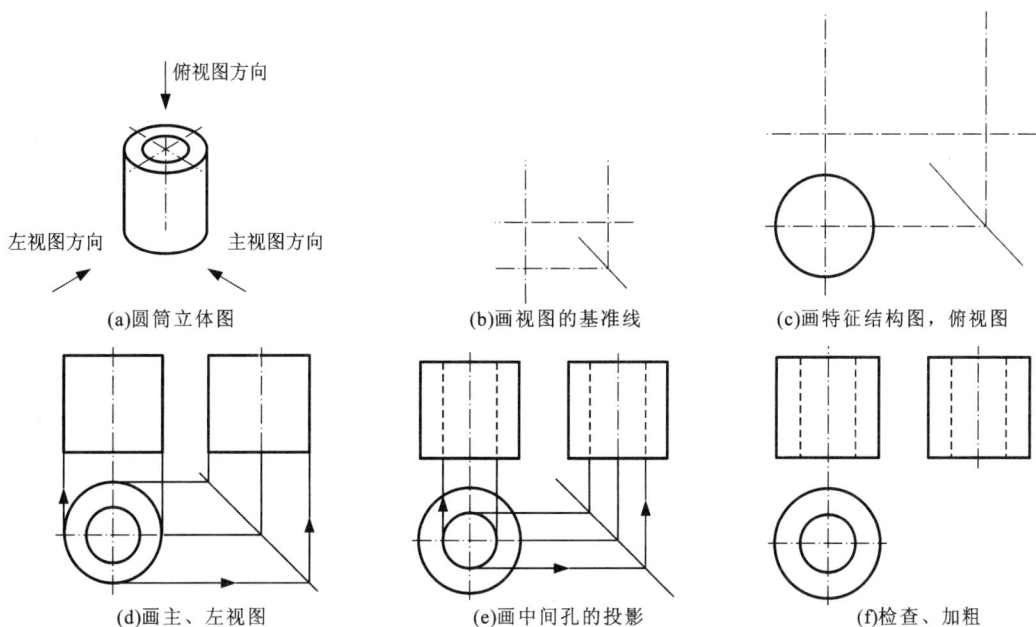

图 2-9 圆筒作图过程

任务实施

根据给定物体的立体图如图 2-10(a)和主、左视图如图 2-10(b)所示，补画该物体的俯视图。

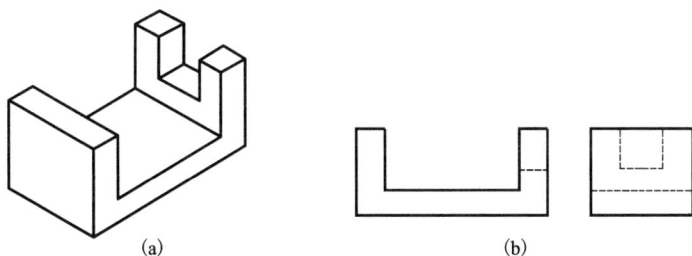

图 2-10 按立体图补画俯视图

任务 2.2 点的投影

任务描述

任何物体表面都包含点、线和面等几何元素，如图 2-11 所示三棱锥，就是由四个顶点、六条直线和四个平面组成。绘制三棱锥的三视图，实际上就是画出构成三棱锥表面的这些点、直线和平面的投影。因此，要正确而迅速地表达物体，必须掌握这些几何元素特别是点的投影特性和作图方法，对今后的画图和读图都具有重要意义。

任务分析

　　点的表达：空间点用大写字母(如 A)表示；点 A 的正投影用 a' 表示；水平投影用 a 表示；侧面投影用 a'' 表示。如知道 A 点的任意两个投影，可以利用三视图的投影关系将第三个投影画出。

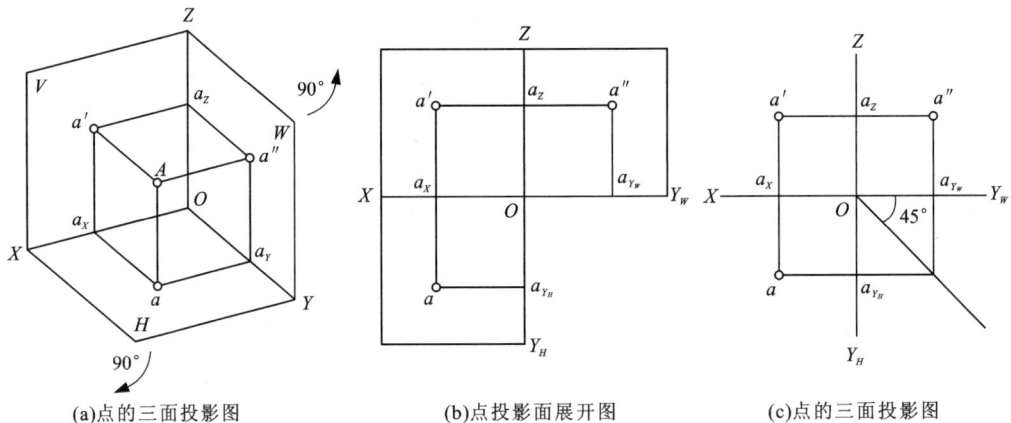

图 2-11　三棱锥

知识准备

一、点在三面投影体系中的投影

1. 三面投影体系的建立

　　在工程图中，为清楚地反映物体形状，常采用三面投影图，如图 2-12(a) 所示。三个互相垂直的投影面：正立投影面 V (简称正面)、水平投影面 H (简称水平面)和侧立投影面 W (简称侧面)，组成了三面投影体系，投影面之间的交线称为投影轴。V 面与 H 面的交线为 OX 轴，V 面与 W 面的交线为 OZ 轴，H 面与 W 面的交线为 OY 轴，投影轴 OX、OY、OZ 互相垂直，且相交于坐标原点 O 。

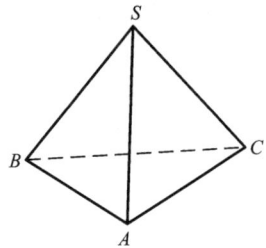

(a)点的三面投影图　　(b)点投影面展开图　　(c)点的三面投影图

图 2-12　三面投影体系的建立

2. 点在三面投影体系中的投影

　　如图 2-12(a) 所示，将空间点 A 分别向 V、H、W 面投影，分别得到正面投影 a'、水平投影 a 和侧面投影 a'' 。三投影面展开在同一平面上的方法是：V 面固定不动，H 面向下旋转 $90°$，W 面向右旋转 $90°$，使三个投影面展开在同一投影面(V 面)上。点 A 的三个投影展开后如图 2-12(b) 所示。这时，OY 轴分别成为 H 面上的 Y_H 和 W 面上的 Y_W 。省去投影面的框线和名称，就形成如图 2-12(c) 所示的 A 点的三面投影图。

3. 点的直角坐标和三面投影规律

　　如果把三面投影体系看做空间直角坐标体系，则 V、H、W 面为坐标面，OX、OY、OZ 轴为坐标轴，点 O 为坐标原点。由图 2-12 可知，点 A 的直角坐标分别为 x_A、y_A、z_A，即为点 A

到三个坐标面的距离，且与点 A 的投影 a'、a、a'' 关系如下：

$$a''A = a_y a = a_z a' = Oa_x = x_A$$

$$a'A = a_x a = a_z a'' = Oa_y = y_A$$

$$aA = a_x a' = a_y a'' = Oa_z = z_A$$

由此可知：

a 由 Oa_x 和 Oa_y 决定，即点 A 的 x_A、y_A 两坐标决定；

a' 由 Oa_x 和 Oa_z 决定，即点 A 的 x_A、z_A 两坐标决定；

a'' 由 Oa_y 和 Oa_z 决定，即点 A 的 y_A、z_A 两坐标决定。

所以空间点 $A(x_A, y_A, z_A)$ 在三面投影体系中有唯一确定的一组投影 a、a'、a''；反之，如已知点 A 的一组投影 a、a'、a''，即可确定该点的坐标值。根据以上分析，可以得出点在三投影面体系中的投影规律：

（1）点的正面投影和水平投影的连线垂直 OX 轴；这两个投影到 OZ 轴和 OY 轴的距离相等，都反映空间点的 x 坐标，即 $a'a \perp OX$ 轴，$a_z a' = a_y a = x_A$。

（2）点的正面投影和侧面投影的连线垂直 OZ 轴；这两个投影到 OX 轴和 OY 轴的距离相等，都反映空间点的 z 坐标，即 $a'a'' \perp OZ$ 轴，$a_x a' = a_y a'' = z_A$。

（3）点的水平投影和侧面投影的连线垂直 OY 轴；这两个投影到 Y_H 轴和 Y_W 轴的距离相等，都反映空间点的 y 坐标，即 $a''a \perp OY$ 轴，$a_x a = a_z a'' = y_A$。

已知 A 点在 V 面的投影 a' 和在 H 面的投影 a，在 W 面求 a'' 的方法如下：

其一：如图 2-12(c) 所示，做 $\angle Y_H O Y_W$ 的角平分线，它与两条轴线 OY 都成 45°，从 a 点向右方向做水平线碰到 45° 线再往上，与 a' 向右所作水平线的交点即为所求点 a''；

其二：用分规量取 a 点到 X 轴的长度，再在 a' 点的水平线上从 Z 轴开始量取同样长度得到所求 a''。

4. 特殊位置点的投影

空间点的位置如果在投影面上或投影轴上，称为特殊位置点。如图 2-13 所示，B 在 V 面上，其三面投影分别为：b' 与 B 重合（$Y_B = 0$），b 在 OX 轴上，b'' 在 OZ 轴上。C 在 H 面上，其三面投影分别为：点 c 与 C 重合（$Z_C = 0$），c' 在 OX 轴上，c'' 在 OY 轴上。点 D 在 OX 轴上，其三面投影为 d 与 d'，都与 D 点重合（$Y_D = 0$，$Z_D = 0$），d'' 与原点重合。

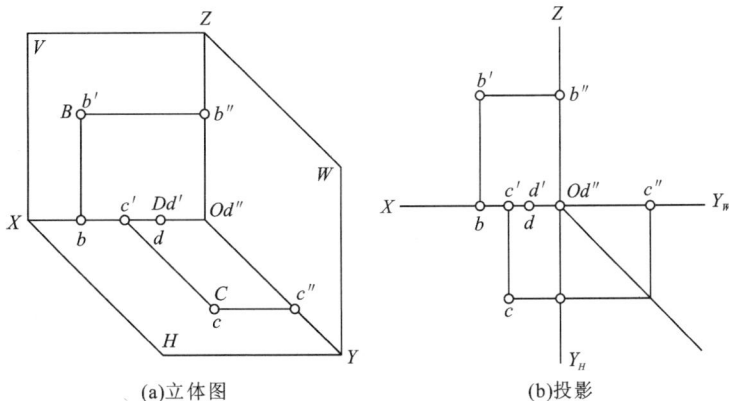

(a)立体图　　　(b)投影

图 2-13　特殊位置点的投影

综上所述,特殊位置点的投影特性为:

(1)投影面上的点必有一个坐标为零,在该投影面上的投影与该点重合,另外两个投影在相应的投影轴上。

(2)投影轴上的点必有两个坐标为零,在包含这条轴的两个投影面上的投影都与该点重合,在另一个投影面上的投影与原点 O 重合。

[案例 2-2] 如图2-14(a)所示,已知点 B 的正面投影 b' 及侧面投影 b'',试求其水平投影。

分析 已知点 B 的正面投影 b' 和侧面投影 b'',则 B 点的空间位置唯一确定,可利用投影关系求出水平投影 b。

作图 如图2-14(b)所示,作 $Y_H O Y_W$ 角平分线,过 b'' 引 Y_W 垂线与角平分线相交,过角平分线交点向左作水平线,与过 b' 所作 OX 轴垂线相交,交点 b 为所求。

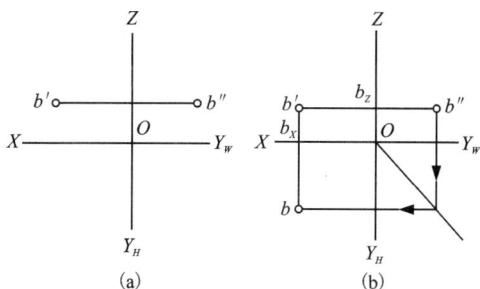

图 2-14 求 *B* 点水平投影

[案例 2-3] 如图2-15所示,已知点 $A(15,10,20)$,求作 A 点的三面投影。

分析 因已知 A 点坐标,只需在三个投影面上量出坐标值即可。

作图 如图2-15,在(a)图上量出 $X_A=15$,在(b图)上量出 $Y_A=10$、$Z_A=20$,在(c)图上作出 $a'(15,20)$;$a(15,10)$;$a''(10,20)$三点即可。

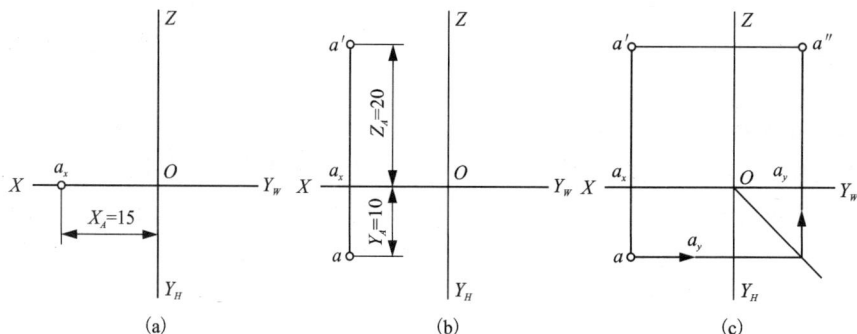

图 2-15 求作 *A* 点的三面投影

二、两点的相对位置

空间两点的相对位置是指两点在空间的左右、前后、上下的位置关系,由两点的坐标差决定。常选其中一点作为基准点,以它为参照来判断与另一点的相对位置。

(1)空间两点的左右位置关系由正投影和水平投影来判断,X 坐标大的在左;

(2)空间两点的前后位置关系由水平投影和侧投影来判断,Y 坐标大的在前;

(3)空间两点的上下位置关系由正投影和侧面投影来判断,Z 坐标大的在上。

如图2-16所示,设 A 点和 B 点的坐标分别为 (X_A,Y_A,Z_A) 和 (X_B,Y_B,Z_B),若以 A 点

为基准点,则 B 点对 A 点的一组坐标差分别如下:

X 轴方向坐标差:$\Delta x = X_B - X_A$;

Y 轴方向坐标差:$\Delta y = Y_B - Y_A$;

Z 轴方向坐标差:$\Delta z = Z_B - Z_A$。

若 Δx、Δy、Δz 为正时,则 B 点在 A 点的左、前、上方;若 Δx、Δy、Δz 为负时,则 B 点在 A 点的右、后、下方。

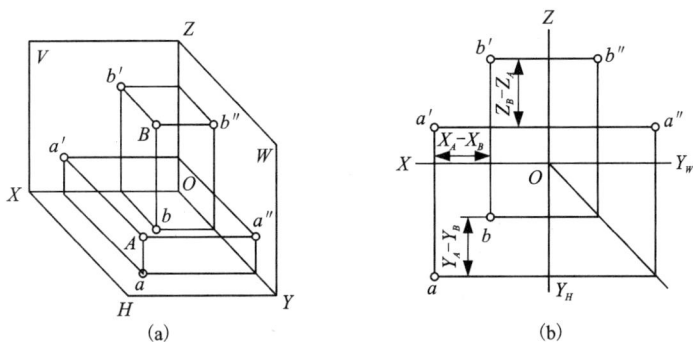

图 2-16 两点的相对位置

[**案例 2-4**] 如图 2-17 所示,已知 A 点的三面投影,点 B 在其右方14、上方12、前方8,求作 B 点的三面投影。

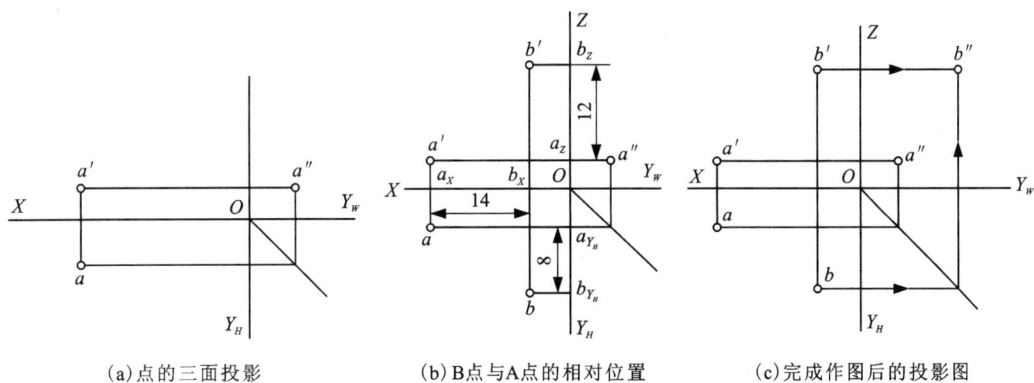

(a)点的三面投影 (b)B点与A点的相对位置 (c)完成作图后的投影图

图 2-17 求作 B 点的三面投影

作图步骤:

(1)过 a' 点向右量取 $\Delta x = 14$,向上量取 $\Delta z = 12$,两者交点为 b' 点;

(2)过 a' 点向右量取 $\Delta x = 14$,向下量取 $\Delta Y_H = 8$,两者交点为 b 点;

(3)由已知 b'、b 点,按点的三面投影作图方法作出 b'' 点的坐标。

三、重影点

如图 2 - 18 所示,以 V 面为例, A 点在前, B 点在后。

当空间两点处于同一投射线上时,这两点在与该投射线垂直的投影面上的投影重合,称这两点为对该投影面的重影点。在 V 面上,前面的点挡住后面的点,在 H 面上,上面的点挡住下面的点,在 W 面上,左面的点挡住右面的点。凡是被挡住的点均为不可见点,加括号表示。

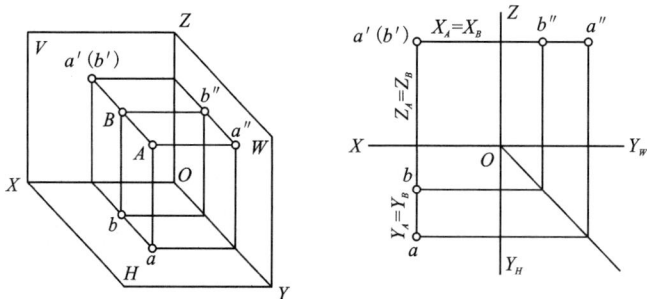

图 2 - 18　重影点的投影

任务实施

1. 如图 2 - 19,已知点的两面投影,试画出第三面投影。

2. 判断图 2 - 20 中 A、B、C、D 各点的位置关系并填空。

(1)点 A 在_____上,点 B 在_____上。(填空间、投影面、投影轴)

(2)点 A 在点 C 的_____方,点 B 在点 C 的_____方。

(3)点 A 与点 D(是/否)重影点,点 B 与点 D(是/否)重影点,点 C 与点 D(是/否)重影点。

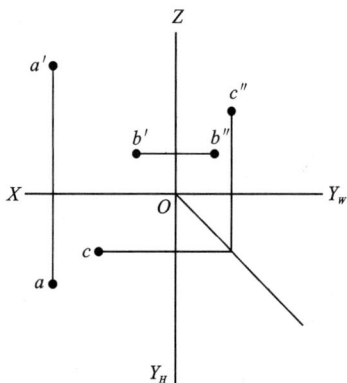

图 2 - 19

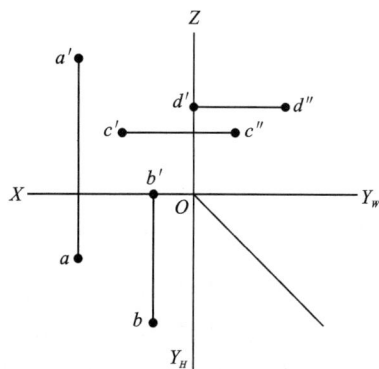

图 2 - 20

任务 2.3 直线的投影

任务描述

直线(这里的直线指线段)的投影仍为一直线,当直线平行于投影面时,直线反映实长;当直线倾斜于投影面时,直线的长度会缩短;当直线垂直于投影面时,直线积聚成一点。

任务分析

要绘制直线的投影,应先分析直线的性质(一般位置直线;投影面的平行线;投影面的垂线)再画出直线两端点的投影,然后连接两端点得到直线,按此法完成三个投影。

直线性质如下:

一般位置直线——与三个投影面都倾斜,三个投影长度均小于实长;

投影面的平行线——平行于一个投影面,倾斜于另外两个投影面,平行的反映实长,另两条小于实长;

投影面的垂直线——垂直于一个投影面,平行于另外两个投影面,平行的反映实长,垂直的积聚成一点。

知识准备

一、一般位置直线

1. 一般位置直线的投影特性

与三个投影面都倾斜的直线,称为一般位置直线,如图 2-21 所示,AB 为一般位置直线,它对 H、V、W 这三个投影面的倾角分别为 α、β、γ。一般位置直线的投影特性如下:

(1)直线的三个投影的长度均小于实长;

(2)直线的三个投影都与投影轴倾斜,且与投影轴的夹角均不反映空间直线对投影面的倾角。

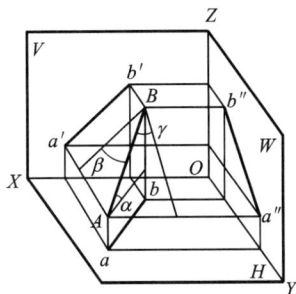

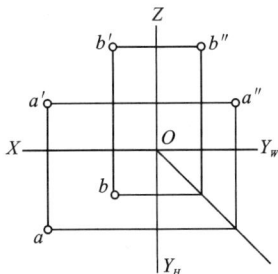

(a)空间直线立体图　　　　(b)直线的端点投影　　　　(c)同面投影的连线即为直线的投影

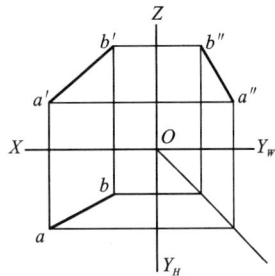

图 2-21 空间直线的投影

2. 一般位置直线的作图方法

(1)先作出直线一个端点的三面投影,方法与点的三面投影作法相同;

(2)用同样方法作出另一端点的三面投影;

(3)连接两端点的三面投影即为所求直线。

二、投影面的平行线

1. 投影面平行线的定义

平行于一个投影面,倾斜于另外两个投影面的直线称为投影面平行线。投影面的平行线又分为以下三种情况:

正平线:平行于 V 面,倾斜于 H 与 W 面;

水平线:平行于 H 面,倾斜于 V 与 W 面;

侧平线:平行于 W 面,倾斜于 H 与 V 面。

2. 投影面平行线的投影特性

(1)直线在所平行的投影面上的投影为反映实长的斜线,它与投影轴的夹角等于直线对另外两个投影面的倾角;

(2)其余两投影的长度均小于实长,并平行于相应的投影轴。

表 2-1　投影面平行线的投影特征

名称	正平线($//V$, 对 H、W 倾斜)	水平线($//H$, 对 V、W 倾斜)	侧平线($//W$, 对 V、H 倾斜)
轴测图			
投影图			
投影特性	1. $a'b' = AB$ 2. $ab // OX$; $a''b'' // OZ$ 3. $a'b'$ 与 OX、OZ 的夹角 α、γ 分别等于 AB 对 H、W 面的倾角	1. $ab = AB$ 2. $a'b' // OX$; $a''b'' // OY$ 3. ab 与 OX、OY_H 的夹角 β、γ 分别等于 AB 对 V、W 面的倾角	1. $a''b'' = AB$ 2. $ab // OY$; $a'b' // OZ$ 3. $a''b''$ 与 OY_W、OZ 的夹角 α、β 分别等于 AB 对 H、V 面的倾角

三、投影面的垂直线

1. 投影面垂直线的定义

垂直于一个投影面，同时平行于另外两个投影面的直线称为投影面垂直线。投影面的垂直线又分为以下三种情况：

正垂线：垂直于 V 面，平行于 H 与 W 面；

铅垂线：垂直于 H 面，平行于 V 与 W 面；

侧垂线：垂直于 W 面，平行于 H 与 V 面。

2. 投影面垂直线的投影特性

①直线在所垂直的投影面上的投影积聚为一点；

②其余两投影反映实长，并分别垂直于相应的投影轴。

表 2-2　　投影面垂直线的投影特征

名称	铅垂线（$\perp H$、$/\!/OZ$）	正垂线（$\perp V$、$/\!/OY$）	侧平线（$\perp W$、$/\!/OX$）
轴侧图			
投影图			
投影特性	1. 水平面投影 ab 积聚成一点 2. $a'b'=a''b''=AB$ 3. $a'b'/\!/a''b''/\!/OZ$	1. 正面投影 $a'b'$ 积聚成一点 2. $ab=a''b''=AB$ 3. $ab/\!/OY_H$；$a''b''/\!/OY_W$ $ab\perp OX$；$a''b''\perp OZ$	1. 侧面投影 $a''b''$ 积聚成一点 2. $ab=a'b'=AB$ 3. $ab/\!/a'b'/\!/OX$ 3. $a'b'\perp OZ$；$ab\perp OY_H$

[案例 2-5]　如图 2-22，分析正三棱锥各棱线与投影面的相对位置。

分析　棱线 SB　sb 和 $s'b'$ 分别平行于 OY_H 和 OZ，可以确定 SB 为侧平线，侧面投影 $s''b''$ 反映实长，见图 2-22(a)；

棱线 AC　侧面投影 $a''(c'')$ 重影，可知 AC 为侧垂线，$a'c'=ac=AC$，见图 2-22(b)；

棱线 *SA*　投影 *sa*、*s′a′*、*s″a″* 均倾斜于投影轴，为一般位置直线，见图 2 − 22(c)。

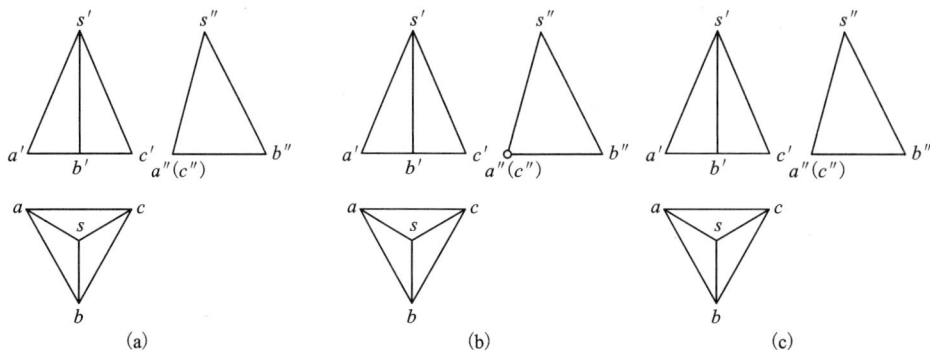

图 2 − 22　分析直线与投影面的相对位置

任务实施 1

如图 2 − 23 所示，判断立体表面上指定棱线的空间位置，将答案填写在横线上：

AB 是＿＿＿线，*BC* 是＿＿＿线；

AD 是＿＿＿线，*CF* 是＿＿＿线；

EF 是＿＿＿线，*DE* 是＿＿＿线；

BE 是＿＿＿线，*DF* 是＿＿＿线。

四、直线上的点

直线上的点有如下特性：

(1)如果点在直线上，则点的各投影必在该直线的同面投影上；

(2)直线上的点将直线的各个投影分割成和空间相同的比例；

(3)求直线上点的方法有：补投影法、定比法。

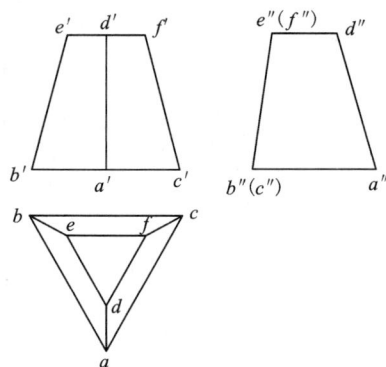

图 2 − 23

[案例 2 − 6]　如图 2 − 24 所示，已知点 *K* 在直线 *EF* 上，求点 *K* 的正面投影。

作图

补投影法：如图 2 − 24(a)所示，先作侧平线 *EF* 的侧面投影，然后再作 *k* 点的三面投影。

定比法：如图 2 − 24(b)所示，自 *e′f′* 的一个端点 *e′* 任意作辅助线，在辅助线上截取 *e′K₀* = *ek*，*K₀F₀* = *kf*，连接 *f′F₀*，并由 *K₀* 作 *f′F₀* 的平行线，此平行线与 *e′f′* 的交点，即 *K* 的正面投影 *k′*。

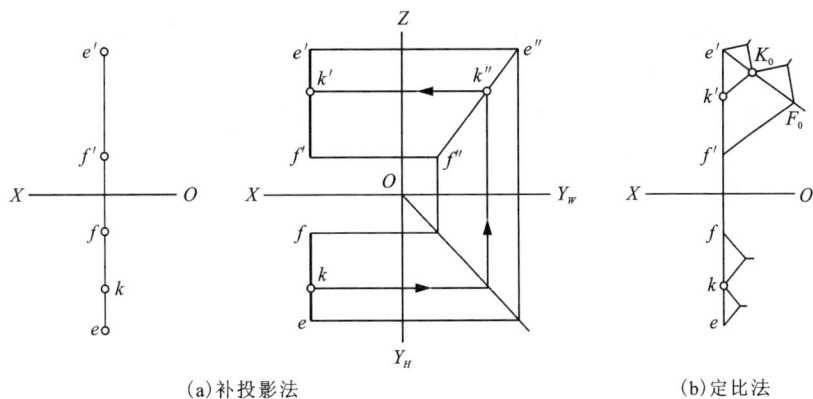

（a）补投影法　　　　　　　　　（b）定比法

图 2 – 24　侧平线的两种作图方法

五、两直线的相对位置

空间两直线的相对位置有三种：平行、相交、交叉，两直线位置判定见表 2 – 3。

表 2 – 3　空间两直线位置关系及投影特征

性质	两直线平行	两直线相交	两直线交叉
轴侧图			
投影图			
投影特性	若两直线平行，则两直线的各同面投影相互平行（一般位置直线判定两个投影即可，但投影面的平行线则要三个投影均平行）	若两直线相交，则两直线的各同面投影均相交；交点的投影符合点的投影规律	交叉直线的投影可能有一、二或三组投影线相交，但交点的投影不符合点的投影规律（可利用重影点的可见性判断）

[**案例 2 - 7**]　如图 2 - 25(a)所示，过 A 作直线 AB 与直线 CD 相交于点 K，且点 K 距离 H 面 12mm，B 在点 A 右方 25mm 处。

分析　由于所求直线 AB 与直线 CD 相交，则其交点 K 的投影应在 CD 的同面投影上。又点 K 距 H 面 12mm，即点 K 的正面投影距 OX 轴 12mm。据此可作出交点 K 的投影。然后连接 A、K 并延长，使另一端点 B 在点 A 右方 25mm 处，直线 AB 即为所求。

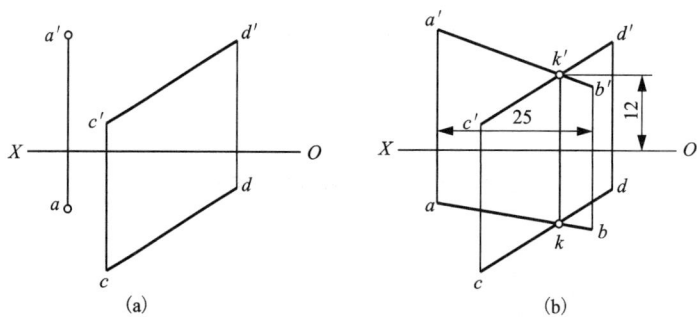

图 2 - 25　过已知点按给定条件作与已知直线相交的直线

作图：

(1)在 OX 轴上方 12mm 作水平线，交 $c'd'$ 于 k'，并由 k' 求得 k；k、k' 即为交点 K 的两个投影。

(2)连 a、k 和 a'、k'，并分别延长到点 A 右方 25mm 处，得 b、b'，ab 和 $a'b'$ 即为所求直线 AB 的两面投影。

任务实施 2

如图 2 - 26 所示，判断直线 AB 与 CD 的相对位置关系。

(a)AB 与 CD ＿＿＿＿＿＿＿＿＿；

(b)AB 与 CD ＿＿＿＿＿＿＿＿＿；

(c)AB 与 CD ＿＿＿＿＿＿＿＿＿；

(d)AB 与 CD ＿＿＿＿＿＿＿＿＿。

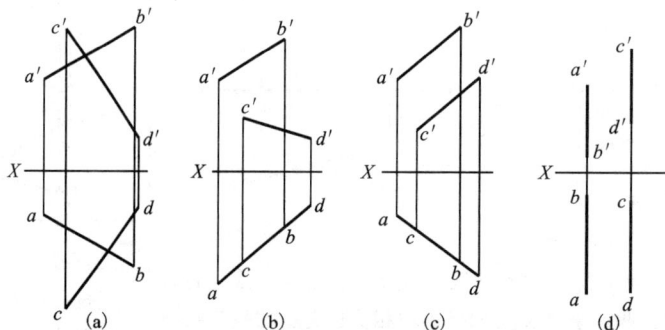

图 2 - 26

任务 2.4 平面的投影

任务描述

不在同一直线上的三点表示一个平面，因此，作平面投影的最基本的方法就是确定这不在一条直线上的三点。

任务分析

平面的空间位置可以由以下五种表达方法（图 2-27）表示，其中，第一种方法（不在同一直线上的三点表示一个平面）是最基本的方法，其他方法都是由第一种表达方法演变而来的。

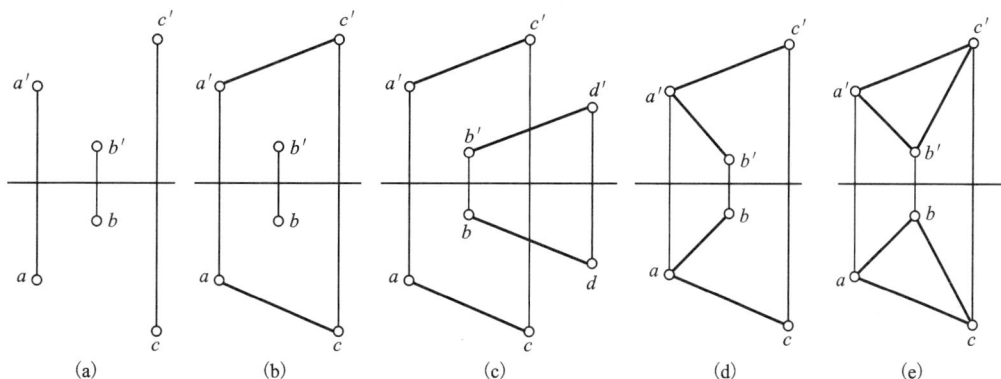

图 2-27 平面的五种表达方法
(a)不在同一直线上的三点；(b)直线和直线外一点；(c)两平行直线；
(d)两相交直线；(e)任意平面图形（平面多边形或圆、椭圆等）

知识准备

平面的投影一般仍然是平面，特殊情况下（垂直于投影面）是一条直线，平面在三投影体系中有三种位置：一般位置平面、投影面的平行平面、投影面的垂直平面。后两种又称为特殊位置平面。

一、一般位置平面

1. 定义

对三个投影面都倾斜的平面称为一般位置平面（图 2-28）。平面对 H、V、W 这三个投影面的倾角分别用 α、β、γ 表示。

2. 一般位置平面的特点

三个投影均为缩小的类似形，均不反映该平面与投影面的倾角。

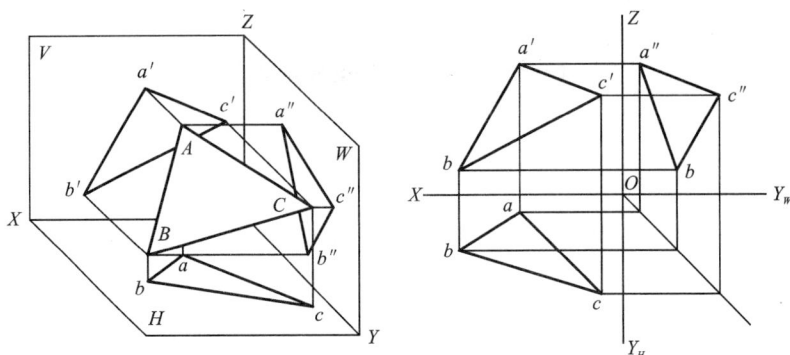

图 2-28 一般位置平面的投影

二、投影面的平行平面

1. 定义

平行于一个投影面同时垂直于另外两个投影面的平面称为投影面的平行平面。

2. 分类

投影面的平行平面分为三种：

正平面——平行于 V 面的平面；

水平面——平行于 H 面的平面；

侧平面——平行于 W 面的平面；

各种投影面的平行面的空间位置，投影图及特性见表 2-4 所示。

表 2-4 投影面的平行平面

名称	正平面	水平面	侧平面
实例			
轴侧图			

续表 2 – 4

名称	正平面	水平面	侧平面
投影图			
投影特性	1. V 面投影反映实形 2. H、W 面投影积聚为直线，分别平行于 OX 轴和 OZ 轴	1. H 面投影反映实形 2. V、W 面投影积聚为直线，分别平行于 OX 轴和 OY_W 轴	1. W 面投影反映实形 2. V、H 面投影积聚为直线，分别平行于 OZ 轴和 OY_H 轴

三、投影面的垂直平面

1. 定义

垂直于一个投影面同时倾斜于另外两个投影面的平面称为投影面的垂直平面。

2. 分类

投影面的垂直平面分为三种：

正垂面——垂直于 V 面，倾斜于 H、W 面的平面；

铅垂面——垂直于 H 面，倾斜于 V、W 面的平面；

侧垂面——垂直于 W 面，倾斜于 V、H 面的平面。

各种投影面的垂直平面的空间位置，投影图及特性见表 2 – 5 所示。

表 2 – 5　投影面的垂直平面

名称	正垂面	铅垂面	侧垂面
实例			

续表 2-5

名称	正垂面	铅垂面	侧垂面
轴侧图			
投影图			
投影特性	1. V 面的投影积聚成一斜线，与 OX、OZ 的夹角分别反映平面与 H、W 面的倾角 α、γ； 2. H 面和 W 面的投影均比原形要小。	1. H 面的投影积聚成一斜线，与 OX、OY_H 的夹角分别反映平面与 H、W 面的倾角 β、γ； 2. V 面和 W 面的投影均比原形要小。	1. W 面投影积聚成一斜线，与 OZ、Y_W 的夹角分别反映平面与 H、V 面的倾角 α、β； 2. V 面和 H 面的投影均比原形要小。

四、平面上的直线与点

1. 平面上的直线

直线在平面上的几何条件：

(1)直线通过平面上的两点，如图 2-29(a)所示。

(2)直线通过平面上的一点且平行于平面上的另一直线，如图 2-29(b)所示。

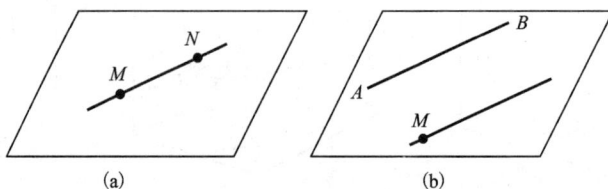

图 2-29　平面上的直线

2. 平面上的点

点在平面上的几何条件是：点在平面内的任一直线上，则该点必在此平面上。

如图 2-30 所示，两相交直线 AB 和 BC 决定一平面，点 D 在直线 AB 上，点 E 在直线 BC 上，因此点 D、E 均在 AB 和 BC 所决定的平面上。

3. 平面上点的作图方法

特殊位置平面上的点可利用积聚性直接求得；一般位置平面上的点可利用辅助线法求得，见表 2-6 所示。

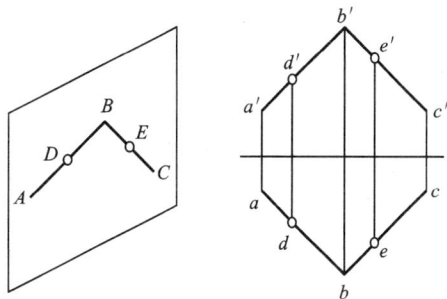

图 2-30 平面上的点

表 2-6 用辅助线法求一般位置平面上的点

①已知平面上 K 点的正面投影 k'	②过 k' 点作平面内直线 MN 的投影 m'n'	③由 k' 点作 OX 轴的垂线，在 mn 上得到 k 点为水平面上的点

[**案例 2-8**] 如图 2-31 所示，判断 A、B、C、D 四点是否在同一平面上。

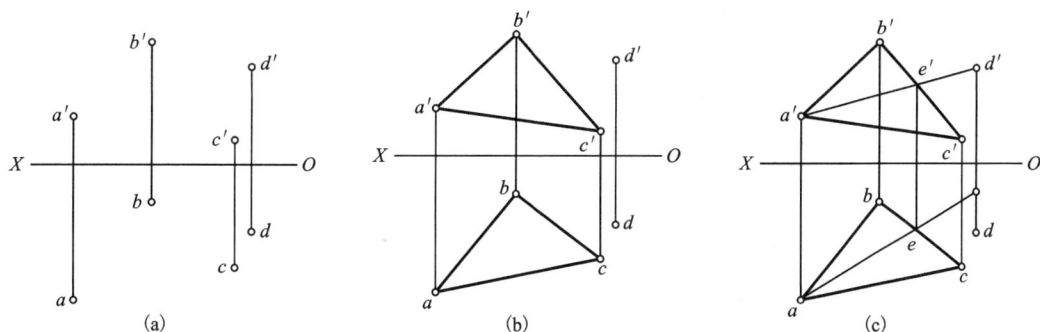

图 2-31 判断空间四点是否在同一平面上

分析 空间两点可连成一直线,不在一直线上的三个点可确定一平面,如果空间有四点,可将其中三个点构成一个三角形,再检查另一点是否在这个三角形平面上。

作图 ①连接 $a'b'$、$b'c'$、$c'a'$ 和 ab、bc、ca 即得 △ABC 的两面投影如图 2 – 31(b);②连接 $a'd'$ 交 $b'c'$ 于 e',作出 e 并连接 ae。如果 ae 的延长线经过 d 点,则空间点 D 在直线 AE 上,即点 D 与 A、B、C 在同一平面上如图 2 – 31(c)。(此处 D 点不在 ABC 组成的平面上)

[案例 2 – 9] 如图 2 – 32(a)所示,已知铅垂面 △ABC 上一点 k 的正面投影 k',试求其水平投影 k。

分析 由于已知平面为铅垂面,其水平投影有积聚性,所以平面上点的水平投影也必在该平面有积聚性的水平投影上。

作图 如图 2 – 32(b)所示,由 k' 引垂直于 OX 轴的直线,交 abc 于 k,则 k 即为点 k 的水平投影。

[案例 2 – 10] 如图 2 – 33(a)所示,在 △ABC 平面上取一点 k,使点 k 在 A 点之下 15mm,在 A 点之前 20mm 处。

分析 因点 k 在 △ABC 平面上,在点 A 之下 15mm,可作平面上的水平线 MN,再在点 A 之前 20mm 处作平面上的正平线 EF,则点 k 必在两辅助线 MN 和 EF 的交点上,点 k 即为所求。

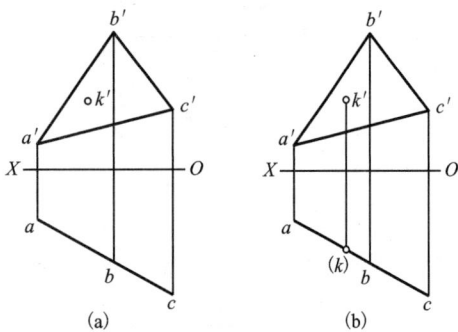

图 2 – 32 求铅垂面上点的水平投影   图 2 – 33 平面上取点

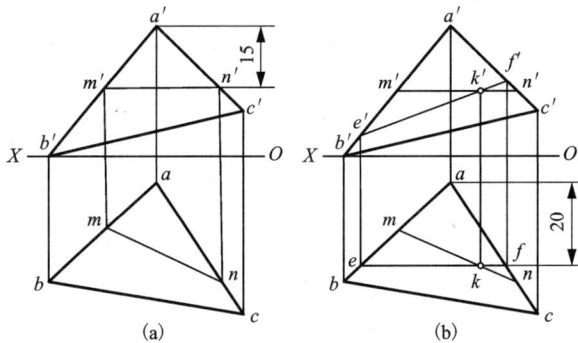

作图 ①由点 A 的 V 面投影 a' 向下取 15mm,作 $m'n' /\!/ OX$ 轴,求出直线 MN 的水平投影 mn;②由点 A 的 H 面投影 a 向下取 20mm,作 $ef /\!/ OX$ 轴,求出直线 EF 的水平投影 ef;③EF(ef、$e'f'$)与 MN(mn、$m'n'$)的交点 k(k、k')即为所求。

任务实施

1. 图 2 – 34(a)直线 CD 与 AB 相交,求其水平投影。

2. 图 2 – 34(b)直线 AB 与 CD 相交,交点距 V 面与距 W 面相等,求作 AB 的三面投影。

3. 图 2 – 34(c)完成多边形的两面投影。

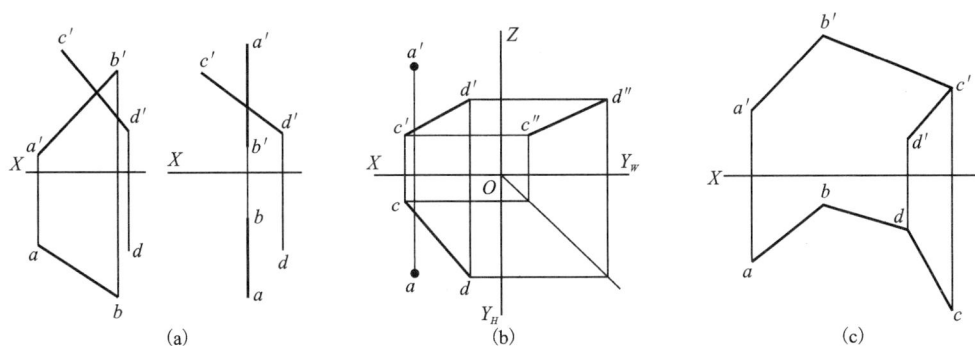

图 2－34

学习小结

物体三视图的画法及作图步骤

1. 分析

根据物体的立体图画三视图时，先要分析物体的形状特征，根据形状特征选择主视图的投射方向，并使物体的主要表面与相应的投影面平行。如图 2－35 所示的直角弯板，在底板左端开一个方槽，竖板右端上切去一角。根据其形状特征选择由前向后的主视图投射方向。

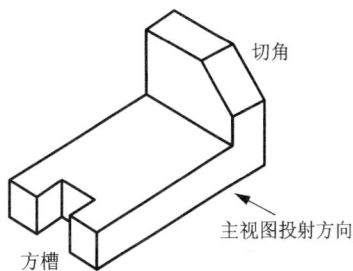

图 2－35　直角弯板

2. 画三视图

(1)画直角弯板轮廓的三视图，见图 2－36(a)；

(2)画方槽的三面投影图，(注意：看不见的轮廓线投影画虚线)见图 2－36(b)；

(3)画竖板右端上切角的三面投影，见图 2－36(c)。

(4)检查无误，完成三视图并加粗，擦去多余作图底线轮廓，见图 2－36(d)。

点的投影

(1)点的投影仍然是点；点需要两面投影才能唯一确定其位置；求第三点可以通过 45°线，也可以用分规按宽相等确定；

(2)空间点 A 的坐标可以由 $(x_A$、y_A、$z_A)$ 表示，x_A 为点 A 到 W 面的距离；y_A 为点 A 到 V 面的距离；z_A 为点 A 到 H 面的距离；

(3)点 A 的上下、左右、前后位置关系为：x_A 值大者在右；y_A 值大者在前；z_A 值大者在上；

(4)两个点在同一条投射线上称为重影，对正面、水平面、侧面投影的重影点的可见性判断是：前遮后、上遮下、左遮右。

直线的投影

(1)这里的直线是有一定长度的，亦即线段；

(2)一般位置直线的投影长度均小于实长、与投影轴的夹角均不反映空间直线对投影面的倾角；

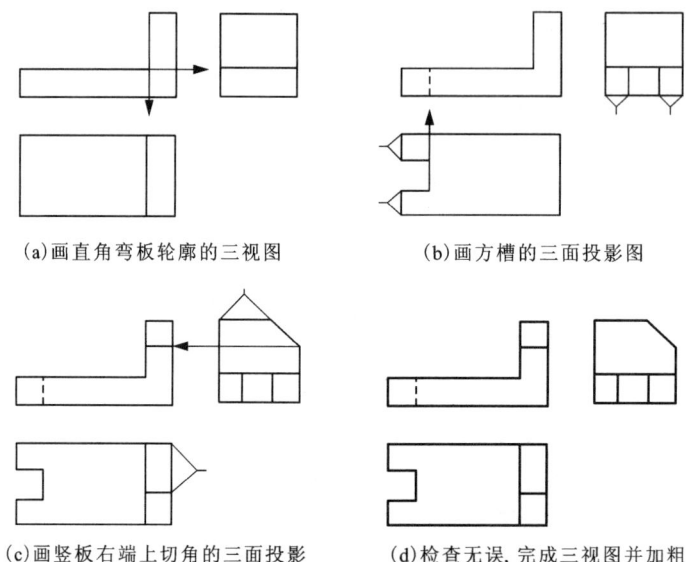

(a)画直角弯板轮廓的三视图　　　　　(b)画方槽的三面投影图

(c)画竖板右端上切角的三面投影　　　(d)检查无误,完成三视图并加粗

图 2－36

（3）与投影面平行的直线有正平线（V 面直线倾斜且反映实长、H 面直线水平、W 面直线垂直）、水平线（H 面直线倾斜且反映实长、V 与 W 面直线均水平）、侧平线（W 面直线倾斜且反映实长、V 与 H 面直线均垂直）；

（4）与投影面垂直的直线有正垂线（V 面直线积聚成点、H 面直线垂直、W 面直线水平）、铅垂线（H 面直线积聚成点、V 与 W 面直线均垂直）、侧垂线（W 面直线积聚成点、V 与 H 面直线均水平）；

（5）如果点在直线上，则点的各投影必在该直线的同面投影上且将直线的各个投影分割成比例，求直线上点的方法有：补投影法及定比法；

（6）两直线的相对位置有：平行、相交、交叉，两直线平行与相交均可决定一个平面，相交时其交点符合点的投影规律，交叉两直线不在同一平面上。

平面的投影

（1）一般位置平面的三个投影均小于原形的类似形；

（2）特殊位置的平面有投影面的垂直平面（正垂面、铅垂面、侧垂面）

正垂面——V 面投影聚成一直线，且反映 α、γ 角的大小，H 与 W 面投影为类似形；

铅垂面——H 面投影聚成一直线，且反映 β、γ 角的大小，V 与 W 面投影为类似形；

侧垂面——W 面投影聚成一直线，且反映 β、α 角的大小，V 与 H 面投影为类似形；

投影面的平行平面（正平面、水平面、侧平面）

正平面——V 面投影反映实形，H 与 W 面投影积聚成一直线；

水平面——H 面投影反映实形，V 与 W 面投影积聚成一直线；

侧平面——W 面投影反映实形，V 与 H 面投影积聚成一直线。

自我评估

1.已知各点的空间位置(图2-37),试作投影图,并填写出各点距投影面的位置(单位：mm)。(10分)

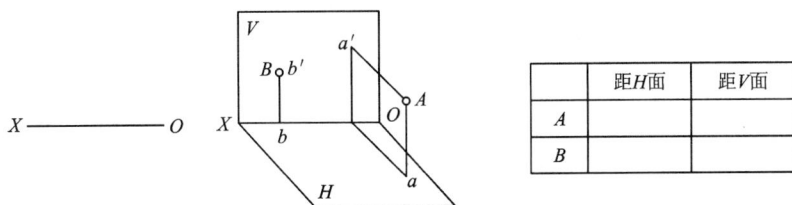

	距H面	距V面
A		
B		

图2-37

2.已知各点的坐标值(图2-38),求作三面投影图。(10分)

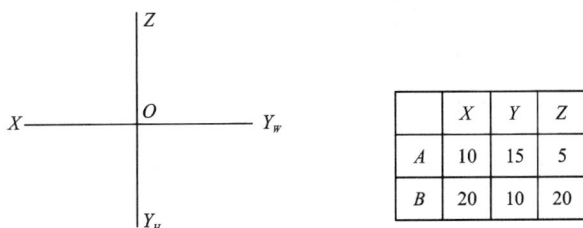

	X	Y	Z
A	10	15	5
B	20	10	20

图2-38

3.已知点A的三面投影(图2-39),并知点B在点A正上方10mm,点C在点A正右方15mm,求两点B、C的三面投影图。(15分)

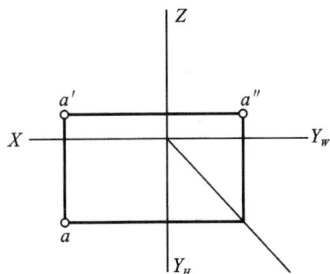

图2-39

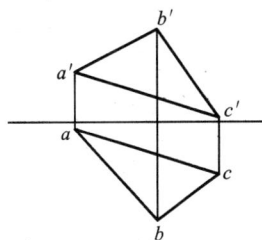

图2-40

4.在△ABC内过点A作一条水平线(图2-40),过点C作一条正平线。(15分)

5.判别点K是否在平面内(图2-41)。(15分)

6.完成五边形(图2-42)的水平投影。(15分)

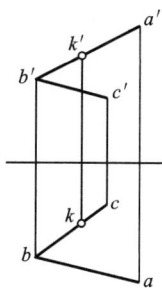

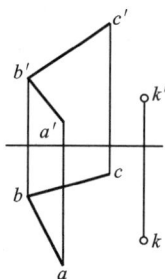

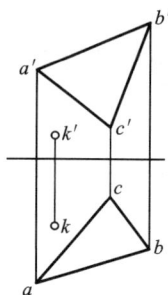

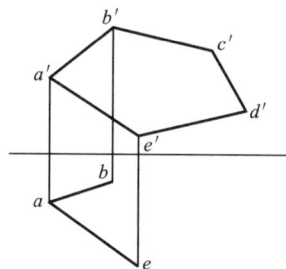

图 2 - 41   图 2 - 42

7. 找出相应的立体图(图 2 - 43),并在其下方括号内填写它的序号。(20 分)

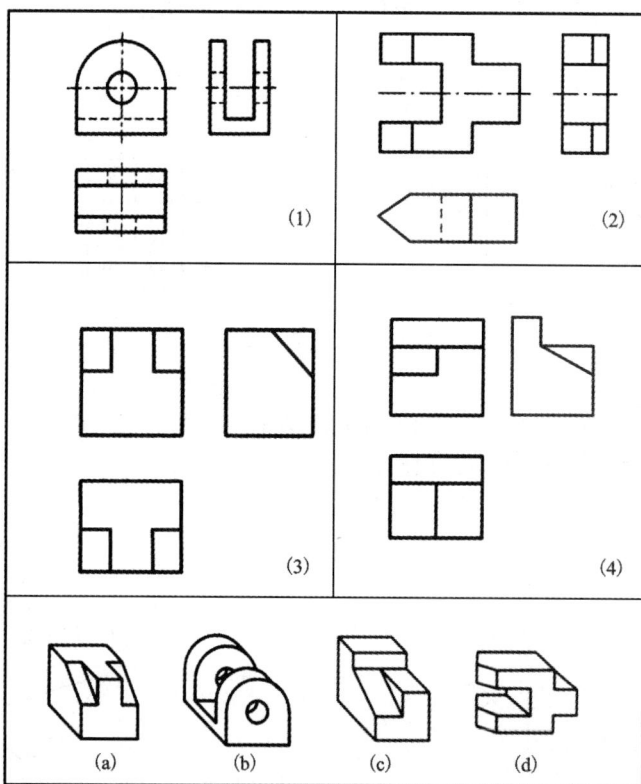

图 2 - 43

项目三

基本体作图基础

学习目标

（1）能够正确表示平面立体和圆柱体的三视图；

（2）能够根据平面体或曲面体上点的两个投影做出第三个投影；

（3）能够分析和绘制常见被截切形体的截交线和两回转体轴线相交时的相贯线。

任务3.1 基本体的三视图

任务描述

汽车部件上的零件，不论形状多么复杂，都可以看成是由基本几何体按照不同的方式组合而成的，因此，基本体识读是绘制汽车零、部件的理论基础，也是汽车零、部件识图的基础。

任务：分析右面零件（图3-1）的组成结构，包括哪些基本体？汽车中很多零件都是由基本体构成的，请举例说说看。

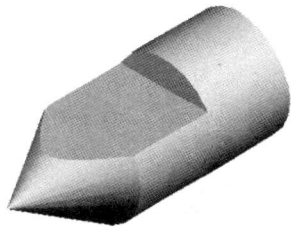

任务分析

基本几何体——表面规则而单一的几何体。按其表面性质，可以分为平面立体和曲面立体两类。

图3-1

（1）平面立体——立体表面全部由平面所围成的立体，如棱柱和棱锥等。

（2）曲面立体——立体表面全部由曲面或曲面和平面所围成的立体，如圆柱、圆锥、圆球等。曲面立体也称为回转体。

知识准备

一、棱柱（GB/T 16948—1977）

1.棱柱的投影

棱柱由两个底面和棱面组成，棱面与棱面的交线称为棱线，棱线互相平行。棱线与底面垂直的棱柱称为正棱柱。本节仅讨论正棱柱的投影。

如图 3 - 2(a)所示为一正六棱柱,由上、下两个底面(正六边形)和六个棱面(长方形)组成。设将其放置成上、下底面与水平投影面平行,并有两个棱面平行于正投影面。

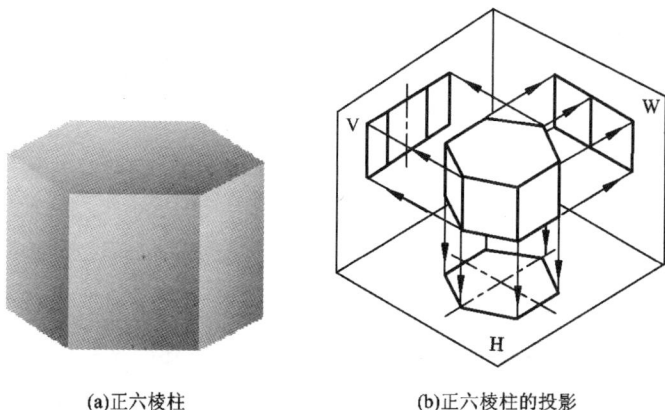

(a)正六棱柱　　　　　　　　　　(b)正六棱柱的投影

图 3 - 2　正六棱柱的投影

上、下两底面均为水平面,它们的水平投影重合并反映实形,正面及侧面投影积聚为两条相互平行的直线。六个棱面中的前、后两个为正平面,它们的正面投影反映实形,水平投影及侧面投影积聚为一直线。其他四个棱面均为铅垂面,其水平投影均积聚为直线,正面投影和侧面投影均为类似形。

2.六棱柱的三视图

总结正棱柱的投影特征:当棱柱的底面平行于某一个投影面时,则棱柱在该投影面上投影的外轮廓为与其底面全等的正多边形,而另外两个投影则由若干个相邻的矩形线框组成,见图 3 - 3。

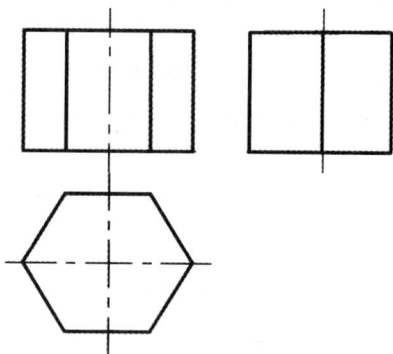

二、棱锥

1.棱锥的投影

如图 3 - 4(a)所示为一三棱锥,它的表面由一个底面(等腰三角形)和三个侧棱面(三角形)

图 3 - 3　正六棱柱的三视图

围成,设将其放置成底面与水平投影面平行,并有一个棱面垂直于侧投影面。由于锥底面 $\triangle ABC$ 为水平面,所以它的水平投影反映实形,正面投影和侧面投影分别积聚为直线段 $a'b'c'$ 和 $a''(c'')b''$。棱面 $\triangle SAC$ 为侧垂面,它的侧面投影积聚为一段斜线 $s''a''(c'')$,正面投影和水平投影为类似形 $\triangle s'a'c'$ 和 $\triangle sac$,前者为不可见,后者可见。棱面 $\triangle SAB$ 和 $\triangle SBC$ 均为一般位置平面,它们的三面投影均为类似形。

棱线 SB 为侧平线,棱线 SA、SC 为一般位置直线,棱线 AC 为侧垂线,棱线 AB、BC 为水平线。

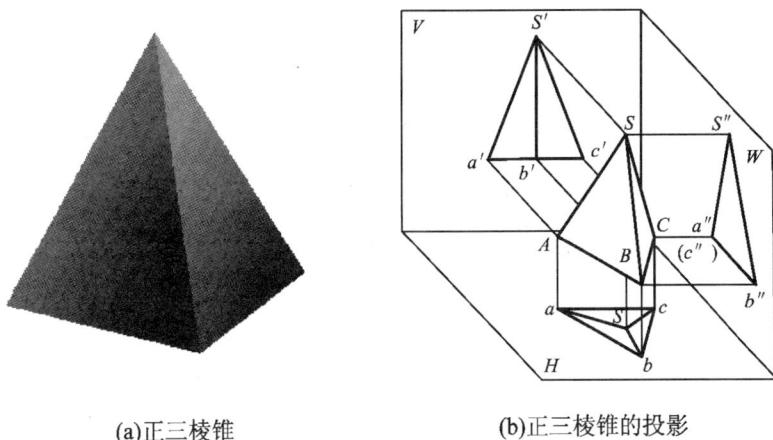

(a)正三棱锥　　　　　　(b)正三棱锥的投影

图 3 - 4　正三棱锥的投影

2. 正三棱锥的三视图

总结正棱锥的投影特征：当棱锥的底面平行于某一个投影面时，则棱锥在该投影面上投影的外轮廓为与其底面全等的正多边形，而另外两个投影则由若干个相邻的三角形线框所组成，见图 3 - 5。

三、圆柱

如图 3 - 6(a)所示，圆柱表面由圆柱面和两底面所围成。圆柱面可看作一条直母线 AB 围绕与它平行的轴线 OO_1 回转而成。圆柱面上任意一条平行于轴线的直线，称为圆柱面的素线。

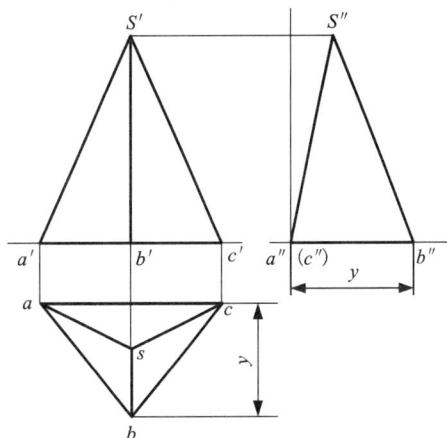

图 3 - 5　正三棱锥的三视图

1. 圆柱的投影

画图时，一般常使它的轴线垂直于某个投影面。

【案例 3 - 1】　如图 3 - 6(a)所示，圆柱的轴线垂直于底面，圆柱面上所有素线都是铅垂线，因此圆柱面的水平投影积聚成为一个圆。圆柱上、下两个底面的投影反映实形并与该圆重合。底圆两条相互垂直的点画线的交点，表示圆的中心。圆柱面的正面投影是一个矩形，是圆柱面前半部与后半部的重合投影，其左右两边分别为左右两侧面的投影，也是矩形。$a'a_1'$、$c'c_1'$ 分别是圆柱两条素线的投影。这两条素线 AA_1、CC_1 是圆柱面由前向后的转向线，是正面投影中可见的前半圆柱面和不可见的后半圆柱面的分界线，也称为正面投影的转向轮廓素线。同理，可对侧面投影中的矩形进行类似的分析。

2. 圆柱的三视图

总结圆柱的投影特征：当圆柱的轴线垂直某一个投影面时，必有一个投影为圆形，另外两个投影为全等的矩形，如图 3 - 7。

注意：轮廓素线的投影与曲面的可见性的判断。

(a)圆柱

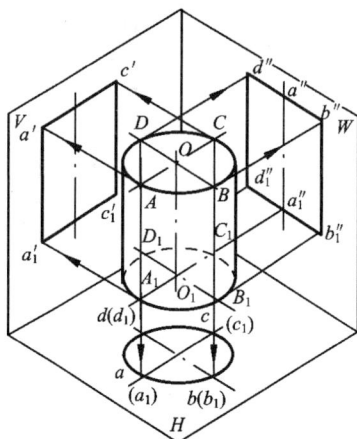

(b)圆柱的投影

图 3 - 6　圆柱的投影

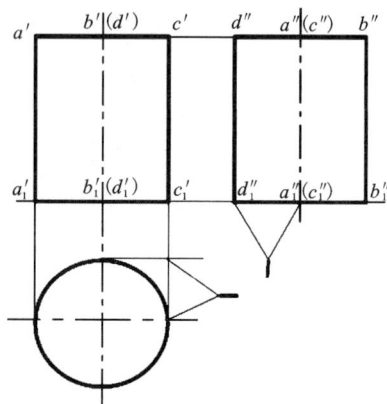

图 3 - 7　圆柱的三视图

四、圆锥

圆锥表面由圆锥面和底面所围成。如图 3 - 8(a)所示,圆锥面可看做是一条直母线 SA 围绕与它相交成某一角度的轴线 SO 回转而成。在圆锥面上通过锥顶的任一直线称为圆锥面的素线。

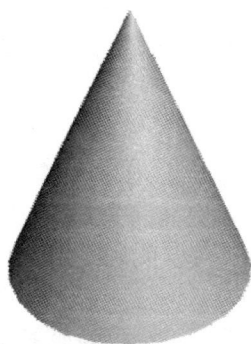

(a)圆锥

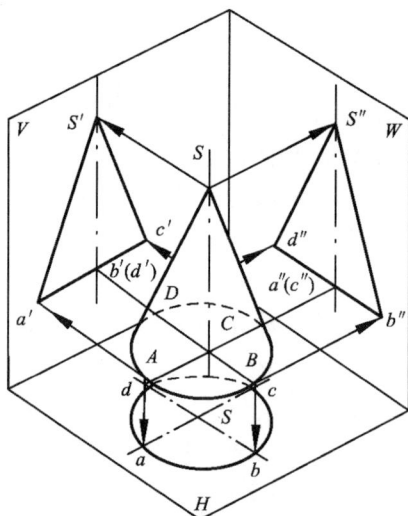

(b)圆锥的投影

图 3 - 8　圆锥的投影

1. 圆锥的投影

画圆锥面的投影时,也常使它的轴线垂直于某一投影面。

【案例 3 - 2】　如图 3 - 8(b)所示圆锥的轴线是铅垂线,底面是水平面,图 3 - 9 是它的投影图。圆锥的水平投影为一个圆,反映底面的实形,同时也表示圆锥面的投影。圆锥的正面、侧面投影均为等腰三角形,其底边均为圆锥底面的积聚投影。正面投影中三角形的两腰 $s'a'$、$s'c'$ 分别表示圆锥面最左、最右轮廓素线 SA、SC 的投影,它们是圆锥面正面投影可见与不可见的分界线。SA、SC 的水平投影 sa、sc 和横向中心线重合,侧面投影 $s''a''(c'')$ 与轴线重合。同理可对侧面投影中三角形的两腰进行类似的分析。

2. 圆锥的三视图

总结圆锥的投影特征:当圆锥的轴线垂直于某一个投影面时,则圆锥在该投影面上投影为与其底面全等的圆形,另外两个投影为全等的等腰三角形,如图 3 –9。

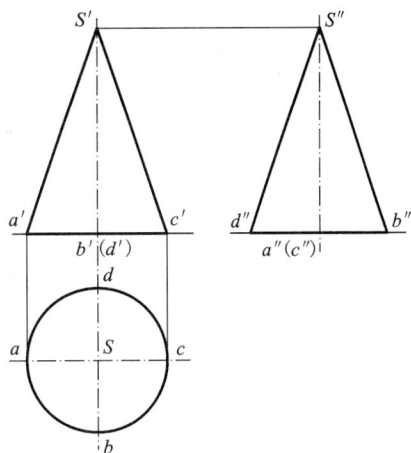

图 3 – 9　圆锥的三视图

五、圆球

圆球的表面是球面,如图 3 – 10(a)所示,圆球面可看作是一条圆母线绕通过其圆心的轴线回转而成。

1. 圆球的投影

图 3 – 10(a)所示为圆球的立体图;图 3 – 10(b)所示为圆球的投影。

圆球在三个投影面上的投影都是直径相等的圆,但这三个圆分别表示三个不同方向的圆球面轮廓素线的投影。正面投影的圆是平行于 V 面的圆素线 A(它是前面可见半球与后面不可见半球的分界线)的投影。与此类似,侧面投影的圆是平行于 W 面的圆素线 C 的投影;水平投影的圆是平行于 H 面的圆素线 B 的投影。这三条圆素线的其他两面投影,都与相应圆的中心线重合,不应画出。

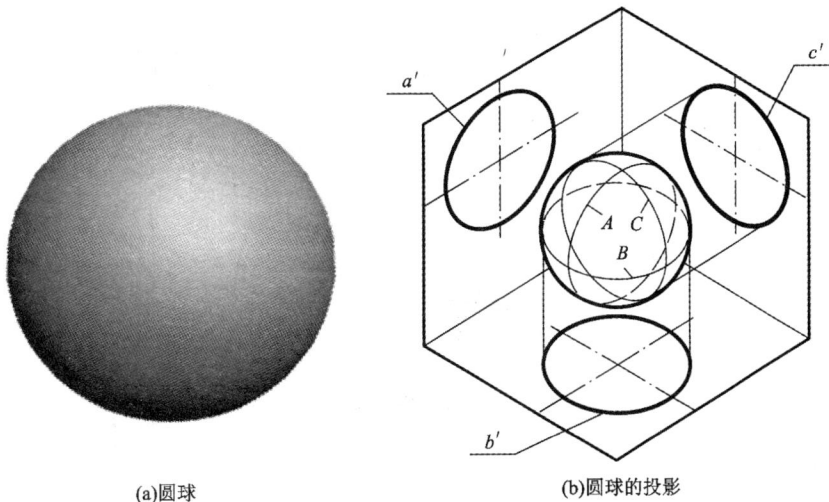

(a)圆球　　　　(b)圆球的投影

图 3 – 10　圆球的投影

2. 圆球的三视图（图 3-11）

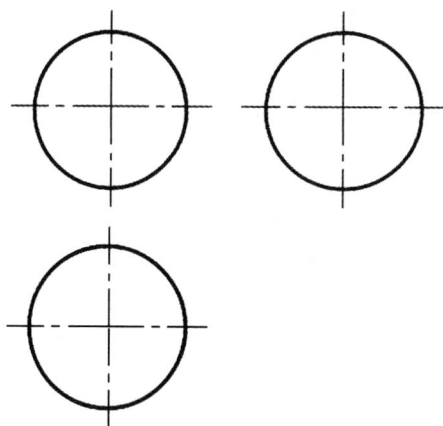

图 3-11　圆球的三视图

任务3.2　平面体的投影作图

任务描述

平面立体是构成组合体或机件的基本要素。熟悉这些基本几何形体的投影作图方法，对以后的学习有非常重要的作用。要求掌握基本几何形体的三面投影的画法、在立体表面上取点或线的作图方法及基本几何体的尺寸标注。

任务：如何表达下述轴承座（图 3-12）各零件的基本几何形体图？

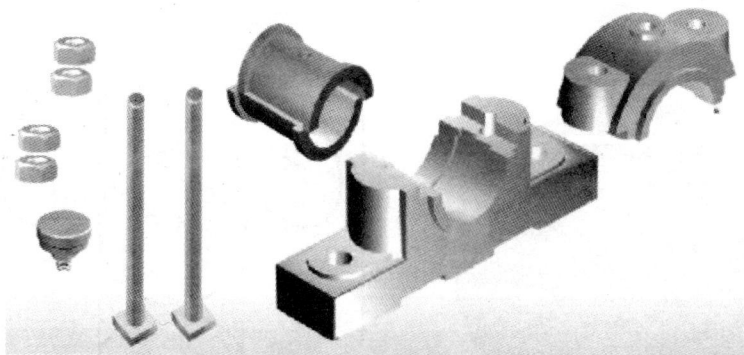

图 3-12　轴承座零件

任务分析

棱柱、棱锥、圆柱、圆锥的投影作图。

知识准备

一、棱柱体表面上点的投影

方法：利用点所在的面的积聚性法（因为正棱柱的各个面均为特殊位置面，均具有积聚性）。

平面立体表面上取点实际就是在平面上取点。首先应确定点位于立体的哪个平面上，并分析该平面的投影特性，然后再根据点的投影规律求得。

【案例3－3】　如图3－13(b)所示，已知棱柱表面上点 m 的正面投影 m'，求作它的其他两面投影 m、m''。因为 m' 可见，所以点 m 必在面 $ABCD$ 上。此棱面是铅垂面，其水平投影积聚成一条直线，故点 m 的水平投影 m 必在此直线上，再根据 m、m' 可求出 m''。由于 $ABCD$ 的侧面投影为可见，故 m'' 也为可见。

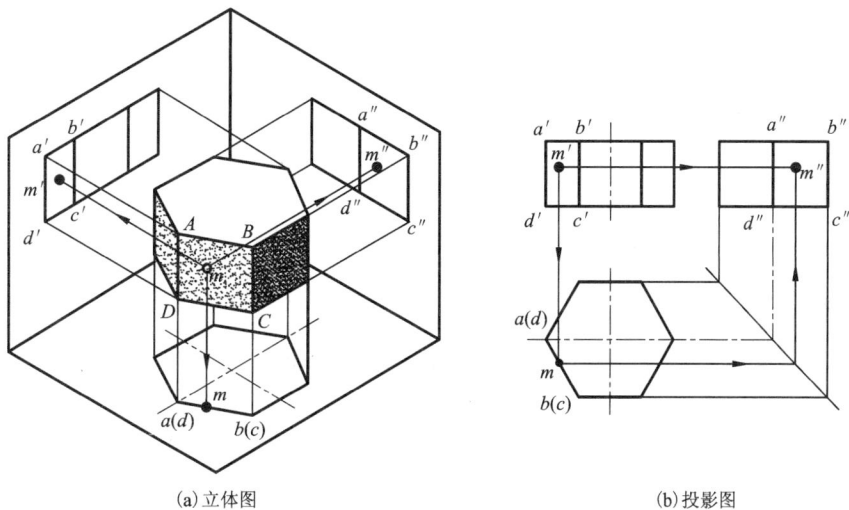

(a) 立体图　　　　　　　　　　　　　(b) 投影图

图3－13　正六棱柱的投影及表面上的点

特别强调：点与积聚成直线的平面重影时，不加括号。

(1) 棱柱表面都处于特殊位置，其表面上的点可利用平面的积聚性求得；

(2) 求解时，注意水平投影和侧面投影的 Y 值要相等；

(3) 点的可见性的判断，面可见，点则可见；反之不可见。

二、棱锥表面上点的投影

方法：①利用点所在的面的积聚性法；②辅助线法。

首先确定点位于棱锥的哪个平面上，再分析该平面的投影特性。若该平面为特殊位置平面，可利用投影的积聚性直接求得点的投影；若该平面为一般位置平面，可通过辅助线法求得。

举例：如图3－14(b)所示，已知正三棱锥表面上点 M 的正面投影 m' 和点 N 的水平面投影 n，求作 M、N 两点的其余投影。

因为 m' 可见, 因此点 M 必定在 △SAB 上。△SAB 是一般位置平面, 采用辅助线法, 过点 M 及锥顶点 S 作一条直线 SK, 与底边 AB 交于点 K。图 3 – 12 中即过 m' 作 $s'k'$, 再作出其水平投影 sk。由于点 M 属于直线 SK, 根据点在直线上的从属性质可知 m 必在 sk 上, 求出水平投影 m, 再根据 m、m' 可求出 m''。

因为点 N 不可见, 故点 N 必定在棱面 △SAC 上。棱面 △SAC 为侧垂面, 它的侧面投影积聚为直线段 $s''a''(c'')$, 因此 n'' 必在 $s''a''(c'')$ 上, 由 n、n'' 即可求出 n。

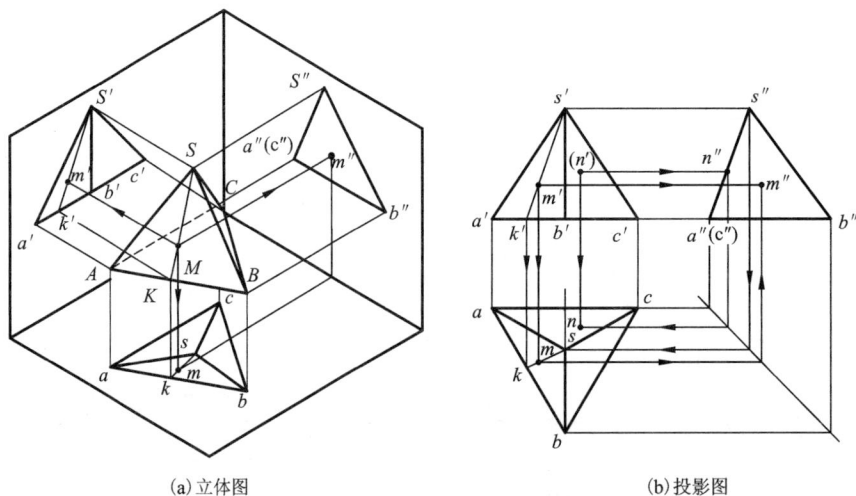

(a)立体图   (b)投影图

图 3 – 14　正三棱锥的投影及表面上的点

任务 3.3　曲面体的投影作图

任务描述

曲面立体也是构成组合体或机件的基本要素。熟悉这些基本几何形体的投影作图方法, 对以后的学习有非常重要的作用。要求掌握基本几何形体的三面投影的画法、在立体表面上取点或线的作图方法及基本几何体的尺寸标注。

任务分析

曲面立体的曲面是由一条母线(直线或曲线)绕定轴回转而形成的。在投影图上表示曲面立体就是把围成立体的回转面或平面与回转面表示出来。

知识准备

一、圆柱面上点的投影

方法: 利用点所在的面的积聚性法(因为圆柱的圆柱面和两底面均至少有一个投影具有积聚性)。

【案例 3 – 4】 如图 3 – 15(b)所示,已知圆柱面上点 M 的正面投影 m',求作点 M 的其余两个投影。

因为圆柱面的投影具有积聚性,圆柱面上点的侧面投影一定重影在圆周上。又因为 m' 可见,所以点 M 必在前半圆柱面的上边,由 m' 求得 m'',再由 m' 和 m'' 求得 m。

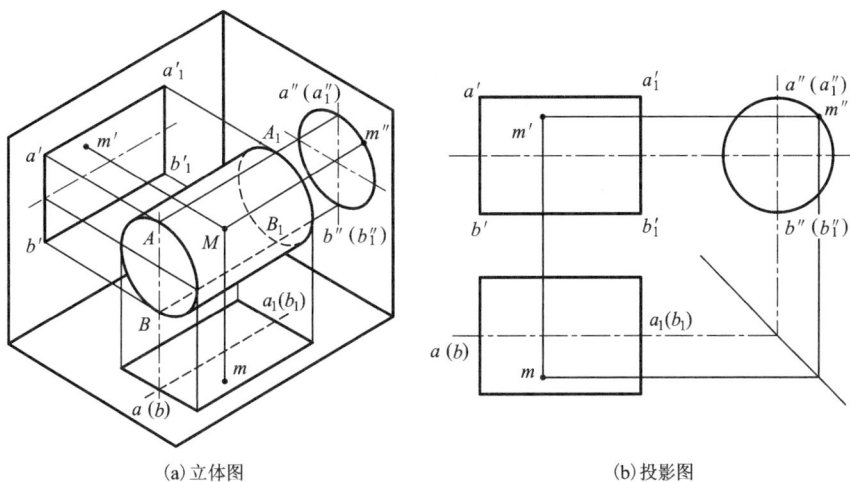

(a)立体图   (b)投影图

图 3 – 15 圆柱的投影及表面上的点

二、圆锥面上点的投影

方法:①辅助线法;②辅助圆法。

【案例 3 – 5】 如图 3 – 16、3 – 17 所示,已知圆锥表面上 M 的正面投影 m',求作点 M 的其余两个投影。因为 m' 可见,所以 M 必在前半个圆锥面的左边,故可判定点 M 的另两面投影均为可见。作图方法有两种:

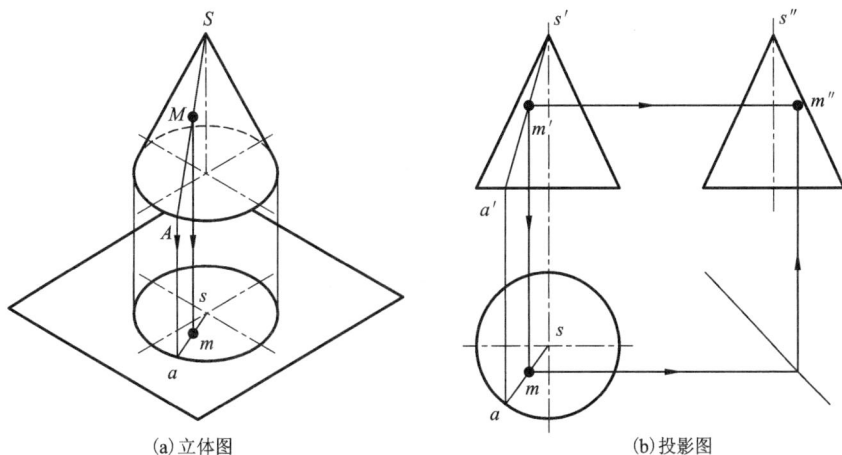

(a)立体图   (b)投影图

图 3 – 16 用辅助线法在圆锥面上取点

作法一：辅助线法　如图3-16(a)所示，过锥顶 S 和 M 作一直线 SA，与底面交于点 A。点 M 的各个投影必在此 SA 的相应投影上。在图3-16(b)中过 m' 作 $s'a'$，然后求出其水平投影 sa。由于点 M 属于直线 SA，根据点在直线上的从属性质可知 m 必在 sa 上，求出水平投影 m，再根据 m、m' 可求出 m''。

作法二：辅助圆法　如图3-17(a)所示，过圆锥面上点 M 作一垂直于圆锥轴线的辅助圆，点 M 的各个投影必在此辅助圆的相应投影上。在图3-17(b)中过 m' 作水平线 $a'b'$，此为辅助圆的正面投影积聚线。辅助圆的水平投影为一直径等于 $a'b'$ 的圆，圆心为 s，由 m' 向下引垂线与此圆相交，且根据点 M 的可见性，即可求出 m。然后再由 m' 和 m 可求出 m''。

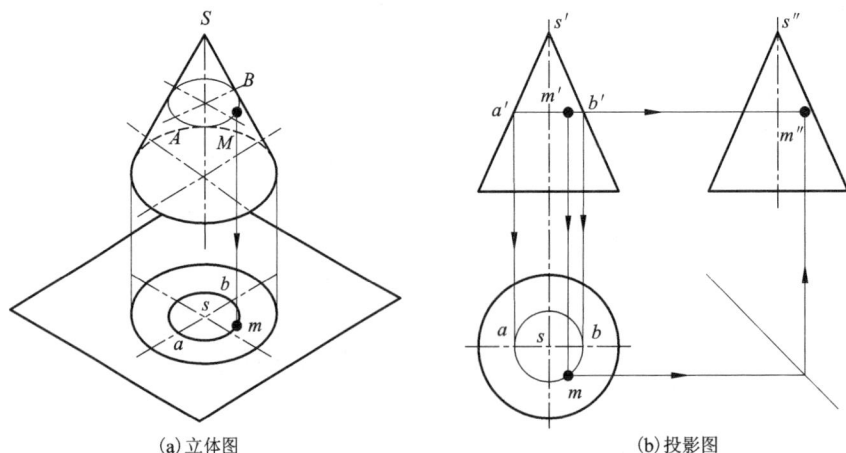

(a)立体图　　　　　　　(b)投影图

图3-17　用辅助圆法在圆锥面上取点

三、圆球面上点的投影

方法：辅助圆法。圆球面的投影没有积聚性，求作其表面上点的投影需采用辅助圆法，即过该点在球面上作一个平行于任一投影面的辅助圆。

【案例3-6】　如图3-18(a)所示，已知球面上点 M 的水平投影，求作其余两个投影。过点 M 作一平行于正面的辅助圆，它的水平投影为过 m 的直线 ab，正面投影为直径等于 ab 长度的圆。自 m 向上引垂线，在正面投影上与辅助圆相交于两点。又由于 m 可见，故点 M 必在上半个圆周上，据此可确定位置偏上的点即为 m'，再由 m、m' 可求出 m''，如图3-18(b)所示。

任务3.4　切割体的投影作图

任务描述

我们已经学习了基本几何体的投影及表面求点，而在实际应用中，机器中的零件往往不是基本几何体，而是基本几何体经过不同方式的切割或组合而成的。

曲面立体的截交线，就是求截平面与曲面立体表面的共有点的投影，然后把各点的同面

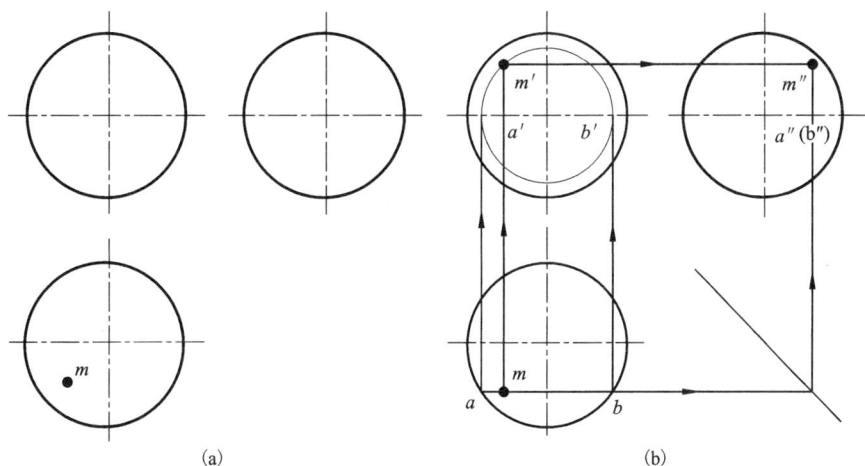

(a)　　　　　　　　　　(b)

图 3 - 18　圆球面上点的投影

投影依次光滑地连接起来。

　　当截平面或曲面立体的表面垂直于某一投影面时，则截交线在该投影面上的投影具有积聚性，可直接利用面上取点的方法作图。

　　任务：当一个物体被切割后（见图 3 - 19），被割面如何表达，残缺部在产品设计中有何应用，请举例。

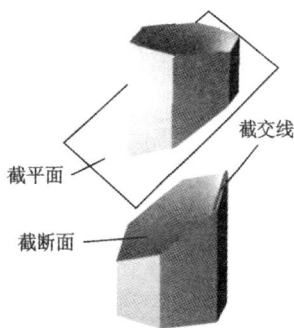

图 3 - 19　切割体

任务分析

　　介绍截平面与截交线的概念；截交线的两个基本性质；平面立体截割的截交线的投影。

知识准备

一、截交线的性质

　　1. 截交线的概念

　　平面与立体表面相交，可以认为是立体被平面截切，此平面通常称为截平面，截平面与立体表面的交线称为截交线。图 3 - 20 为平面与立体表面相交示例。

　　2. 截交线的性质

　　（1）截交线一定是一个封闭的平面图形。

　　（2）截交线既在截平面上，又在立体表面上，截交线是截平面和立体表面的共有线。截交线上的点都是截平面与立体表面上的共有点。

　　因为截交线是截平面与立体表面的共有线，所以求作截交线的实质，就是求出截平面与立体表面的共有点。

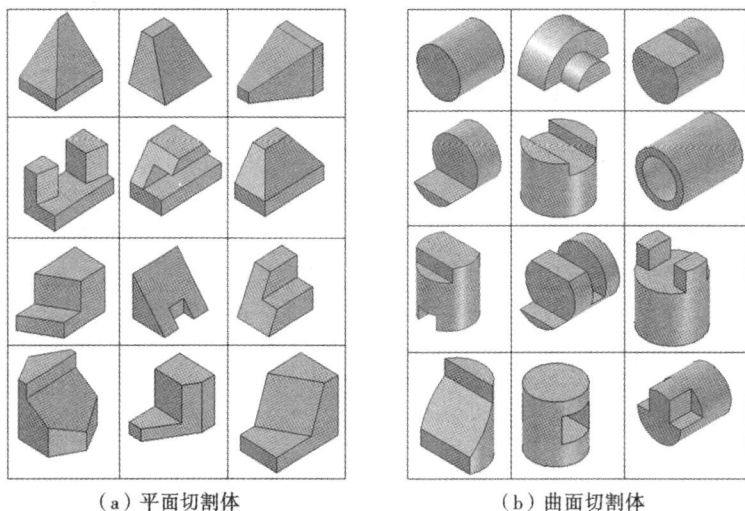

（a）平面切割体　　　　　　　　　　（b）曲面切割体

图 3 – 20　平面与立体表面相交

二、平面与平面立体相交

平面立体的表面是平面图形，因此平面与平面立体的截交线为封闭的平面多边形。多边形的各个顶点是截平面与立体的棱线或底边的交点，多边形的各条边是截平面与平面立体表面的交线。

通过例题讲解平面立体截交线的画法。

【案例 3 – 7】　如图 3 – 21(a)所示为四棱锥，求作正垂面 P 斜切正四棱锥的截交线。

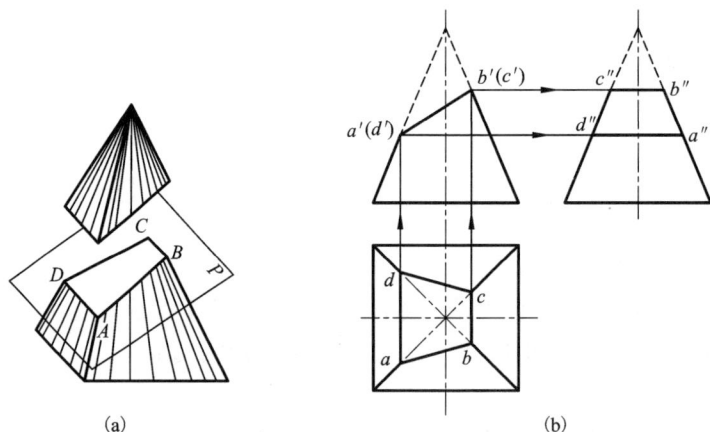

(a)　　　　　　　　　　(b)

图 3 – 21　四棱锥的截交线

分析：截平面与棱锥的四条棱线相交，可判定截交线是四边形，其四个顶点分别是四条棱线与截平面的交点。因此，只要求出截交线的四个顶点在各投影面上的投影，然后依次连接顶点的同名投影，即得截交线的投影。

当用两个以上平面截切平面立体时,在立体上会出现切口、凹槽或穿孔等。作图时,只要作出各个截平面与平面立体的截交线,并画出各截平面之间的交线,就可作出这些平面立体的投影。

【案例3-8】　如图3-22(a)所示为一带切口的正三棱锥。已知它的正面投影,求其另两面投影。

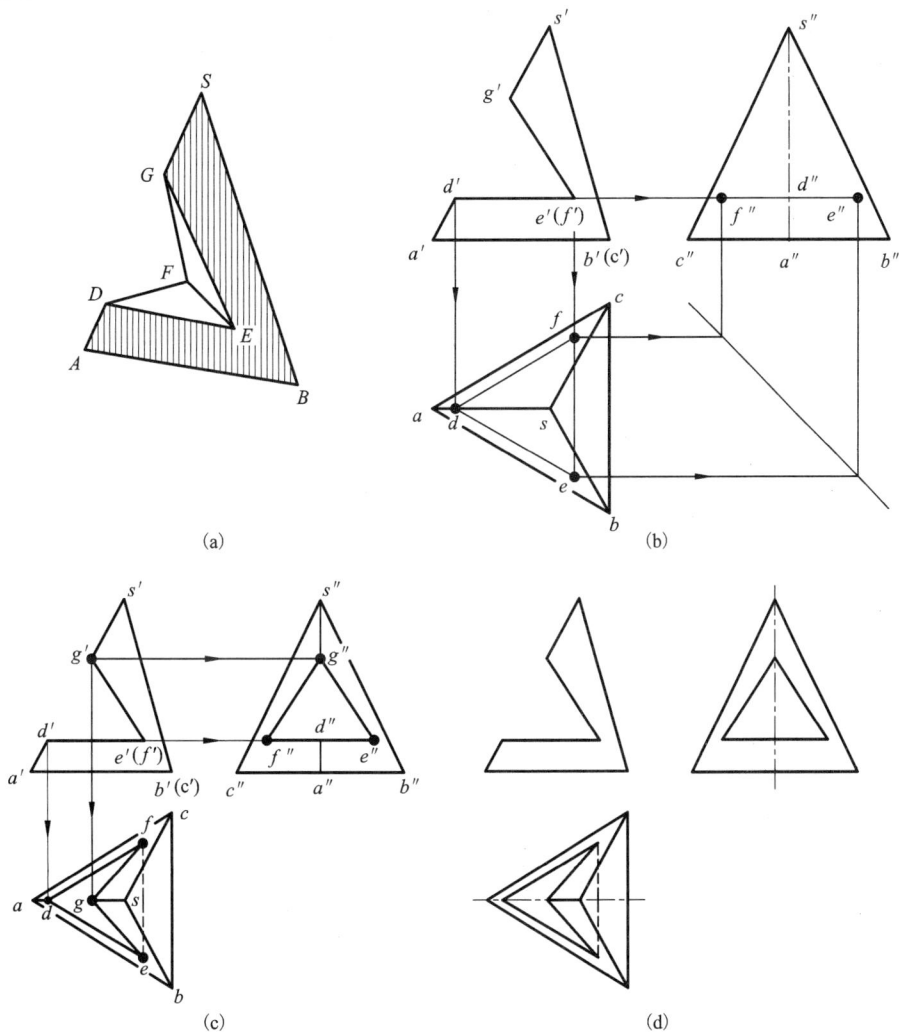

图3-22　带切口正三棱锥的投影

分析:该正三棱锥的切口是由两个相交的截平面切割而形成的。两个截平面一个是水平面,一个是正垂面,它们都垂直于正面,因此切口的正面投影具有积聚性。水平截面与三棱锥的底面平行,因此它与棱面△SAB和△SAC的交线DE、DF必分别平行与底边AB和AC,水平截面的侧面投影积聚成一条直线。正垂截面分别与棱面△SAB和△SAC交于直线GE、GF。由于两个截平面都垂直于正面,所以两截平面的交线一定是正垂线,作出以上交线的投影即可得出所求投影。

三、圆柱的截交线

基本类型：平面截切圆柱时，根据截平面与圆柱轴线的相对位置不同，其截交线有三种不同的形状。

【案例 3 - 9】 如图 3 - 23(a)所示，求圆柱被正垂面截切后的截交线。

分析：截平面与圆柱的轴线倾斜，故截交线为椭圆。此椭圆的正面投影积聚为一直线。由于圆柱面的水平投影积聚为圆，而椭圆位于圆柱面上，故椭圆的水平投影与圆柱面水平投影重合。椭圆的侧面投影是它的类似形，仍为椭圆。可根据投影规律由正面投影和水平投影求出侧面投影。

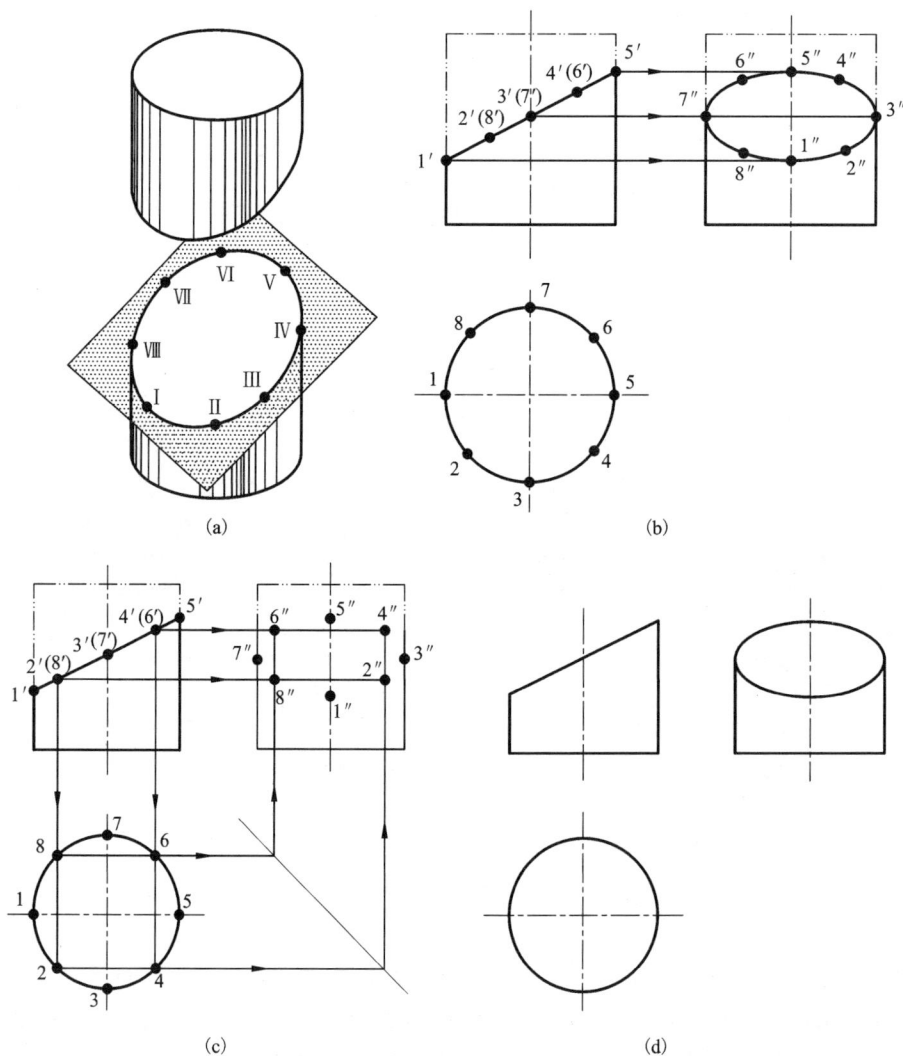

图 3 - 23　圆柱的截交线

【案例 3 - 10】 如图 3 - 24(a)所示，完成被截切圆柱的正面投影和水平投影。

分析：该圆柱左端的开槽是由两个平行于圆柱轴线的对称的正平面和一个垂直于轴线的

侧平面切割而成。圆柱右端的切口是由两个平行于圆柱轴线的水平面和两个侧平面切割而成。

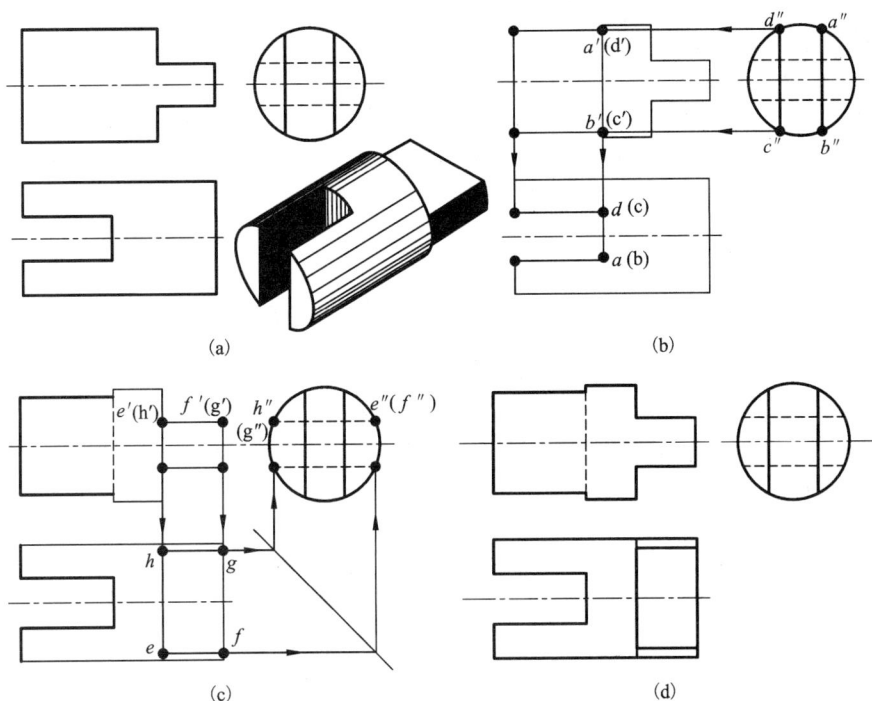

(a)

(b)

(c)

(d)

图 3 – 24 补全带切口圆柱的投影

四、圆锥的截交线

基本类型：平面截切圆锥时，根据截平面与圆锥轴线的相对位置不同，其截交线有五种不同的情况。

【案例 3 – 11】 如图 3 – 25（a）所示，求作被正平面截切的圆锥的截交线。

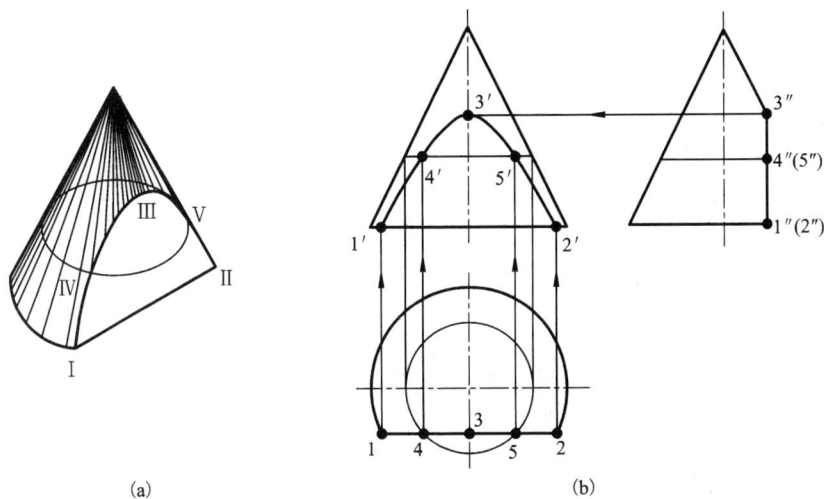

(a)

(b)

图 3 – 25 正平面截切圆锥的截交线

分析：因截平面为正平面，与轴线平行，故截交线为双曲线。截交线的水平投影和侧面投影都积聚为直线，只需求出正面投影。

五、圆球的截交线

基本性质：平面在任何位置截切圆球的截交线都是圆。当截平面平行于某一投影面时，截交线在该投影面上的投影为圆的实形，在其他两面上的投影都积聚为直线，如图 3 – 26 所示。

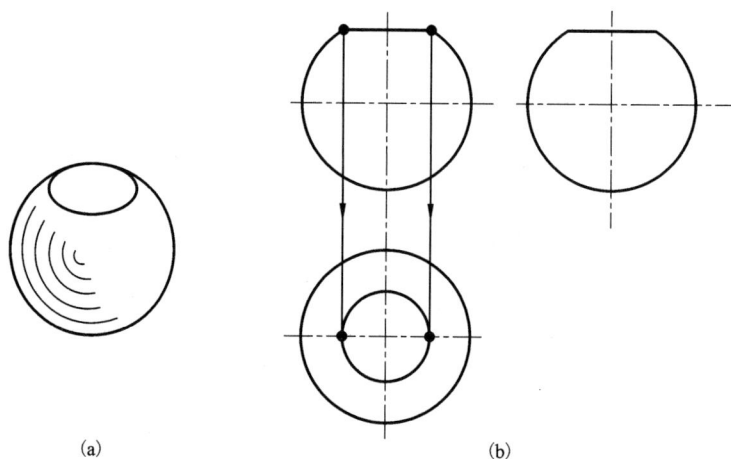

图 3 – 26　圆球的截交线

【案例 3 –12】　如图 3 –27(a)所示，完成开槽半圆球的截交线。

分析：球表面的凹槽由两个侧平面和一个水平面切割而成，两个侧平面和球的交线为两段平行于侧面的圆弧，水平面与球的交线为前后两段水平圆弧，截平面之间得交线为正垂线。

任务实施

根据给定物体的立体图如图 3 –28(a)和主、左视图如图 3 –28(b)所示，补画俯视图。

提示：实际机件常由几个回转体组合而成。求组合回转体的截交线时，首先要分析构成机件的各基本体与截平面的相对位置、截交线的形状、投影特性，然后逐个画出各基本体的截交线，再按它们之间的相互关系连接起来。

分析：图 3 –28(b)顶尖头部是由同轴的圆锥与圆柱组合而成。它的上部被两个相互垂直的截平面 P 和 Q 切去一部分，在它的表面上共出现三组截交线和一条 P 与 Q 的交线。截平面 P 平行于轴线，所以它与圆锥面的交线为双曲线，与圆柱面的交线为两条平行直线。截平面 Q 与圆柱斜交，它截切圆柱的截交线是一段椭圆弧。三组截交线的侧面投影分别积聚在截平面 P 和圆柱面的投影上，正面投影分别积聚在 P、Q 两面的投影(直线)上，因此只需求作三组截交线的水平投影，如图 3 –28(c)所示。

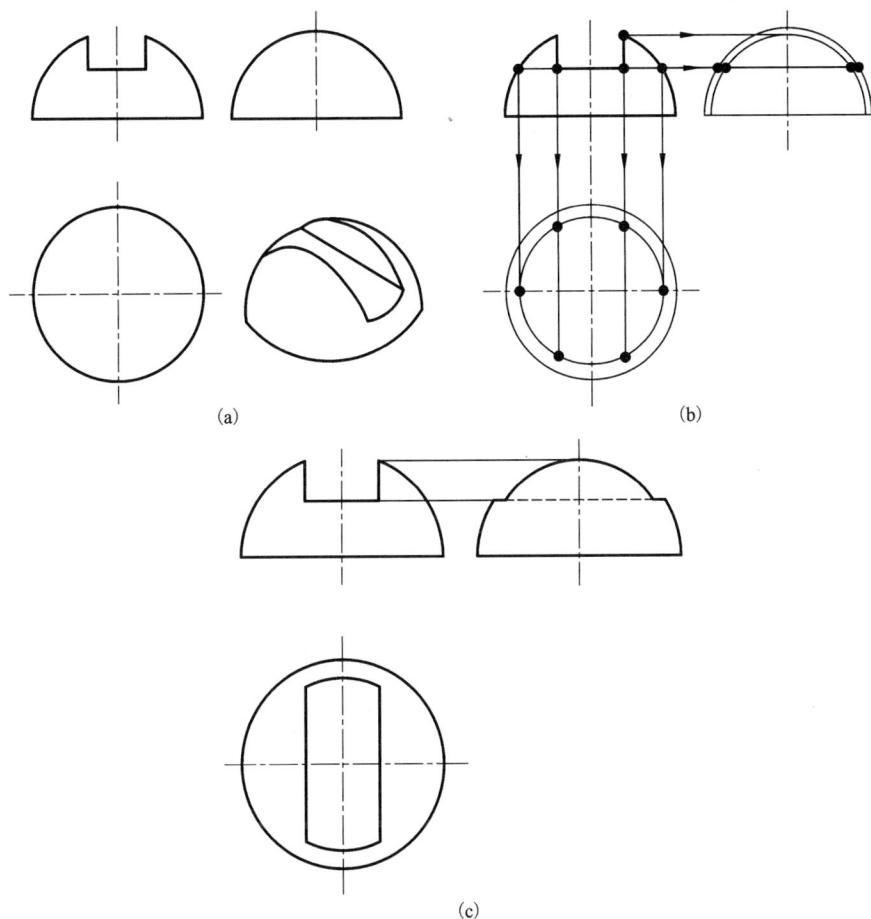

(a)　　　　　　　　　　　　(b)

(c)

图 3 - 27　开槽圆球的截交线

学习小结

1. 基本体的三视图

棱柱：正六棱柱顶面、底面均为水平面，它们的 H 面投影反映实形，V 面及 W 面投影积聚为一直线。前后棱面为正平面，V 面投影反映实形；H 面投影及 W 面投影积聚为一直线。其余棱面均为铅垂面，H 面投影积聚为直线，V 面投影和 W 面投影为类似形。

棱锥：正四棱锥底面为水平面，它的 H 面投影反映实形，V 面及 W 面投影积聚为一直线。前后两面为侧垂面，W 面投影积聚为一直线；H、V 面投影为类似形。左右两面为正垂面，V 面投影积聚为一直线；H、W 面投影为类似形。

圆柱：圆柱顶面、底面均为水平面，它们的 H 面投影反映实形，V 面及 W 面投影积聚为一直线。圆柱面为铅垂面，H 面投影积聚为圆，V 面投影和 W 面投影为矩形。

圆锥：圆锥底面为水平面，它们的 H 面投影反映实形，V 面及 W 面投影积聚为一直线。圆锥面为一般位置面，H 面投影为圆，V 面投影和 W 面投影为三角形。

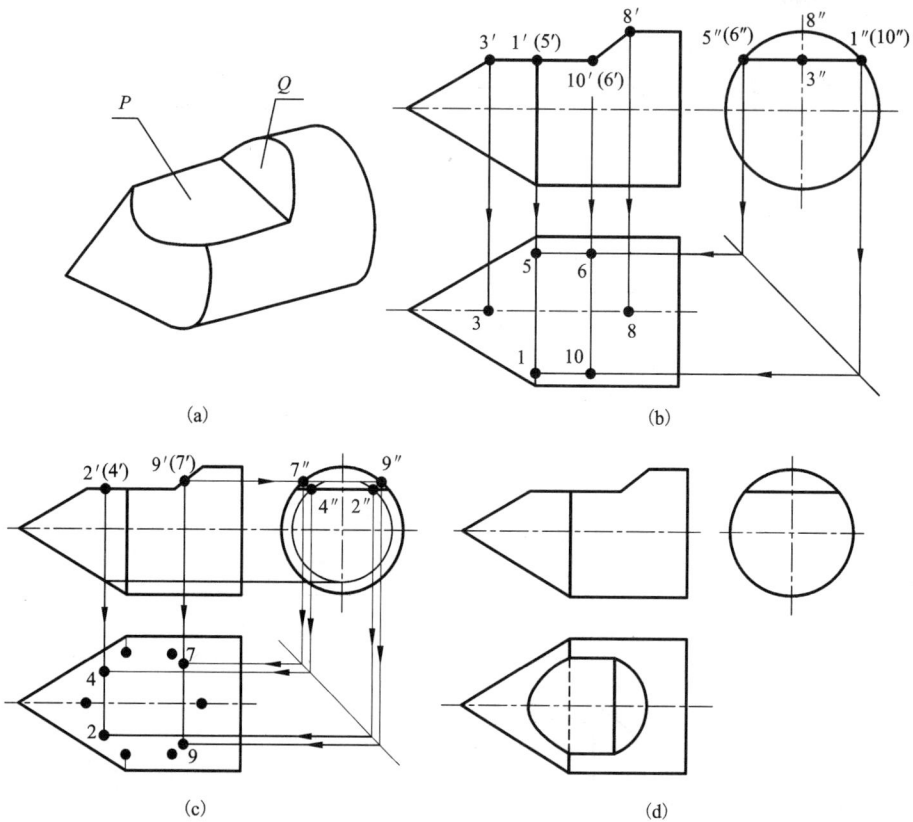

图 3-28 顶尖头的截交线

圆球：球体的三面投影圆是球体分别对 V、H、W 面的三条转向轮廓线圆的投影。

2. 平面体的投影作图

学习重点：平面立体的投影及立体表面取点或线；

学习方法：零件上常见的平面立体是棱柱和棱锥。绘制平面立体可归结为绘制它的所有多边形表面的投影，也是绘制这些多边形的边和顶点的投影。注意当轮廓线的投影为可见时，画粗实线；不可见时，画虚线；当粗实线与虚线重合时，画粗实线。平面立体表面上取点实际上就是在平面上取点。首先应确定点位于立体的哪个平面上，并分析该平面的投影特性，然后再根据点的投影规律求得。具体方法是利用点所在的面的积聚性法和辅助线法。

3. 曲面体的投影作图

学习重点：立体表面取点、线。

学习方法：曲面立体由曲面或曲面和平面所围成。常见的曲面立体有圆柱、圆锥、圆球和圆环及具有环面的回转体。它们通常均称为回转体。

曲面立体的投影就是组成曲面立体的曲面和平面的投影的组合。利用点所在的面的积聚性法。（因为圆柱的圆柱面和两底面均至少有一个投影具有积聚性。）

4. 切割体的投影作图

学习重点：绘制截交线的方法和步骤。

学习方法：当平面切割立体时，由截交线所围成的平面图形称为截断面。由于立体的形状各不相同,它与截平面的相对位置不同,而且截平面可以是一个,也可以是多个,所以截交线的形状也不相同。

求截交线的画法,归结有两种方法:①求出各棱面与截平面的交线,并判别各个投影的可见性,即得截交线的投影;②求出各棱线与截平面的交点,然后依次连接各交点,并判别各个投影的可见性,即得截交线的投影。

自我评估(总分 150 分,时间 150 分钟)

一、判断题(每小题 5 分,共 25 分)

1. 两回转体相交,其交线一定是空间曲线。(　　)

2. 若一平面对 H 面的最大斜度线也是对 W 面的最大斜度线,那么这个平面是一正垂面。(　　)

3. 平面截切四棱锥,其截面形状可能出现三角形或五边形。(　　)

4. 只有过圆锥顶点的平面截切圆锥面,其截交线才是两条相交直线。(　　)

5. 圆球面可以看作由一条圆母线绕其直径回转而成。(　　)

二、单项选择题(每小题 5 分,共 15 分)

1. 在图 3 - 29 中,点 A 与三角形 DEF 的相对位置是(　　)

(a)在 DF 边上

(b)在 DE 边上

(c)在三角形 DEF 前上方

(d)在三角形 DEF 后下方

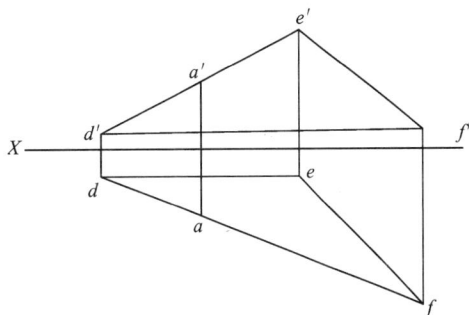

图 3 - 29

2. 已知圆柱被平面截切后(图 3 - 30)的正面投影及水平投影正确的侧面投影应是(　　)

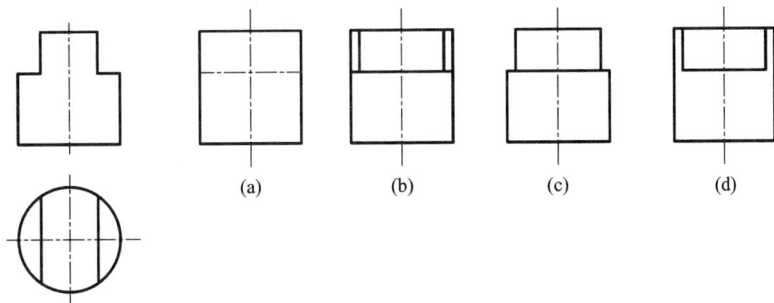

(a)　　　　　(b)　　　　　(c)　　　　　(d)

图 3 - 30

3. 判断图 3 - 31(a)(b)(c)(d)四个左视图中正确的是(　　)

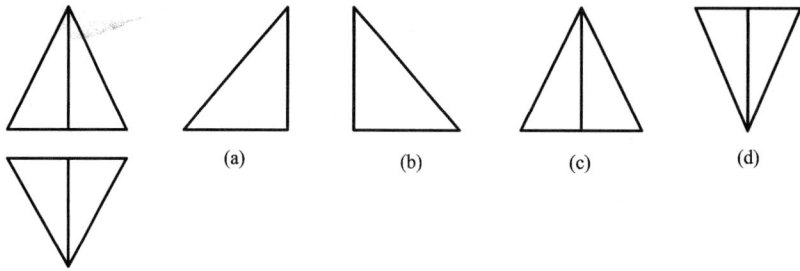

图 3 – 31

三、补全三棱锥切口后的水平投影和侧面投影(图 3 – 32)。(25 分)

四、分析圆锥的截交线(图 3 – 33),完成水平投影和侧面投影。(25 分)

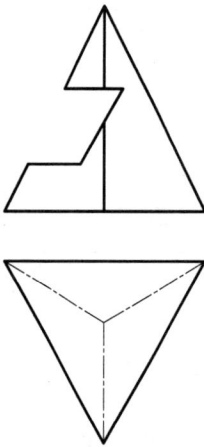

图 3 – 32

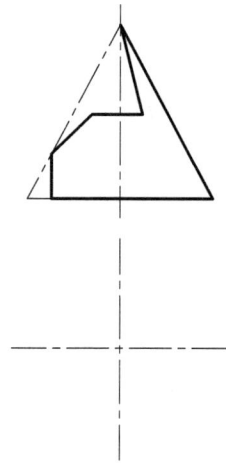

图 3 – 33

五、分析曲面体的截交线(图 3 – 34),完成水平投影。(25 分)

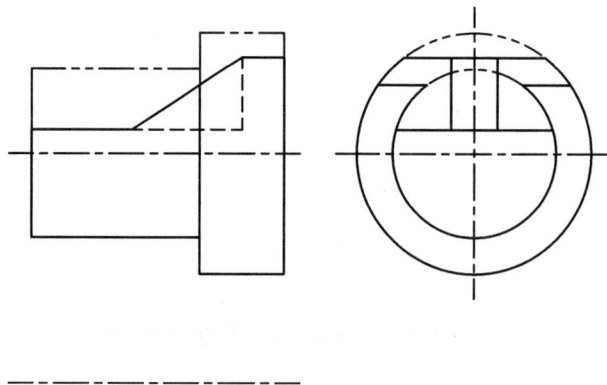

图 3 – 34

六、一题多解(图3 - 35)(至少三解)。(35 分)

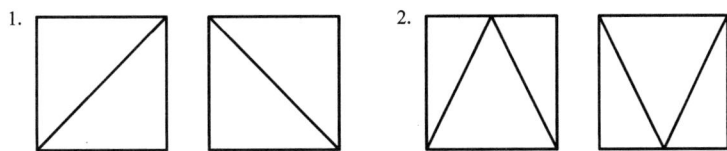

图 3 - 35

项目四

汽车零件轴测图

学习目标

（1）能熟练运用坐标法、切割法、叠加法绘制给定三视图的正等轴测图；

（2）能够根据给定条件正确绘制斜二测图。

任务4.1　认识汽车零件轴测图

任务描述

　　工程上常用的图样是按照正投影法绘制的多面投影图，它能够完整而准确地表达出形体各个方向的形状和大小，而且作图方便。但在图4－1(a)所示的三面正投影图中，每个投影图只能反映形体长、宽、高三个向度中的两个，立体感不强，故缺乏投影知识的人不易看懂，因为看图时需运用正投影原理，对照几个投影，才能想象出形体的形状结构。当形体复杂时，其正投影就更难看懂。为了帮助看图，工程上常采用轴测投影图(简称轴测图)，如图4－1(b)所示，来表达空间形体。

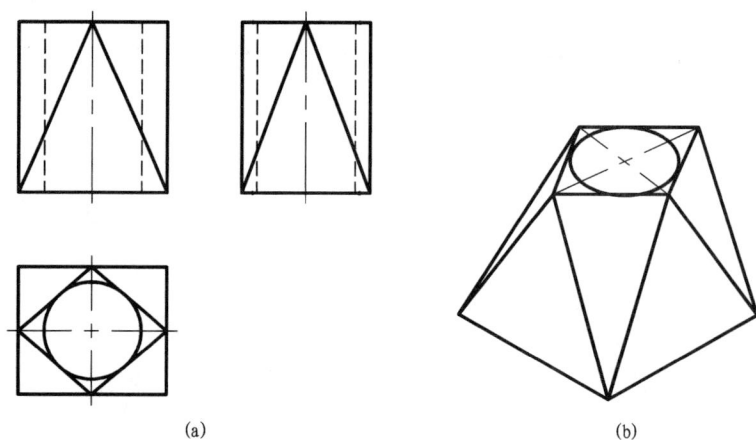

(a)　　　　　　　　　　　　　　　　(b)

图4－1　多面正投影图与轴测投影图

任务分析

轴测图是一种富有立体感的投影图，因此也被称为立体图。它能在一个投影面上同时反映出空间形体三个方向上的形状结构，可以直观形象地表达客观存在或构想的三维物体，接近于人们的视觉习惯，一般人都能看懂。但由于它属于单面投影图，有时对形体的表达不够全面，而且其度量性差，作图较为复杂，因而它在应用上有一定的局限性，常作为工程设计和工业生产中的辅助图样，当然，由于其自身的特点，在某些行业中应用轴测图的机会逐渐增多。

知识准备

一、汽车零件轴测图的形成

将空间物体连同确定其位置的直角坐标系，沿不平行于任一坐标平面的方向，用平行投影法投射在某一选定的单一投影面上所得到的具有立体感的图形，称为轴测投影图，简称轴测图，如图 4 – 2 所示。

在轴测投影中，我们把选定的投影面 P 称为轴测投影面；把空间直角坐标轴 OX、OY、OZ 在轴测投影面上的投影 O_1X_1、O_1Y_1、O_1Z_1 称为轴测轴；把两轴测轴之间的夹角 $\angle X_1O_1Y_1$、$\angle Y_1O_1Z_1$、$\angle X_1O_1Z_1$ 称为轴间角；轴测轴上的单位长度与空间直角坐标轴上对应单位长度的比值，称为轴向伸缩系数。OX、OY、OZ 的轴向伸缩系数分别用 p_1、q_1、r_1 表示。例如，在图 4 – 2 中，$p_1 = O_1A_1/OA$，$q_1 = O_1B_1/OB$，$r_1 = O_1C_1/OC$。

强调：轴间角与轴向伸缩系数是绘制轴测图的两个主要参数。

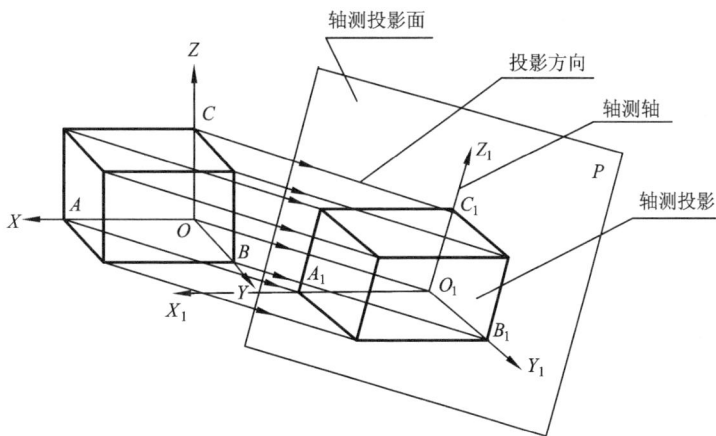

图 4 – 2　轴测图的形成

二、汽车零件轴测图的种类

1. 按照投影方向与轴测投影面的夹角的不同，轴测图可以分为：

（1）正轴测图——轴测投影方向（投影线）与轴测投影面垂直时投影所得到的轴测图。

（2）斜轴测图——轴测投影方向（投影线）与轴测投影面倾斜时投影所得到的轴测图。

2. 按照轴向伸缩系数的不同，轴测图可以分为：

（1）正（或斜）等测轴测图——$p_1 = q_1 = r_1$，简称正（斜）等测图；

（2）正（或斜）二等测轴测图——$p_1 = r_1 \neq q_1$，简称正（斜）二测图；

（3）正（或斜）三等测轴测图——$p_1 \neq q_1 \neq r_1$，简称正（斜）三测图；

三、汽车零件轴测图的基本性质

（1）物体上互相平行的线段，在轴测图中仍互相平行；物体上平行于坐标轴的线段，在轴测图中仍平行于相应的轴测轴，且同一轴向所有线段的轴向伸缩系数相同。

（2）物体上不平行于坐标轴的线段，可以用坐标法确定其两个端点，然后连线画出。

（3）物体上不平行于轴测投影面的平面图形，在轴测图中变成原形的类似形。如长方形的轴测投影为平行四边形，圆形的轴测投影为椭圆等。

任务 4.2 正六棱柱的正等轴测图的画法

任务描述

由物体的正投影绘制轴测图，是根据坐标对应关系作图，即利用物体上的点、线、面等几何元素在空间坐标系中的位置，用沿轴向测定的方法，确定其在轴测坐标系中的位置，从而得到相应的轴测图。

正等轴测图可以帮助我们了解产品的结构、外观、功能等，它是技术图样中非常重要的一种，可以用于构思设计草图。

根据正六棱柱的主、俯视图如图 4 - 3（a）所示，作出其正等轴测图。

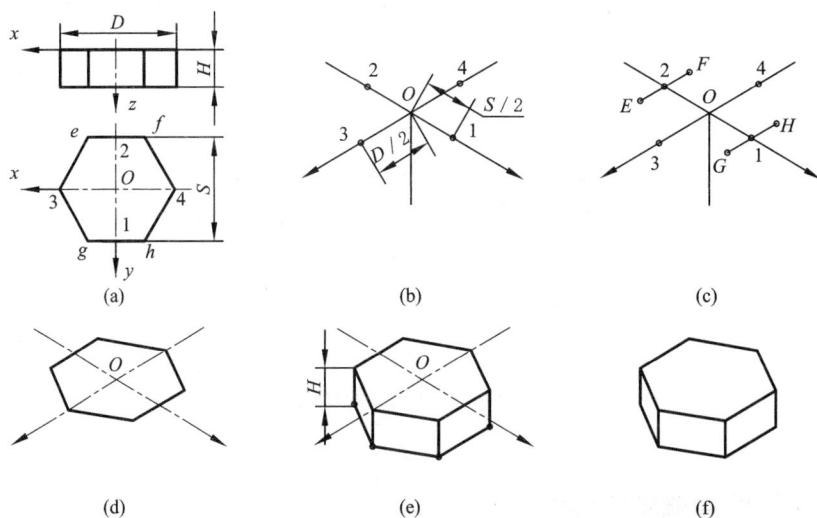

图 4 - 3 用坐标法画正六棱柱的正等轴测图

任务分析

凡是与坐标轴平行的线段，就可以在轴测图上沿轴向进行度量和作图。而与坐标轴不平行的线段其伸缩系数与之不同，不能直接度量与绘制，只能根据端点坐标，作出两端点后连线绘制。

知识准备

一、正等轴测图的形成及参数

1. 形成方法

如图 4 - 4(a)所示，如果使三条坐标轴 OX、OY、OZ 对轴测投影面处于倾角都相等的位置，把物体向轴测投影面投影，这样所得到的轴测投影就是正等测轴测图，简称正等测图。

2. 参数

图 4 - 4(b)表示了正等测图的轴测轴、轴间角和轴向伸缩系数等参数及画法。从图中可以看出，正等测图的轴间角均为 120°，且三个轴向伸缩系数相等。经推证并计算可知 $p_1 = q_1 = r_1 = 0.82$。为作图简便，实际画正等测图时采用 $p_1 = q_1 = r_1 = 1$ 的简化伸缩系数画图，即沿各轴向的所有尺寸都按物体的实际长度画图。但按简化伸缩系数画出的图形比实际物体放大了 $1/0.82 \approx 1.22$ 倍。

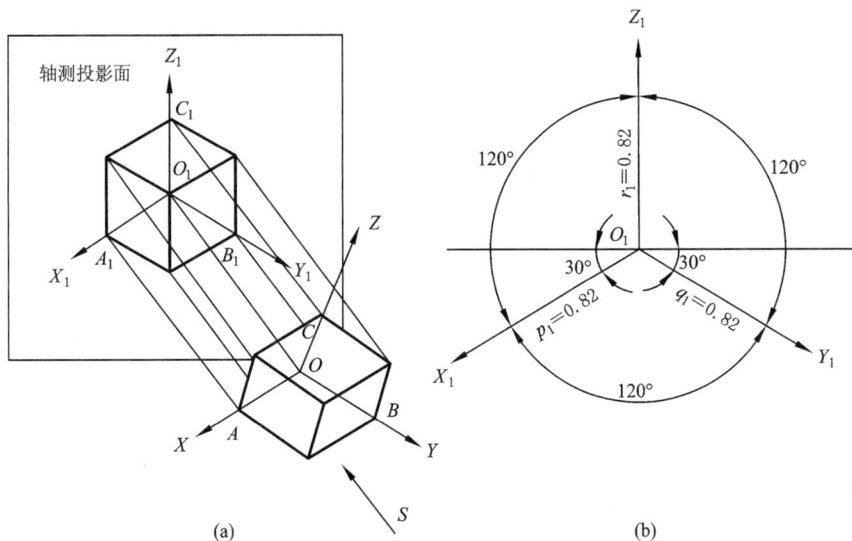

图 4 - 4 正等轴测图的形成方法及参数

二、平面立体正等轴测图的画法

1. 坐标法

画轴测图时，先在物体三视图中确定坐标原点和坐标轴，然后按物体上各点的坐标关系采用简化轴向变形系数，依次画出各点的轴测图，由点连线而得到物体的正等测图，如图 4 - 5 所示。坐标法是画轴测图最基本的方法。

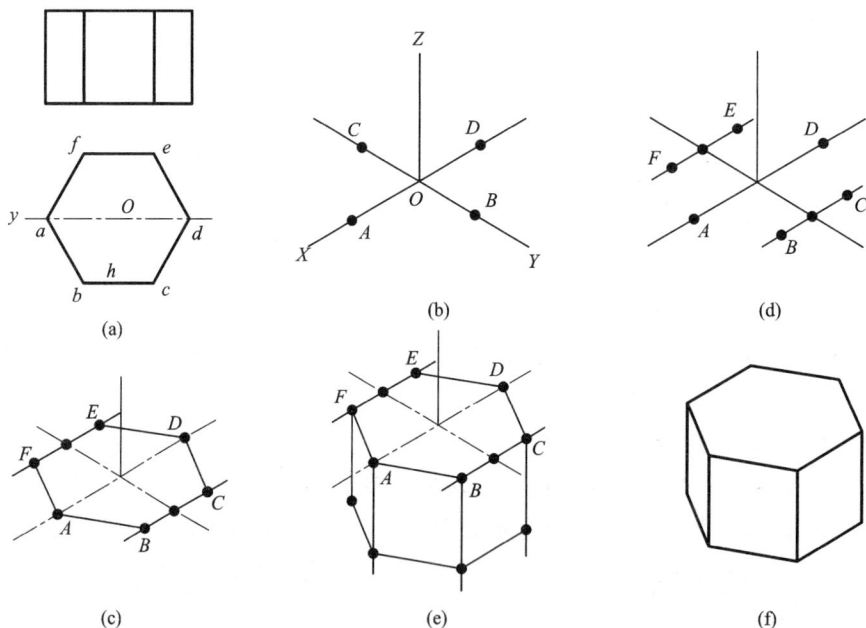

图 4 - 5 坐标法

2.切割法

在平面立体的轴测图上，图形由直线组成，作图比较简单，且能反映各种轴测图的基本绘图方法，因此，在学习轴测图时，一般先从平面立体的轴测图入手。当平面立体上的平面多数和坐标平面平行时，可采用叠加或切割的方法绘制。画图时，可先画出基本形体的轴测图，然后再用叠加切割法逐步完成作图。画图时，可先确定轴测轴的位置，然后沿与轴测轴平行的方向，按轴向缩短系数直接量取尺寸。

注意：在画和坐标平面不平行的平面时，不能沿与坐标轴倾斜的方向测量尺寸，如图 4 - 6 所示。

3.叠加法

绘制轴测图时，要按形体分析法画图，先画基本形体，然后从大的形体着手，由小到大，采用叠加或切割的方法逐步完成。在切割和叠加时，要注意形体位置的确定方法。轴测投影的可见性比较直观，对不可见的轮廓可省略虚线，在轴测图上形体轮廓能否被挡住要作图判断，不能凭感觉绘图，如图右侧三棱柱肋板的可见性，底板下面的四个长方体腿的可见性等。如图 4 - 7 所示。

［**案例 4 - 1**］ 长方体的正等测图

分析：根据长方体的特点，选择其中一个角顶点作为空间直角坐标系原点，并以过该角顶点的三条棱线为坐标轴。先画出轴测轴，然后用各顶点的坐标分别定出长方体的八个顶点的轴测投影，依次连接各顶点即可。

作图方法与步骤如图 4 - 8 所示。

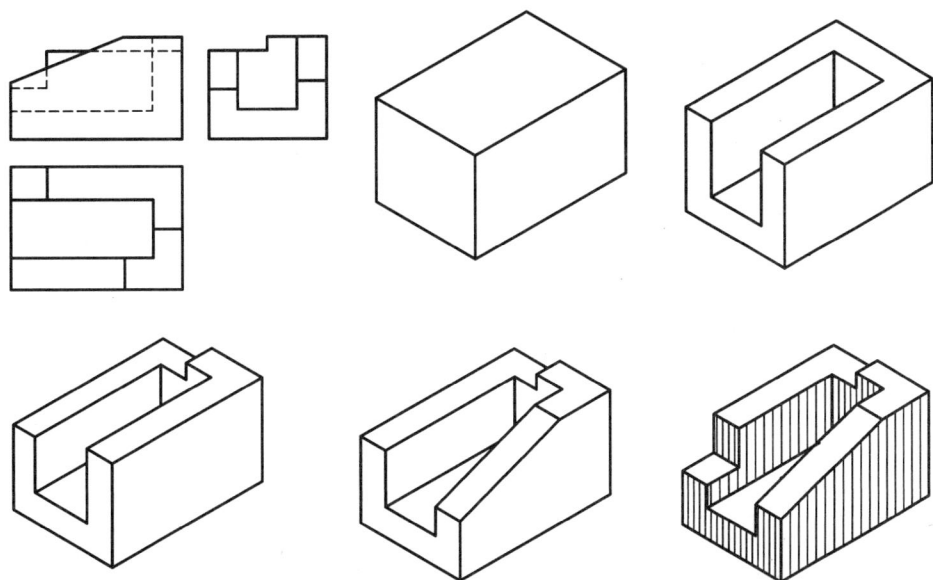

图 4-6　切割法

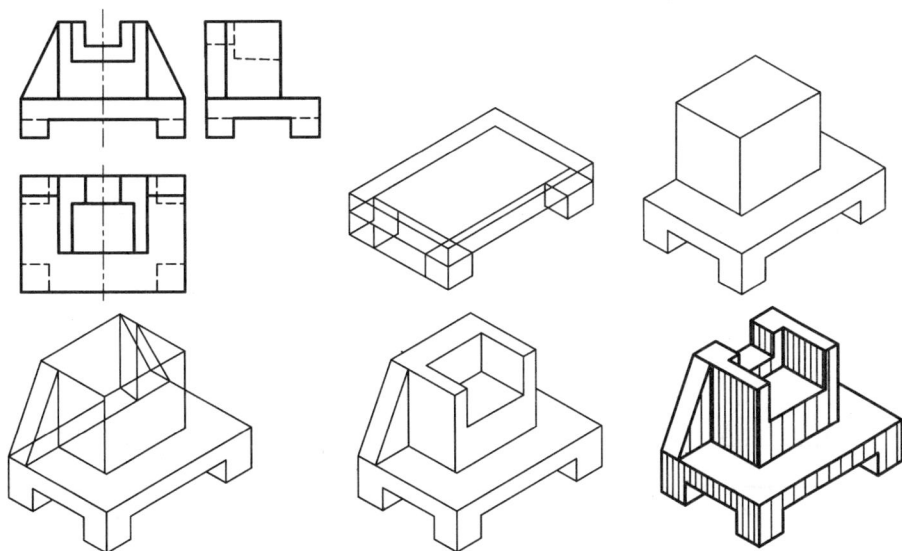

图 4-7　叠加法

[案例 4-2]　正六棱柱体的正等测图

分析：由于正六棱柱前后、左右对称，为了减少不必要的作图线，从顶面开始作图比较方便。因而选择顶面的中点作为空间直角坐标系原点，棱柱的轴线作为 OZ 轴，顶面的两条对称线作为 OX、OY 轴。然后用各顶点的坐标分别定出正六棱柱的各个顶点的轴测投影，依次连接各顶点即可。

作图方法与步骤如图 4-9 所示。

[案例 4-3]　三棱锥的正等测图

分析：由于三棱锥由各种位置的平面组成，作图时可以先作出锥顶和底面的轴测投影，然后连接各棱线即可。

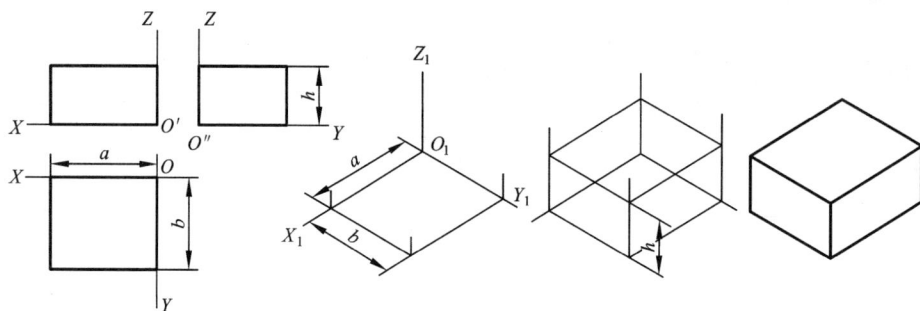

图 4-8　长方体的正等测图

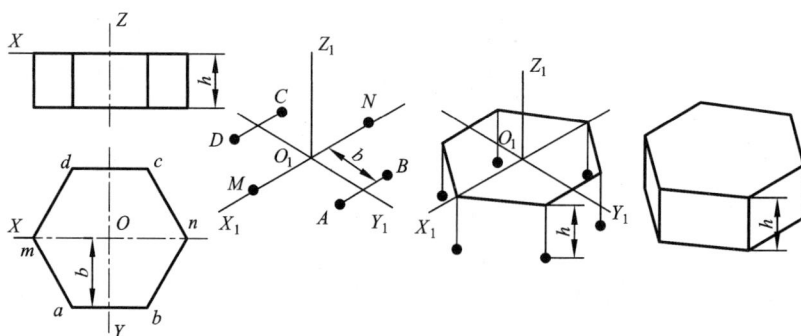

图 4-9　正六棱柱体的正等测图

作图方法与步骤如图 4-10 所示。

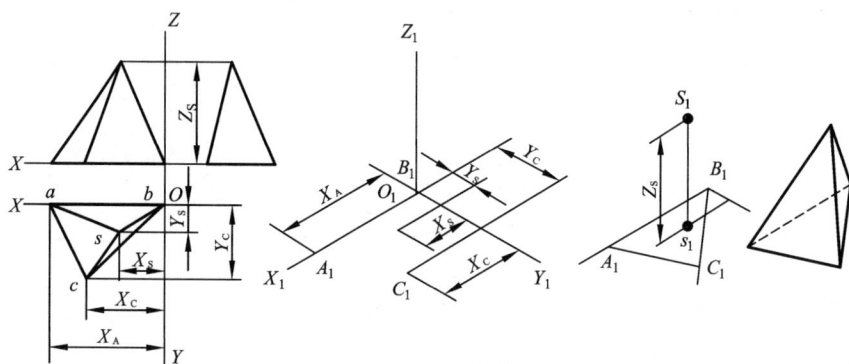

图 4-10　三棱锥的正等测图

4. 圆的正等轴测图的画法

(1) 平行于不同坐标面的圆的正等测图

平行于坐标面的圆的正等测图都是椭圆，除了长短轴的方向不同外，画法都是一样的。图 4-9 所示为三种不同位置的圆的正等测图。

作圆的正等测图时，必须弄清椭圆的长短轴的方向。分析图 4 - 11 所示的图形（图中的菱形为与圆外切的正方形的轴测投影）即可看出，椭圆长轴的方向与菱形的长对角线重合，椭圆短轴的方向垂直于椭圆的长轴，即与菱形的短对角线重合。

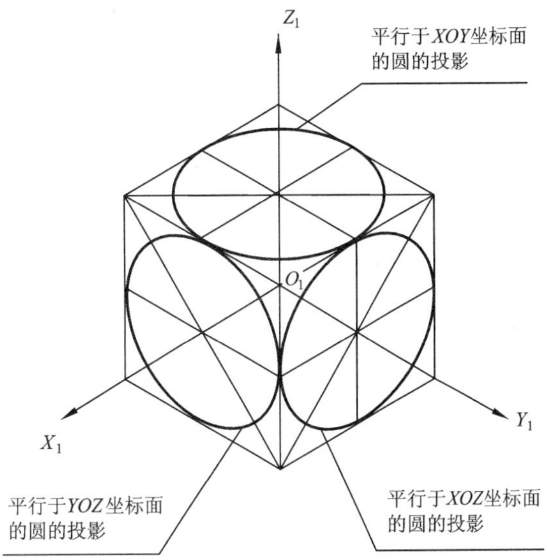

通过分析，还可以看出，椭圆的长短轴和轴测轴有关，即：

a）圆所在平面平行 XOY 面时，它的轴测投影——椭圆的长轴垂直 O_1Z_1 轴，即成水平位置，短轴平行于 O_1Z_1 轴；

b）圆所在平面平行 XOZ 面时，它的轴测投影——椭圆的长轴垂直 O_1Y_1 轴，即向右方倾斜，并与水平线成 $60°$ 角，短轴平行于 O_1Y_1 轴；

图 4 - 11　平行坐标面上圆的正等测图

c）圆所在平面平行 YOZ 面时，它的轴测投影——椭圆的长轴垂直 O_1X_1 轴，即向左方倾斜，并与水平线成 $60°$ 角，短轴平行于 O_1X_1 轴。

概括起来就是：平行坐标面的圆（视图上的圆）的正等测投影是椭圆，椭圆长轴垂直于不包括圆所在坐标面的那根轴测轴，椭圆短轴平行于该轴测轴。

（2）用"四心法"作圆的正等测图

"四心法"画椭圆就是用四段圆弧代替椭圆。

[案例 4 - 4]　下面以平行于 H 面（即 XOY 坐标面）的圆为例，说明圆的正等测图的画法。其作图方法与步骤如图 4 - 12 所示。

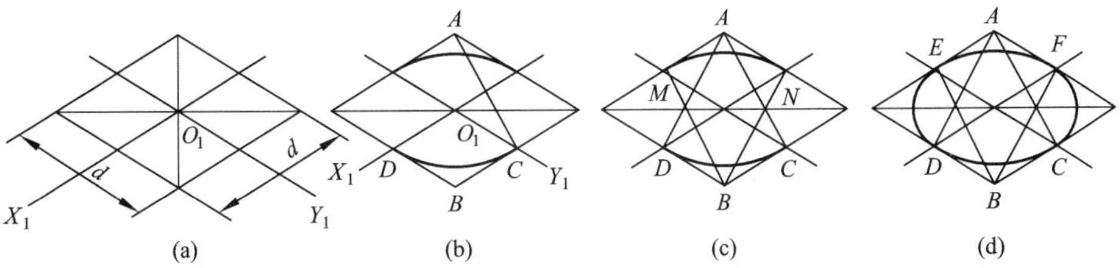

图 4 - 12　用四心法作圆的正等测图

a）画出轴测轴，按圆的外切的正方形画出菱形，见图 4 - 12（a）。

b）以 A、B 为圆心，AC 为半径画两大弧，见图 4 - 12（b）。

c）连 AC 和 AD 分别交长轴于 M、N 两点，见图 4 - 12（c）。

d）以 M、N 为圆心，MD 为半径画两小弧；在 C、D、E、F 处与大弧连接，见图 4 - 12（d）。

平行于 V 面（即 XOZ 坐标面）的圆、平行于 W 面（即 YOZ 坐标面）的圆的正等测图的画法都与上面类似（请自行分析）。

三、曲面立体的正等测图的画法

[**案例 4 – 5**] 圆柱和圆台的正等测图

如图 4 – 13 所示，作图时，先分别作出其顶面和底面的椭圆，再作其公切线即可。

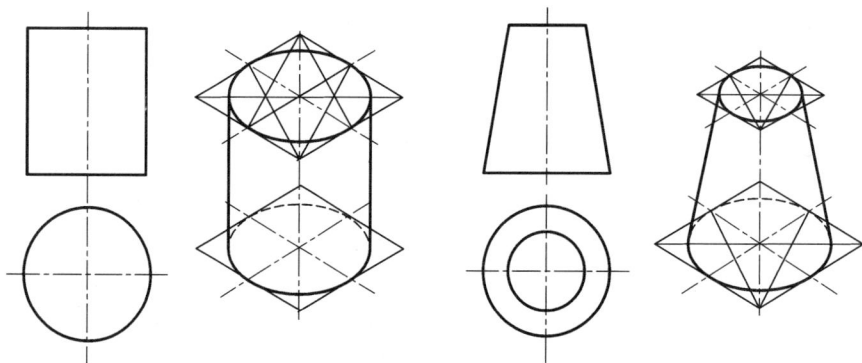

图 4 – 13　圆柱和圆台的正等测图

[**案例 4 – 6**] 圆角的正等测图

圆角相当于四分之一的圆周，因此，圆角的正等测图，正好是近似椭圆的四段圆弧中的一段。作图时，可简化成如图 4 – 14 所示的画法。

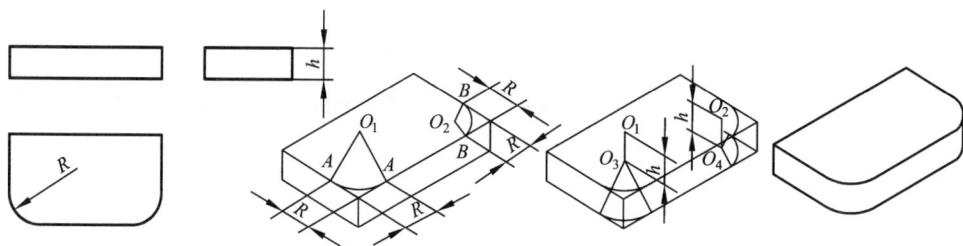

图 4 – 14　圆角的正等测图

强调：在画曲面立体的正等测图时，一定要明确圆所在平面与那一个坐标面平行，才能确保画出的椭圆正确。画同轴并且相等的椭圆时，要善于应用移心法以简化作图和保持图面的清晰。

任务实施

见任务 4.2，根据正六棱柱的主、俯视图（图 4 – 3 所示），作出其正等测图。

分析：首先要看懂两视图，想象出正六棱柱的形状大小。由图 4 – 3（a）可以看出，正六棱柱的前后、左右都对称，因此，选择顶面（也可选择底面）的中点作为坐标原点，并且从顶面开始作图。

作图步骤：

（1）在正投影图上确定坐标系，选取顶面（也可选择底面）的中点作为坐标原点，如图4-3（a）所示。

（2）画正等测轴测轴，根据尺寸S、D定出顶面上的Ⅰ、Ⅱ、Ⅲ、Ⅳ四个点，如图4-3（b）所示。

（3）过Ⅰ、Ⅱ两点作直线平行于OX，在所作两直线上各截取正六边形边长的一半，得顶面的四个顶点E、F、G、H，如图4-3（c）所示。

（4）连接各顶点如图4-3（d）所示。

（5）过各顶点向下取尺寸H，画出侧棱及底面各边，如图4-3（e）所示。

（6）擦去多余的作图线，加深可见图线即完成全图，如图4-3（f）所示。

任务4.3　圆盘的斜二测图的画法

任务描述

前面讲解了正等轴测图的画法，大家都知道了轴间角∠XOY＝∠YOZ＝∠ZOX＝120°的轴测图叫做正等测图，且轴向简化伸缩系数都为1，这样一来在画图时就可以根据三视图中所标注的尺寸直接在轴测轴上量取尺寸找点，然后连点成线，由线再组成面，再由面形成体。

圆的正等测图绘制起来非常麻烦，下面讲解另一种轴测图及其绘制方法，学完这一种轴测图的绘制方法之后你会发现绘制圆的轴测投影非常方便。

求作法兰盘（图4-15）的斜二测图

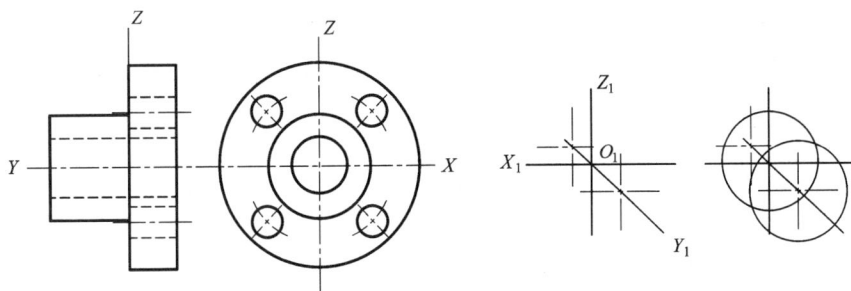

图4-15　法兰盘的斜二测图

任务分析

斜二测图是轴测投影的一种，X，Y，Z各方向的变化比例叫做变形系数。我们通常用的轴间角45°、变形系数0.5的图形叫正面斜二测图，变形系数0.5，它实际是简化的变形系数，并不是立体图形按比例直接投影的结果，而是出于简单和美观。较准确的比例关系是0.97∶0.47∶0.97。

画直观图的方法就叫斜二测画法。

知识准备

一、斜二测图的形成和参数

1. 斜二测图的形成

如图 4 – 16(a)所示，如果使物体的 XOZ 坐标面对轴测投影面处于平行的位置，采用平行斜投影法也能得到具有立体感的轴测图，这样所得到的轴测投影就是斜二等测轴测图，简称斜二测图。

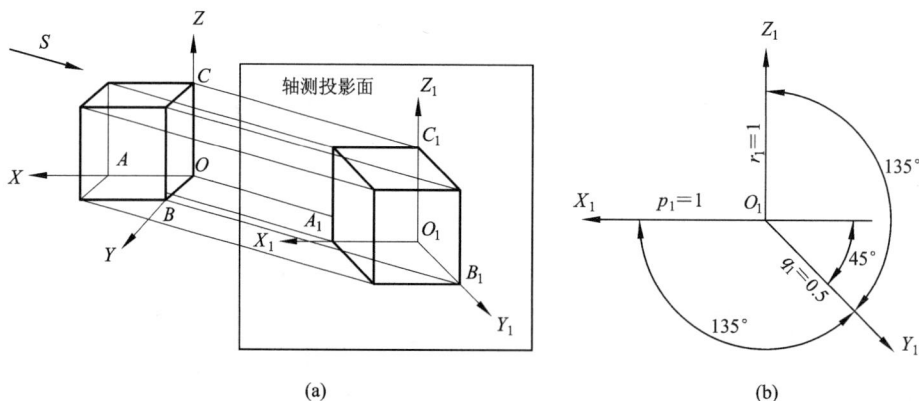

(a)   (b)

图 4 – 16　斜二测图的形成及参数

2. 斜二测图的参数

图 4 – 16(b)表示斜二测图的轴测轴、轴间角和轴向伸缩系数等参数及画法。从图中可以看出，在斜二测图中，$O_1X_1 \perp O_1Z_1$ 轴，O_1Y_1 与 O_1X_1、O_1Z_1 的夹角均为 135°，三个轴向伸缩系数分别为 $p_1 = r_1 = 1$，$q_1 = 0.5$。

二、斜二测图的画法

斜二测图的画法与正等测图的画法基本相似，区别在于轴间角不同以及斜二测图沿 O_1Y_1 轴的尺寸只取实长的一半。在斜二测图中，物体上平行于 XOZ 坐标面的直线和平面图形均反映实长和实形，所以，当物体上有较多的圆或曲线平行于 XOZ 坐标面时，采用斜二测图比较方便。

举例讲解斜二测图的画法。

[**案例 4 – 7**]　四棱台的斜二测图

作图方法与步骤如图 4 – 17 所示。

[**案例 4 – 8**]　圆台的斜二测图

作图方法与步骤如图 4 – 18 所示。

任务实施

求作法兰盘如图 4 – 19(a)的斜二测图。

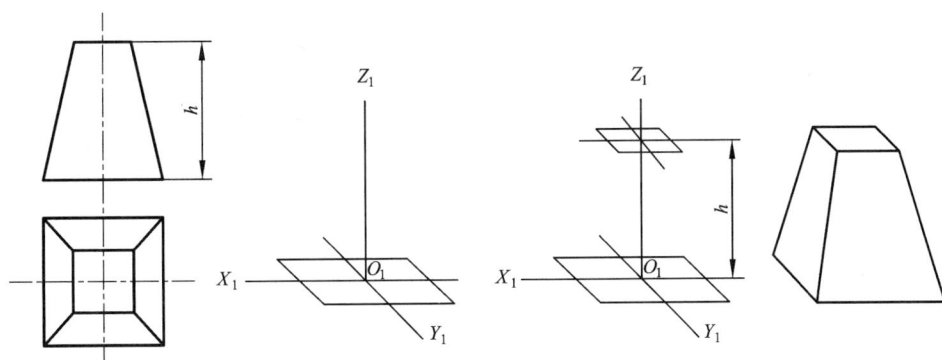

图 4 – 17　斜二测图的形成及参数

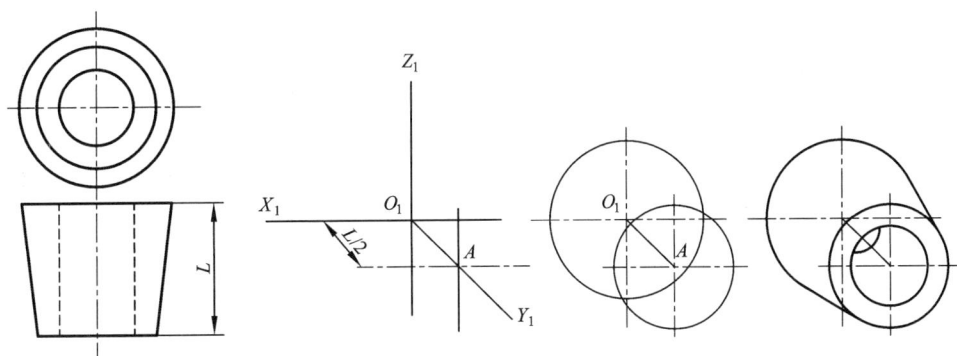

图 4 – 18　正四棱台的斜二测图

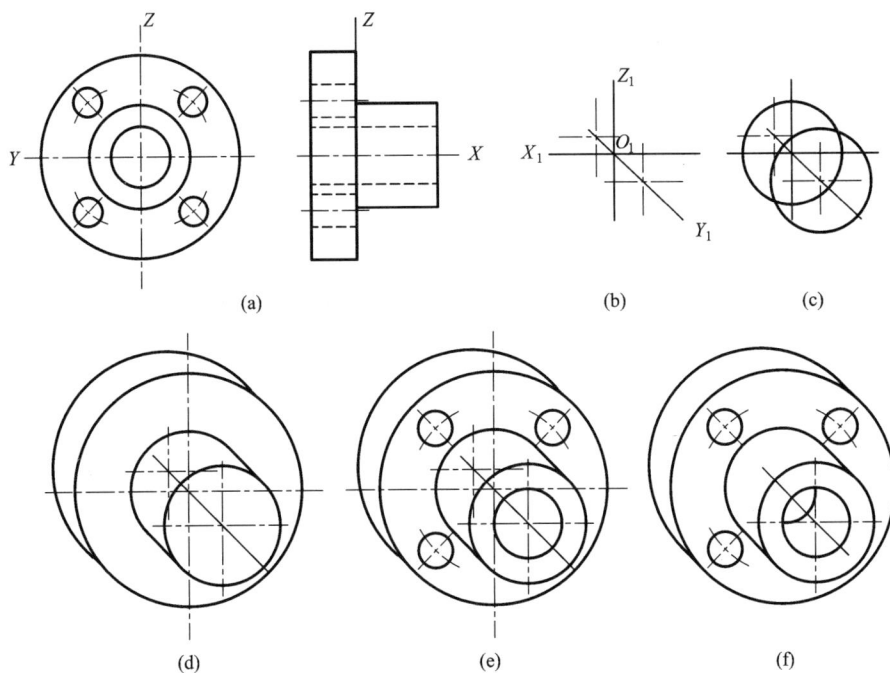

(a)　　　　　　　　　　　　(b)　　　　　　　(c)

(d)　　　　　　　　　　(e)　　　　　　　　　(f)

图 4 – 19　法兰盘的斜二测图

分析：法兰盘的形状特点是在一个方向的相互平行的平面上有圆。如果画成正等测图，则由于椭圆数量过多而显得烦琐，可以考虑画成斜二测图，作图时选择各圆的平面平行于坐标面 XOZ，即法兰盘的轴线与 Y 轴重合，具体作图方法和步骤如图 4−19 所示。

强调：只有平行于 XOZ 坐标面的圆的斜二测投影才反映实形，仍然是圆。而平行于 XOY 坐标面和平行于 YOZ 坐标面的圆的斜二测投影都是椭圆，其画法比较复杂，本书不作讨论。

学习小结

1. 正等测图的作图方法总结

(1)画平面立体的轴测图时，首先应选好坐标轴并画出轴测轴；然后根据坐标确定各顶点的位置；最后依次连线，完成整体的轴测图。具体画图时，应分析平面立体的形体特征，一般总是先画出物体上一个主要表面的轴测图。通常是先画顶面，再画底面；有时需要先画前面，再画后面，或者先画左面，再画右面。

(2)为使图形清晰，轴测图中一般只画可见的轮廓线，避免用虚线表达。

2. 正等轴测图和斜二轴测图的优缺点

(1)在斜二测图中，由于平行于 XOZ 坐标面的平面的轴测投影反映实形，因此，当立体的正面形状复杂，具有较多的圆或圆弧，而在其他平面上图形较简单时，采用斜二测图比较方便。

(2)正等轴测图最为常用。优点：直观、形象，立体感强。缺点：椭圆作图复杂。

重点掌握正等轴测图与斜二轴测图的画法。由于正等轴测图中各个方向的椭圆画法相对比较简单，所以当物体各个方向都有圆时，一般都采用正等轴测图。斜二轴测图的优点是物体上凡是平行于投影面的平面在图上都反映实形，因此，当物体只有一个方向的形状比较复杂，特别是只有一个方向有圆时，常采用斜二轴测图。

自我评估

1. 画斜二轴测图(图 4−20)。(30 分)

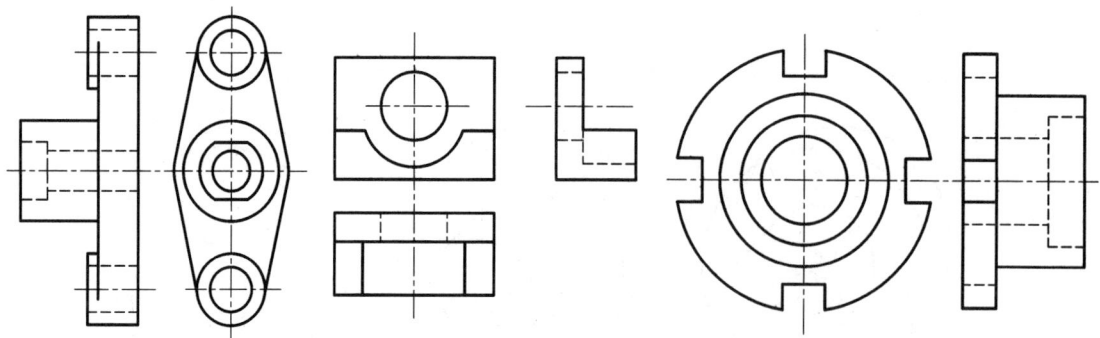

图 4−20

2. 画正等轴测图(图 4 – 21)。(40 分)

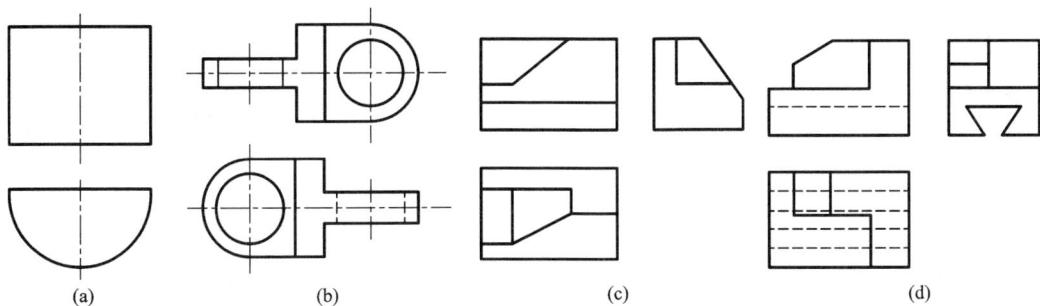

(a)   (b)   (c)   (d)

图 4 – 21

3. 综合练习:图 4 – 22,要求先补画俯视图,然后绘制其正等轴测图,可使用 A3 图幅。
(30 分)

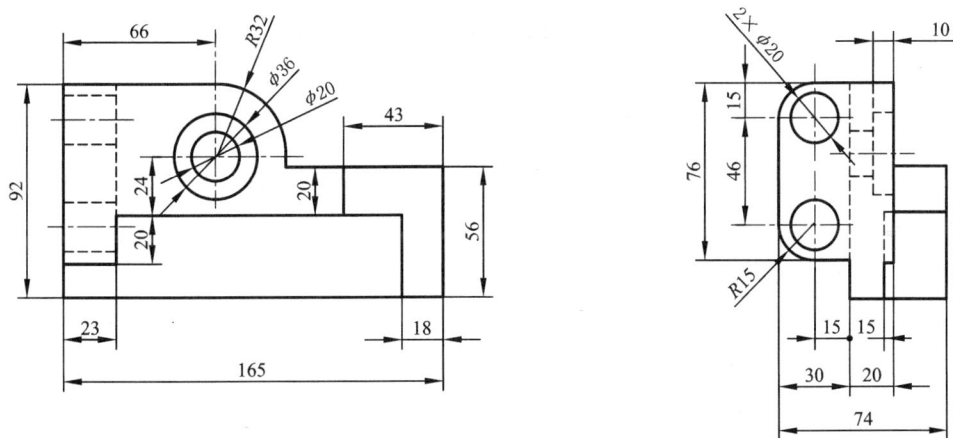

图 4 – 22

项目五

汽车零件组合体

学习目标

(1)能运用形体分析法熟练地将汽车零件组合体模型或轴测图绘制成三视图;

(2)能正确、完整、清晰地标注汽车零件组合体的尺寸;

(3)能运用形体分析法和线面分析法,进行汽车零件组合体的读图,并能由已知二视图求出第三视图,并补全缺线。

任务5.1　汽车零件组合体的组合方式及视图画法

任务描述

如图5-1(a)所示形体是由基本形体圆柱与六棱柱组合而成;图5-1(b)所示形体是基本形体直板经两次折弯,然后下面切角上面开槽而成;而图5-1(c)所示组合体是由既有切割(矩形板切角)和(大矩形切割小矩形)又有叠加综合形成的立体。弄清图5-1所示各形体的组合方式有助于组合体的画图。

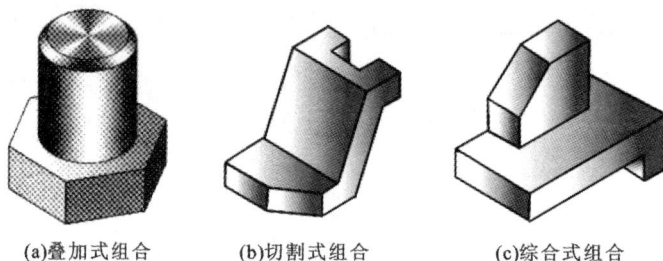

(a)叠加式组合　　(b)切割式组合　　(c)综合式组合

图5-1　组合体的组合方式

任务分析

汽车零件组合体的组合方式有叠加式、切割式、综合式(先切割再叠加)。

知识准备

一、汽车零件组合体的组合形式

组合体的组合形式分为三种:叠加、切割、综合。

1.叠加式组合体

由若干个基本体叠加而成的组合体称为叠加式组合体,简称叠加体,如图5-1(a)所示;

2.切割式组合体

由基本体切割而成的组合体称为切割式组合体,简称切割体,如图5-1(b)所示;

3.综合式组合体

既有叠加又有切割的组合体称为综合式组合体,简称综合体,如图5-1(c)所示。

二、汽车零件组合体表面的连接关系

组合体表面的连接形式分为三种:平齐、相切、相交。

1.平齐

若组合体两个形体表面平齐,则在视图中两形体间是没有明显的分界线,如图5-2(a)所示;若两形体表面不平齐,则在视图中两形体间有分界线,如图5-2(b)所示。

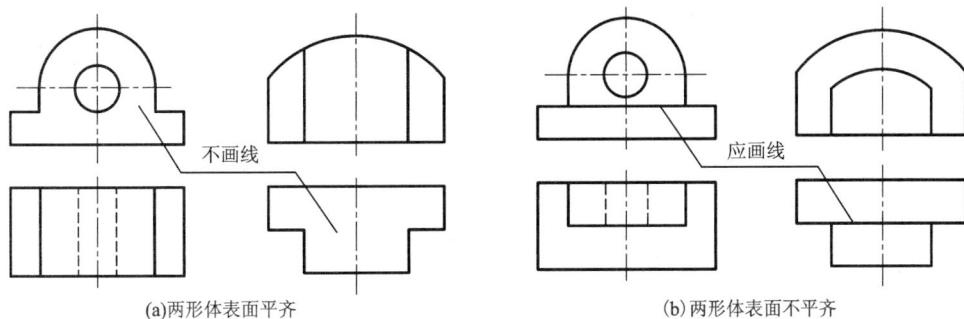

图5-2 组合体形体表面线的关系

2.相切

当组合体两形体相邻表面光滑过渡时,相切处就没有轮廓线,如图5-3(a)所示;如果画上轮廓线就会产生错误,如图5-3(b)所示。

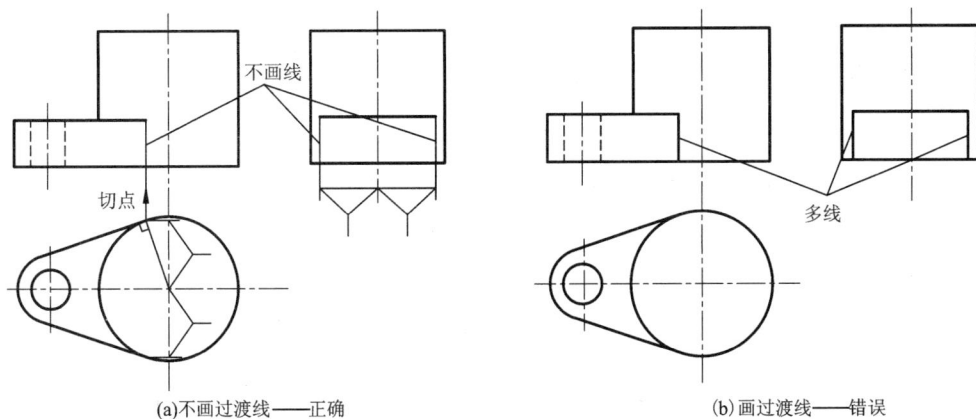

图5-3 组合体表面光滑过渡

3. 相交

两形体表面相交时，两表面交界处有交线，应该画出交线的投影，如图 5 - 4(b)所示。

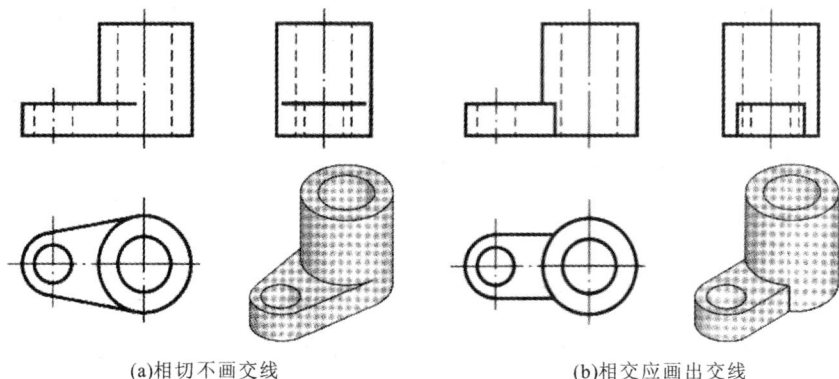

(a)相切不画交线　　　　　　　　　(b)相交应画出交线

图 5 - 4　组合体表面相切和相交线的画法

三、汽车零件组合体主视图的选择

任何一个零件图，可能没有其他视图，但一定会有主视图，主视图是三视图中最重要的视图，主视图确定之后，其他各种表达零件结构和形状的视图也就随之确定了。

选择主视图时要考虑以下几点内容：

(1)组合体的放置位置：一般将组合体自然平稳安放，并使其主要平面或主要轴线平行或垂直于投影面；

(2)主视图的投影方向：投影方向应尽可能多地反映组合体各部分的形状特征和相对位置关系；

(3)主视图的表达：考虑到图形清晰和看图方便，应尽量使视图中的虚线最少。

(4)主视图的摆放位置：主视图尽可能按零件加工或装配位置摆放。

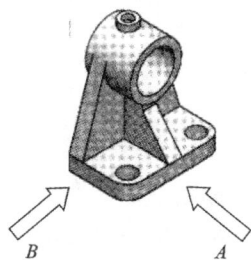

图 5 - 5　轴承座的看图方向

综合以上因素，如图 5 - 5 所示轴承座零件，以 A 向作为主视图比较好。

四、汽车零件组合体的画图步骤

选择适当比例和图幅，根据选择主视图的原则选择主视图，然后确定各视图位置，还要考虑留出"尺寸标注、技术要求及标题栏位置"。再用形体分析法从主要形体着手，并按各基本形体的相对位置及表面连接关系，逐个画出其各视图。

1. 运用形体分析法

轴承座可以分为：底板、圆筒、支承板、肋板、凸台，画图时逐个画出每个形体的三视图。

2. 画底稿

按形体分析法画图，先画主要形体，后画次要形体；先画具有形状特征的视图，并尽可能地将三个视图联系起来画。每部分的三视图都必须符合投影规律，注意各部分形体之间表面连接处的画法。底稿线要画得细、轻、准。

3.检查、加深

底稿完成后，仔细检查形体各表面连接处投影是否正确，各图是否缺少或有多余图线，最后按标准线型加深。

组合体绘图过程见图 5-6 轴承座。

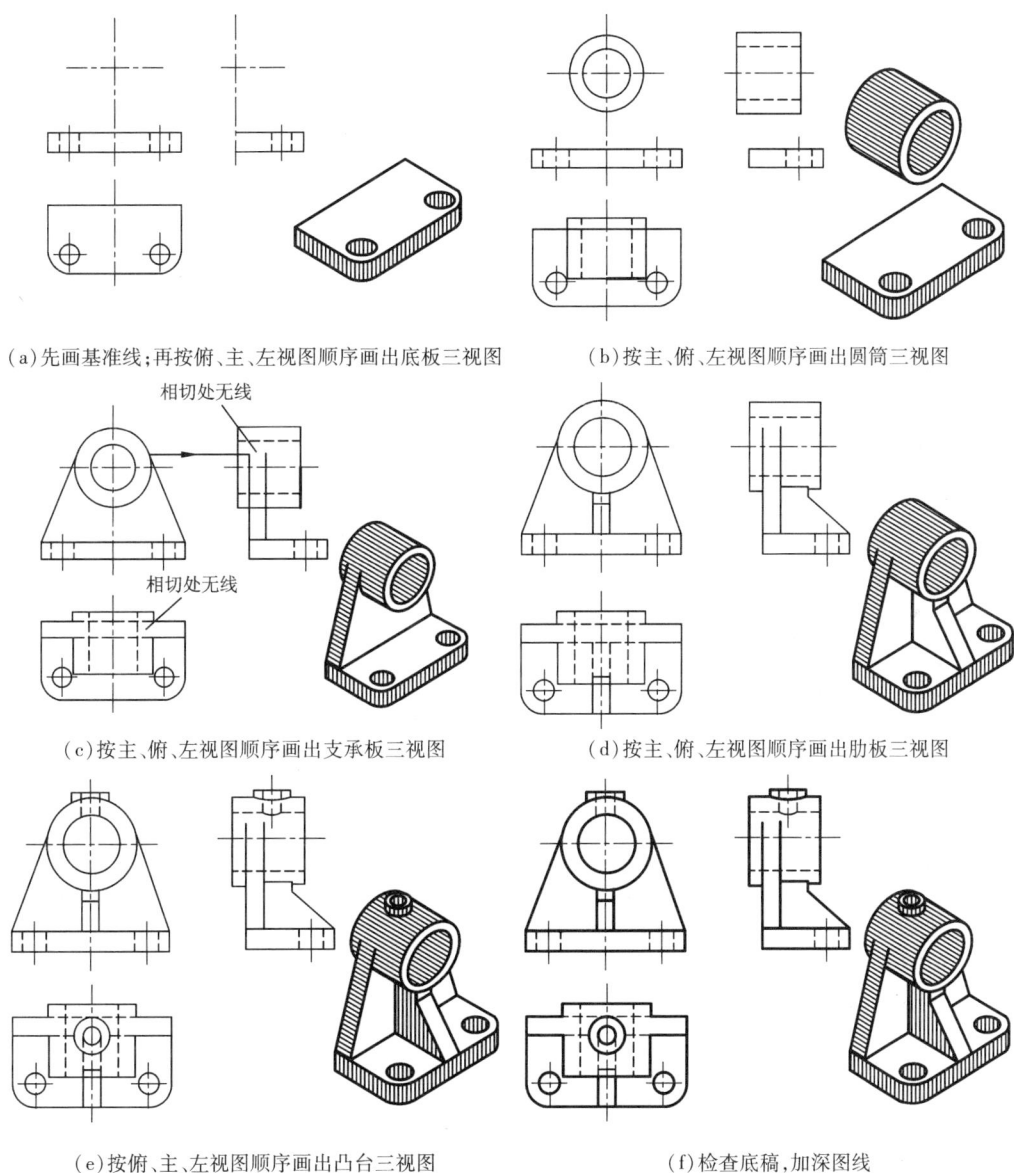

(a)先画基准线;再按俯、主、左视图顺序画出底板三视图　　(b)按主、俯、左视图顺序画出圆筒三视图

(c)按主、俯、左视图顺序画出支承板三视图　　(d)按主、俯、左视图顺序画出肋板三视图

(e)按俯、主、左视图顺序画出凸台三视图　　(f)检查底稿,加深图线

图 5-6　轴承座(组合体)的绘图过程

切割体视图画法可以在形体分析的基础上采用面型分析法:即根据切割体表面的投影特征分析表面性质、形状和相对位置进行画图和读图的方法。

切割体绘图过程:见图 5-7。

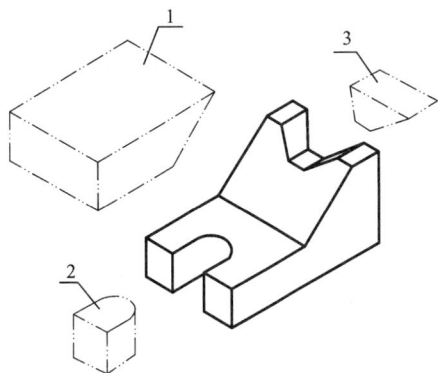

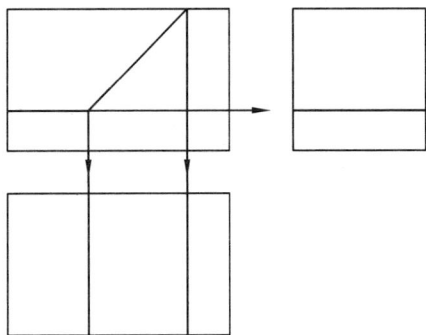

(a)切割体立体图   (b)第一次切割(直角梯形部分):按主、俯、左视图顺序画

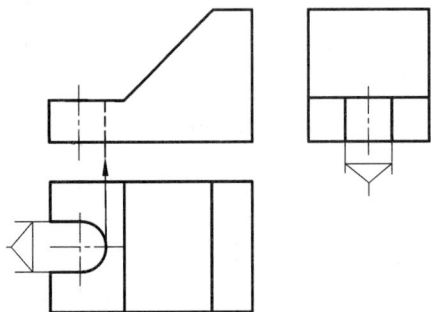

(c)第二次切割(耳槽部分):按俯、主、左视图顺序画   (d)第三次切割(等腰梯形槽部分):按左、主、俯视图顺序画

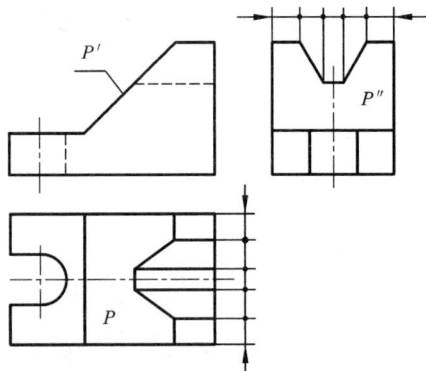

图5-7　切割体的绘图过程

任务5.2　汽车零件组合体的尺寸标注

任务描述

能正确标注轴承座的全部尺寸(标注的要求是正确——标注的尺寸符合国家制图新标准规定标注方法;齐全——尺寸标注既没有重复,也没有遗漏;清晰——标注的尺寸清晰明了,布局合理,方便看图),对于掌握尺寸标注的方法,正确标注其他形体尺寸具有代表性意义。

任务分析

根据零件的结构特点将尺寸标注在最能反映形状特征的视图上,标出零件的三类尺寸:定形尺寸、定位尺寸、总体尺寸。

知识准备

一、基本体的尺寸标注

要掌握组合体的尺寸标往,必须先了解和熟悉基本体的尺寸标注,因为基本体的尺寸标注是组合体尺寸标注的基础。基本体的大小通常由长、宽、高三个方向的尺寸或直径尺寸确定。基本体包括圆柱、圆锥、圆台、棱柱、棱锥、棱台、球体、环形体。

标注示例如图 5 - 8 所示。

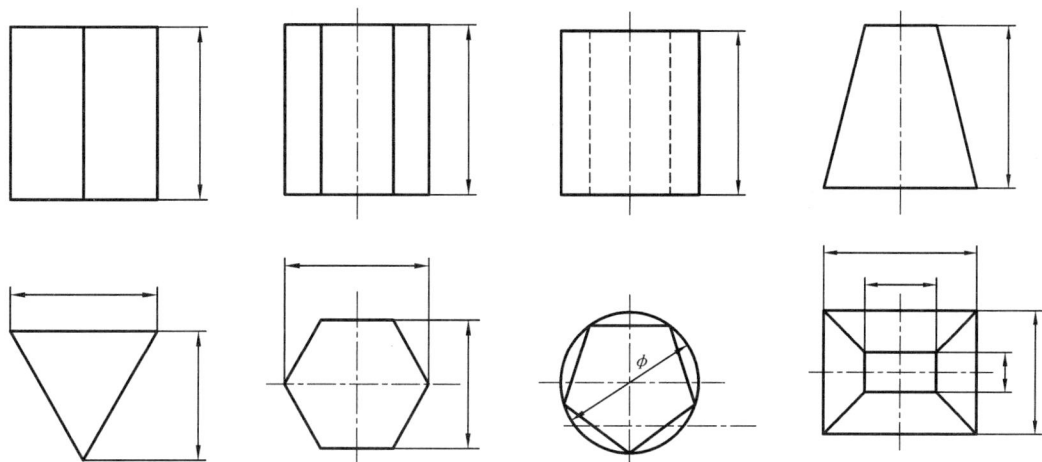

(a)三棱柱标：长、宽、高　　(b)六棱柱标：宽（或长）、高　　(c)五棱柱标：外接圆直径、高　　(d)四棱台标：上下底长、宽、高

图 5 - 8　基本体尺寸标注示例

二、截切体、相贯体的尺寸标注

对于截切体和相贯体，视图中不直接标注截交线和相贯线的尺寸。

截交线的形状和大小取决于截平面的位置以及立体的形状和大小，标注截交线部分的尺寸时，只需标注基本体的尺寸和截平面的位置尺寸，如图 5 - 9(a) ~ (e)所示。

相贯线的形状和大小取决于相交立体的形状、大小及其相对位置，标注相贯线部分的尺寸时，只需标注参与相贯的各基本体的尺寸及其相对位置尺寸，如图 5 - 10 所示。

三、汽车零件组合体的尺寸标注

1.汽车零件组合体尺寸标注原则

（1）标注正确：标注的尺寸数值应准确无误，标注方法要符合国家标准中有关尺寸标注的基本规定。

（2）尺寸齐全：标注的尺寸能够唯一确定组合体及各部基本形体的大小和相对位置，做到既不重复，也不遗漏。

一般尺寸分为：定形尺寸、定位尺寸、总体尺寸三类。

定形尺寸——确定组合体中各基本形体形状和大小的尺寸如图 5 - 11(a)。

定位尺寸——确定组合体中各基本形体之间相对位置的尺寸如图 5 - 11(b)。

总体尺寸——确定组合体外形所占空间大小的总长、总宽、总高的尺寸如图 5 - 11(c)。（总长 40，总宽 24，总高 30）

(a)六棱柱被斜截   (b)圆柱被两垂直平面平行截切   (c)少半球开槽

(d)球被平面水平截切   (e)圆柱两边被两垂直平面截切

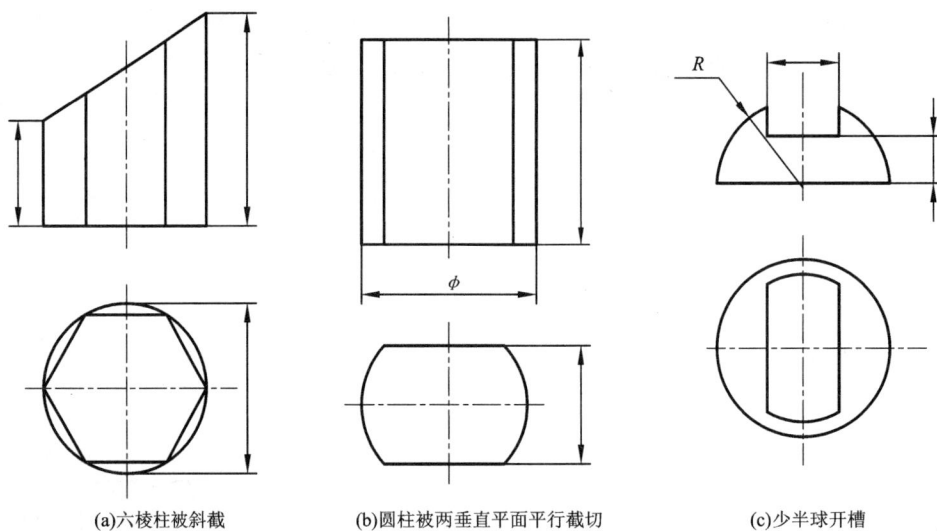

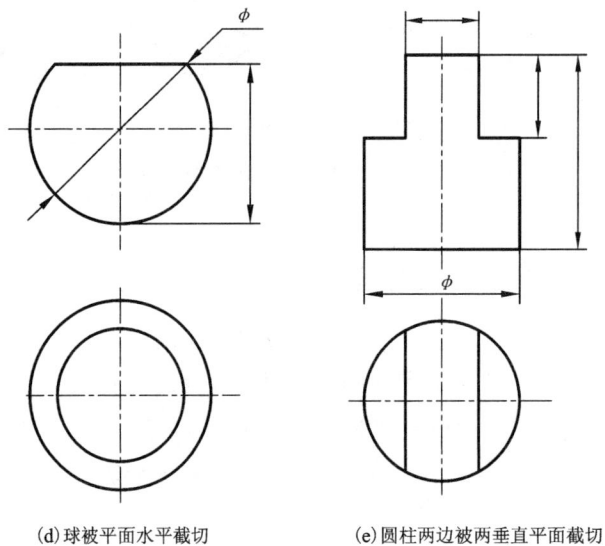

图5-9 截切体尺寸标注

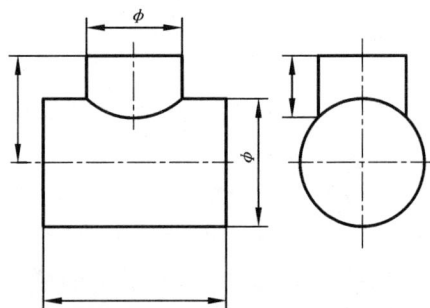

图5-10 相贯体尺寸标注

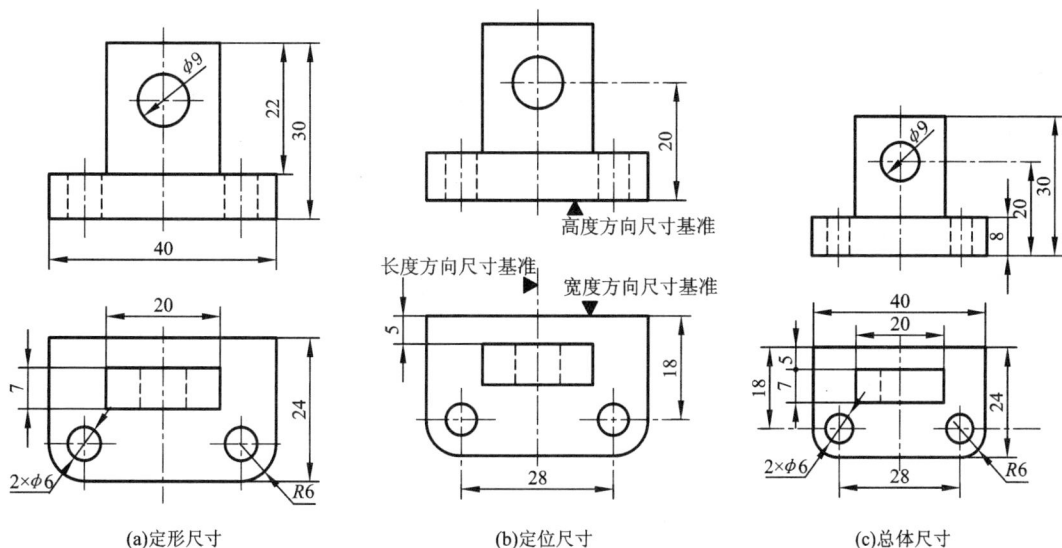

(a)定形尺寸   (b)定位尺寸   (c)总体尺寸

图 5 – 11 组合体尺寸标注示例

(3)尺寸清晰：尺寸布局整齐、清晰，其形状位置关系一目了然，便于看图与尺寸查找，照顾其结构特点，没有交叉线。也就是要做到：

①突出组合体结构特征：将定形尺寸标注在形体特征明显的视图上。如图5–12(a)主视图切角显示明显(好)；图5–12(c)俯视图反映圆孔特征明显(好)。

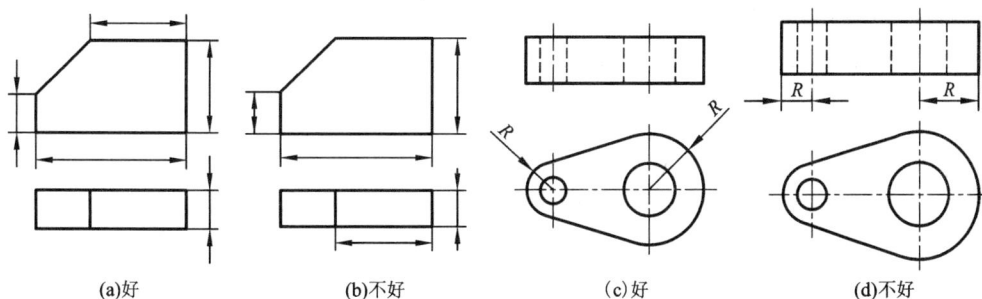

(a)好   (b)不好   (c)好   (d)不好

图 5 – 12 尺寸标注突出结构特征

②尺寸标注相对集中：同一形体的尺寸应尽量集中标注。如图5–13(a)、(c)(为使尺寸清楚，一般圆柱面或圆孔尽量标注在非圆视图上)。

③尺寸排列要整齐、清楚。尺寸尽量标注在两个相关视图之间和视图的外面，如图5–14(a)所示。同一方向的尺寸线，最好画在一条线上，不要错开，如图5–14(b)所示。

④尺寸布局清晰：应根据尺寸的大小，依次排列，大尺寸在外、小尺寸在内，尽量避免尺寸线与尺寸线、尺寸界线、轮廓线相交，如图5–15(a)尺寸排列清晰有序，而图5–15(b)将各圆尺寸标注在左视图上则显得凌乱，看起来不清晰。

【**案例5–1**】 标注如图5–16所示支架尺寸，标注过程见图5–16(c)～(h)。

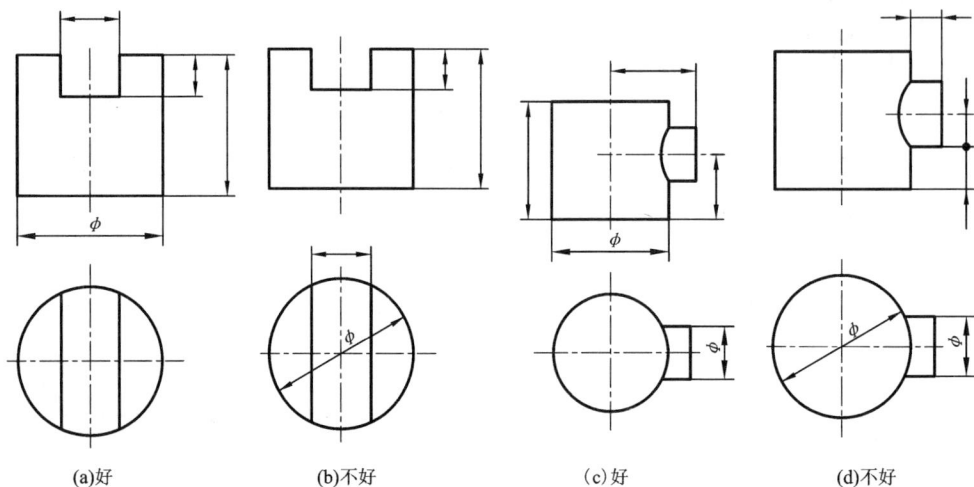

(a)好   (b)不好   (c)好   (d)不好

图 5 - 13   集中标注尺寸于同一形体

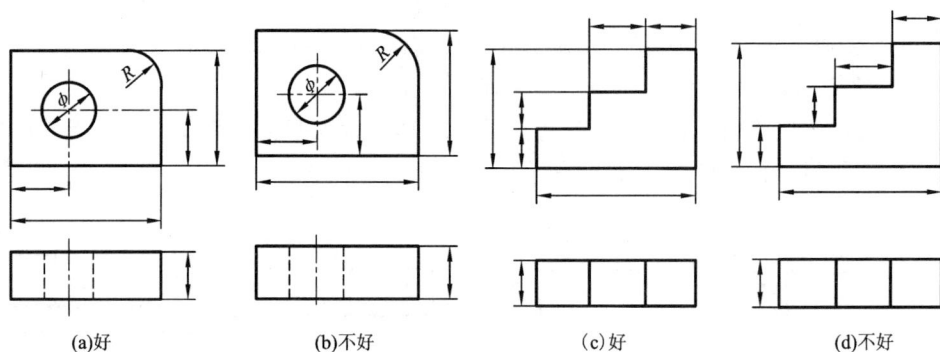

(a)好   (b)不好   (c)好   (d)不好

图 5 - 14   尺寸排列要求整齐清楚

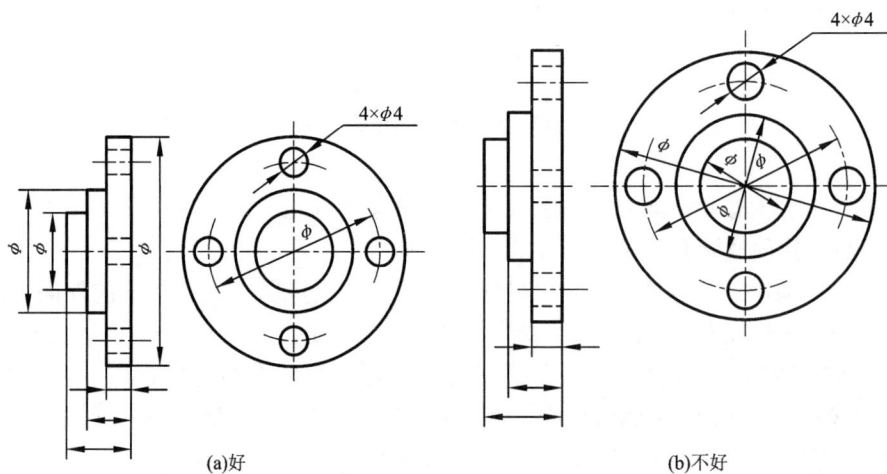

(a)好   (b)不好

图 5 - 15   尺寸排列

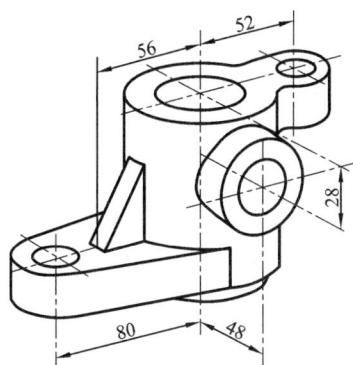

（a）支架组合体中各形体的定位尺寸

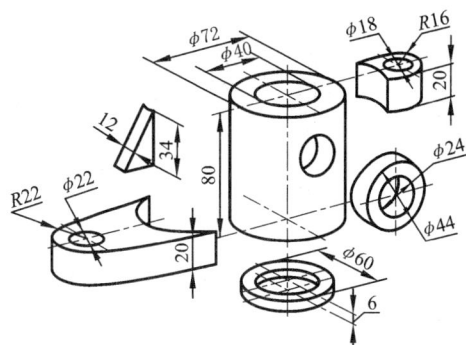

（b）支架组合体中各形体的定形尺寸

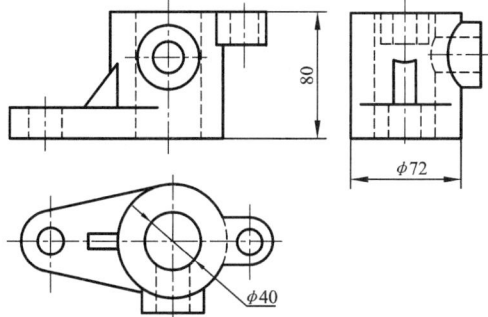

（c）标注圆筒的定形与定位尺寸

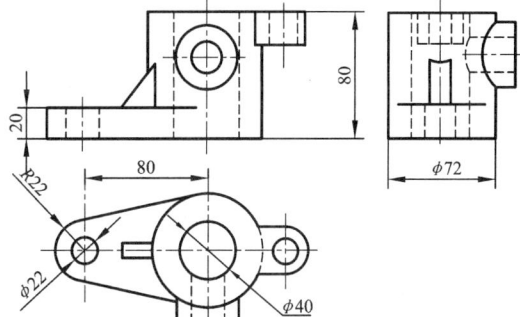

（d）标注底板的定形与定位尺寸

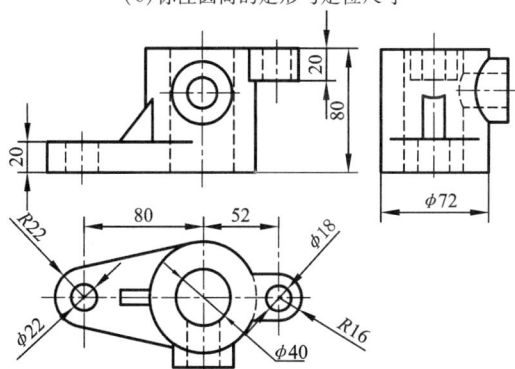

（e）标注耳板的定形与定位尺寸

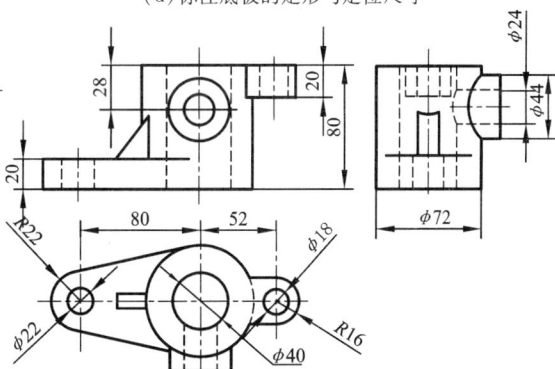

（f）标注凸台的定形与定位尺寸

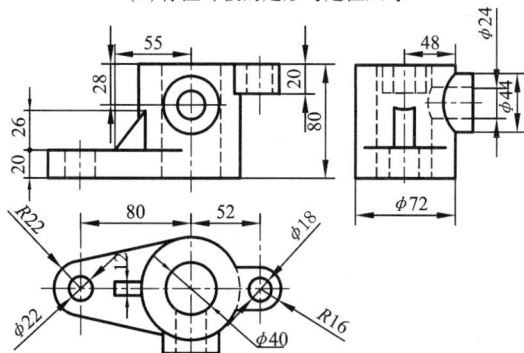

（g）标注肋板的定形与定位尺寸

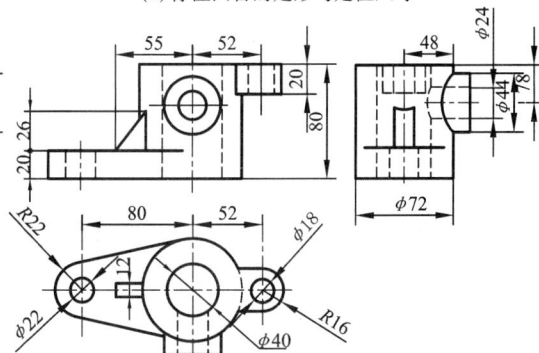

（h）标注总体尺寸并检查调整

图 5－16　支架尺寸标注过程分析示例

标注尺寸时应注意以下几点：

①以形体分析法标注组合体尺寸时，各部分只能标注一次，要避免重复标注；

②组合体的一端或两端为回转体时，不直接标注总体尺寸，只是标注回转体的定形尺寸及其定位尺寸；

③同一形体的定形尺寸、定位尺寸尽可能集中标注，且标注在表示该形体特征最明显的视图上；

④同方向的平行尺寸应使小尺寸靠近视图，大尺寸在小尺寸外面，间距均匀，并且避免尺寸线和尺寸界线相交；

⑤直径尺寸尽量标注在投影为非圆的视图上，而不宜集中标注在投影为圆的视图上；

⑥小于或等于半圆的圆及圆弧应标注半径尺寸，并且要标注在投影为圆弧的视图上；

⑦通常不在虚线上标注尺寸，也不能在截交线和相贯线上直接标注尺寸；

⑧尺寸应尽量标注在视图外面及两视图之间，以保持视图清晰，看图方便。

任务实施

标注图 5 - 17(a) ~ (d)所示零件的尺寸(尺寸直接从图上量取)。

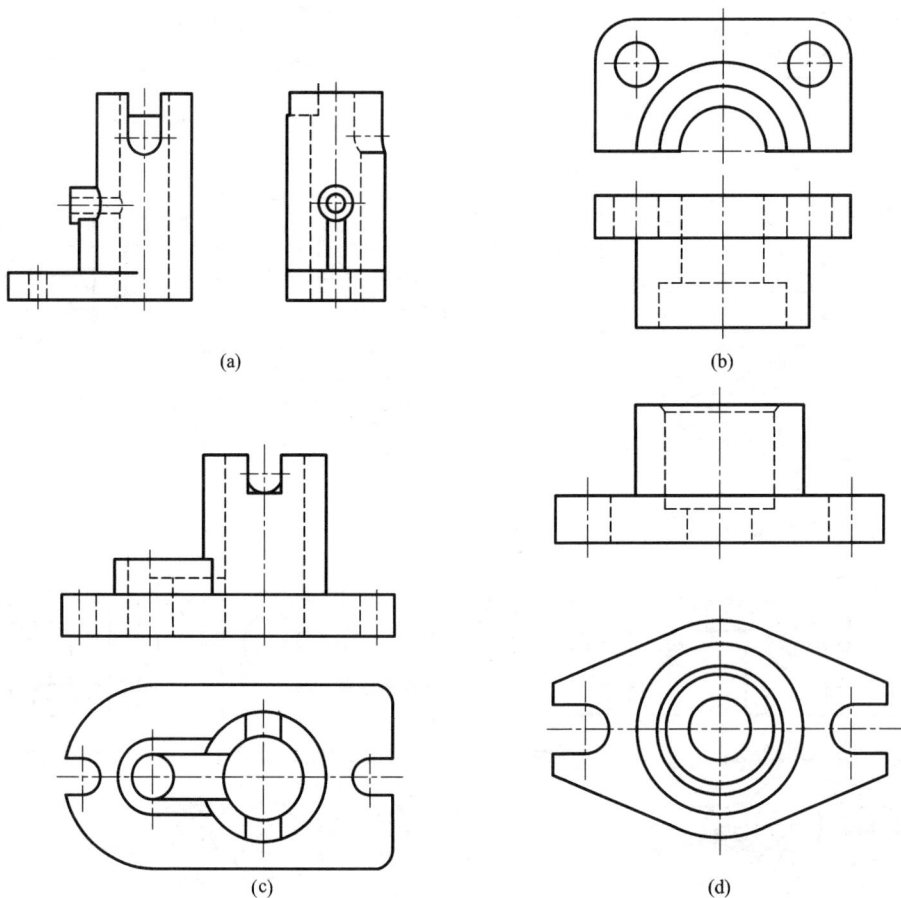

(a)

(b)

(c)

(d)

图 5 - 17　尺寸标注练习

任务5.3　读汽车零件组合体视图的基本方法

任务描述

画图与读图是本课程的两个主要任务。通过对典型零件(图5－18)画图训练,对于正确地画出三视图并掌握一般画三视图的方法是较好的训练;运用正投影规律进行分析,想象出该形体的空间结构形状。更是有效的读图训练,是正确快速地画好图的必备基础。

任务分析

要彻底弄清物体的形状,一是要将三视图联系起来读,弄清物体由哪几部分组成,各部分的基本形状如何,它们是如何组合的;二是要运用投影规律弄清各线段、线框的含义,看看这些线段线框所表示的实际意义,如有的表示线,有的表示面,有的表示位置(中心线),有的表示表达方法(如辅助线,剖面线等)。以图5－18为例说明各图线的意义如下:

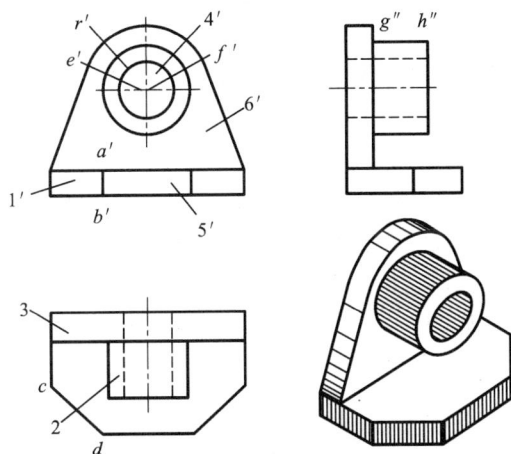

图5－18　各图线的意义

$1'$—底板切角:平面;2—圆筒上半部分:曲面;3—正立板上部:曲面及左右两切平面

$a'b'$—底板两表面交线;cd—平面的积聚性投影,即平面$1'$;$e''f''$—曲面的转向轮廓线

知识准备

一、看汽车零件组合体视图的基本要领

1. 三个视图联系起来识读才能确定物体的形体

如图5－19(a)、(b)、(c)三个形体,尽管它们的主视与俯视图相同,但由于左视图不同,分别代表三个不同的形体。

2. 理解图中线段、线框的投影含义

组合体三视图中的线段主要有粗实线、细实线、虚线和细点画线。看图时应根据点、线、

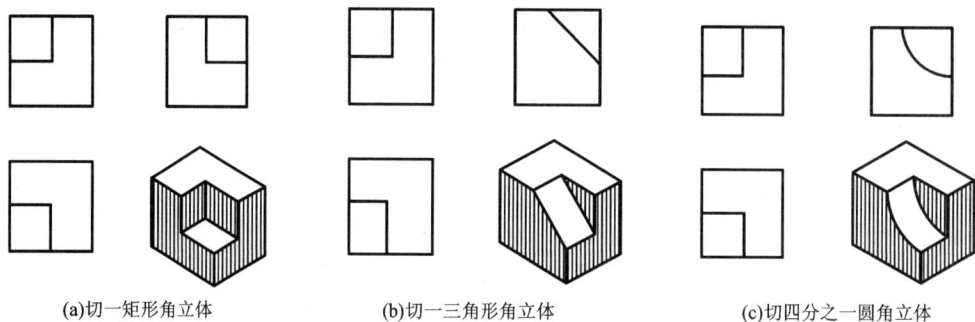

(a)切一矩形角立体   (b)切一三角形角立体   (c)切四分之一圆角立体

图5-19   三视图联系起来识读才能确定物体的形体

面的投影原理及其性质并运用三视图的投影关系(长对正、高平齐、宽相等)正确分析视图中的每条线段、每个线框所表示的投影含义。

如图5-20(a)所示,视图中的每个封闭线框,通常都是物体上一个表面(平面或曲面)的投影。主视图中有四个封闭线框,对照俯视图可知,线框a'、b'、c'分别是六棱柱前面三个棱面的投影;而线框d'则是圆柱体前半圆柱面的投影。

若两线框相邻或大线框中套有小线框,则表示物体上不同位置的两个表面,这两个表面有上下、左右或前后之分,或者是两个表面相交。如图5-20(a)所示俯视图中大线框六边形中的小线框圆,就是六棱柱顶面与圆柱顶面的投影。对照主视图分析,圆柱顶面在上,六棱柱顶面在下。主视图中的以a'线框与左面的b'线框以及右面的c'线框是相交的两个表面;a'线框与d'线框是相错的两个表面,对照俯视图,六棱柱前面的棱面A在圆柱面D之前:

视图中的每条图线,可能是立体表面有积聚性的投影,或两平面交线的投影,也可能是曲面转向轮廓线的投影。例如图5-20(b)所示,主视图中的$1'$是圆柱顶面有积聚性的投影,$2'$是A面与B面交线的投影,$3'$是圆柱面转向轮廓线的投影。

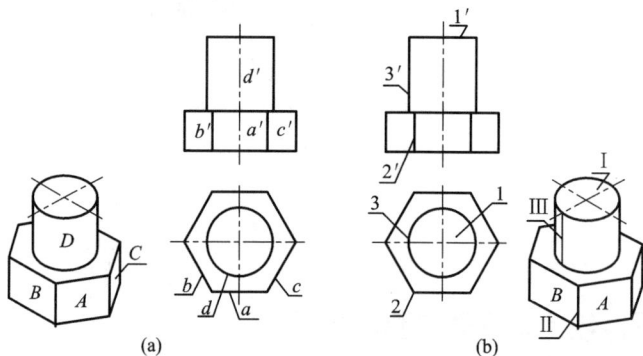

图5-20   视图中线框和图线的含义

3.从反映形体特征的视图入手

(1)形状特征视图:它是能清楚表达组合体形状特征的视图,如图5-21所示。①带圆孔的竖板的形体特征由主视图反映;②直角梯形肋板的形体特征由左视图反映;③倒圆角带孔底板的形体特征由俯视图反映。

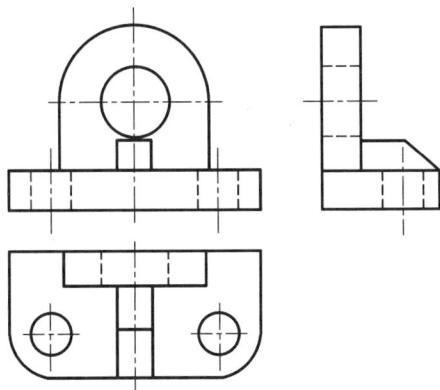

图 5 - 21　形体特征视图

(2)位置特征视图：它是能清楚表达组合体各基本形体之间位置特征的视图。

如图 5 - 22 所示组合体，主视、俯视图相同，形状特征明显，但左视图反映了不同的位置特征，如(a)图上圆凸台下部是长方形孔；而(b)图上圆孔下部为长方形凸台。

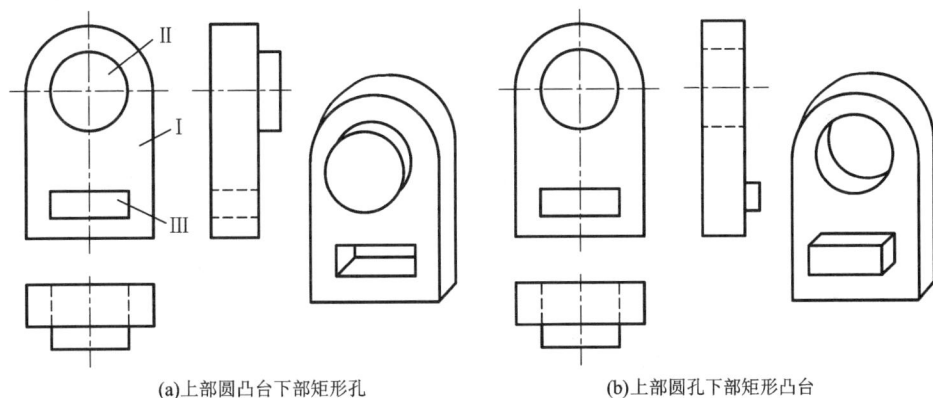

(a)上部圆凸台下部矩形孔　　　　　　(b)上部圆孔下部矩形凸台

图 5 - 22　分析组合体位置特征视图

二、读图的基本方法

1.用形体分析法读图

方法："分线框、对投影"，即从反映组合体形状特征比较明显的主视图入手，按线框将组合体划分为几个部分，然后通过投影关系找到各线框在其他视图中的投影，从而分析各部分的形状及其相互位置，最后综合起来想象组合体的整体形状。分析过程如图 5 - 23 所示。

【案例 5 - 2】　用形体分析法分出图 5 - 24(a)的支架座三视图，并想象出立体的结构形状。分析过程如图 5 - 24(a) ~ (e)。

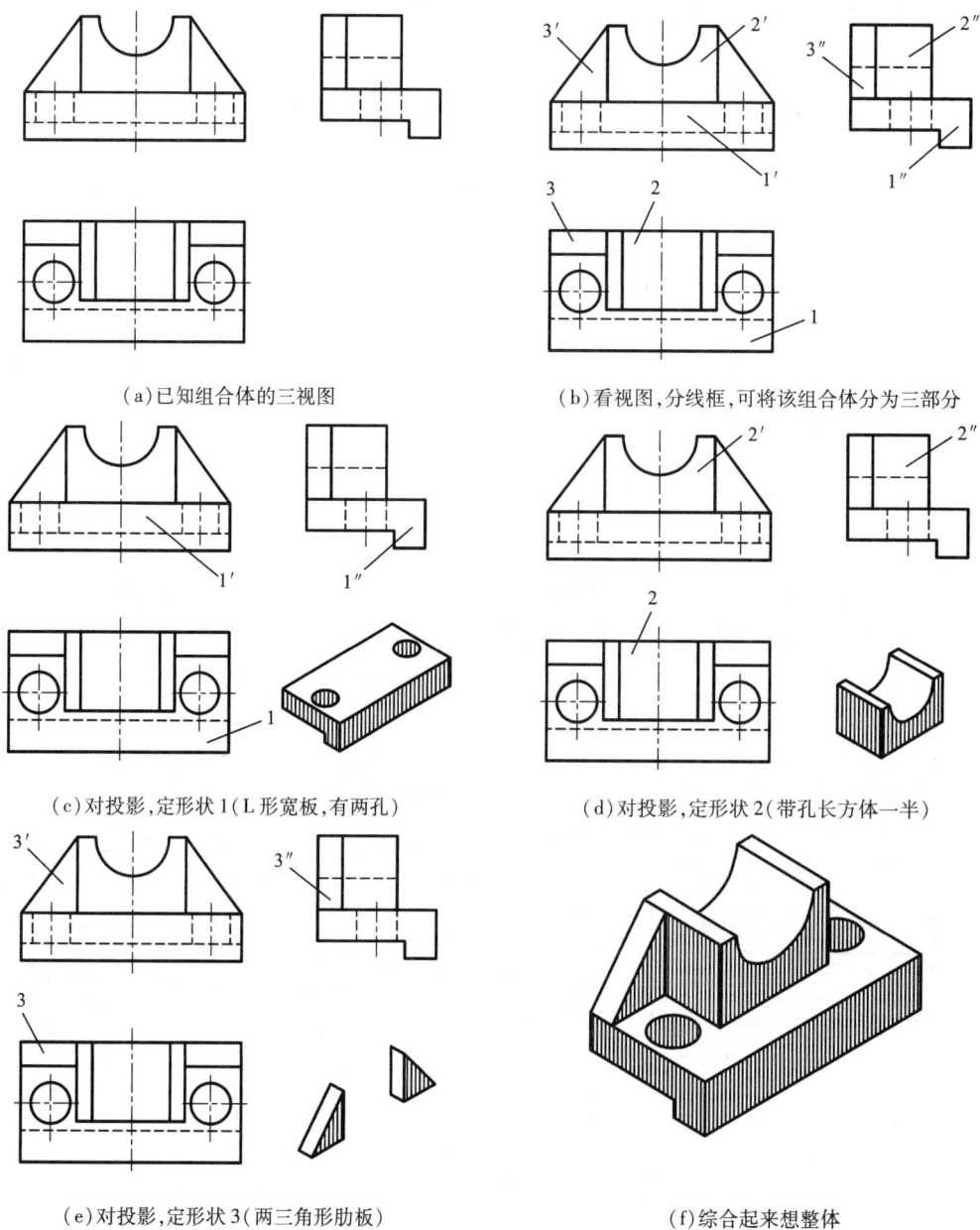

（a）已知组合体的三视图

（b）看视图,分线框,可将该组合体分为三部分

（c）对投影,定形状 1(L 形宽板,有两孔)

（d）对投影,定形状 2（带孔长方体一半）

（e）对投影,定形状 3（两三角形肋板）

（f）综合起来想整体

图 5 – 23　形体分析法读图过程

2. 用线面分析法看图

当组合体上某部分的形状与基本体形状相差较大,用形体分析法难以判断其形状时,可以采用线面分析法来读图。线面分析法就是将物体看作是由若干线和面组成的,通过分析线和面的形状与位置来想象组合体的形状,重点是分析面的形状,即将线框分解为若干个面,根据投影规律逐一找全各面的投影,然后按平面的投影特征判断各面的形状和空间位置,进而综合得出该部分的空间形状。线面分析法适用于切割体及复杂综合体中的切割体部分,一般不独立应用。

(a)支架座三视图

(b)板Ⅰ为带圆孔的槽板

(c)板Ⅱ为带圆孔且上部为半圆下部为矩形板

(d)底板Ⅲ为底部开水平槽,后部开垂直槽的矩形板

(e)综合想象出支架座的整体形状

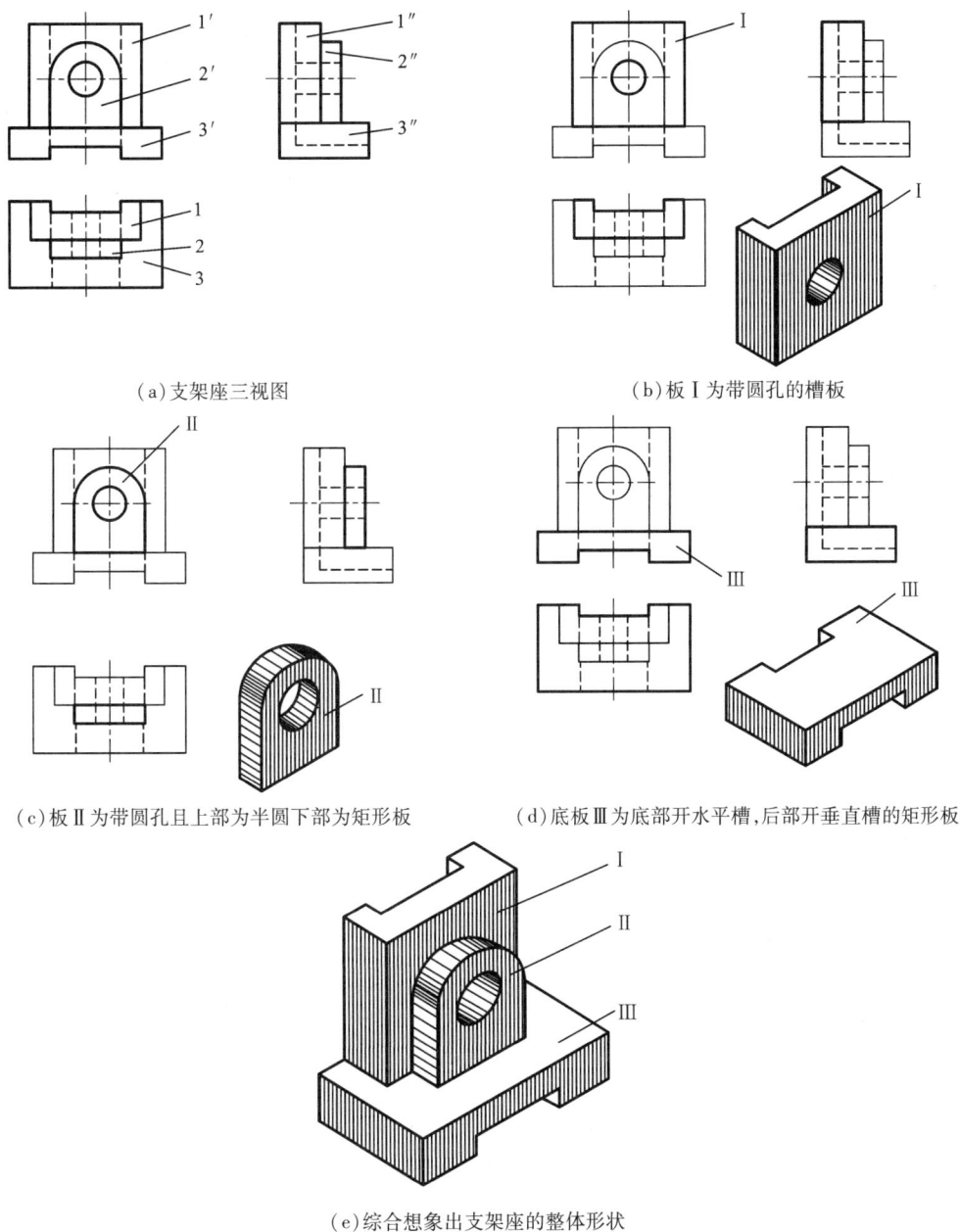

图 5－24　形体分析法读图示例

分析面的形状：要熟悉各种位置平面的投影特性。

组合体平行于投影面——投影反映真实形；

组合体垂直于投影面——投影积聚为直线；

组合体倾斜于投影面——投影反映类似形。

【案例 5－3】　压块三视图如图 5－25(a)所示,试用线面分析法分析其结构并想象出压块形状。

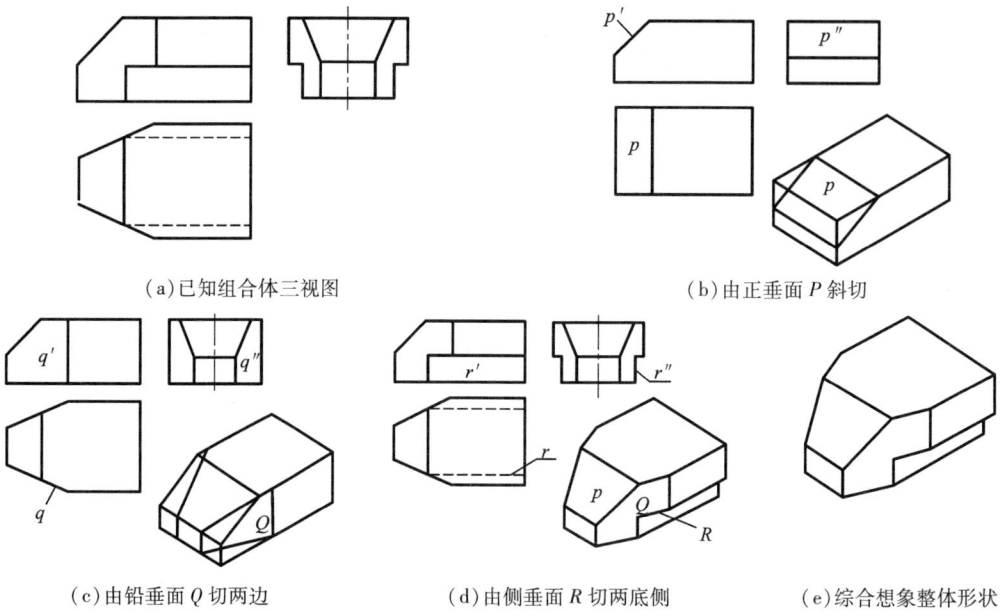

(a)已知组合体三视图

(b)由正垂面 P 斜切

(c)由铅垂面 Q 切两边

(d)由侧垂面 R 切两底侧

(e)综合想象整体形状

图 5 – 25 线面分析法分析压块示例

任务实施

(1)用线面分析法分析如图 5 – 26(a)~(c)所示形体。

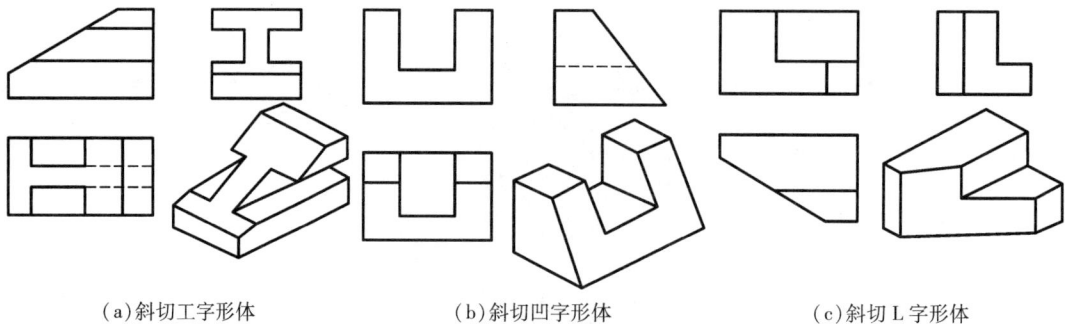

(a)斜切工字形体

(b)斜切凹字形体

(c)斜切 L 字形体

图 5 – 26 线面分析法任务

(2)用形体分析法分析如图 5 – 27 所示组合形体的三视图并想象出其立体的形状。

任务5.4 补画视图与缺线

任务描述

运用案例 5 – 3(已知组合体的两个视图补画第三视图或已知组合体三视图补画视图中所缺线段)是训练看图、画图能力的有效方法。一般根据已知视图用形体分析法和线面分析法想象出组合体的结构形状。读懂两个视图,再在此基础上补画第三视图。

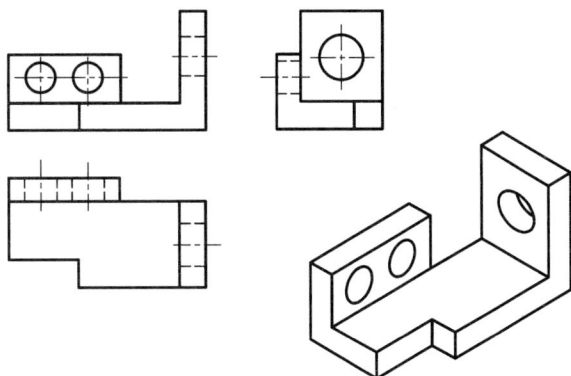

图 5 – 27　板件组合形体

任务分析

　　画图前充分分析已知条件，分线框(或线段)，对投影(或找对应)，根据三视投影关系，并对照基本形体的三投影以及直线、平面的投影及其投影特性，看懂具有缺图线的视图，先大致想清物体的形状，然后边想，边补，再边想，也可以通过试画轴测图帮助想象；最后完成补图或补线。

　　【案例 5 – 3】　已知组合体的主、俯视图，补画左视图。补画过程如图 5 – 28。

　　【案例 5 – 4】　已知组合体的主、俯视图，补画左视图。补画过程如图 5 – 29。

　　【案例 5 – 5】　如图 5 – 30，已知夹铁的三视图，补画俯、左视图上的缺线。

任务实施

　　补画视图 5 – 31(a)～(d)中的缺线。

　　补画视图 5 – 31(e)～(h)中的视图。

学习小结

　　1.汽车零件组合体进行形体分析要紧紧抓住两点

　　(1)汽车零件组合体是由哪些基本几何体构成的？这些基本几何体进行了怎样的切割？

　　(2)基本形体是如何进行叠加的？它们之间的位置关系如何(各部分位置是平齐、相交还是相切)？

　　2.汽车零件组合体的画图方法要紧紧抓住两个顺序

　　(1)汽车零件组合体中各基本几何体的画图顺序：一般按组合体的生成过程先画基础形体，再画局部细节；

　　(2)同一形体三个视图的画图顺序：一般先画形状特征最为明显的那个视图，或有积聚性的视图。可先给出实体仿真模型，引导同学们作形体分析，然后按形体分析的过程绘制三视图。

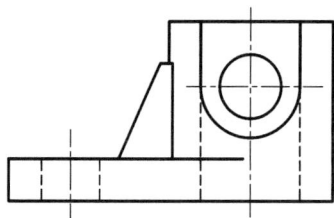

（a）已知组合体主、俯视图

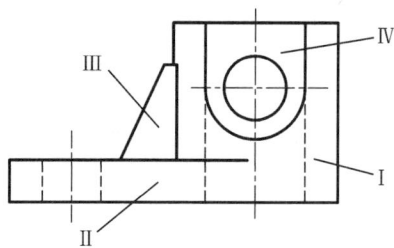

（b）分线框，对投影，可以想象该组合体分为四部分
Ⅰ－圆筒　Ⅱ－底板　Ⅲ－肋板　Ⅳ－凸台

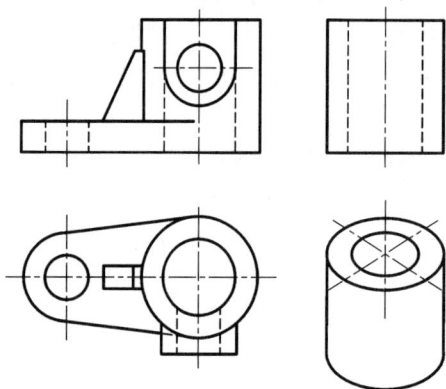

（c）根据分析画出圆筒左视图

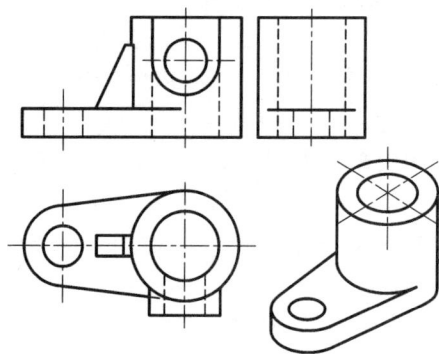

（d）画出底板左视图

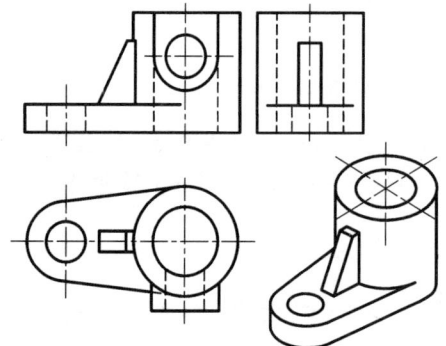

（e）画出肋板左视图

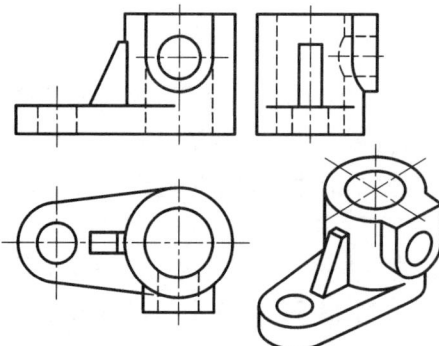

（f）画出凸台左视图，检查是否有错

图 5-28　补画组合体左视图

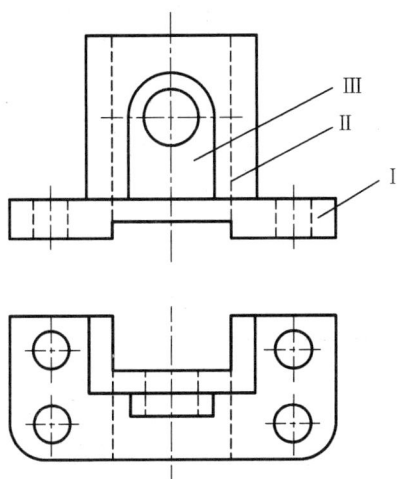

（a）已知组合体主、俯视图，可将其分为三部分
　　Ⅰ—抽槽底板（两边带有四个安装孔）
　　Ⅱ—直立槽板　Ⅲ—带孔半圆立板

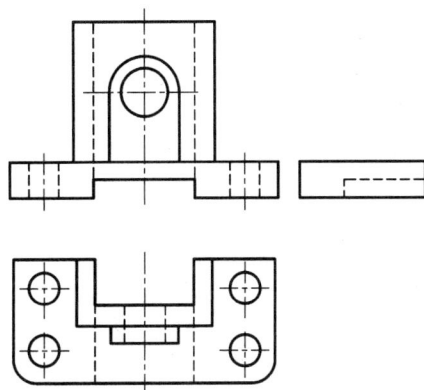

（b）画出底板Ⅰ左视图

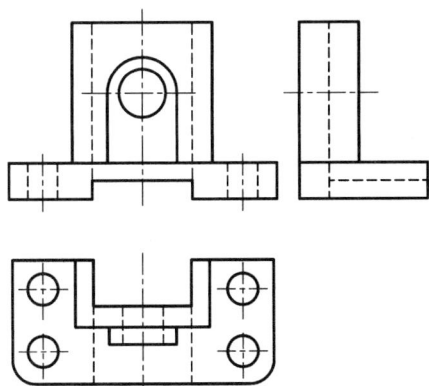

（c）画出直立槽板Ⅱ左视图

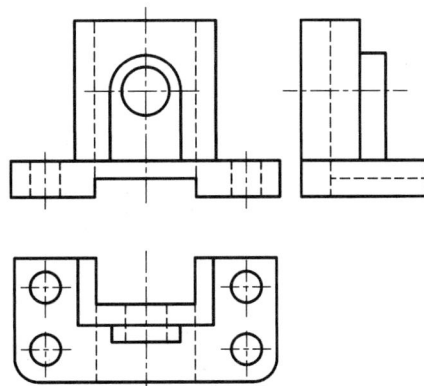

（d）画出带孔半圆立板Ⅲ左视图检查是否有错

图 5-29　补画组合体左视图

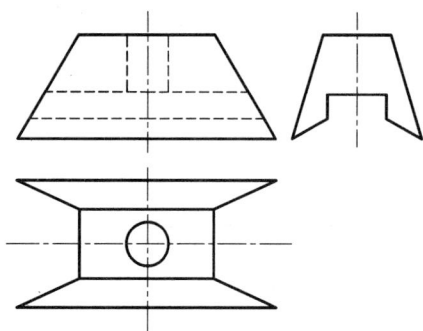

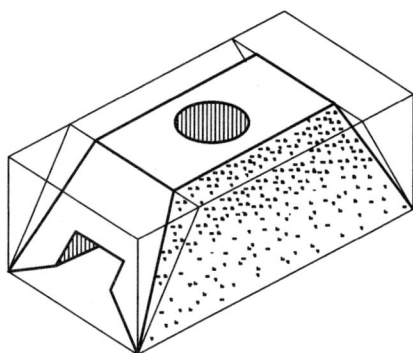

(a)已知夹铁的三视图　　　　　　　　(b)根据夹铁的三视图想象出夹铁的立体形状

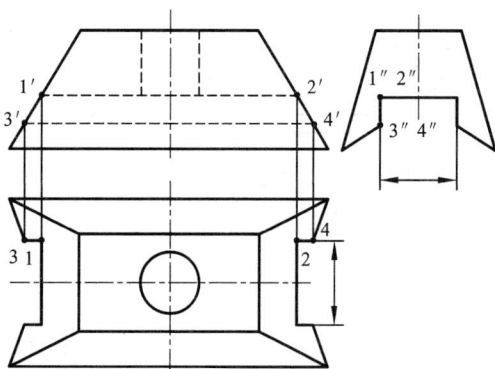

(c)补画夹铁底槽在左右两侧面上缺口的俯视图缺线　　　　(d)补画夹铁底槽的俯视图缺线

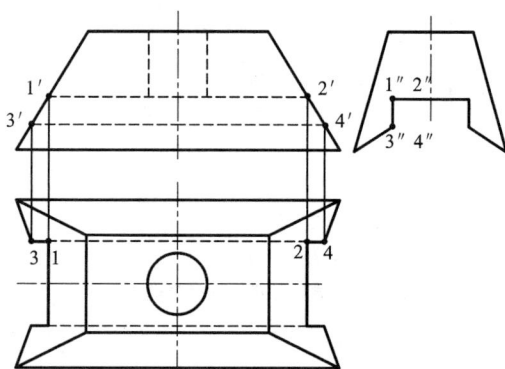

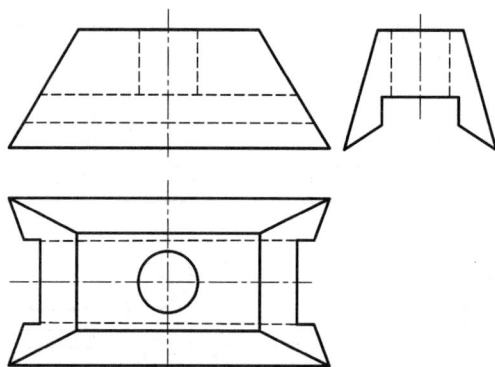

(e)补画夹铁圆柱孔左视图的缺线,检查是否还有遗漏缺线

图5-30　补画夹铁缺线示例

3.汽车零件组合体的尺寸标注

教学中要结合实例介绍概念和标注方法,从简单到复杂,使同学们逐步掌握尺寸标注的方法。介绍组合体的尺寸标注要和生产实际相结合,从加工、测量等方面介绍为什么要标注这个尺寸,而不标注那个尺寸。

尺寸一般分为三类:

定形尺寸——确定组合体某部分基本形体的形状尺寸;

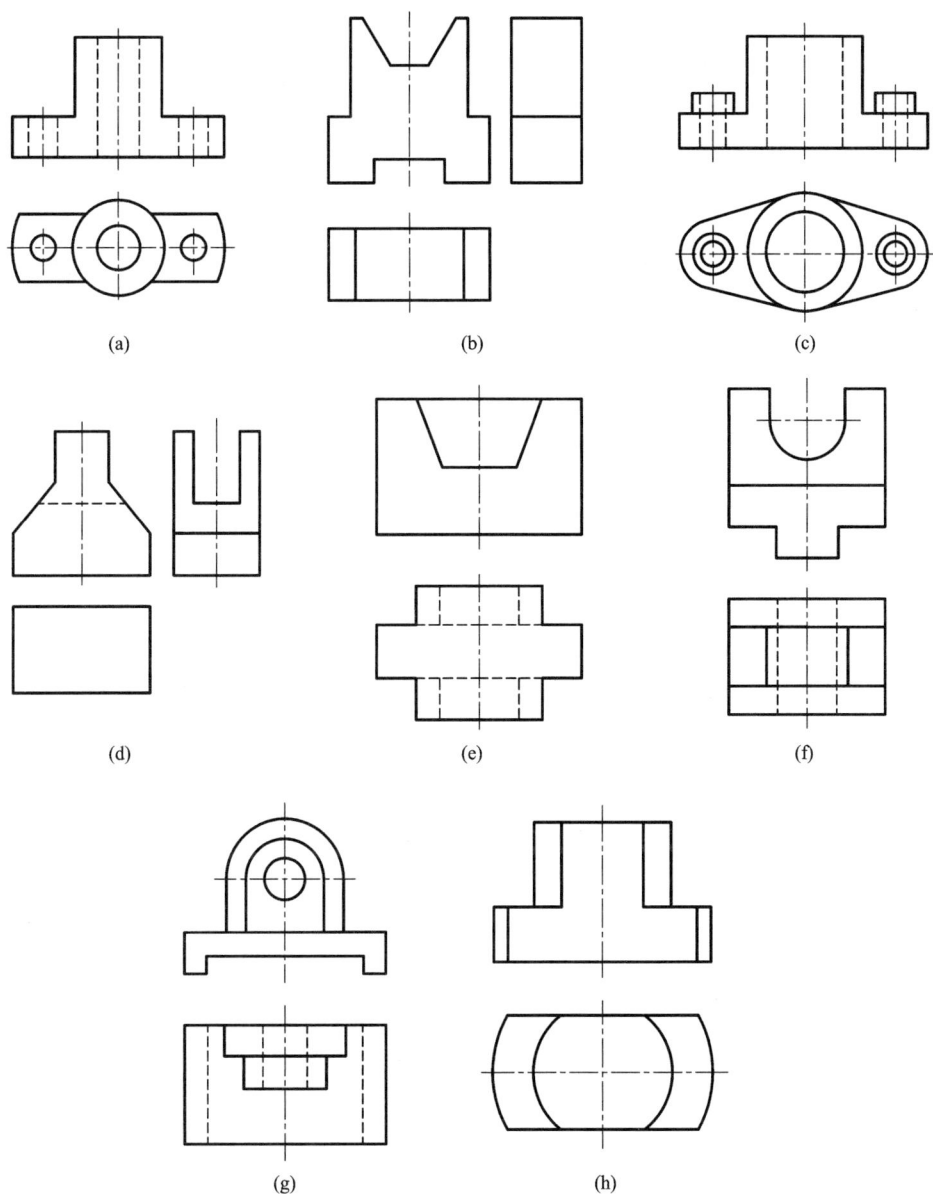

(a)　　　　　　　　　　　(b)　　　　　　　　　　　(c)

(d)　　　　　　　　　　　(e)　　　　　　　　　　　(f)

(g)　　　　　　　　　　　(h)

图 5 − 31

　　定位尺寸——确定组合体某部分基本形体的位置尺寸;

　　总体尺寸——确定组合体的总长、总宽、总高的尺寸:标注尺寸时,一般按"先定形尺寸,后定位尺寸,最后总体尺寸"的顺序标注。

　　尺寸基准——标注定位尺寸的起点称为尺寸基准。

　　在组合体长、宽、高三个方向上至少各有一个基准,标注定位尺寸时,首先要考虑基准问题,通常以对称平面、回转曲面的轴线或物体上较大的底面、端面等为尺寸基准,同一方向上的定位尺寸基准尽量统一,这一原则称为"基准统一原则"。

4.汽车零件组合体视图的读图方法

形体分析法　从反映组合体形状特征明显的视图入手，按线框将组合体分为几个部分，通过投影关系找到各线框在其他视图中的投影，从而分析各部分的形状及其相互位置，最后综合起来想象组合体的整体形状。

线面分析法　将物体看作是由若干线和面组成的，通过分析线和面的形状与位置来想象组合体的形状，重点是分析面的形状，根据投影规律逐一找全各面的投影，然后按平面的投影特征判断各面的形状和空间位置，进而综合得出该部分的空间形状。

5.补画视图与补画缺线

先分析已知条件，再分线框（或线段），对投影（或找对应关系），根据三视投影关系，并对照基本形体的三投影以及直线、平面的投影及其投影特性，看懂具有缺图线的视图，想清物体的形状，也可通过试画轴测图帮助想象：最后完成补图或补线。

自我评估（总分150分，时间150分钟）

一、判断题（每小题5分，共30分）

1.已知立体的主、俯视图（图5-32），正确的左视图是（　　　　）

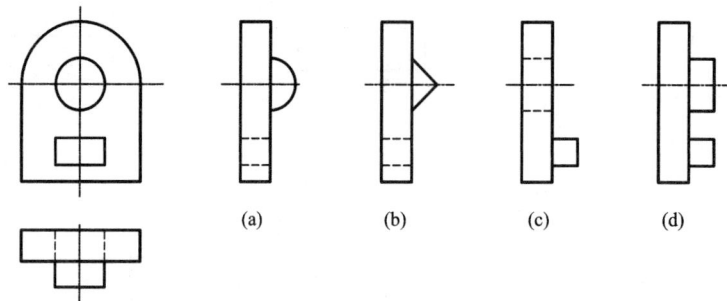

图 5-32

2.已知物体的主、俯视图（图5-33），正确的左视图是（　　　　）

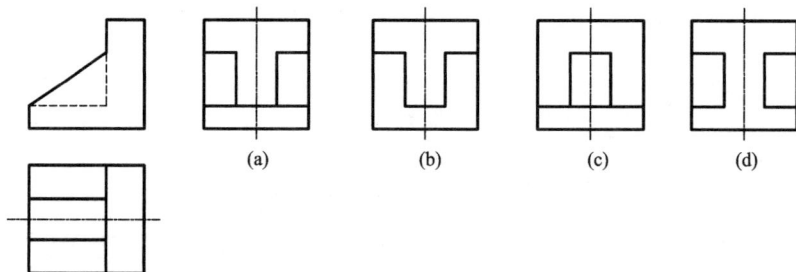

图 5-33

3.已知圆柱截切后的主、俯视图（图5-34），正确的左视图是（　　　　）

4.已知带有圆孔的球体的四组投影（图5-35），正确的一组是（　　　　）

5.已知立体的主、俯视图（图5-36），正确的左视图是（　　　　）

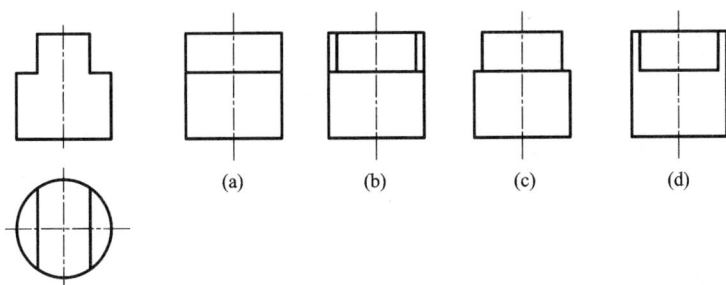

图 5 – 34

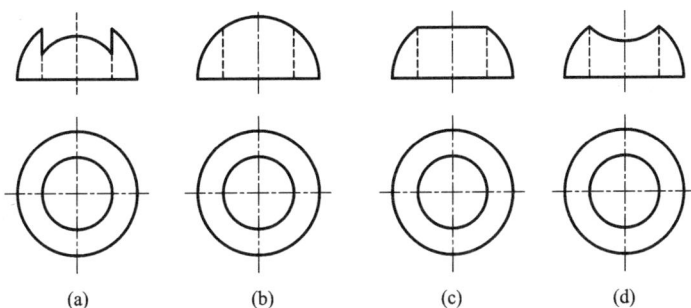

图 5 – 35

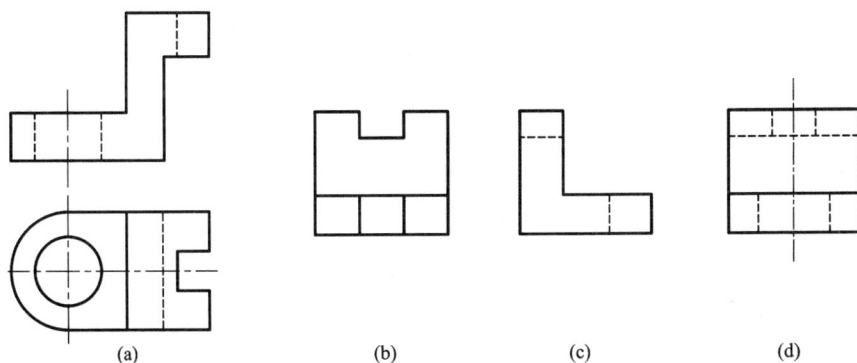

图 5 – 36

6. 已知立体的主、俯视图(图 5 – 37),判断正确的左视图是(   )

二、补视图(共 80 分)

1. 根据所给组合体的主视图(图 5 – 38),构想三种不同的组合体并画其俯、左视图。(21 分)

2. 根据所给组合体的主视图(图 5 – 39),构想两种不同的组合体并画其俯、左视图。(14 分)

3. 已知圆柱被截切后的主、俯视图(图 5 – 40),求作左视图。(12 分)

4. 已知组合体的主、俯视图(图 5 – 41),补画左视图。(16 分)

5. 补画左视图并标注尺寸(图 5 – 42),找出三个方向的尺寸基准(数值从图上直接量取)。(17 分)

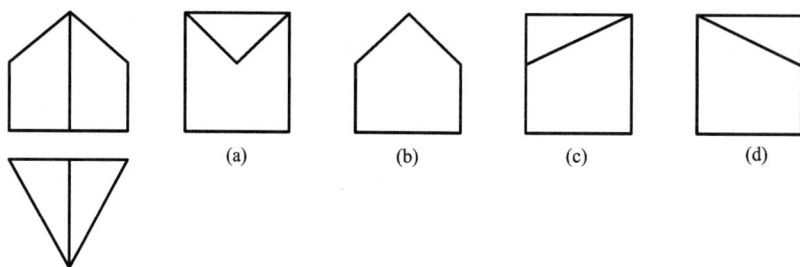

图 5 – 37

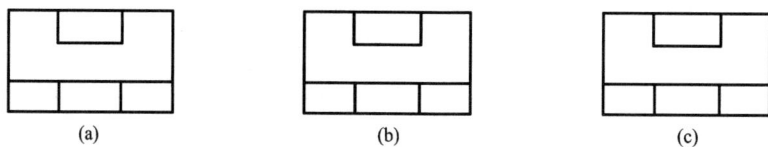

图 5 – 38

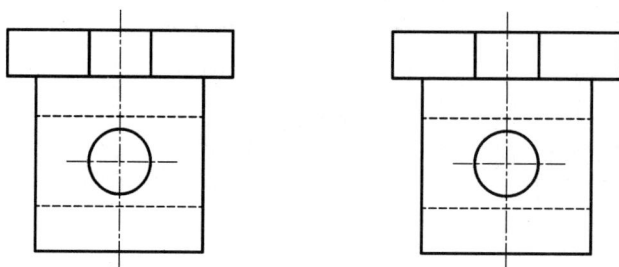

图 5 – 39

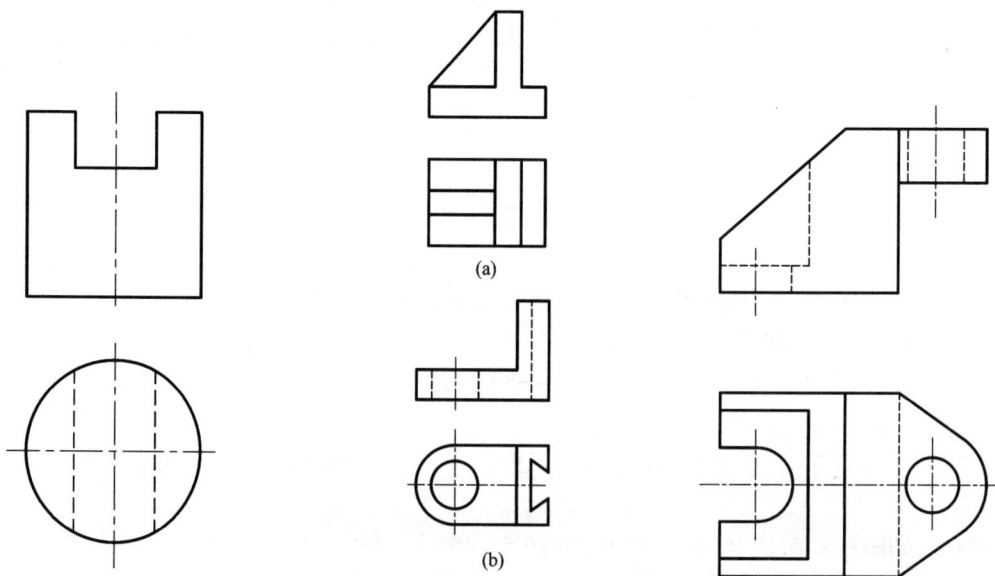

图 5 – 40   图 5 – 41   图 5 – 42

三、补画下列视图中所缺线条并标注尺寸(数值直接从图上量取)。(每小题 8 分,共 40 分)

1.补画缺线,标注尺寸。(图 5-43)

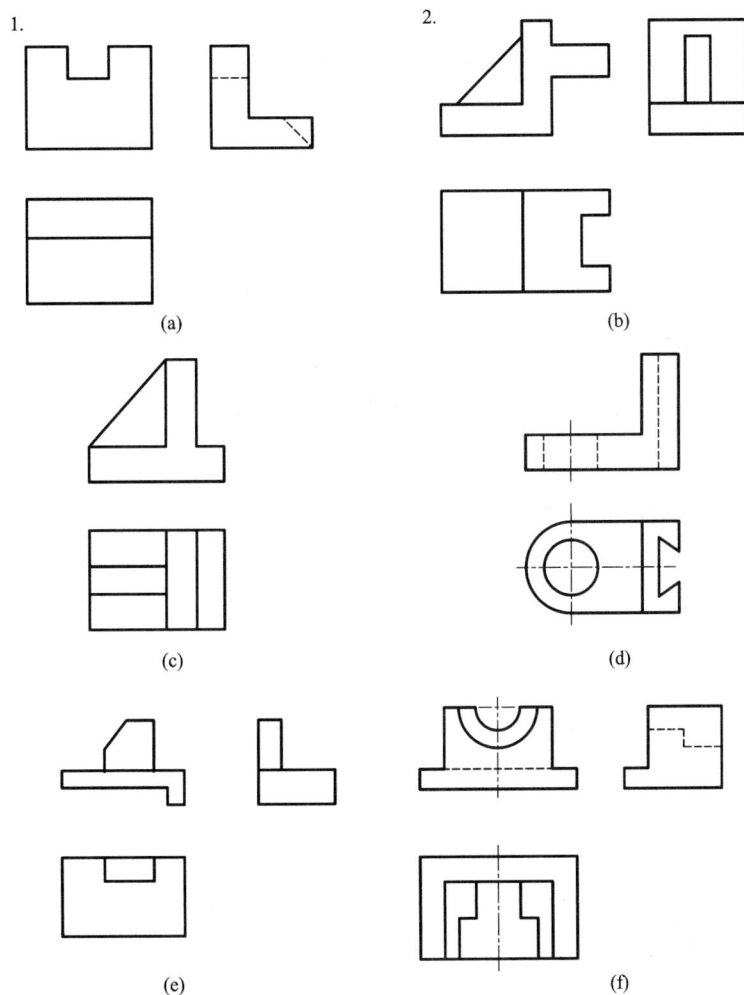

图 5-43

2.分析曲面体的截交线,完成水平投影(图 5-44)。(12 分)

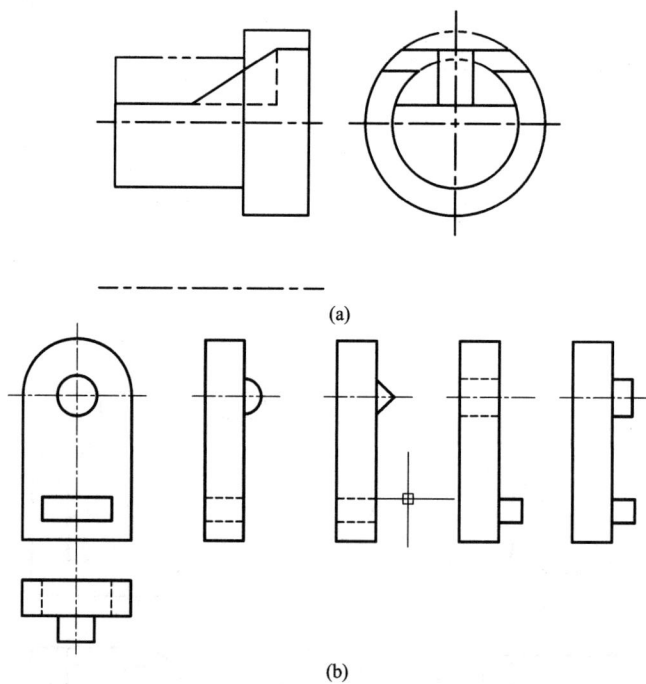

(a)

(b)

图 5－44

项目六

汽车零件的表示方法

学习目标

(1)能使用基本视图、向视图、局部视图、斜视图来清晰表达汽车零件的外部结构形状;

(2)能够运用剖视图正确、完整、清晰地表达汽车零件的内部结构形状并进行标注;

(3)能使用断面图来表示机件上某一局部结构的断面形状;

(4)能够使用局部放大图等一些其他画法来表达复杂汽车零件的结构形状;

(5)能够识读第三角视图。

任务6.1 认识汽车零件视图

任务描述

为完整地表示一个物体的形状,常需要采用两个或两个以上的视图。通常把光线自物体的前面向后投射所得到的投影称为"主视图",自后向前的称为"后视图",自上向下的称为"俯视图",自下向上的称为"仰视图",自左向右的称为"左视图",自右向左的称为"右视图"。也可以将视图理解为从一定的方向来看物体,从左边看就是左视图,从前面看就是主视图,从顶上看就是仰视图,依此类推,这里的前后左右是以观察者的方向来定的。

汽车零件向投影面投影所得的图形是汽车零件的可见部分,必要时才画出其不可见部分。因此,视图主要用来表达机件的外部结构形状。国家标准 GB/T 17451—1998 和 GB/T 4458.1—2002 都对视图进行了规定。

任务分析

视图分为:基本视图、剖视图、断面图、向视图、局部视图、斜视图及其他简化画法。

知识准备

一、基本视图

汽车零件的外部结构形状在各个方向(上下、左右、前后)都不相同时,三视图往往不能清晰地把它表达出来,所以,必须加上更多的投影面,以得到更多的视图。

1.概念

为了清晰地表达汽车零件六个方向的形状，可在 H、V、W 三投影面的基础上，再增加三个基本投影面。这六个基本投影面组成了一个方箱，把机件围在当中，如图 6-1(a)所示。汽车零件在每个基本投影面上的投影，都称为基本视图。图 6-1(b)表示汽车零件投影到六个投影面上后，投影面展开的方法。展开后，六个基本视图的配置关系和视图名称见图 6-1 (c)。按图 6-1(b)所示位置在一张图纸内的基本视图，一律不注视图名称。

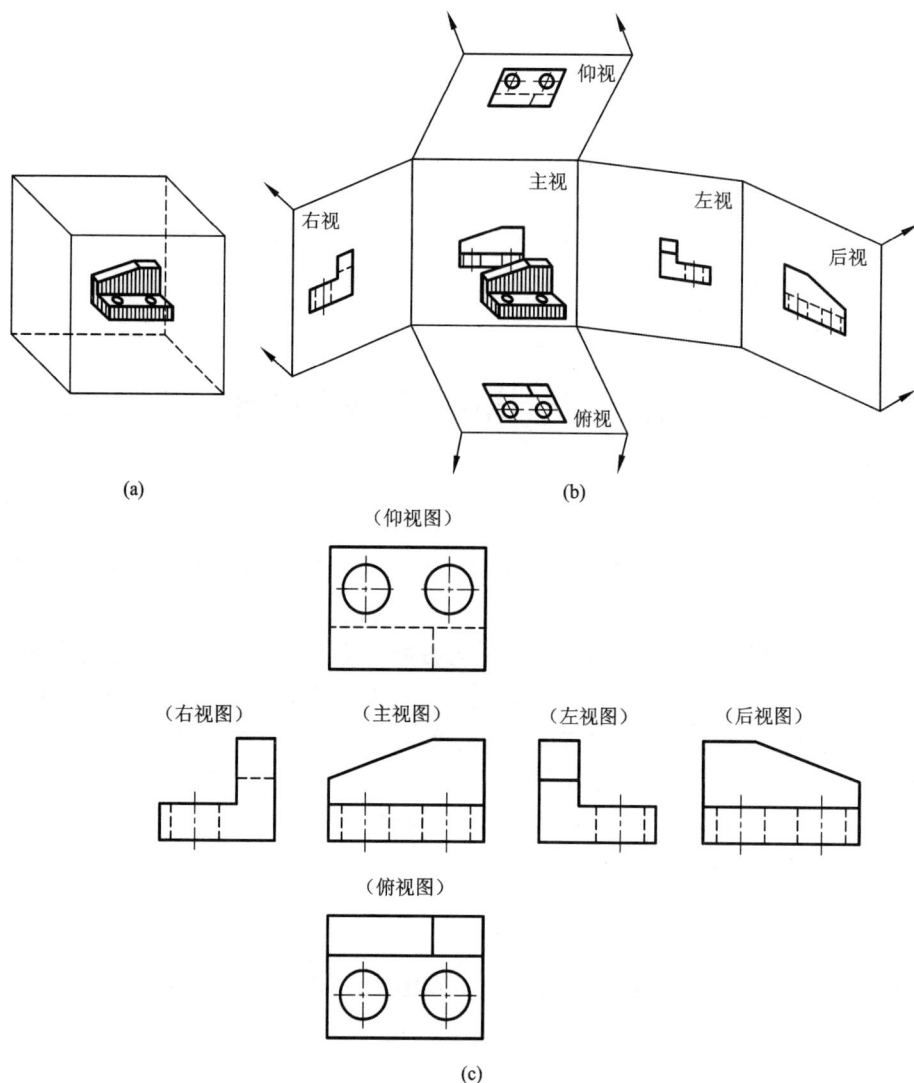

(a)   (b)

(c)

图 6-1 六个基本视图

2.投影规律

六个基本视图之间，仍然保持着与三视图相同的投影规律，即：

主、俯、仰、(后)：长对正；

主、左、右、后：高平齐；

俯、左、仰、右：宽相等。

此外，除后视图以外，各视图的里边（靠近主视图的一边），均表示机件的后面，各视图的外边（远离主视图的一边），均表示机件的前面，即"里后外前"。

强调： 虽然汽车零件可以用六个基本视图来表示，但实际上画哪几个视图，要看具体情况而定，即根据汽车零件的结构特点和复杂程度，选用必要的基本视图。六个基本视图中，一般优先采用主、俯、左三个视图。任何零件的表达都必须有主视图。

二、向视图

有时为了便于合理地布置基本视图，可以采用向视图。

向视图是可自由配置的视图，它的标注方法为：在向视图的上方注写"×"（×为大写的英文字母，如"A"、"B"、"C"等），并在相应视图的附近用箭头指明投影方向，并注写相同的字母，如图6-2所示。

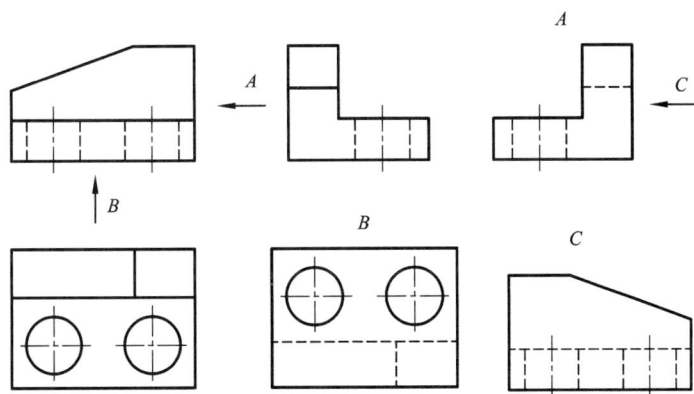

图6-2　向视图

三、局部视图

1.概念

汽车零件的某一部分向基本投影面投射所得到的图形，称为局部视图。局部视图是不完整的基本视图，利用局部视图可以减少基本视图的数量，使表达简洁，重点突出。例如图6-3(a)所示零件，画出了主视图和俯视图，已将零件基本部分的形状表达清楚，只有左、右两侧凸台和左侧肋板的厚度尚未表达清楚，此时便可像图中的A向和B向那样，只画出所需要表达的部分而成为局部视图，如图6-3(b)所示。这样重点突出、简单明了，有利于画图和看图。

2.画局部视图时应注意的问题

（1）在相应的视图上用带字母的箭头指明所表示的投影部位和投影方向，并在局部视图上方用相同的字母标明"×"。

（2）局部视图最好画在有关视图的附近，并直接保持投影联系。也可以画在图纸内的其他地方，如图6-3(b)中右下角画出的"B"。当表示投影方向的箭头标在不同的视图上时，

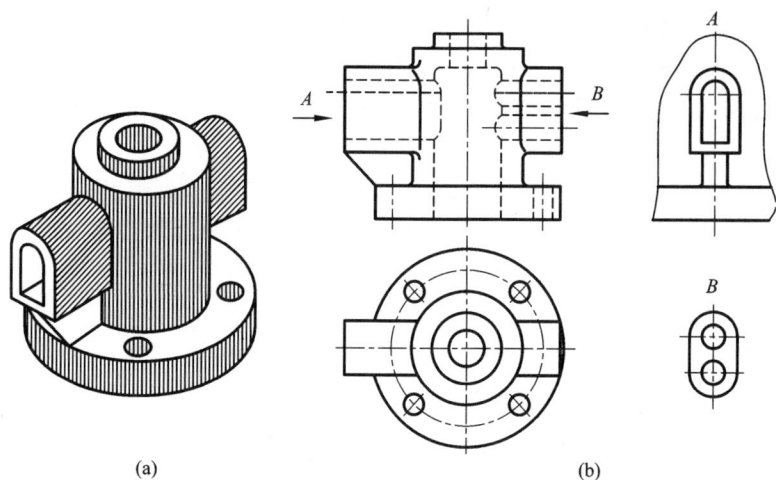

图 6 – 3 局部视图

同一部位的局部视图的图形方向可能不同。

(3)局部视图的范围用波浪线表示,如图 6 – 3(b)中"*A*"。所表示的图形结构完整、且外轮廓线又封闭时,则波浪线可省略,如图 6 – 3(b)中"*B*"。

当采用一定数量的基本视图后,机件上仍有部分结构形状尚未表达清楚,而又没有必要再画出完整的其他的基本视图时,可采用局部视图来表达。

四、斜视图

1. 概念

将汽车零件向不平行于任何基本投影面的方向进行投影,所得到的视图称为斜视图。斜视图适合于表达汽车零件上的斜表面的实形。例如图 6 – 4 所示是一个弯板形零件,它的倾斜部分在俯视图和左视图上的投影都不是实形。此时就可以另外加一个平行于该倾斜部分的投影面,在该投影面上则可以画出倾斜部分的实形投影,如图 6 – 4 中的"*A*"向所示。

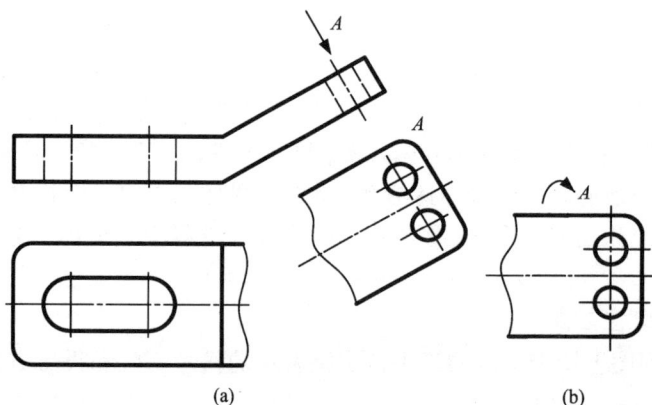

图 6 – 4 斜视图

2. 配置与标注

斜视图的标注方法与局部视图相似，并且应尽可能配置在与基本视图直接保持投影联系的位置，也可以平移到图纸内的适当地方。为了画图方便，允许将斜视图旋转配置，但必须在斜视图上方注明旋转标记，其标注形式为"×⌒"或"⌒×"，表示该视图名称的大写字母应靠近旋转符号的箭头端，箭头随斜视图旋转方向确定，如图6-4(b)所示。

3. 注意

画斜视图时增设的投影面只垂直于一个基本投影面，因此，零件上原来平行于基本投影面的一些结构，在斜视图中最好以波浪线为界而省略不画，以避免出现失真的投影。在基本视图中也要注意处理好这类问题，图6-4中不用俯视图而用"A"向视图，即是一例。

任务实施

1. 根据要求画出图6-5立体图形的视图。
2. 画出下面实物(图6-6)的基本视图。

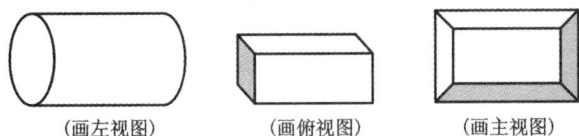
（画左视图）　（画俯视图）　（画主视图）

图6-5

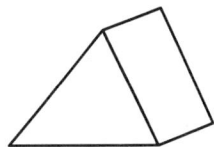

图6-6

任务6.2　认识汽车零件剖视图

任务描述

六个基本视图基本解决了汽车零件外形的表达问题，但当汽车零件的内部结构较复杂时，视图的虚线也将增多，要清晰地表达机件的内部形状和结构，常采用剖视图的画法。国家标准 GB/T 17452—1998 和 GB/T 4458.6—2002 规定了剖视图的画法(或表示方法)。

任务分析

剖视图主要用于表达汽车零件内部的结构形状，它是假想用一剖切面(平面或曲面)剖开汽车零件，将处在观察者和剖切面之间的部分移去，而将其余部分向投影面上投射，这样得到的图形称为剖视图(简称剖视)。

知识准备

一、剖视图的形成

[**案例6-1**]　如图6-7(a)所示的零件，在主视图中，用虚线表达其内部结构，不够清晰。按照图6-7(b)所示的方法，假想沿零件前后对称平面把它剖开，拿走剖切平面前面的部分后，将后面部分再向正投影面投影，这样，就得到了一个剖视的主视图。图6-7(c)表示机件剖视图的画法。

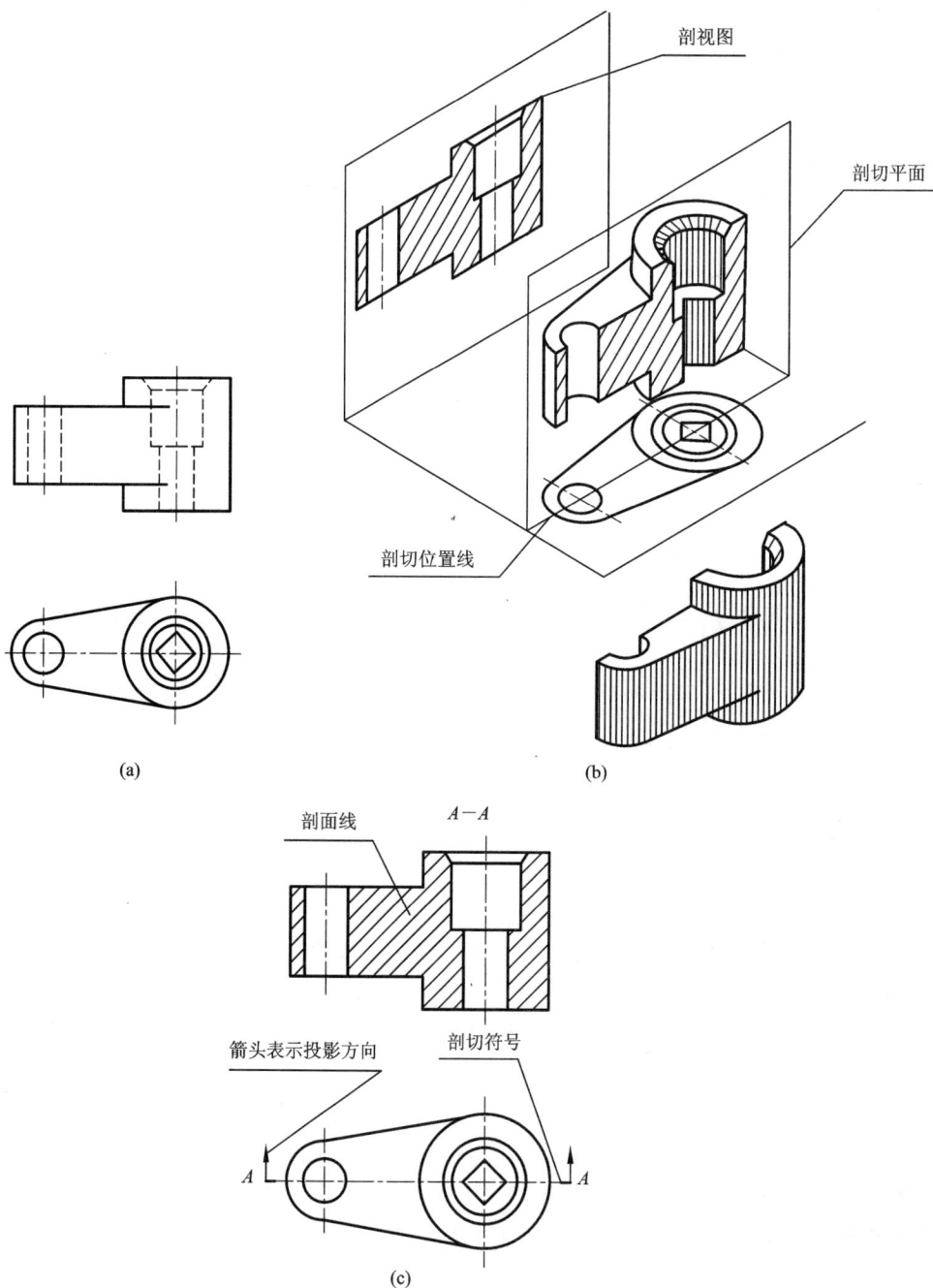

图 6-7　剖视图的形成

二、剖视图的分类

1. 全剖视图

(1)概念

用剖切平面,将机件全部剖开后进行投影所得到的剖视图,称为全剖视图(简称全剖视)。例如图 6-8 中的主视图和左视图均为全剖视图。

（2）应用

全剖视图一般用于表达外部形状比较简单，内部结构比较复杂的零件。

（3）标注

当剖切平面通过机件的对称（或基本对称）平面，且全剖视图按投影关系配置，中间又无其他视图隔开时，可以省略标注，否则必须按规定方法标注。如图6－8中的主视图的剖切平面通过对称平面，所以省略了标注；而左视图的剖切平面不是通过对称平面，则必须标注，但它是按投影关系配置的，所以箭头可以省略。

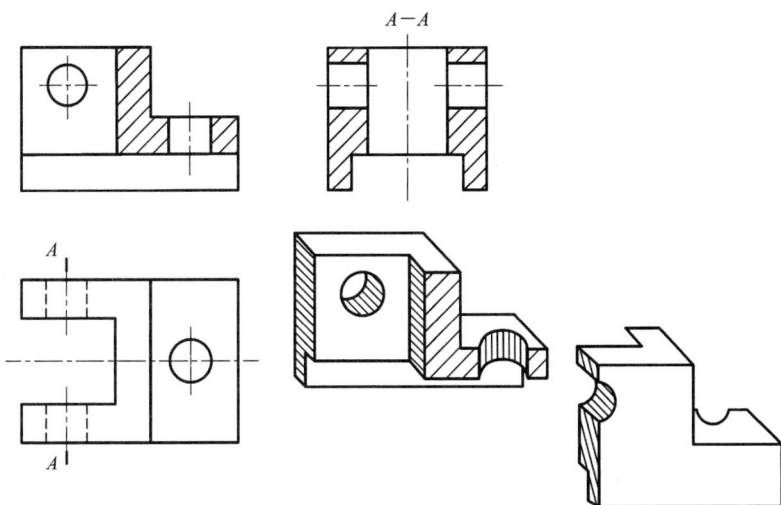

图6－8　全剖视图及其标注

2. 半剖视图

（1）概念

当汽车零件具有对称平面时，以对称中心线为界，在垂直于对称平面的投影面上投影得到的，由半个剖视图和半个视图合并组成的图形称为半剖视图。

（2）应用

半剖视图既充分地表达了汽车零件的内部结构，又保留了汽车零件的外部形状，因此它具有内外兼顾的特点。但半剖视图只适宜于表达对称的或基本对称的汽车零件。

（3）标注

半剖视图的标注方法与全剖视图相同。例如图6－9(a)所示的零件为前后对称，图6－9(b)中主视图所采用的剖切平面通过零件的前后对称平面，所以不需要标注；而俯视图所采用的剖切平面并非通过零件的对称平面，所以必须标出剖切位置和名称，但箭头可以省略。

（4）注意事项

a)具有对称平面的零件，在垂直于对称平面的投影面上，才宜采用半剖视。如零件的形状接近于对称，而不对称部分已另有视图表达时，也可以采用半剖视。

b)半个剖视和半个视图必须以细点画线为界。如果作为分界线的细点画线刚好和轮廓线重合，则应避免使用。如图6－10所示主视图，尽管图的内外形状都对称，似乎可以采用

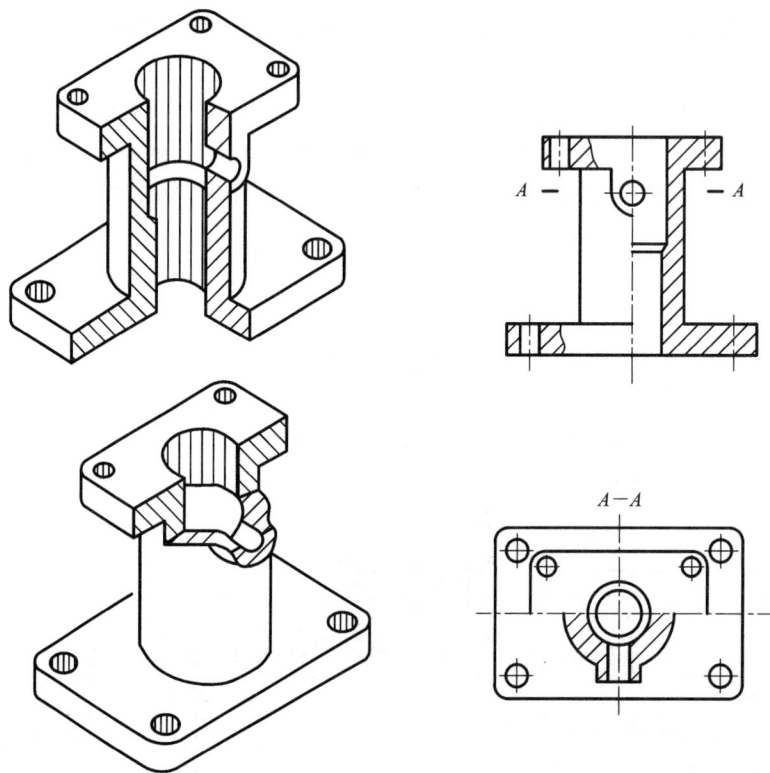

图6-9　半剖视图及其标注

半剖视。但采用半剖视图后，其分界线恰好和内轮廓线相重合，不满足分界线是细点画线的要求，所以不应采用半剖视表达，而宜采取局部剖视表达，并且用波浪线将内、外形状分开。

c)半剖视图中的内部轮廓在半个视图中不再用虚线表示。

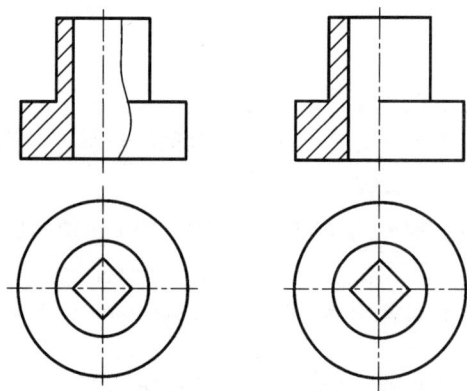

图6-10　对称机件的局部剖视

3.局部剖视图

（1）概念

将汽车零件局部剖开后进行投影得到的剖视图称为局部剖视图。局部剖视图也是在同一视图上同时表达内外形状的方法，并且用波浪线作为剖视图与视图的界线。图6-9的主视图和图6-11的主视图和左视图，均采用了局部剖视图。

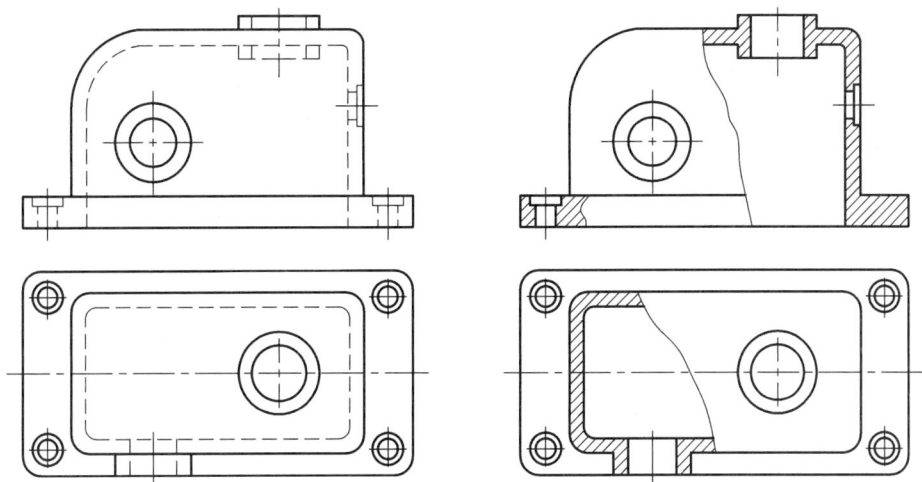

图6-11 局部剖视图

（2）应用

从以上几例可知，局部剖视是一种比较灵活的表达方法，剖切范围根据实际需要决定。但使用时要考虑到看图方便，剖切不要过于零碎。它常用于下列两种情况：①汽车零件只有局部内形要表达，而又不必或不宜采用全剖视图时；②不对称汽车零件需要同时表达其内、外形状时，宜采用局部剖视图。

（3）波浪线的画法

表示视图与剖视范围的波浪线，可看做机件断裂痕迹的投影，波浪线的画法应注意以下几点：①波浪线不能超出图形轮廓线，如图6-12（a）所示；②波浪线不能穿孔而过，如遇到孔、槽等结构时，波浪线必须断开，如图6-12（a）所示；③波浪线不能与图形中任何图线重合，也不能用其他线代替或画在其他线的延长线上，如图6-12（b）、（c）所示；④当被剖切部位的局部结构为回转体时，允许将该结构的中心线作为局部剖视图与视图的分界线。

（4）标注

局部剖视图的标注方法和全剖视相同。一般情况下，局部剖视图的剖切位置非常明显，则可以省略标注。但当剖切位置不明显或局部剖视图未能按投影关系配置时，则必须加以标注。

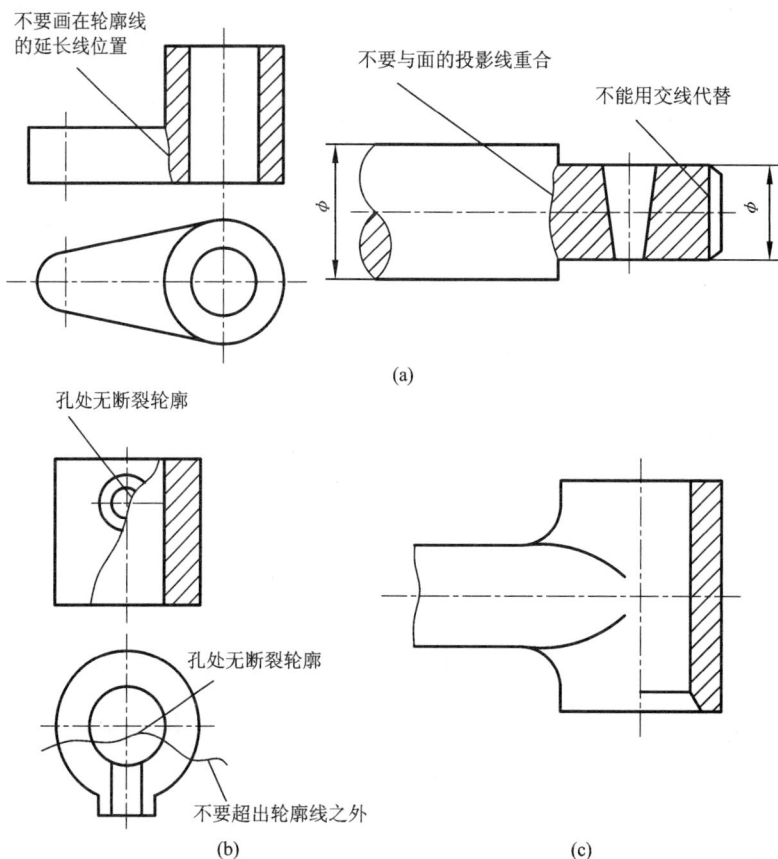

不要画在轮廓线的延长线位置

不要与面的投影线重合

不能用交线代替

(a)

孔处无断裂轮廓

孔处无断裂轮廓

不要超出轮廓线之外

(b)

(c)

图 6 - 12 局部剖视图的波浪线的画法

三、剖切面的种类

剖视图是假想将汽车零件剖开而得到的视图, 因为汽车零件内部形状的多样性, 剖开汽车零件的方法也不尽相同。国家标准《机械制图》规定有: 单一剖切平面、几个互相平行的剖切平面、两个相交的剖切平面、不平行于任何基本投影面的剖切平面、组合的剖切平面等。

1. 单一剖切平面

用一个剖切平面剖开汽车零件的方法称为单一剖, 所画出的剖视图称为单一剖视图。单一剖切平面一般为平行于基本投影面的剖切平面。前面介绍的全剖视图、半剖视图、局部剖视图均为用单一剖切平面剖切而得到的, 可见, 这种方法应用最多。

2. 几个互相平行的剖切平面

（1）概念

用两个或多个互相平行的剖切平面把汽车零件剖开的方法, 称为阶梯剖, 所画出的剖视图称为阶梯剖视图。它适宜于表达汽车零件内部结构的中心线排列在两个或多个互相平行的平面内的情况。

[案例 6 - 2] 如图 6 - 13(a)所示汽车零件, 内部结构(小孔和沉孔)的中心位于两个平行的平面内, 不能用单一剖切平面剖开, 而是采用两个互相平行的剖切平面将其剖开, 主视图即为采用阶梯剖方法得到的全剖视图, 如图 6 - 13(c)所示。

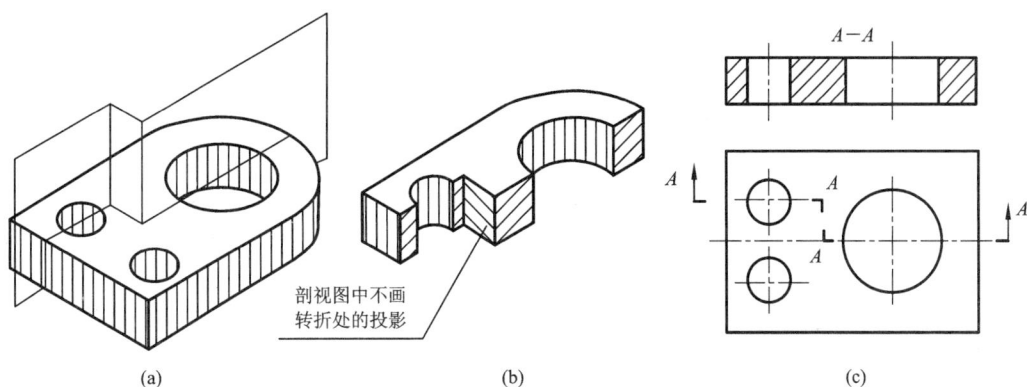

剖视图中不画
转折处的投影

(a)　　　　　(b)　　　　　(c)

图 6 – 13　阶梯剖视图

（2）画阶梯剖视图时，应注意下列几点：

a）为了表达孔、槽等内部结构的实形，几个剖切平面应同时平行于同一个基本投影面。

b）两个剖切平面的转折处，不能划分界线，如图 6 – 13（b）所示。因此，要选择一个恰当的位置，使之在剖视图上不致出现孔、槽等结构的不完整投影。当它们在剖视图上有共同的对称中心线和轴线时，也可以各画一半，这时细点画线就是分界线，如图 6 – 14 所示。

c）阶梯剖视必须标注，标注方法如图 6 – 13（c）所示。在剖切平面迹线的起始、转折和终止的地方，用剖切符号（即粗短线）表示它的位置，并写上相同的字母；在剖切符号两端用箭头表示投影方向（如果剖视图按投影关系配置，中间又

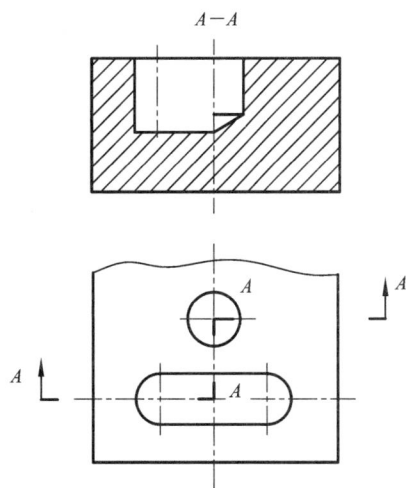

图 6 – 14　阶梯剖视图的特例

无其他图形隔开时，可省略箭头）；在剖视图上方用相同的字母标出名称"$X – X$"。

3. 两个相交的剖切平面

（1）概念

用两个相交的剖切平面（交线垂直于某一基本投影面）剖开机件的方法称为旋转剖，所画出的剖视图称为旋转剖视图。

[案例 6 – 3]　如图 6 – 15（a）所示的法兰盘，它中间的大圆孔和均匀分布在四周的小圆孔都需要剖开表示，如果用相交于法兰盘轴线的侧平面和正垂面去剖切，并将位于正垂面上的剖切面绕轴线旋转到和侧面平行的位置，这样画出的剖视图就是旋转剖视图。可见，旋转剖适用于有回转轴线的机件，而轴线恰好是两剖切平面的交线。并且两剖切平面一个为投影面平行面，一个为投影面垂直面，如图 6 – 15（b）就是法兰盘的旋转剖视图。

同理，如图 6 – 16 所示的摇臂，也可以用旋转剖视表达。

（3）画旋转剖视图时应注意以下两点：①倾斜的平面必须旋转到与选定的基本投影面平行，以使投影能够表达实形，但剖切平面后面的结构，一般应按原来的位置画出它的投影，

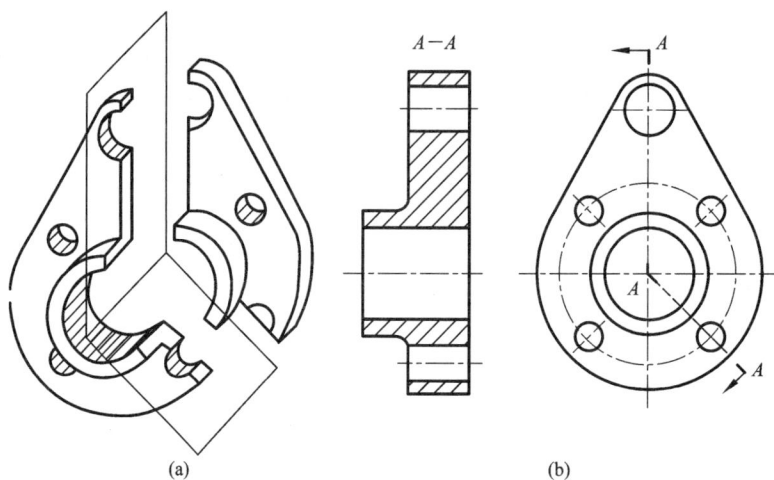

图 6 – 15　　法兰盘的旋转剖视图

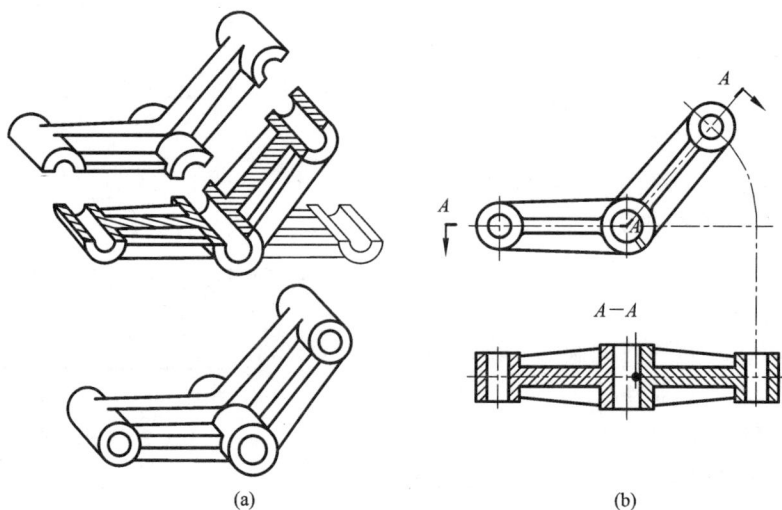

图 6 – 16　　摇臂的旋转剖视图

如图 6 – 16(b)所示。②旋转剖视图必须标注，标注方法与阶梯剖视相同，如图 6 – 15(b)、图 6 – 16(b)所示。

4. 不平行于任何基本投影面的剖切平面

用不平行于任何基本投影面的剖切平面剖开机件的方法称为斜剖，所画出的剖视图称为斜剖视图。斜剖视适用于汽车零件的倾斜部分需要剖开以表达内部实形的时候，并且内部实形的投影是用辅助投影面法求得的。

[**案例 6 – 4**]　如图 6 – 17 所示零件，它的基本轴线与底板不垂直。为了清晰表达弯板的外形和小孔等结构，宜用斜剖视表达。此时用平行于弯板的剖切面"B – B"剖开机件，然后在辅助投影面上方求出剖切部分的投影即可。

画斜剖视图时，应注意以下几点：

（1）剖视最好与基本视图保持直接的投影联系，如图6-17中的"*B-B*"。必要时（如为了合理布置图幅）可以将斜剖视画到图纸的其他地方，但要保持原来的倾斜度，也可以转平后画出，但必须加注旋转符号。

（2）斜剖视主要用于表达倾斜部分的结构。机件上凡在斜剖视图中失真的投影，一般应避免表示。例如在图6-17中，按主视图上箭头方向取视图，就避免了画圆形底板的失真投影。

（3）斜剖视图必须标注，标注方法如图6-17所示，箭头表示投影方向。

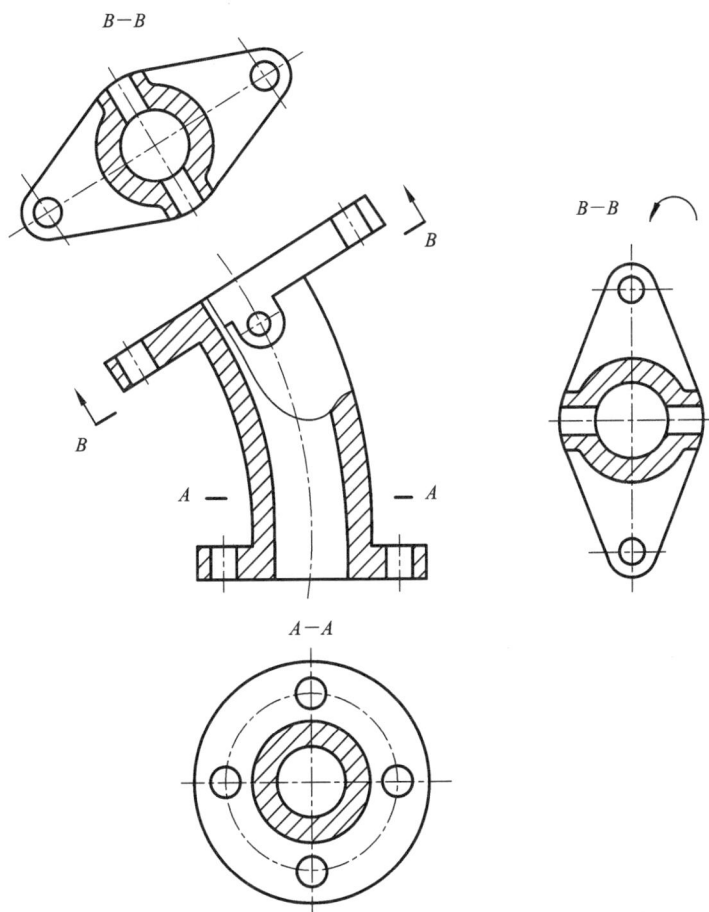

图6-17 机件的斜剖视图

5.组合的剖切平面

（1）概念

当汽车零件的内部结构比较复杂，用阶梯剖或旋转剖仍不能完全表达清楚时，可以采用以上几种剖切平面的组合来剖开机件，这种剖切方法称为复合剖，所画出的剖视图称为复合剖视图。

[**案例6-5**] 如图6-18（a）所示的零件，为了在一个图上表达各孔、槽的结构，便采用了复合剖视，如图6-18（b）所示。应特别注意复合剖视图中的标注方法。

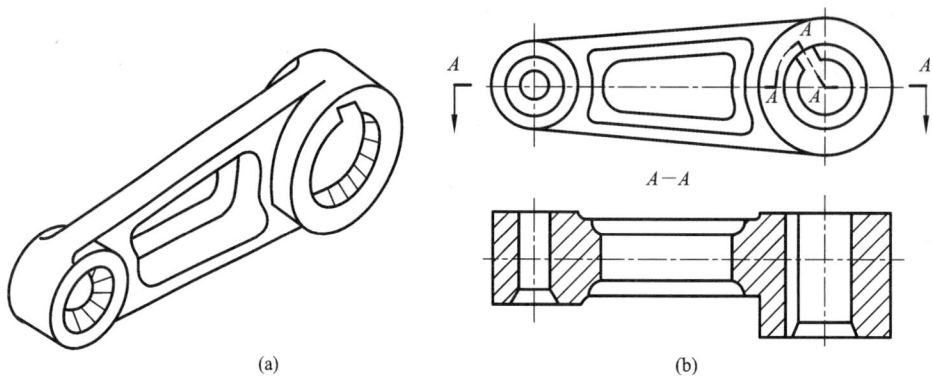

(a)   (b)

图6-18　零件的复合剖视图

任务6.3　绘制汽车零件剖视图

任务描述

为了清楚地表达机械的结构和装配关系，剖视图是展示机械内部构造的不可缺少的重要手段，几乎任何一种设备或零件的描述，都要出具剖视图。掌握正确的画剖视图的方法和步骤使之符合国家标准是十分有必要的。本任务为绘制如图6-19所示零件的剖视图。

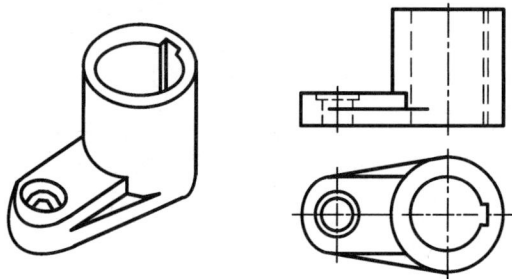

图6-19

任务分析

剖切面可以是平面或曲面，应通过物体的对称面或孔、洞的轴线，以反映内腔结构的实形。剖切是假想的，实际上并没有把机件切去一部分，因此，当零件的某一个视图画成剖视图以后，其他视图仍应按完整的零件画出。可见轮廓线应全部画出，不能遗漏，剖视图中一般不画不可见轮廓线。对于已经表达清楚的结构，其虚线可以省略不画。但如果仍有表达不清的部位，其虚线则不能省略，在没有剖切的视图上虚线的问题也按照同样的原则处理。

知识准备

一、剖视图的画法

画剖视图时，首先要选择适当的剖切位置，使剖切平面尽量通过较多的内部结构（孔、槽等）的轴线或对称平面，并平行于选定的投影面。例如在图6-7中，以零件的前后对称平面为剖切平面。

其次，内外轮廓要画齐。零件剖开后，处在剖切平面之后的所有可见轮廓线都应画齐，不得遗漏。

最后要画上剖面符号。在剖视图中，凡是被剖切的部分应画上剖面符号。表6-1列出了常见的材料由国家标准《机械制图》规定的剖面符号。

表6-1　各种材料的剖面符号(摘自 GB/T 4457.5—1984)

材料	剖面符号	材料	剖面符号
金属材料(已有规定的剖面符号者除外)		混凝土	
木质胶合板(不分层数)		非金属材料(已有规定的剖面符号者除外)	
线圈绕组元件		钢筋混凝土	
基础周围的泥土		型砂、填砂、粉末冶金、砂轮、陶瓷刀片、硬质合金刀片等	
转子、电枢、变压器和电抗器等的叠钢片		砖	
玻璃及供观察用的其他透明材料		格网(筛网、过滤网等)	
木材纵断面		液体	
木材横断面			

金属材料的剖面符号，应画成与水平方向成45°的互相平行、间隔均匀的细实线。同一零件各个视图的剖面符号应相同。但是如果图形的主要轮廓线与水平方向成45°或接近45°时，该图剖面线应画成与水平方向成30°或60°角，其倾斜方向仍应与其他视图的剖面线一致，如图6-20所示。

二、剖视图的标注

剖视图的标注一般应该包括三部分：剖切平面的位置、投影方向和剖视图的名称。标注方法如图6-21(d)所示：在剖视图中用剖切符号(即粗短线)标明剖切平面的位置，并写上字母；用箭头指明投影方向；在剖视图上方用相同的字母标出剖视图的名称"×-×"。

(1)全部标注　如图6-21(d)所示。不同剖视图上的名称不能重复。

(2)省略箭头　当剖视图按投影关系配置，中间又无其他图形隔开时，可省略表示投射方向的箭头，如图6-7主视图所示。

(3)不必标注　当单一剖切平面通过零件的对称或基本对称平面，且剖视按投影关系配置，中间又无图隔开时，则不必标注(如图6-7中主视图所示)。

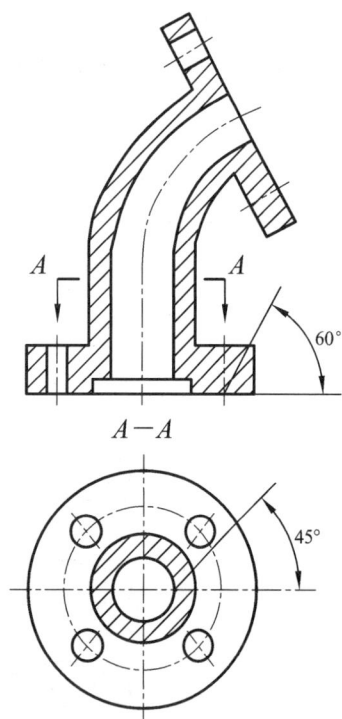

图 6 - 20　剖面线为 60°

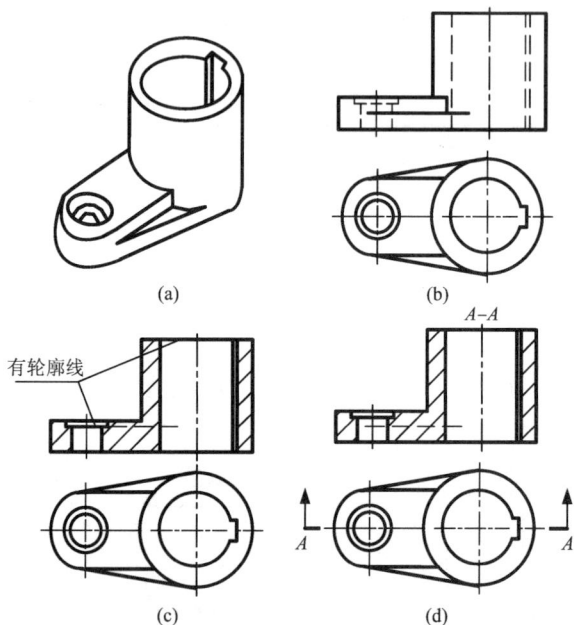

图 6 - 21　画剖视图的方法和步骤

有轮廓线

(a)　　　　(b)

(c)　　　　(d)

任务实施

画剖视图的方法和步骤：

[案例 6 - 6]　如图 6 - 21(a)所示零件的剖视图按下列方法和步骤进行：

(1)分析零件，画出必要的视图，如图 6 - 21(b)所示。

(2)选定剖切面并确定其剖切位置。图 6 - 21(b)中选用的是正平面(即通过两孔轴线的剖切平面)且与零件的前后对称面重合。

(3)画出断面图形。画出剖切平面与机件接触部分的断面图形，并画上剖面符号，如图 6 - 21(c)所示。

(4)用规定方法进行标注，如图 6 - 21(d)所示。

任务6.4　认识汽车零件断面图

任务描述

假想用剖切平面将轴件的某处切断，仅画出该剖切面与轴件接触部分的图形，这种图形称为断面图(简称断面)，如图 6 - 22 所示。

断面与剖视的主要区别是：断面仅画出机件与剖切平面接触部分的图形；而剖视则除需要画出剖切平面与轴件接触部分的图形外，还要画出其后的所有可见部分的图形。

断面常用来表示零件上某一局部结构的断面形状，如零件上的肋板、轮辐、键槽、小孔、杆件和型材的断面等。

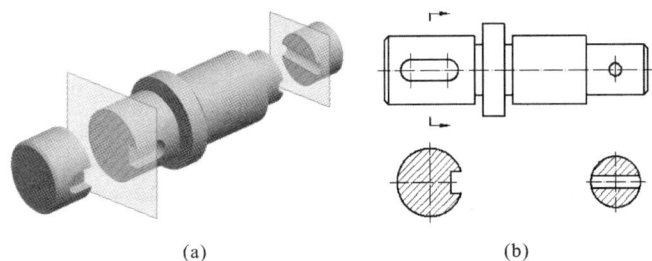

(a)   (b)

图 6 - 22 断面图的概念

任务分析

断面图仅画出机件断面的图形，而剖视图则要画出剖切平面以后的所有部分的投影。断面图分为移出断面图和重合断面图两种。

知识准备

一、移出断面图

1. 概念

画在视图轮廓之外的断面图称为移出断面图。

[案例 6 - 7] 如图 6 - 23(b) 所示断面即为移出断面。

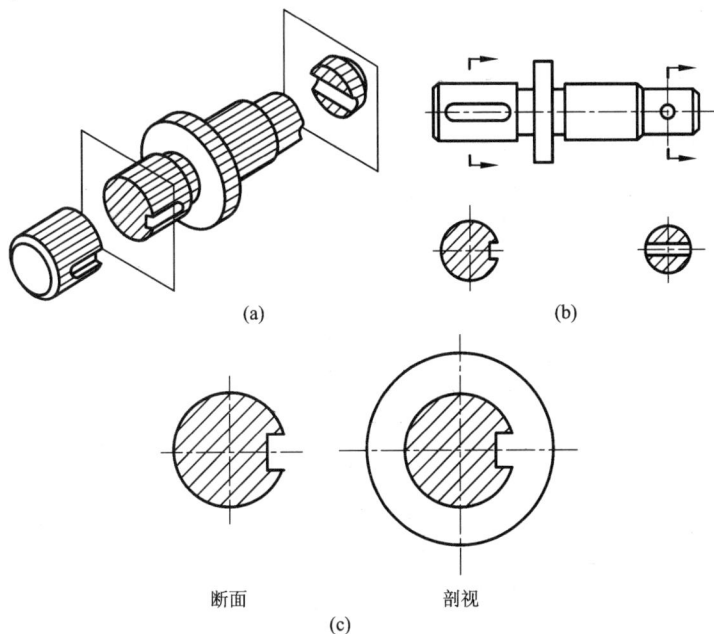

(a)   (b)

断面   剖视

(c)

图 6 - 23 断面图的画法

2. 画法要点

(1)移出断面的轮廓线用粗实线画出,断面上画出剖面符号。移出断面应尽量配置在剖切平面的延长线上,必要时也可以画在图纸的适当位置上。

(2)当剖切平面通过由回转面形成的圆孔、圆锥坑等结构的轴线时,这些结构应按剖视画出,如图 6－24 所示。

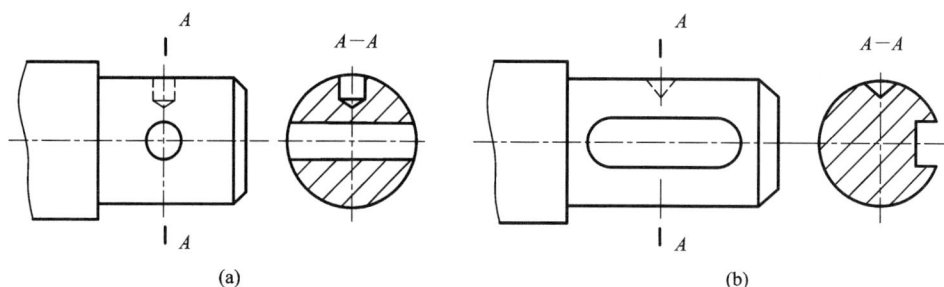

(a)   (b)

图 6－24   通过圆孔等回转面的轴线时断面图的画法

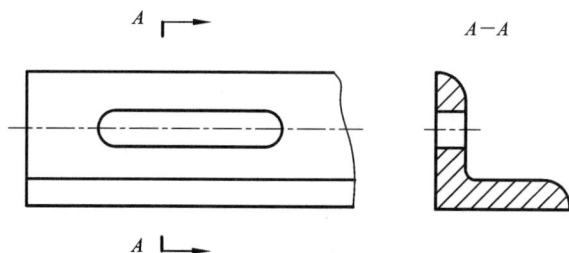

图 6－25   断面分离时的画法

二、重合断面图

画在视图轮廓之内的断面图称为重合断面图。图 6－26 所示的断面即为重合断面。

为了使图形清晰,避免与视图中的线条混淆,重合断面的轮廓线用细实线画出。当重合断面的轮廓线与视图的轮廓线重合时,仍按视图的轮廓线画出,不应中断,如图 6－26(a)所示。

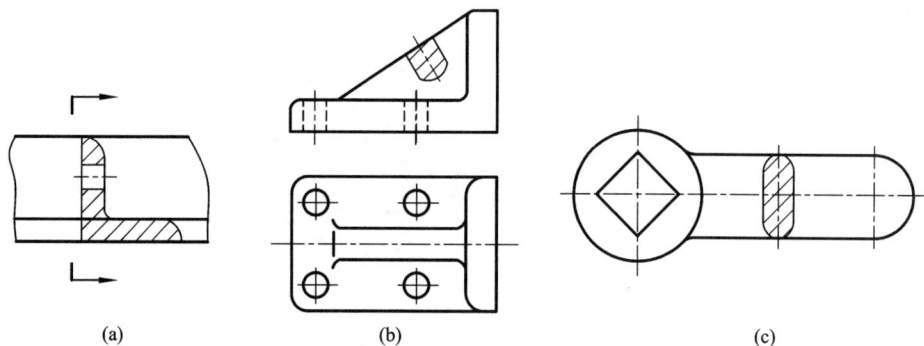

(a)   (b)   (c)

图 6－26   重合断面图

任务6.5 认识汽车零件的其他表达画法

任务描述

汽车零件除了视图、剖视图、断面图等表达方法以外，对零件上的一些特殊结构，还可以采用一些规定画法和简化画法。

任务分析

在国家标准《机械制图》的"图样画法"中，对机械制图的画法规定了一些简化画法、规定画法和其他表示方法，这在我们的绘图和读图中经常会遇到，所以必须掌握。

知识准备

一、局部放大图

1. 概念

汽车零件上某些细小结构在视图中表达得还不够清楚，或不便于标注尺寸时，可将这些部分用大于原图形所采用的比例画出，这种图称为局部放大图，如图6－27所示。

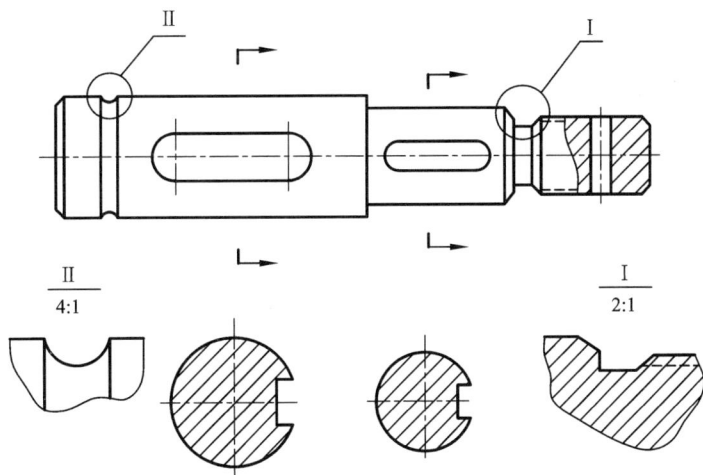

图6－27 局部放大图

2. 标注

局部放大图必须标注，标注方法是：在视图上画一细实线圆，标明放大部位，在放大图的上方注明所用的比例，即图形大小与实物大小之比（与原图上的比例无关），如果放大图不止一个时，还要用罗马数字编号以示区别。

注意：局部放大图可画成视图、剖视图、断面图，它与被放大部位的表达方法无关。局部放大图应尽量配置在被放大部位的附近。

二、有关肋板、轮辐等结构的画法

（1）零件上的肋板、轮辐及薄壁等结构，如纵向剖切都不要画剖面符号，而且用粗实线将它们与其相邻结构分开，如图6－28所示。

（2）回转体上均匀分布的肋板、轮辐、孔等结构不处于剖切平面上时，可将这些结构假想旋转到剖切平面上画出。如图6－29所示。

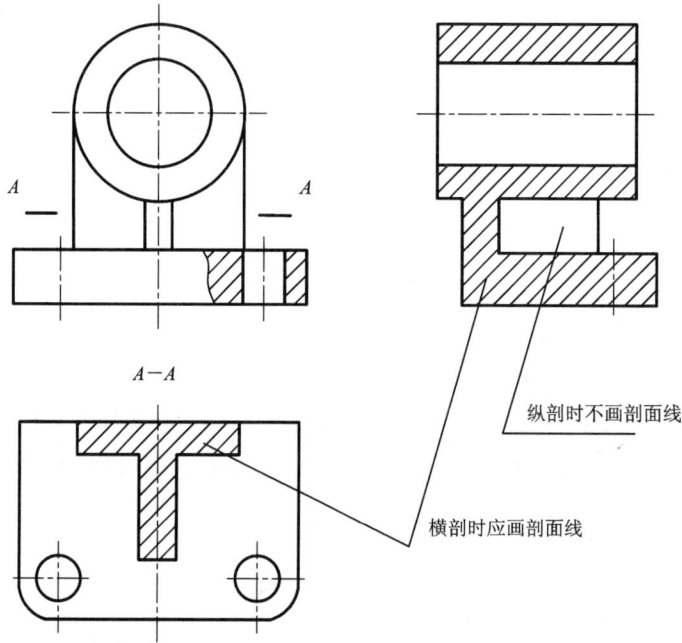

纵剖时不画剖面线

横剖时应画剖面线

图6－28　肋板的剖视画法

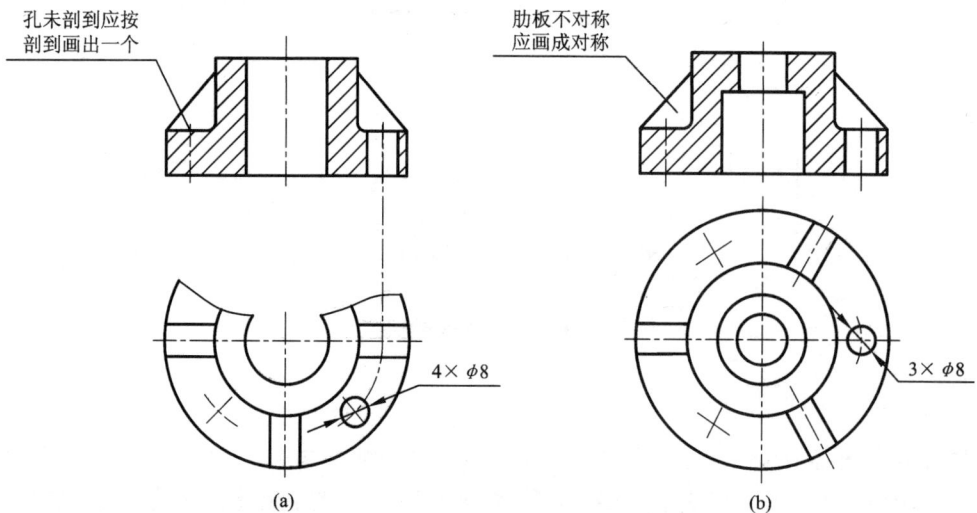

孔未剖到应按剖到画出一个

肋板不对称应画成对称

$4 \times \phi 8$

$3 \times \phi 8$

(a)　　　　　(b)

图6－29　均匀分布的肋板、孔的剖切画法

三、相同结构的简化画法

当零件上具有若干相同结构(齿、槽、孔等),并按一定规律分布时,只需画出几个完整结构,其余用细实线相连或标明中心位置,并注明总数,如图 6 – 30 所示。

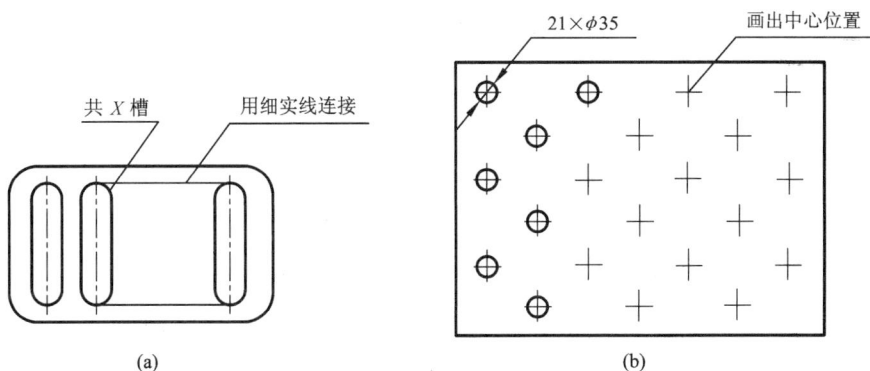

图 6 – 30 相同结构的简化画法

四、较长零件的折断画法

较长的零件(轴、杆、型材等),沿长度方向的形状一致或按一定规律变化时,可断开缩短绘制,但必须按原来实长标注尺寸,如图 6 – 31 所示。

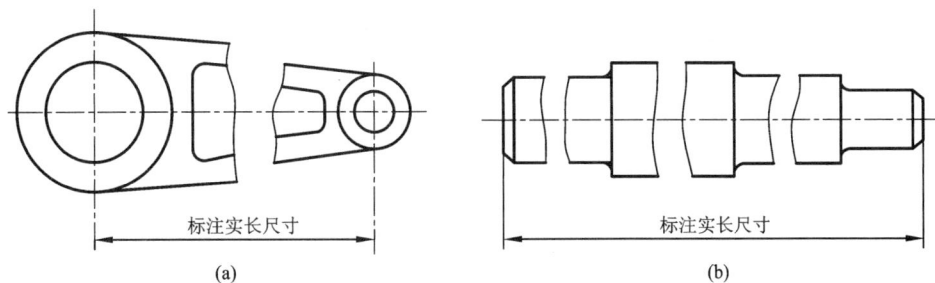

图 6 – 31 较长机件的折断画法

零件断裂边缘常用波浪线画出,圆柱断裂边缘常用花瓣形画出,如图 6 – 32 所示。

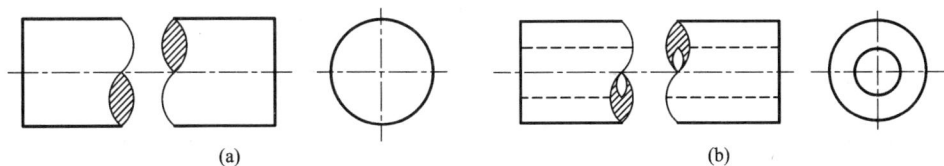

图 6 – 32 圆柱与圆筒的断裂处画法

五、较小结构的简化画法

零件上较小的结构，如在一个图形中已表示清楚时，在其他图形中可以简化或省略，如图 6 – 33(a)主视图上只画锥孔的最小与最大孔。图 6 – 33(b)的主视图，平面用交叉细实线画出。

在不引起误解时，图形中的相贯线允许简化，例如用圆弧或直线代替非圆曲线，如图6 – 29(a)。

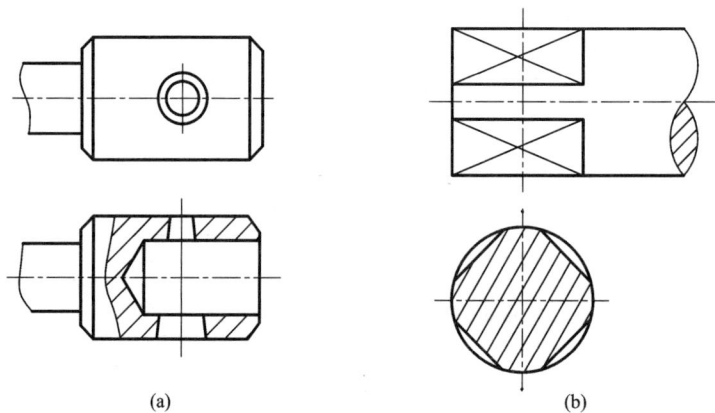

(a)　　　　　　　　　　(b)

图 6 – 33　　较小结构的简化画法

六、某些结构的示意画法

网状物、编织物或零件上的滚花部分，可在轮廓线附近用细实线示意画出，并标明其具体要求。如图 6 – 34 即为滚花的示意画法。

当图形不能充分表达平面时，可以用平面符号(相交细实线)表示，如图 6 – 35 所示。如已表达清楚，则可不画平面符号，如图 6 – 33(b)所示。

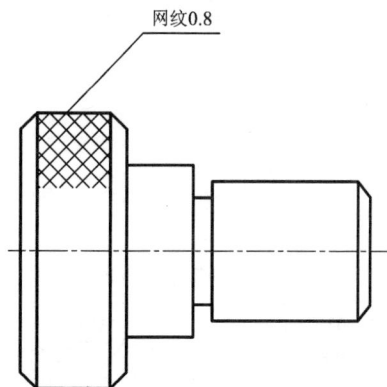

网纹0.8

图 6 – 34　滚花的示意画法

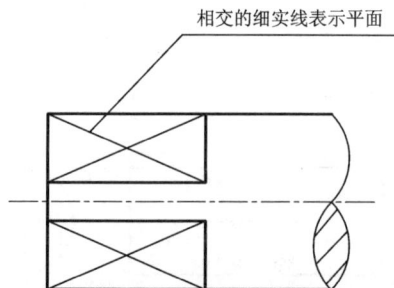

相交的细实线表示平面

图 6 – 35　　平面符号表示法

七、对称零件的简化画法

在不引起误解时,对于对称零件的视图可以只画一半或四分之一,并在对称中心线的两端画出两条与其垂直的平行细实线,如图 6-36 所示。

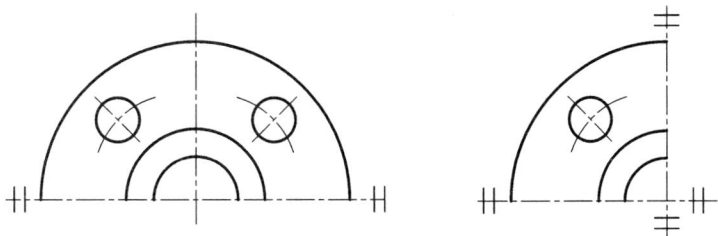

图 6-36　对称零件的简化画法

任务6.6　认识第三角投影

任务描述

目前,在国际上使用的有两种投影制,即第一角投影(又称"第一角画法")和第三角投影(又称"第三角画法")。中国、英国、德国和俄罗斯等国家采用第一角投影,美国、日本、新加坡及中国香港、台湾地区等采用第三角投影。

任务分析

第一角投影法起源于法国,盛行于德、法、意、俄等国,其中美、日及荷兰等国原先亦采用第一角投影法,后来改用第三角投影法至今。

知识准备

一、第三角投影法的概念

如图 6-37 所示,由三个互相垂直相交的投影面组成的投影体系,把空间分成了八个部分,每一部分为一个分角,依次为 Ⅰ,Ⅱ,Ⅲ,Ⅳ,…,Ⅶ,Ⅷ分角。将机件放在第一分角进行投影,称为第一角画法。而将机件放在第三分角进行投影,称为第三角画法。

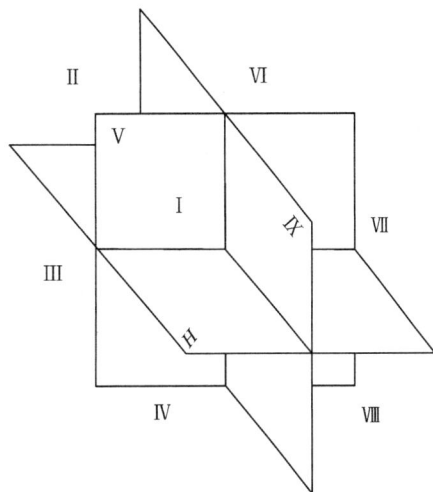

图 6-37　空间的八个分角

二、第三角画法与第一角画法的区别

由于人(观察者)、物(零件)、图(投影面)的位置关系不同。采用第一角画法时,是把投影面放在观察者与物体之间,从投影方向看是"人、物、图"的关系,如图6-38所示。

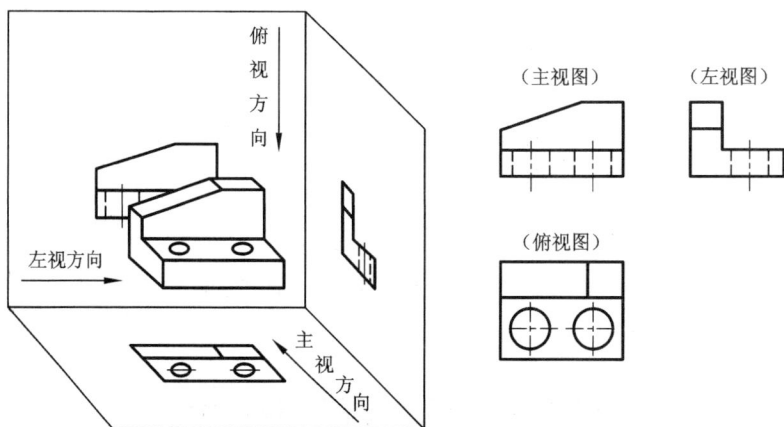

图6-38 第一角画法原理

而采用第三角画法时,是把物体放在观察者与投影面之间,从投影方向看是"人、图、物"的关系,如图6-39所示。投影时就好像是隔着"玻璃"看物体,将物体的轮廓形状印在"玻璃"(投影面)上。

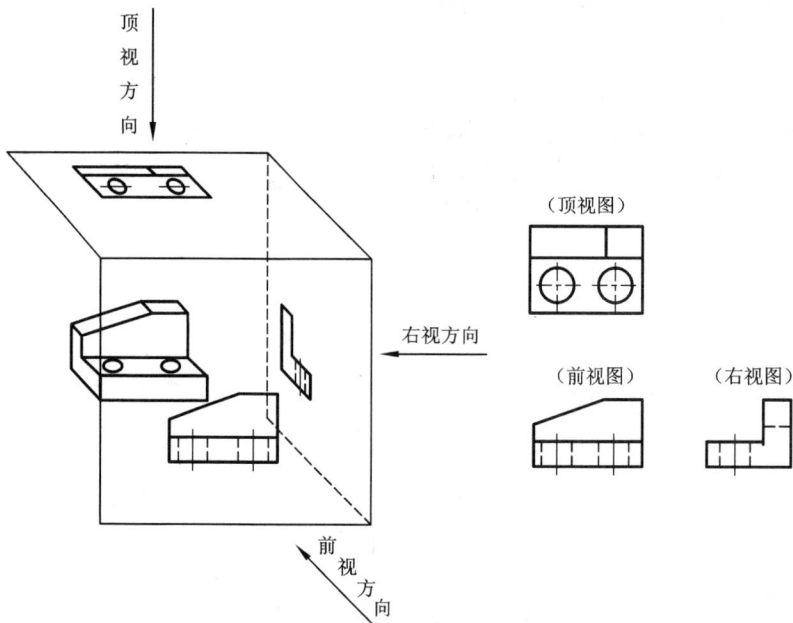

图6-39 第三角画法原理

三、第三角投影图的形成

采用第三角画法时,从前面观察物体在 V 面上得到的视图称为前视图;从上面观察物体在 H 面上得到的视图称为顶视图;从右面观察物体在 W 面上得到的视图称为右视图。各投影面的展开方法是: V 面不动, H 面向上旋转 $90°$, W 面向右旋转 $90°$,使三投影面处于同一平面内,如图 6-40(a)所示。展开后三视图的配置关系如图 6-40 所示。

采用第三角画法时也可以将物体放在正六面体中,分别从物体的六个方向向各投影面进行投影,得到六个基本视图,即在三视图的基础上增加了后视图(从后往前看)、左视图(从左往右看)、底视图(从下往上看)。展开后六视图的配置关系如图 6-40(b)所示。

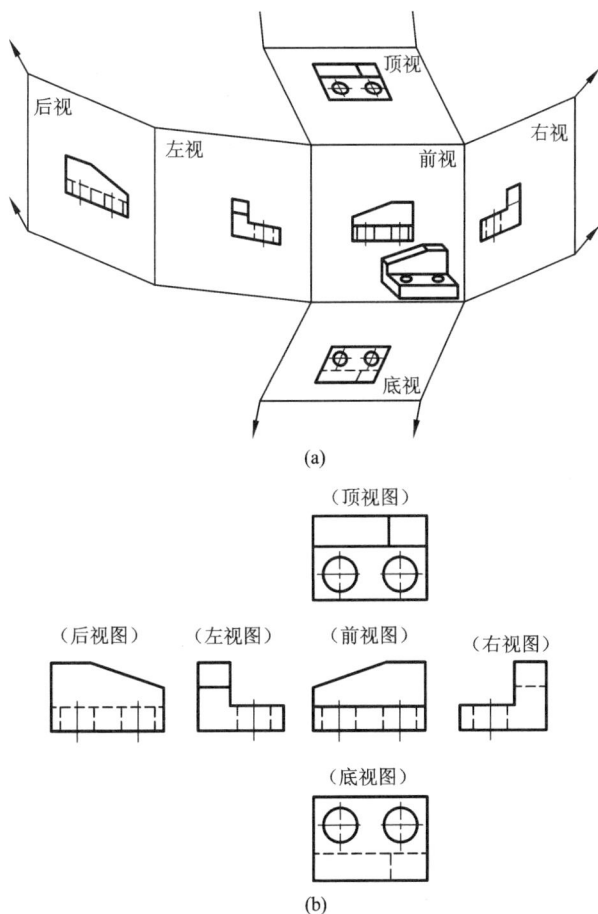

(a)

(b)

图 6-40 第三角画法投影面展开及视图的配置

四、第一角和第三角画法的识别符号

在国际标准中规定,可以采用第一角画法,也可以采用第三角画法。为了区别这两种画法,规定在标题栏中专设的格式内用规定的识别符号表示。GB/T 14692—1993 中规定的识

别符号如图 6 – 41 所示。

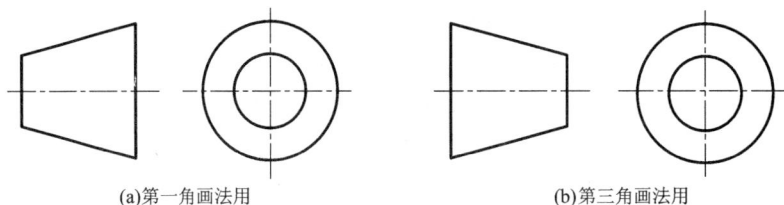

(a)第一角画法用　　　　　　　　　　　　(b)第三角画法用

图 6 – 41　两种画法的识别符号

学习小结

　　视图主要用来表达机件的外部形状，之所以产生多种视图，一方面是由于要适应机件结构形状的多样性，尽量避免在视图中出现失真的投影，例如斜视图即属这种情况；另一方面是为了让视图尽可能只表达机件可见部分的轮廓，避免使用虚线，减少重叠的层次，增加图形的清晰性，局部视图、右视图、仰视图等都有这样的作用。

　　画剖视图应注意的问题：

　　(1)剖视只是一种表达机件内部结构的方法，即假想地剖开机件，并不是真正剖开和拿走一部分。因此，除剖视图以外，其他视图要按原来形状画出。如图 6 – 21(d)中的主视图画成剖视图后，俯视图仍应完整。

　　(2)为表达机件内部的实形，剖切面的位置应尽量通过被剖切机件的对称平面或孔、槽的中心线，且要平行于某一基本投影面，避免剖切出不完整的结构要素。

　　(3)机件剖开后，凡是看得见的轮廓线都应画出，不能遗漏。要仔细分析剖切平面后面的结构形状，分析有关视图的投影特点，以免画错，如图 6 – 21(c)所示。

　　(4)剖视图中一般不画虚线，但如果画少量虚线可以减少视图数量，而又不影响剖视图的清晰时，也可以画出这种虚线，如图 6 – 21(d)所示。

　　剖切位置与标注：

　　(1)当移出断面不画在剖切位置的延长线上时，如果该移出断面为不对称图形，必须标注剖切符号与带字母的箭头，以表示剖切位置与投影方向，并在断面图上方标出相应的名称"×–×"；如果该移出断面为对称图形，因为投影方向不影响断面形状，所以可以省略箭头。

　　(2)当移出断面按照投影关系配置时，不管该移出断面为对称图形或不对称图形，因为投影方向明显，所以可以省略箭头。

　　(3)当移出断面画在剖切位置的延长线上时，如果该移出断面为对称图形，只需用细点画线标明剖切位置，可以不标注剖切符号、箭头和字母；如果该移出断面为不对称图形，则必须标注剖切位置和箭头，但可以省略字母。

　　(4)当重合断面为不对称图形时，需标注其剖切位置和投影方向，如图 6 – 26(a)所示；当重合断面为对称图形时，一般不必标注，如图 6 – 26(b)所示。

　　对于一个机件，应根据其具体结构选择使用，以达到用少量简练的图形，完整清晰地表达机件形状的目的。在选择表达机件的图样时，首先应考虑看图方便，并根据机件的结构特点，用较少的图形，把机件的结构形状完整、清晰地表达出来。在这一原则下，还要注意所选用的每个图形，它既要有各图形自身明确的表达内容，又要注意它们之间的相互联系。

[**案例6-8**] 本次课以阀体的表达方案(图6-42)为例，从中学习表达方法的灵活运用和分析比较复杂图样的方法。

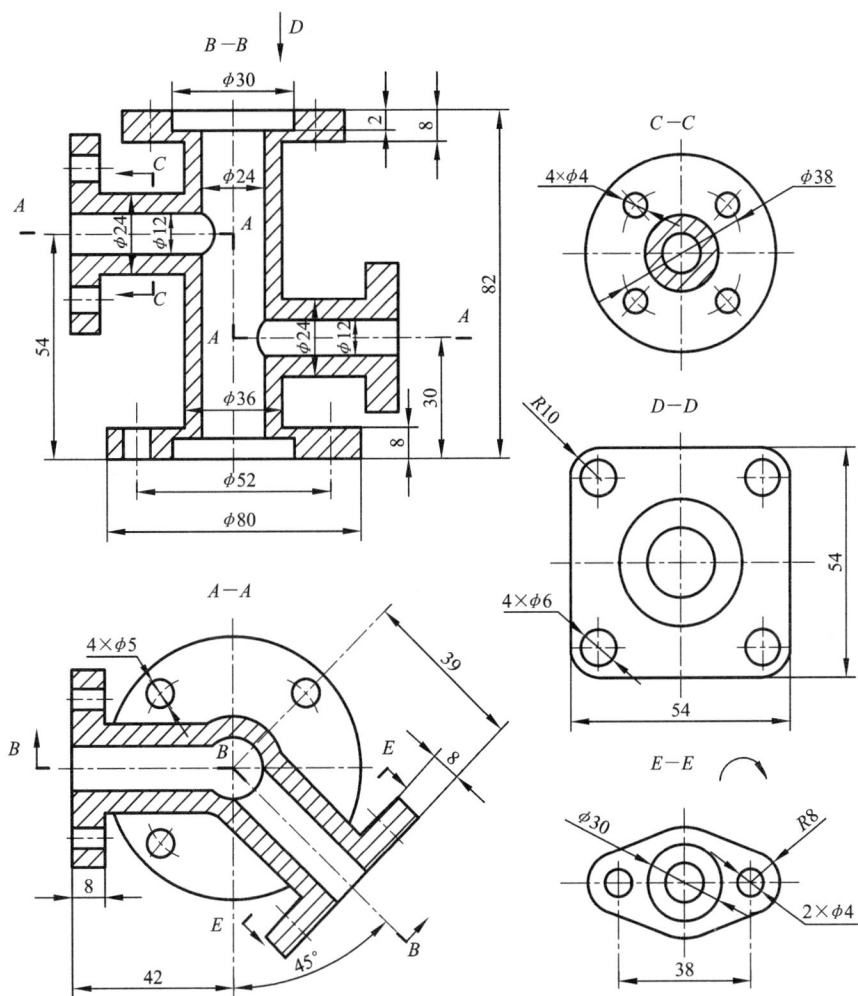

图6-42 阀体的表达方案

1. 图形分析

阀体的表达方案共有五个图形：两个基本视图(旋转剖主视图"*B - B*"、阶梯剖俯视图"*A - A*")、一个局部视图("*D*"向)、一个局部剖视图("*C - C*")和一个斜剖的全剖视图("*E - E*旋转")。

主视图"*B - B*"是采用旋转剖画出的全剖视图，表达阀体的内部结构形状；俯视图"*A - A*"是采用阶梯剖画出的全剖视图，着重表达左、右管道的相对位置，还表达了下连接板的外形及4×φ5 小孔的位置。

"*C - C*"局部剖视图，表达左端管连接板的外形及其上4×φ4孔的大小和相对位置；"*D*"

向局部视图，相当于俯视图的补充，表达了上连接板的外形及其上 $4 \times \phi 6$ 孔的大小和位置。

因右端管与正投影面倾斜 $45°$，所以采用斜剖画出"$E - E$"全剖视图，以表达右连接板的形状。

2. 形体分析

由图形分析中可见，阀体的构成大体可分为管体、上连接板、下连接板、左连接板、右连接板这五个部分。

管体的内外形状通过主、俯视图已表达清楚，它是由中间一个外径为 36、内径为 24 的竖管，左边一个距底面 54、外径为 24、内径为 12 的横管，右边一个距底面 30、外径为 24、内径为 12、向前方倾斜 $45°$ 的横管三部分组合而成。三段管子的内径互相连通，形成有四个通口的管件。

阀体的上、下、左、右四块连接板形状大小各异，这可以分别由主视图以外的四个图形看清它们的轮廓，它们的厚度为 8。

通过分析形体，想象出各部分的空间形状，再按它们之间的相对位置组合起来，便可想象出阀体的整体形状。

自我评估（总分 100 分，时间 100 分钟）

1. 尝试做出汽车调温器座（图 6 – 43）的表达方案。（20 分）

图 6 – 43

2. 测绘轴承盖和油泵体（图 6 – 44），用适当的表达方法表示其结构，并标注尺寸。（30 分）

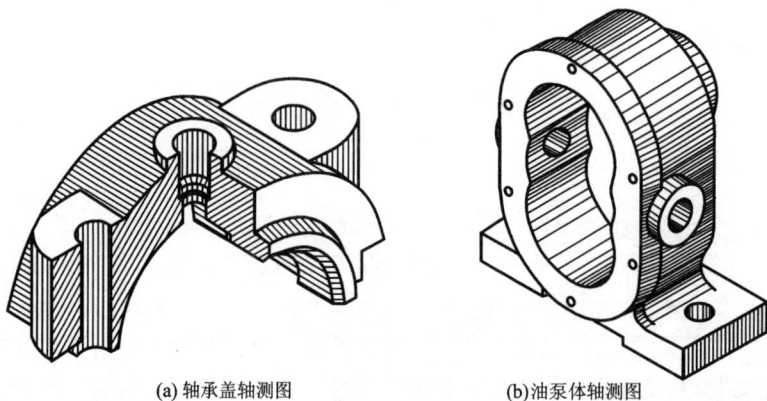

(a) 轴承盖轴测图   (b)油泵体轴测图

图 6 – 44

3.在指定位置处把主视图(图6-45)改成半剖视图。(25分)

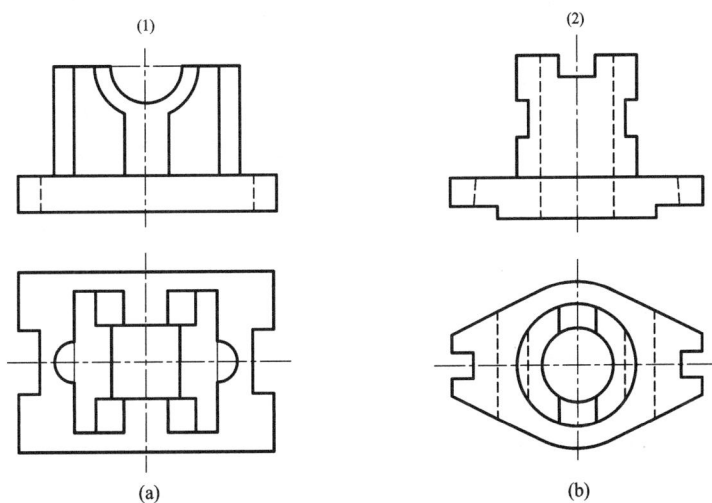

图 6-45

4.把视图(图6-46)改画成局部剖视图。(25分)

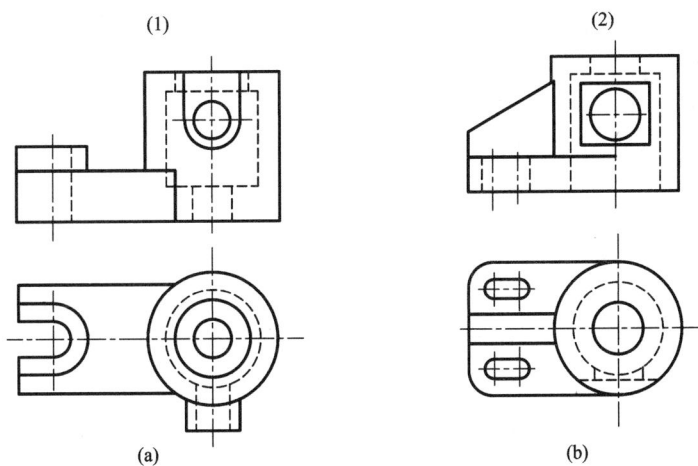

图 6-46

项目七　汽车零件图

学习目标

(1)能理解汽车零件图的内容与作用；
(2)能确定典型汽车零件的表达方案和尺寸标注；
(3)能识读、运用汽车零件的常用工艺结构；
(4)能在汽车零件图上进行合理的技术要求标注(表面粗糙度，尺寸公差，形位公差)；
(5)能识读汽车零件图。

任务7.1　认知汽车零件图的内容与作用

任务描述

泵件零件轴侧图如图7-1，其完整的零件图为图7-2。零件图是零件生产和检验的依据，是设计和生产部门重要的技术文件。

任务分析

一张完整的汽车零件图一般应包括以下四方面内容：一组视图、完整的尺寸、技术要求、标题栏。

知识准备

(1)一组视图：在零件图中须用一组视图来表达零件的形状和结构，应根据零件的结构特点，选择适当的剖视、断面、局部放大等表达方法，用简明的方法将零件的形状、结构表达清楚。

(2)完整的尺寸：零件图上的尺寸不仅要标注完整、清晰，而且要注得合理，能够满足设计意图，宜于制造生产，便于检验。

(3)技术要求：零件图上的技术要求包括表面粗糙度、尺寸偏差、表面形状和位置公差、表面处理、热处理、检验等要求。

(4)标题栏：对于标题栏的格式，GB/T 10609—1989 已作了统一规定，应尽可能采用标准的标题栏格式。填写标题栏时应注意以下几点：

零件名称：零件名称要精练，如"齿轮"、"泵盖"等，不必体现零件在机器中的具体作用；

图样编号：图样可按产品系列进行编号，也可按零件类型综合编号，因为各行业、厂家都规定了自己的编号方法，有利于图纸检索；

零件材料：零件材料要用规定的代号表示，不得用自编的文字和代号表示。

【案例7-1】 图7-1是汽车连杆轴测图，图7-2是该汽车连杆零件图，将零件图和前面介绍的组合体、机件的视图比较，增加了以下内容：一组视图；完整的尺寸；技术要求；标题栏。

图7-1 连杆轴测图

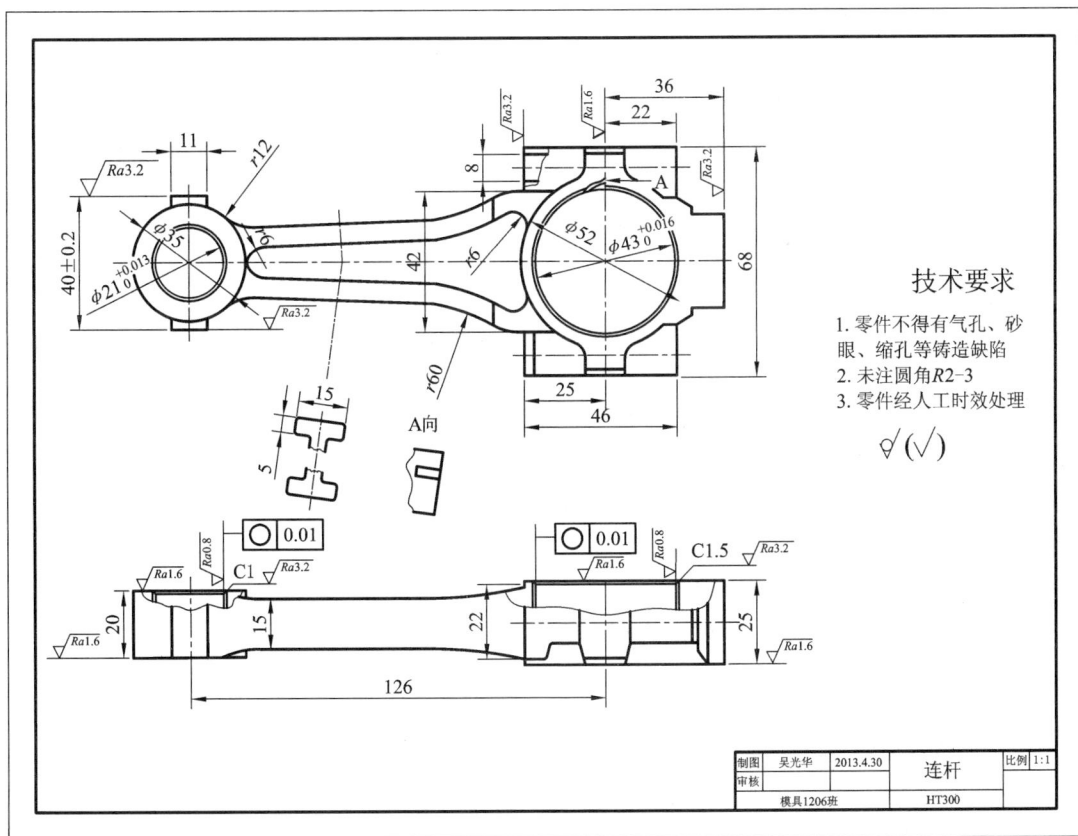

图7-2 连杆零件图

任务实施

如图7-3所示轮盘零件，指出此零件图包括哪些方面内容。

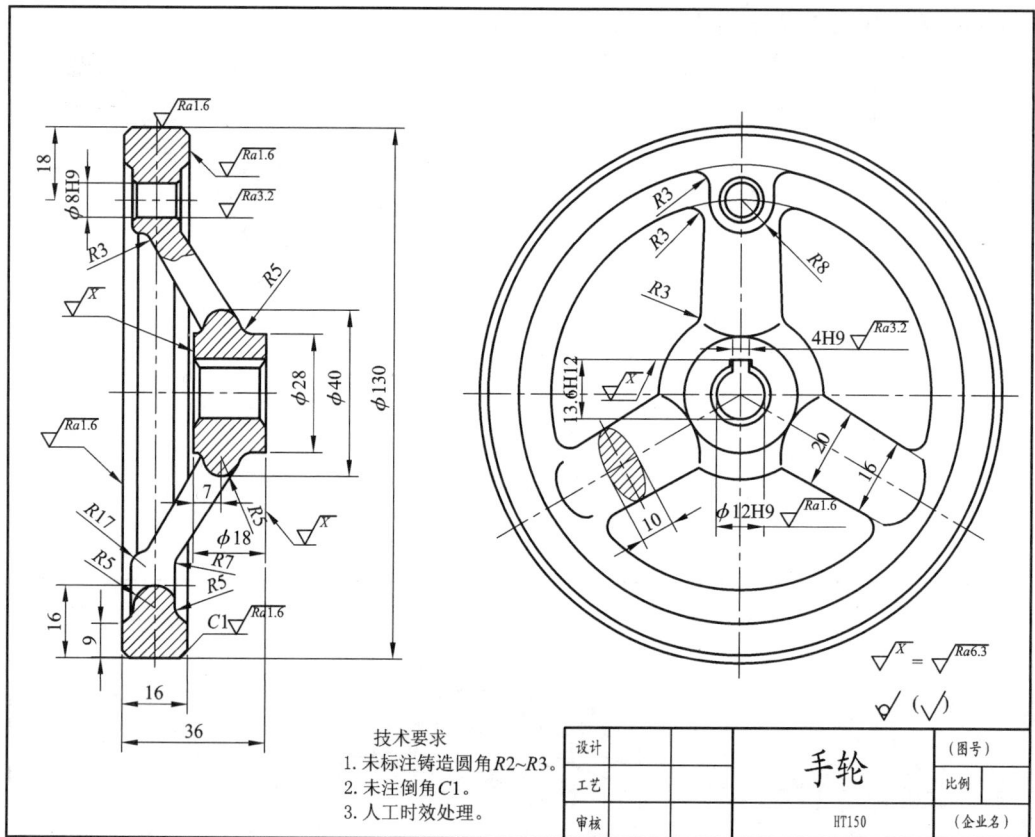

图 7-3　手轮

任务 7.2　认知汽车零件的常见工艺结构

任务描述

会识读常见工艺结构是本课程的基本任务。通过对零件常见工艺结构认知训练，能判断零件工艺结构设计是否合理，打好更为有效的读图和正确快速地画好图的基础。

任务分析

要理解汽车零件的典型工艺结构，就应掌握零件形状设计应满足的工艺要求：汽车零件的结构设计既要考虑工业美学、造型学，更要考虑工艺可能性、否则将使制造工艺复杂化，甚至无法制造或造成废品。

知识准备

汽车零件上的常见结构，多数是通过铸造（或锻造）和机械切削（或磨削）加工获得的，故称为工艺结构。

一、铸造工艺结构

1. 铸造圆角和起模斜度

为了防止铸件从砂型中起模时砂型尖角落砂或浇注铁水时冲坏砂型尖角处而产生铸造缺陷,避免应力集中而产生裂纹等铸造缺陷,在铸件各表面相交处均应以圆角过渡,如图7-4所示。铸造圆角半径一般取壁厚的0.2~0.4倍,圆角半径可从有关手册中查取。

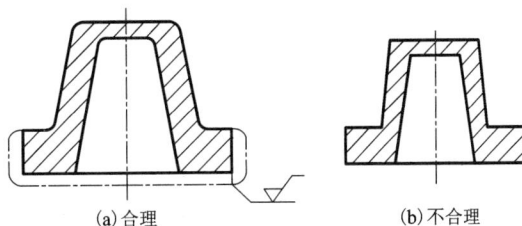

图7-4　铸造圆角

造型后为便于将木模从砂型中取出,铸件的内外壁上沿起模方向常设计出一定的斜度,称为起模斜度。起模斜度一般取1°~3°,通常不在零件图上画出,只在技术要求中说明,如图7-5所示。

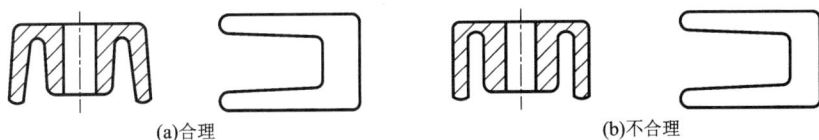

图7-5　铸件的起模斜度示意图

2. 铸件壁厚要均匀

铸件各处壁厚应力求均匀,不宜相差过大,壁厚应由大到小缓慢过渡,以防产生缩孔、裂纹等缺陷,如图7-6所示。

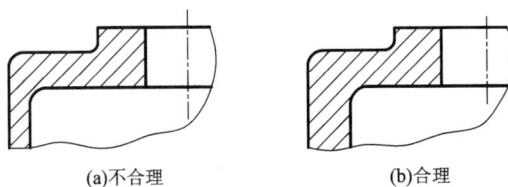

图7-6　壁厚应力求均匀一致

二、机械加工工艺结构

1. 倒角和圆角

为便于装配、保护零件表面不受损伤和去掉切削零件时产生的毛刺、防止锐边划伤手指,常在轴端、孔口、台肩处加工出倒角,如图7-7所示。

为避免在轴肩、孔肩等转折处由于应力集中而产生裂纹,常在这些转折处加工出圆角,如图7-8所示。

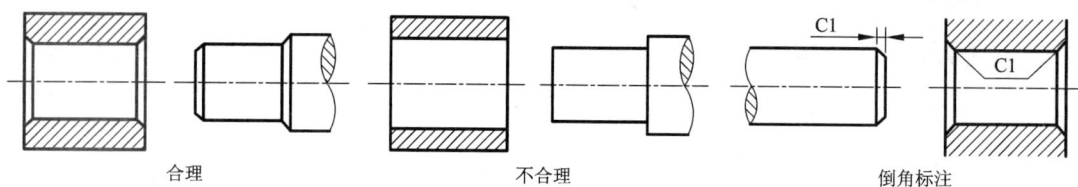

合理　　　　　　　　不合理　　　　　　倒角标注

图 7-7　倒角结构

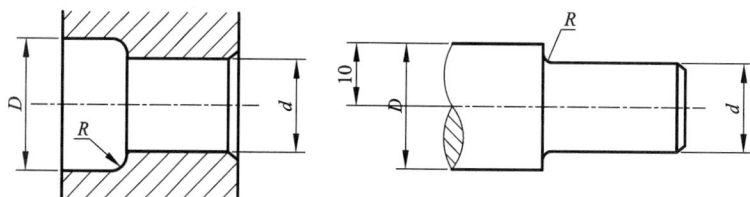

图 7-8　圆角

2. 退刀槽和砂轮越程槽

在车削螺纹或磨削加工时，为便于刀具（或砂轮）退刀以及保证在装配时与相邻零件的靠紧，常在待加工表面的末端加工出退刀槽或砂轮越程槽，如图 7-9 所示。退刀槽和砂轮越程槽的结构和尺寸可查阅附表。

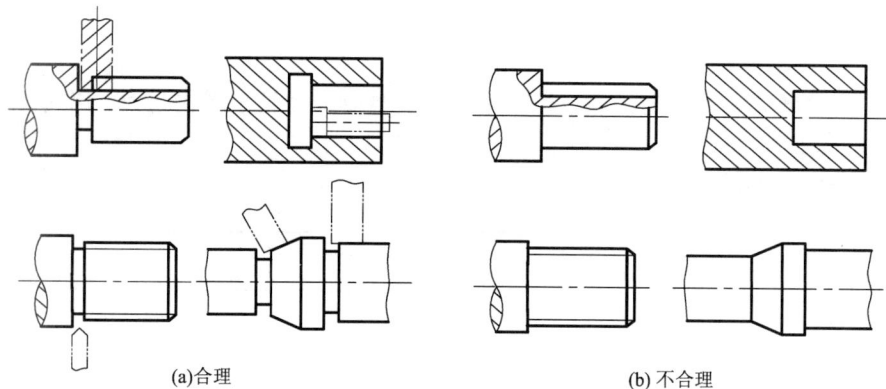

(a)合理　　　　　　　　　　　　　　　　(b)不合理

图 7-9　退刀槽和砂轮越程槽

3. 钻孔

零件上的孔多数是以钻削为主，用钻头钻孔时，应使钻头垂直零件表面，以保证钻孔精度，避免钻头折断。在曲面、斜面上钻孔时，一般应在孔端制成凸台或凹坑，避免钻头单边受力产生孔的偏移或钻头折断，如图 7-10 所示。钻削不通孔要画出钻头切削时自然形成的120°锥角，如图 7-11 所示。

4. 凹槽、凹坑和凸台

为了保证加工表面的质量、节省材料、减轻零件重量、降低制造费用、提高零件加工精度、保证装配精度，应尽量减少加工面。为此，常在零件上设计出凸台、凹槽、凹坑或沉孔，如图 7-12 所示。

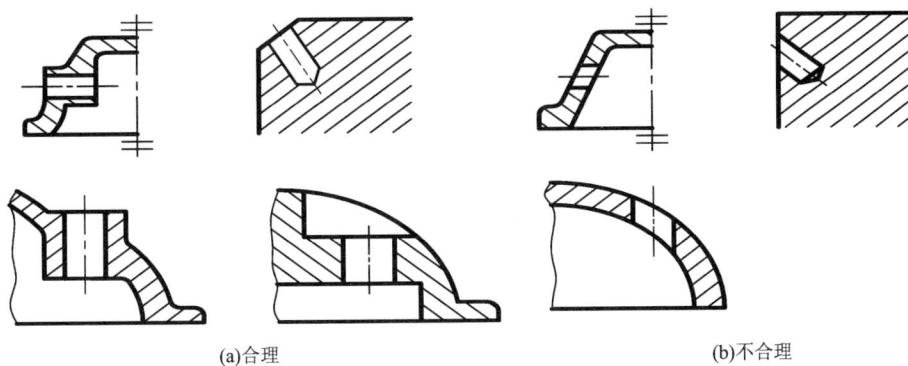

(a)合理　　　　　　　　　　　　　　(b)不合理

图 7 - 10　钻孔结构

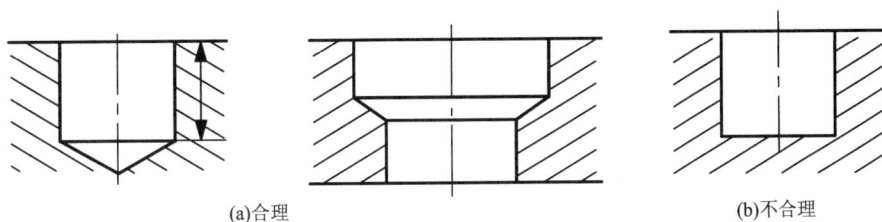

(a)合理　　　　　　　　　　　　　　(b)不合理

图 7 - 11　钻孔合理结构

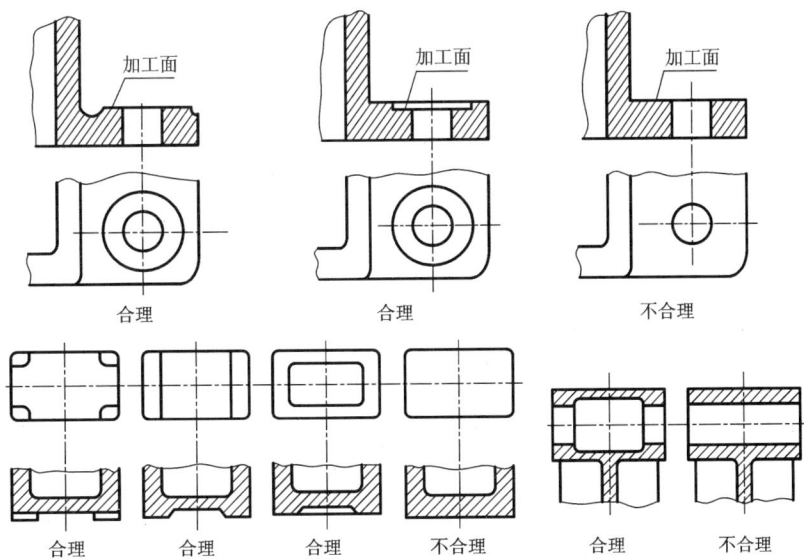

合理　　　　　　　　　合理　　　　　　　　　不合理

合理　　合理　　合理　　不合理　　　　合理　　不合理

图 7 - 12　凸台和凹坑

5. 键槽

在同一轴上的两个键槽应在同侧,便于一次装夹加工。键槽结构处的强度不因加工键槽而使零件局部过于单薄,必要时可增加键槽处的壁厚,如图 7 - 13 所示。

[**案例 7 - 2**]　运用所学知识判断下列铸件结构设置是否合理。

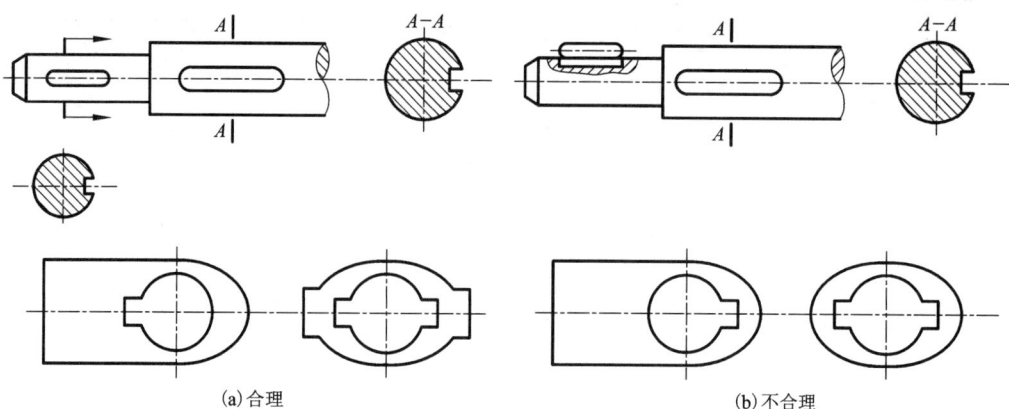

(a)合理   (b)不合理

图 7 – 13   键槽

进行铸件结构判断应注意：各部分的壁厚应尽量均匀，在不同壁厚处应使厚壁和薄壁逐渐过渡，以免在铸造时在冷却过程中形成热节，产生缩孔。铸件上两表面相交处应做成圆角，铸造圆角的大小一般为 $R3 \sim R5$，可集中标注在技术要求中。铸件在起模时，为起模顺利，在起模方向上的内、外壁上应有适当的斜度，一般在 $0°30' \sim 3°$ 之间，通常在图样上不画出，也不标注，如图 7 – 14 所示。

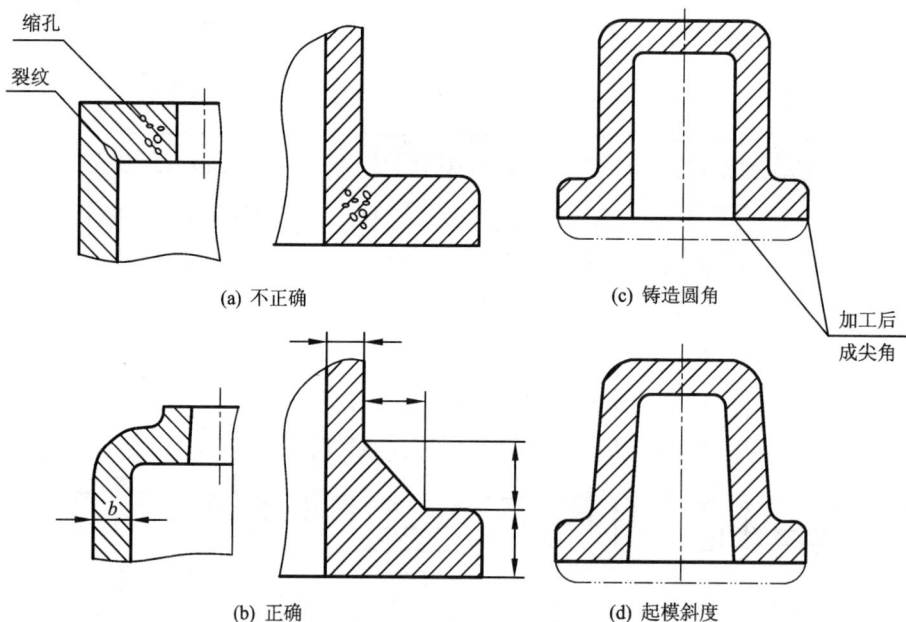

(a) 不正确   (c) 铸造圆角

(b) 正确   (d) 起模斜度

图 7 – 14

任务实施

如图 7 – 15 所示为孔的设置是否合理？

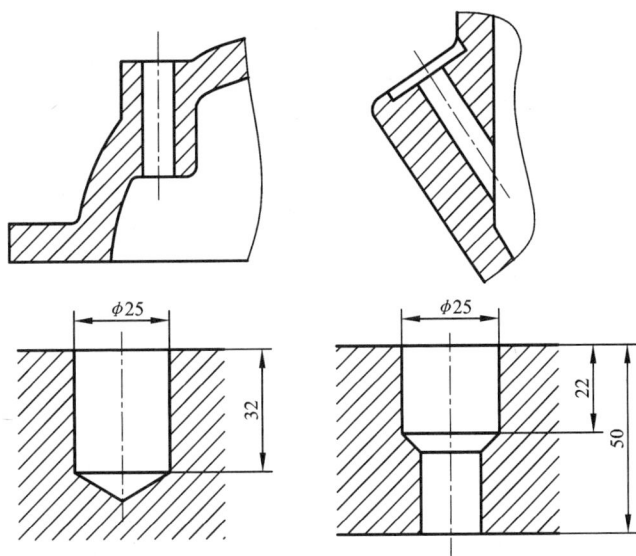

图 7－15

任务7.3　认知汽车零件图中的各种技术要求

任务描述

画图与读图是本课程的两个主要任务。通过对汽车零件图上技术要求知识的训练，对于正确地理解技术要求、对汽车零件进行技术要求的标注是较好的训练。运用技术要求基本概念与要求对零件进行分析，是有效的读图训练，是正确快速地进行技术要求标注必需的基础。

任务分析

汽车零件图除了有图形和尺寸外，还必须有制造该零件时应该达到的一些技术要求。

技术要求的内容零件图上通常标出的技术要求内容有：

(1)表面粗糙度；

(2)尺寸公差；

(3)形状与位置公差；

(4)材料的热处理和表面处理；

(5)去应力方法、硬度要求；

(6)其他要求(如探伤等)。

知识准备

一、汽车零件图上尺寸的标注要求

1.满足设计要求

汽车零件上的重要尺寸必须直接注出，以保证设计要求。如零件上反映零件所属机器

（或）部件规格性能的尺寸、零件间的配合尺寸、有装配要求的尺寸以及保证机器（或部件）正确安装的尺寸等，都应直接注出，不能通过其他尺寸计算，如图7－16减速器下箱箱体中的尺寸。

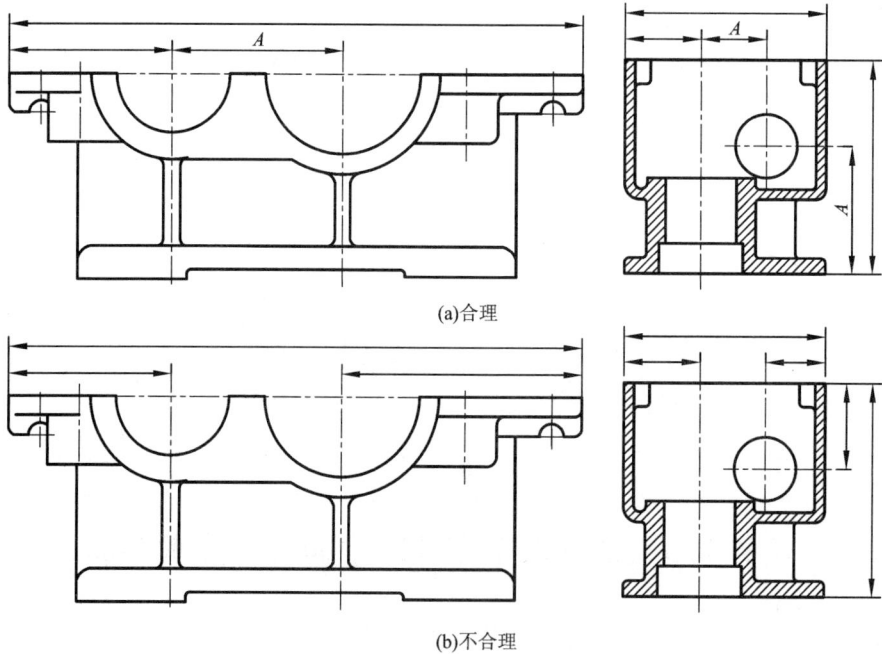

图7－16　尺寸基准和设计基准重合

2.毛坯表面的尺寸标注

如在同一个方向上有若干个毛坯表面，一般只能有一个毛坯面与加工面有联系尺寸，而其他毛坯面则要以该毛坯面为基准进行标注，如图7－17所示，这样标注虽不好直接测量，但通过间接测量也容易保证尺寸要求。这是因为毛坯面制造误差较大，如果有多个毛坯面以统一的基准进行标注，则加工该基准时，往往不能同时保证这些尺寸要求。

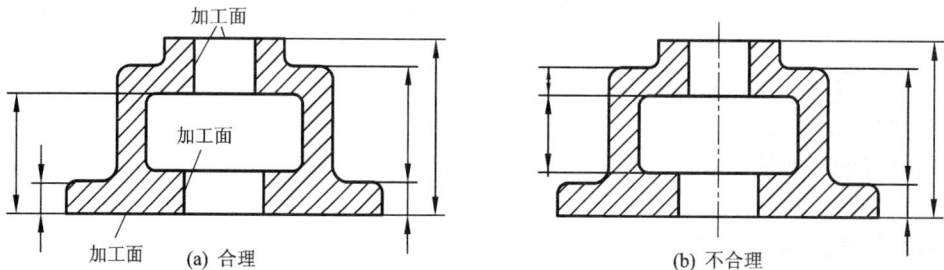

图7－17　毛坯表面尺寸的标注

3.尺寸标注的工艺要求

尺寸标注要尽可能符合工艺要求。如图7－18所示轴承座，轴承盖的半圆孔是和轴承座配合在一起加工的，所以要标注直径。半圆键的键槽也要标注直径，以便于选择铣刀。铣平键键槽时，键槽深要以素线为基准。轴的长度尺寸考虑了加工时的顺序。

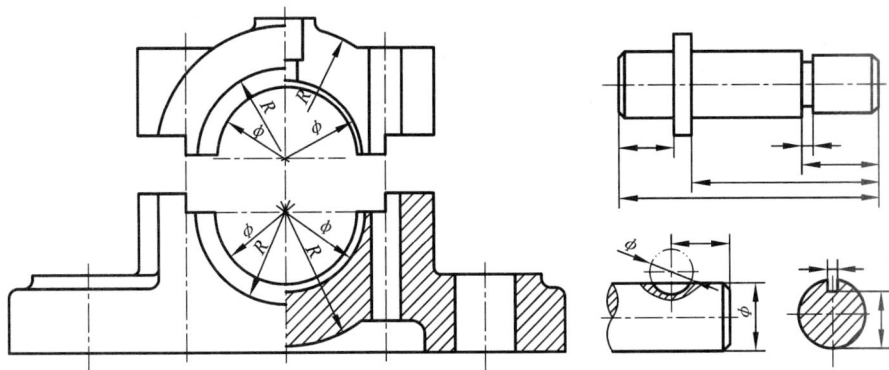

图 7 – 18 尺寸标注的工艺要求

二、零件图的技术要求

1. 公差与配合

(1)公差与配合的基本概念

基本尺寸：设计时确定的尺寸称为基本尺寸，如图 7 – 19 中的 $\phi50$。

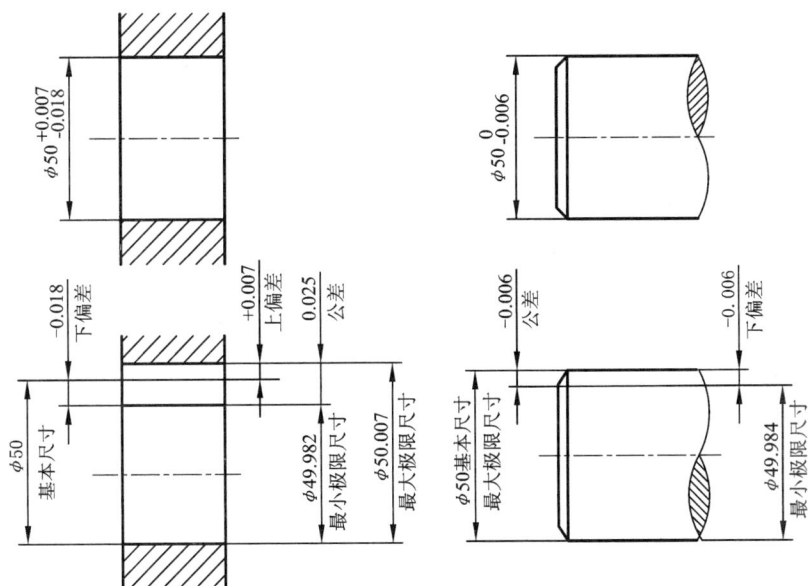

图 7 – 19 公差与配合的基本概念

最大极限尺寸：零件实际尺寸所允许的最大值。

最小极限尺寸：零件实际尺寸所允许的最小值。

上偏差：最大极限尺寸和基本尺寸的差。孔的上偏差代号为 ES，轴的上偏差代号为 es。

下偏差：最小极限尺寸和基本尺寸的差。孔的下偏差代号为 EI，轴的上偏差代号为 ei。

公差：允许尺寸的变动量，公差等于最大极限尺寸和最小极限尺寸的差。

(2)公差带图

用零线表示基本尺寸,上方为正,下方为负,用矩形的高表示尺寸的变化范围(公差),矩形的上边代表上偏差,矩形的下边代表下偏差,距零线近的偏差为基本偏差,矩形的长度无实际意义,这样的图形叫公差带图,如图 7 - 20 所示。

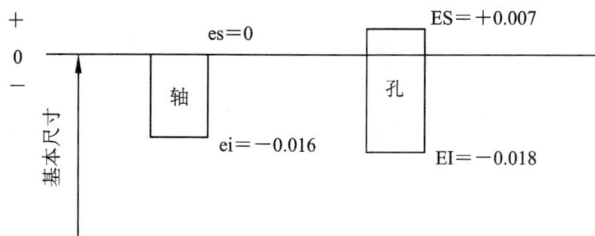

图 7 - 20　公差带图

(3)标准公差和基本偏差系列

标准公差是由国家标准规定的公差值,其大小由两个因素决定:一个是公差等级,另一个是基本尺寸。国家标准(GB/T 1800)将公差划分为 20 个等级,分别为 IT01,IT0,IT1,IT2,IT3,…,IT17,IT18;其中 IT01 精度最高,IT18 精度最低。

轴和孔的基本偏差系列代号各有28 个,用字母或字母组合表示,孔的基本偏差代号用大写字母表示,轴的基本偏差代号用小写字母表示,如图 7 - 21 所示。基本偏差决定公差带的位置,标准公差决定公差带的高度。

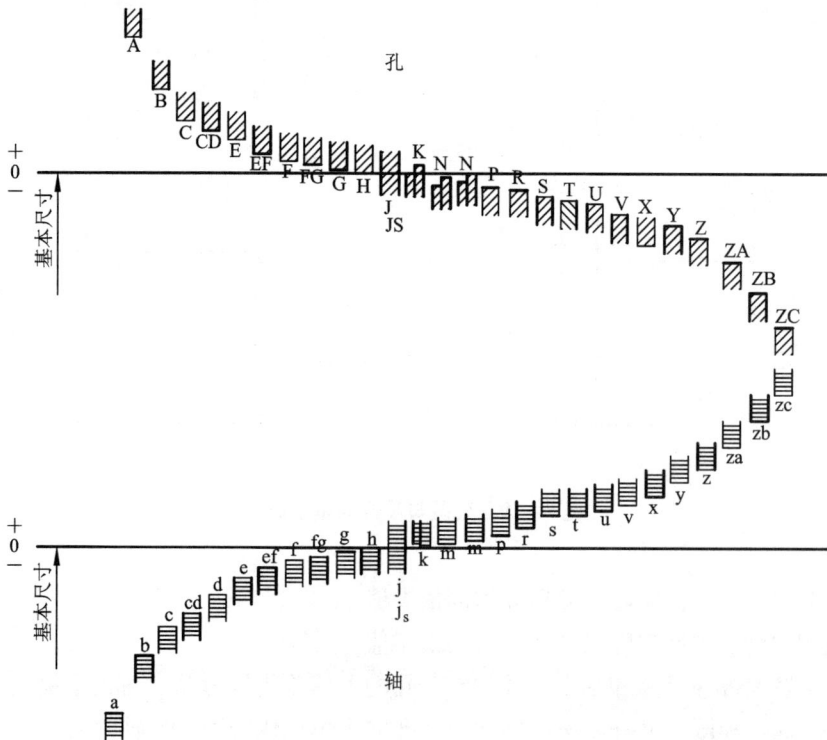

图 7 - 21　基本偏差系列

（4）配合类别

基本尺寸相同，相互结合的轴和孔公差带之间的关系称为配合。按配合性质不同可分为间隙配合、过盈配合和过渡配合，如图 7 - 22 所示。

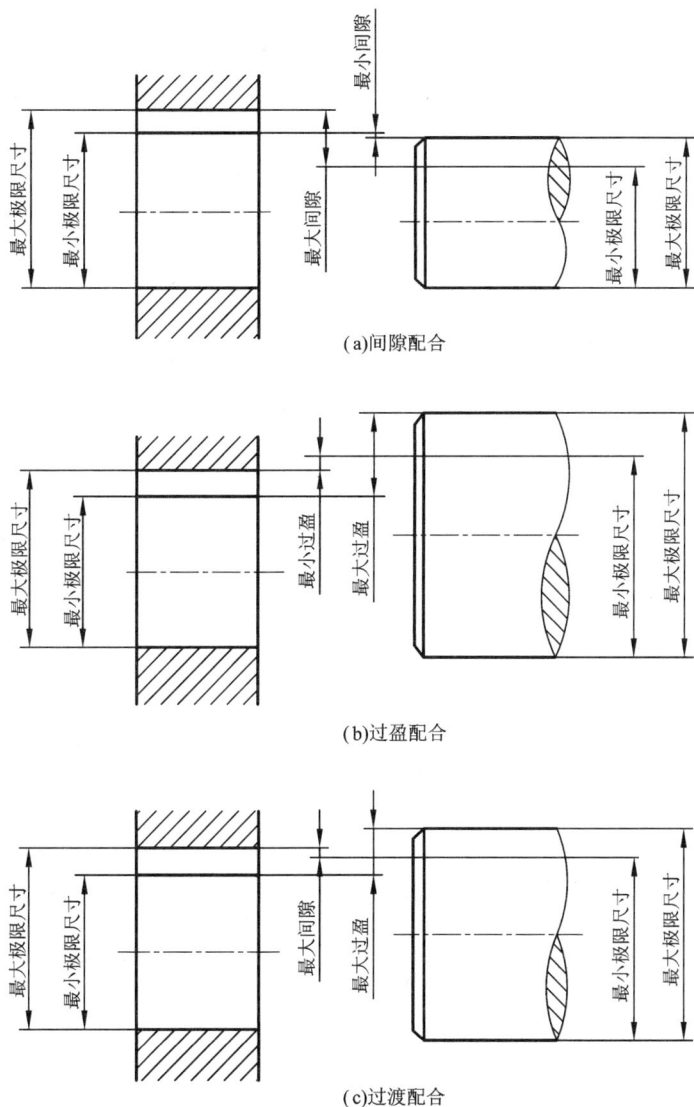

(a)间隙配合

(b)过盈配合

(c)过渡配合

图 7 - 22　配合类别

（5）基准制

采用基准制是为了统一基准件的极限偏差，从而达到减少零件加工定值刀具和量具的规格数量，国家标准规定了两种配合制度：基孔制和基轴制，如图 7 - 23 所示。

（6）偏差代号的标注

在零件图中线性尺寸的偏差有三种标注形式，只标注上、下偏差；只标注偏差代号；既标注偏差代号，又标注上、下偏差，但偏差用括号括起来。在装配图上一般只标注配合代号，配合代号用分数表示，分子为孔的偏差代号，分母为轴的偏差代号，如图 7 - 24、图 7 - 25 所示。

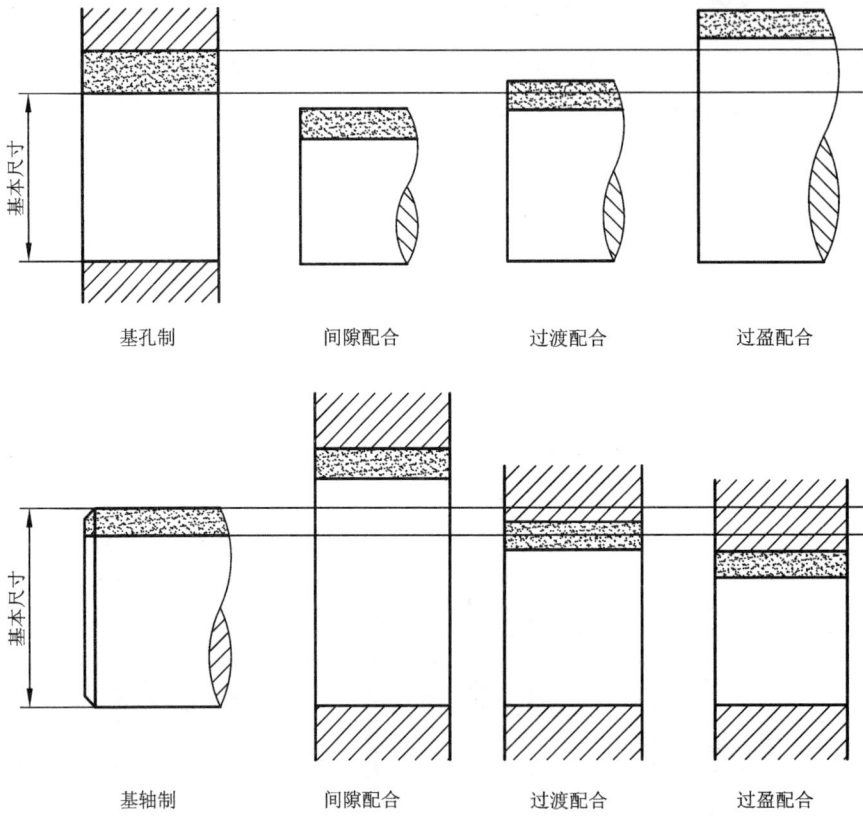

图 7 – 23 基准

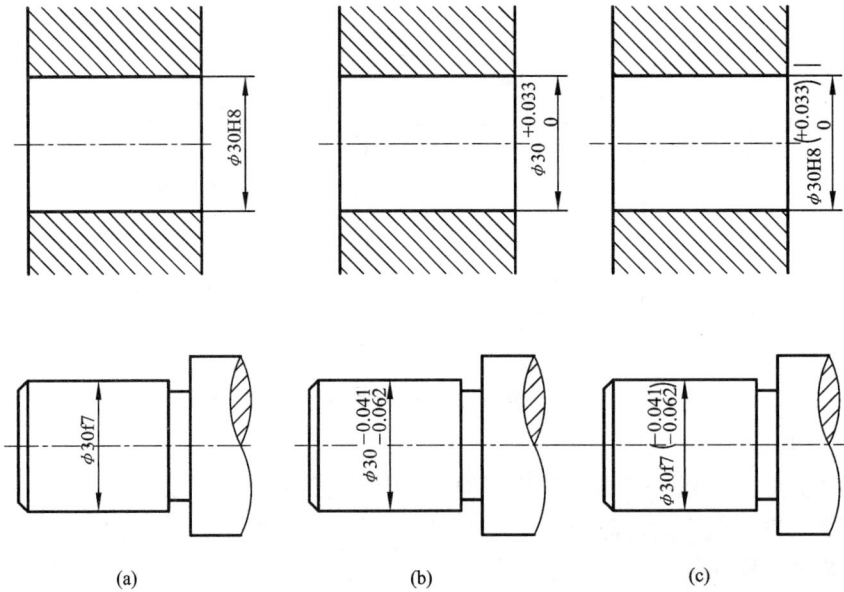

(a)　　　　　　　　　(b)　　　　　　　　　(c)

图 7 – 24 零件图中偏差的标注

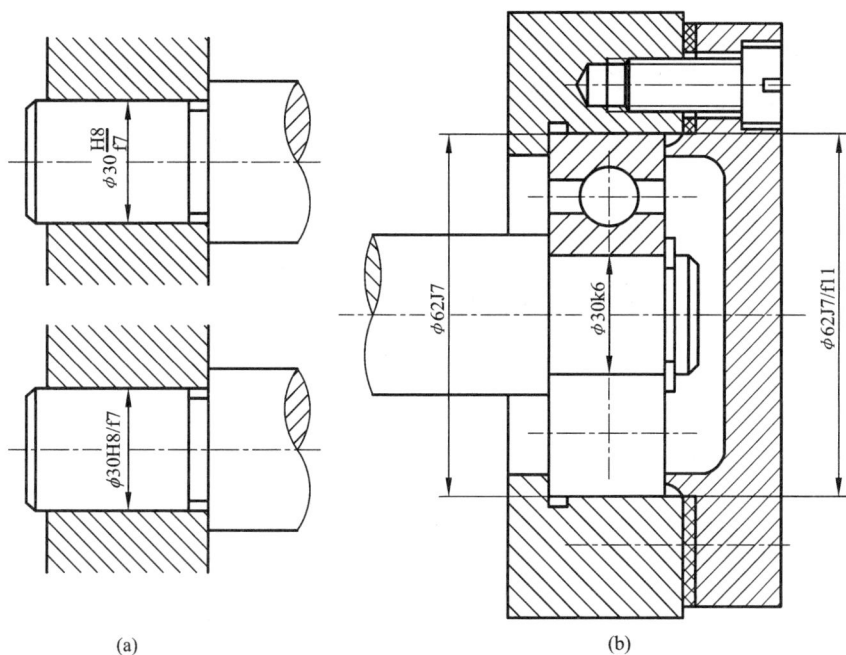

(a)　　　　　　　　　　　　　　(b)

图 7 - 25　装配图中偏差的标注

2. 表面结构要求

(1)表面结构要求的概述及表面结构的形成机理

表面结构指表面的几何特征。表面结构要求的表示法涉及的轮廓参数有 R 轮廓(粗糙度参数)，W 轮廓(波纹度参数)，P 轮廓(原始轮廓参数)。

无论采用哪种加工方法所获得的零件表面结构，都不是绝对平整和光滑的，置于显微镜(或放大镜)下观察，都可看到微观的峰谷不平痕迹，如图 7 - 26 所示。

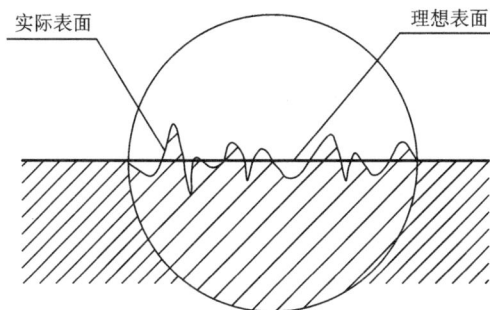

图 7 - 26　表面粗糙度的概念

表面结构的这种微观不平滑情况，一般是受刀具与零件间的运动、摩擦，机床的振动及零件的塑性变形等各种因素的影响而形成的。表面结构所具有的这种较小间距和峰谷所组成的微观几何特征，称为 R 轮廓(粗糙度)。

（2）表面结构评定的主要参数

表面结构参数是评定零件表面结构质量的技术指标。其优先选用的主要参数是结构轮廓算术平均偏差 Ra，它是在几个取样长度 L 范围内，被测轮廓线上各点至基准线的距离 y_i（图 7-27）的算术平均值。

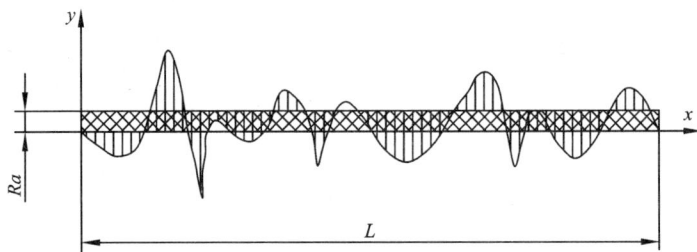

图 7-27　轮廓算术平均偏差 Ra

（3）表面结构要求的注法（GB/T 131—2006）

表面结构符号见表 7-1，其完整图形符号和表面结构代号见表 7-2。

表 7-1　表面结构符号（基本图形符号和扩展图形符号）

No.	符号	含义
1	√	基本图形符号，未指定工艺方法的表面，当通过一个注释解释时可单独使用
2	√	扩展图形符号，用去除材料方法获得的表面；仅当其含义是"被加工表面"时可单独使用
3	√	扩展图形符号，不去除材料的表面，也可用于表示保持上道工序形成的表面，不管这种状况是通过去除材料或不去除材料形成的

表 7-2　完整图形符号和表面结构代号

No.	符号	含义/解释
1	√ Rz 0.4	表示不允许去除材料，单向上限值，默认传输带，R 轮廓，粗糙度的最大高度 $0.4\mu m$，评定长度为 5 个取样长度（默认）。"16% 规则"（默认）
2	√ Rz max 0.2	表示去除材料，单向上限值，默认传输带，R 轮廓，粗糙度的最大高度的最大值 $0.2\mu m$，评定长度为 5 个取样长度（默认）。"最大规则"
3	√ 0.008-0.8/Ra 3.2	表示去除材料，单向上限值，传输带 $0.008\sim0.8mm$，R 轮廓，算术平均偏差 $3.2\mu m$，评定长度为 5 个取样长度（默认）。"16% 规则"（默认）
4	√ -0.8/Ra3 3.2	表示去除材料，单向上限值，传输带：根据 GB/T 6062，取样长度 $0.8\mu m$（λ，默认 $0.0025mm$），R 轮廓，算术平均偏差 $3.2\mu m$，评定长度包含 3 个取样长度，"16% 规则"（默认）

续表 7 - 2

No.	符号	含义/解释
5	$\sqrt{}$ $U\,Ra$ max 3.2 $L\,Ra$ 0.8	表示不允许去除材料，双向极限值，两极限值均使用默认传输带，R 轮廓，上限值：算术平均偏差 3.2μm，评定长度为 5 个取样长度（默认），"最大规则"，下限值：算术平均偏差 0.8μm，评定长度为 5 个取样长度（默认），"16% 规则"（默认）
6	$\sqrt{}$ 0.8-25/$Wz3$ 10	表示去除材料，单向上限值，传输带 0.8 ~ 25mm，W 轮廓，波纹度最大高度 10μm，评定长度包含 3 个取样长度，"16% 规则"（默认）
7	$\sqrt{}$ 0.008-/Pt max 25	表示去除材料，单向上限值，传输带 λ_s = 0.008mm，无长波滤波器，P 轮廓，轮廓总高 25μm，评定长度等于工件长度（默认），"最大规则"
8	$\sqrt{}$ 0.0025-0.1//Rx 0.2	表示任意加工方法，单向上限值，传输带 λ_s = 0.0025mm，A = 0.1mm，评定长度 3.2mm（默认），粗糙度图形参数，粗糙度图形最大深度 0.2μm，"16% 规则"（默认）
9	$\sqrt{}$ /10/R 10	表示不允许去除材料，单向上限值，传输带 λ_s = 0.008mm（默认），A = 0.5mm（默认），评定长度 10mm，粗糙度图形参数，粗糙度图形平均深度 10μm，"16% 规则"（默认）
10	$\sqrt{}$ W 1	表示去除材料，单向上限值，传输带 A = 0.5mm（默认），B = 2.5mm（默认），评定长度 16mm（默认），波纹度图形参数，波纹度图形平均深度 1mm，"16% 规则"（默认）
11	$\sqrt{}$ -0.3/6/AR 0.09	表示任意加工方法，单向上限值，传输带 λ_s = 0.008mm（默认），A = 0.3mm（默认），评定长度 6mm，粗糙度图形参数，粗糙度图形平均间距 0.09mm，"16% 规则"（默认）

注：这里给出的表面结构参数，传输带/取样长度和参数值以及所选择的符号仅作为示例。

表 7 - 3 表面结构要求在图样的注法

No.	标注示例	解释
1		（1）表面结构符号、代号的标注方向，使表面结构的注写和读取方向与尺寸的注写和读取方向一致
2		（2）表面结构符号应从材料外指向并接触表面 （3）可以直接标注在所示表面的轮廓线上或其延长线上 （4）也可用带箭头的指引线引出标注

续表 7 – 3

No.	标注示例	解释
3		(5)两相邻表面具有相同的表面结构要求时，可用带箭头的公共指引线引出标注 (6)表面结构参数符号及其参数值(单位为 μm)，一律书写在完整图形符号横线下方
4	(a)　　　(b) $\phi28$	(7)当从表面的轮廓内引出标注时，应将指引线的箭头改用黑点 (8)指明表面加工方法时，应在完整图形符号的横线上方注明
5	$\phi120H7$ $\phi120h6$	(9)在不致引起误解时，表面结构要求可以标注在给定的尺寸线上
6		(10)零件的圆柱和棱柱表面，其表面结构要求只标注一次(见本表 No.1 中的 $\sqrt{Ra1.6}$ 铣削表面) (11)如果棱柱的每个表面有不同的表面结构要求，应分别单独标注
7	(√)	(12)如果工件的多数(包括全部)表面具有相同的表面结构要求，则可统一标注在图样的标题栏附近。此时(除全部表面具有相同要求的情况外)，表面结构要求的符号后面应有： ——在圆括号内给出无任何其他标注的基本符号
8		——在圆括号内给出不同的表面结构要求

续表 7 – 3

No.	标注示例	解释
9	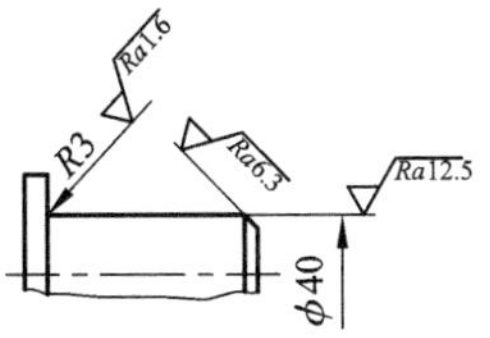	(13)表面结构和尺寸可以一起标注在延长线上，或分别标注在轮廓线和尺寸界线上，见圆角、倒角的表面粗糙度注法
10	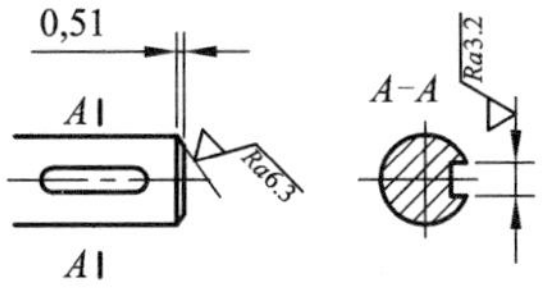	(14)表面结构和尺寸可以标注在同一尺寸线上，见键槽侧壁的表面粗糙度和倒角的表面粗糙度
11	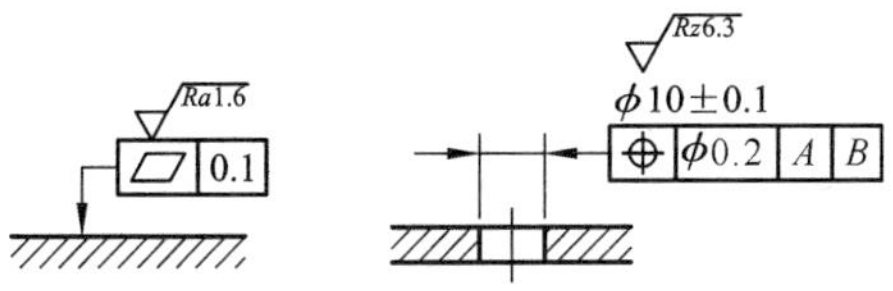	(15)表面结构要求可标注在形位公差框格的上方
12	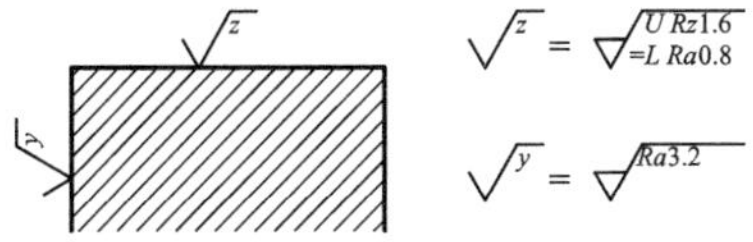	(16)当多个表面具有的表面结构要求或图纸空间有限时，可以采用简化注法可用带字母的完整符号，以等式的形式，在图形或标题栏附近，对有相同表面结构要求的表面进行简化标注
13	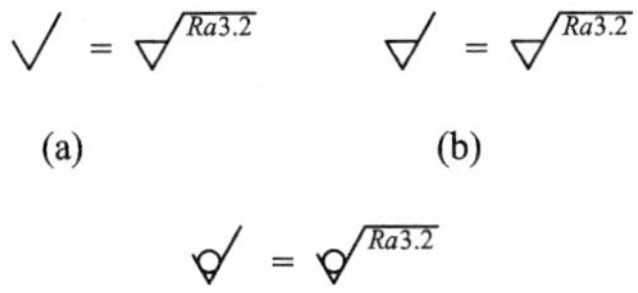	(17)简化注法的其他形式： (a)未指定工艺方法的多个表面结构要求的简化注法 (b)要求去除材料的多个表面结构要求的简化注法 (c)不允许去除材料的多个表面结构要求的简化注法
14	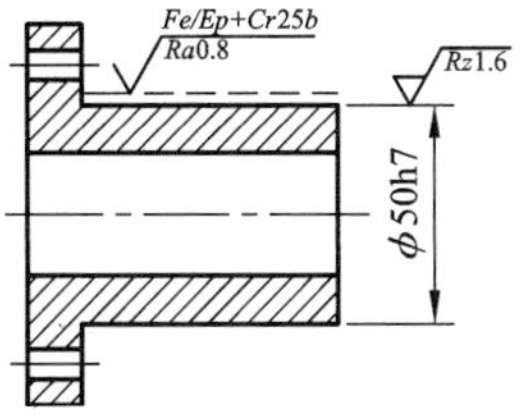	(18)由几种不同的工艺方法获得的同一表面，当需要明确每种工艺方法的表面结构要求时，可按图中所示方法标注。如图示，同时给出了镀覆前后的表面结构要求

U——上限值；L——下限值。

3. 几何公差

包括六种形状公差、四种位置公差、五种方向公差和四种跳动公差，如表 7 – 4 所示。

表 7 – 4 几何特征符号

公差类型	几何特征	符号	有无基准	公差类型	几何特征	符号	有无基准
形状公差	直线度	—	无	位置公差	位置度	⊕	有或无
	平面度	▱	无		同心度 （用于中心度）	◎	有
	圆度	○	无				
	圆柱度	⌀	无		同轴度 （用于轴线）	◎	有
	线轮廓度	⌒	无				
	面轮廓度	⌓	无		对称度	⹀	有
方向公差	平行度	//	有	跳动公差	线轮廓度	⌒	有
	垂直度	⊥	有		面轮廓度	⌓	有
	倾斜度	∠	有				
	线轮廓度	⌒	有		圆跳动	↗	有
	面轮廓度	⌓	有		全跳动	↗↗	有

形状公差的公差带形状和标注示例如表 7 – 5 所示，表 7 – 6 所示为位置公差。

表 7 – 5 形状公差的标注与公差带定义

名称	标注示例	公差与形状
平面度		
对称度		

续表 7 – 5

名称	标注示例	公差与形状
垂直度	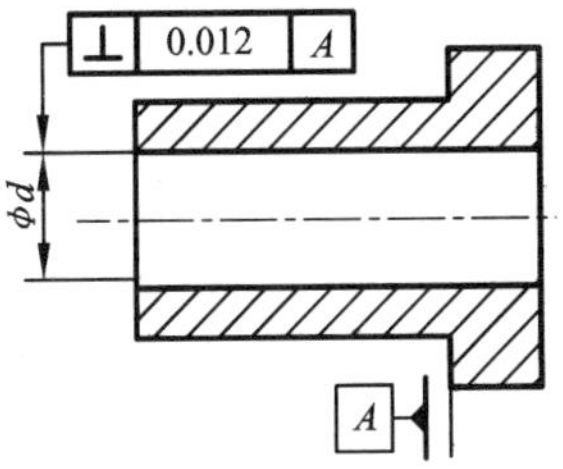	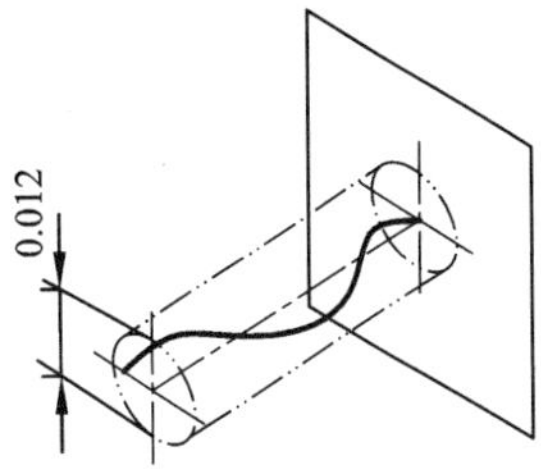
位置度	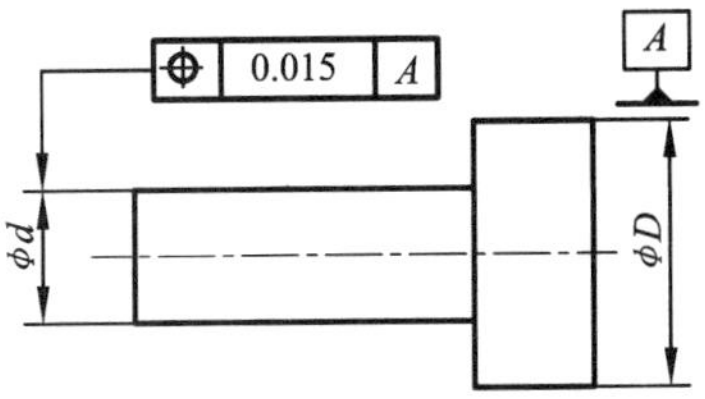	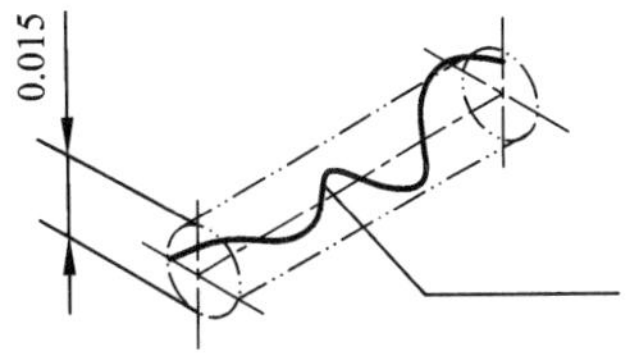
全跳动	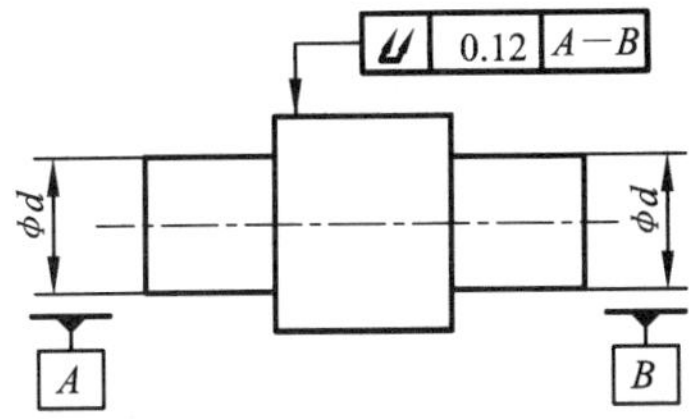	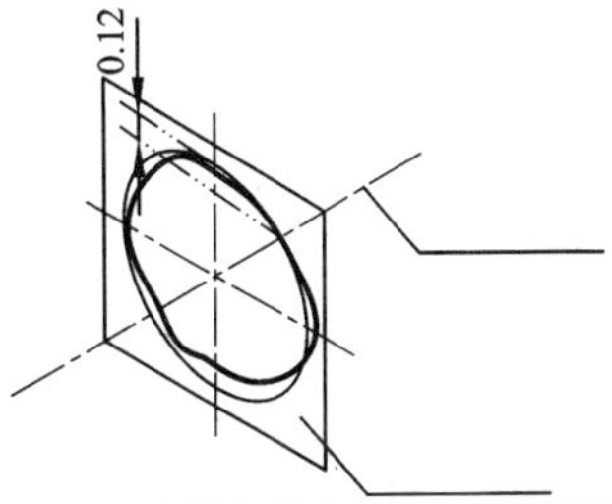

表 7 – 6　位置公差的标注与公差带定义

名称	标注示例	公差与形状
平面度	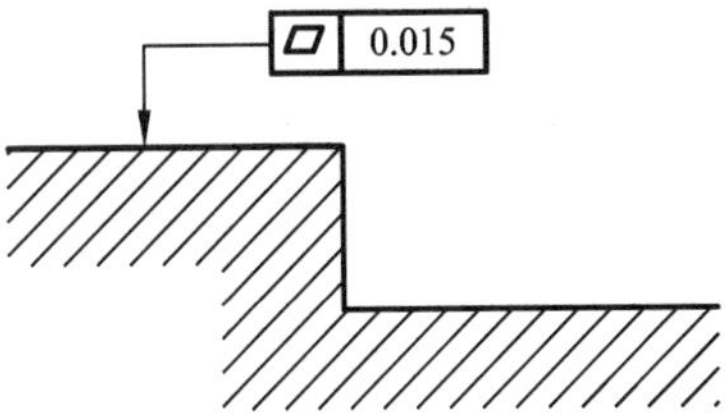	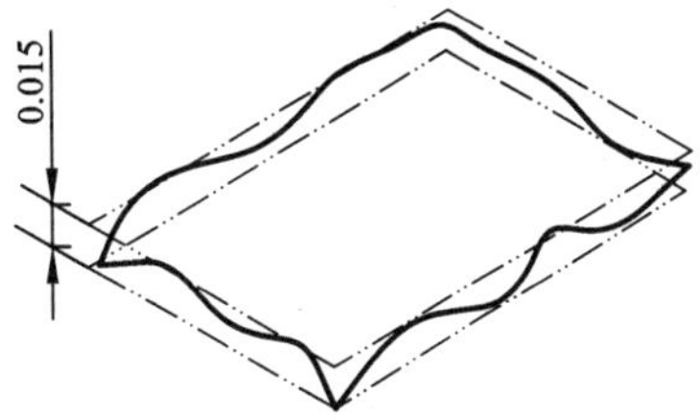
直线度	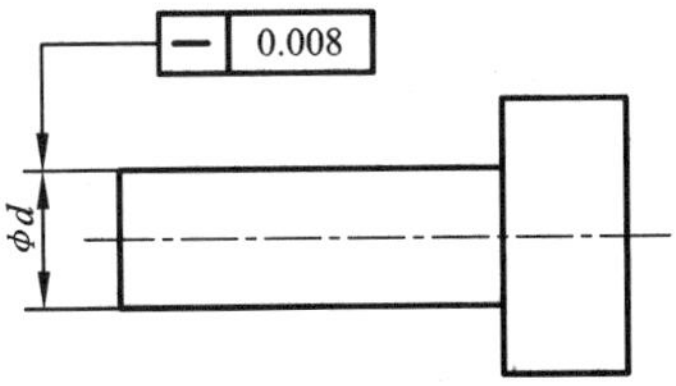	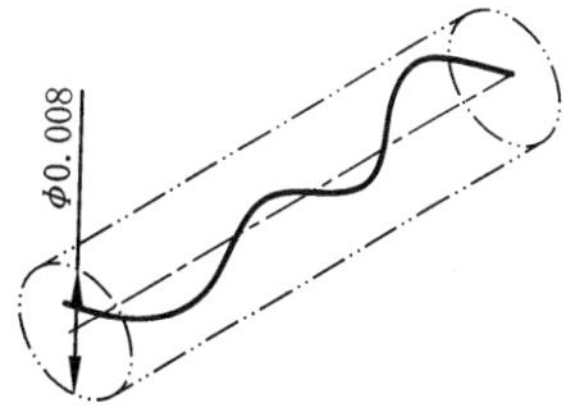

续表 7 – 6

名称	标注示例	公差与形状
圆柱度		
圆度		

注：基准要素为轴线或中心平面时的注法，如图 7 – 28 所示。

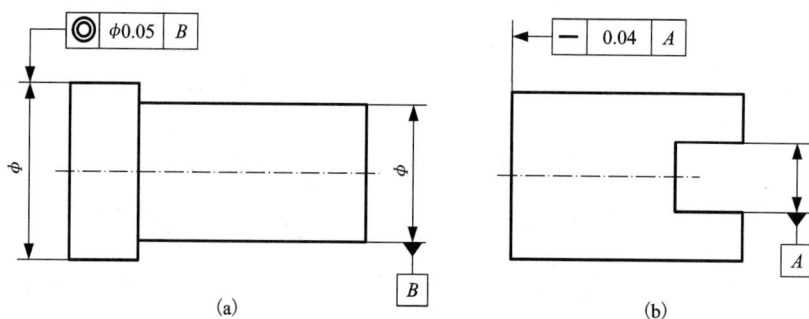

(a)   (b)

图 7 – 28　基准要素为轴线或中心平面时的注法

[案例 7 – 3]　图 7 – 29 为螺纹量规的几何公差标注示例，图中符号 Ⓔ 表示尺寸公差和形状公差的关系符合包容要求。符号 Ⓜ 表示尺寸公差和形位公差的关系符合最大实体要求。

任务 7.4　进行轴类零件表达方案与尺寸标注

任务描述

轴类零件图合理的表达方案要综合运用各种表达方法，准确、清晰地表达其结构形状，并使图形绘制简单、便于看图。

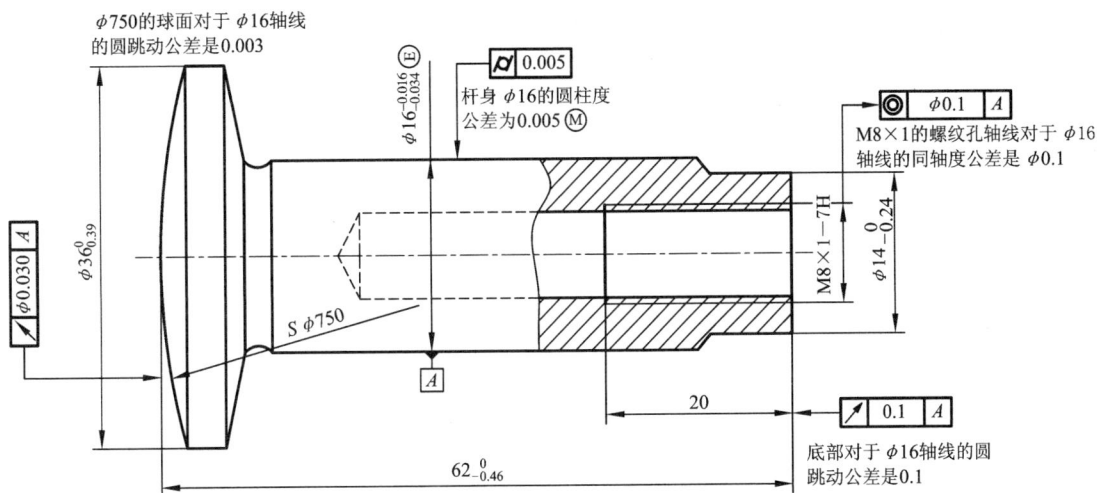

图 7 - 29 几何公差标注示例

任务分析

确定零件图表达方案的一般步骤是：1. 分析零件结构形状；2. 零件主视图的选择；3. 其他视图的选择。

知识准备

1. 分析零件结构形状

零件的结构形状是由它在机器或部件中的作用、装配关系和制造方法等因素决定的。零件的结构形状及其加工位置或工作位置不同，视图的选择也不同，因此，在零件的视图选择之前，应首先对零件进行结构分析，并了解零件的加工、工作情况，以便准确地表达出零件的结构形状，反映零件的设计和工艺要求。

零件通常应当按零件的结构形状归类，便于类比地确定零件图的视图表达方案。

2. 零件主视图的选择

主视图是表达零件结构形状最重要的视图。零件主视图的选择将直接影响到其他视图的选择、配置以及是否便于看图，也影响甚至决定零件的表达方案是否合理。一般来说，主视图的选择应满足如下三个基本原则：

(1) 加工位置原则

加工位置是指零件在机床上的主要加工工序中的装夹位置。按加工位置画主视图便于看图加工和测量。对于轴套类、盘盖类等零件，其机械加工主要是在车床上完成的，因此，一般要按加工位置原则即将其轴线水平放置来选取主视图。

(2) 工作位置原则

工作位置是指零件在机器或部件中工作时所处的位置。零件主视图的选择，应尽量与零件在机器中的工作位置一致，这样便于根据装配关系来考虑零件的结构及有关尺寸，也便于想象零件在部件中的位置和作用。对于叉架类、箱体类零件，由于其结构形状比较复杂，加工工序较多，各工序装夹位置不同且难分主次，一般应按工作位置原则选择主视图。

(3) 形状特征原则

在不满足如上两个原则，或者按上述两个原则选择主视方向不便于表达零件结构特点时，应当选用形状特征原则，即将零件放平摆正后，比较分析并选择最能反映零件结构形状的方向作为主视图的主视方向。

3. 其他视图的选择

主视图确定后，应根据零件结构形状的复杂程度，选取其他视图，确定合适的表达方案，完整、清晰地表达出零件的结构形状。其他视图的选择，应注意以下几点：

（1）优先选用基本视图，每个视图都要有明确的表达目的；

（2）视图的数量取决于零件结构的复杂程度，在完整、清晰地表达出零件结构的前提下，尽量减少视图数量；

（3）表达方案不是唯一的，一般可拟出几种不同的表达方案进行比较，以选定一种较好的表达方案。

【案例 7 - 4】 对图 7 - 30 轴类零件进行表达方案选择和尺寸标注。

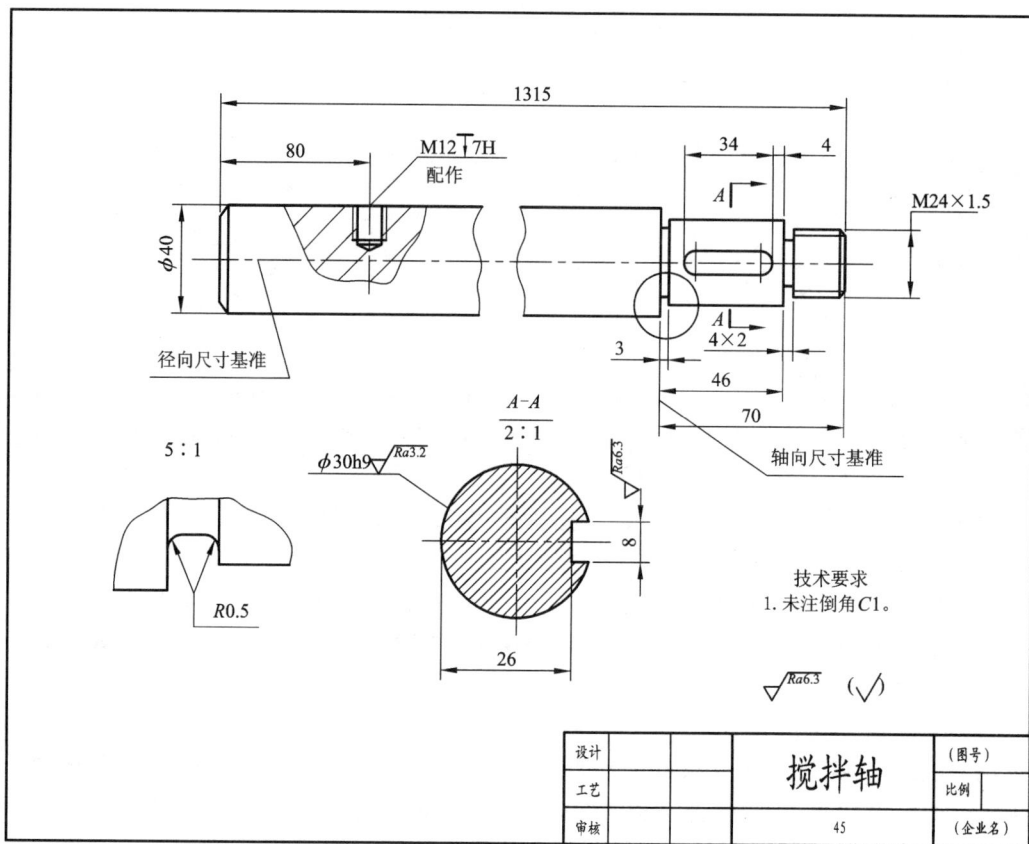

图 7 - 30 轴类零件

（1）结构特点

轴套类零件结构形状简单，轴常由多段同轴圆柱体组成，如图 7 - 30 所示的搅拌轴。它们具有轴向尺寸大于径向尺寸的特点，多有倒角、退刀槽、键槽等结构。

（2）视图选择

这类零件主要结构形状是回转体，一般只需一个基本视图——主视图。轴套类零件主要在车床上加工,一般按加工位置原则将轴线水平放置来画主视图,便于加工时图物对照。轴上的键槽、孔可朝前或朝上,形状和位置要表达明确。除主视图外,又常用断面图、局部视图和局部放大图来补充表达键槽、销孔、退刀槽等局部结构。

如图7-30所示,轴类零件主要在车床或磨床上加工,所以主视图的轴线应水平放置。这类零件一般不画视图为圆的侧视图,而是围绕主视图根据需要画一些局部视图、断面图和局部放大图。

任务实施

阅读输出轴零件图:分析视图,想象零件各组成部分的结构形状和相对位置,分析尺寸和技术要求,了解零件的加工方法和精度等。

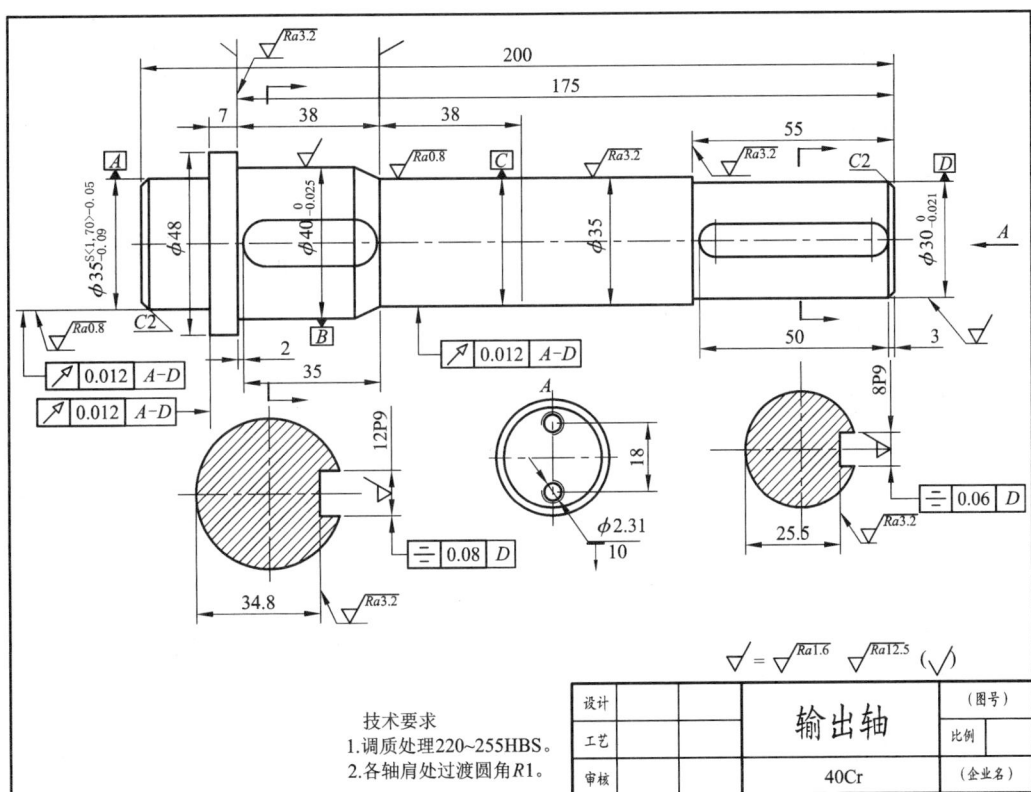

图7-31 轴类零件

注:轴类零件主要在车床或磨床上加工,所以主视图的轴线应水平放置。这类零件一般不画视图为圆的侧视图,而是围绕主视图根据需要画一些局部视图、断面图和局部放大图。

任务7.5 轮盘类零件表达方案的选择与尺寸标注

任务描述

能对轮盘类零件进行合理的布置,正确地进行全部尺寸标注(标注的要求:正确——标注的尺寸符合国家制图新标准规定标注方法；齐全——尺寸标注既没有重复，也没有遗漏；清晰——标注的尺寸清晰明了，布局合理，方便看图），对于掌握尺寸标注的方法，正确标注其他形体尺寸具有代表性意义。

任务分析

这类零件包括各种用途的轮盘和盘盖。轮常见的有手轮、带轮、链轮等，盘盖常见的有法兰盘、端盖等。轮类一般用键、销与轴连接，用以传递扭矩。法兰盘、端盖用于支承、定位、密封等。

知识准备

1. 结构特点

如图7－32所示，盘盖类零件主要结构形状由回转体组成，部分由方形构成，具有径向尺寸大于轴向尺寸的特点，常有孔、槽、轮辐等结构。

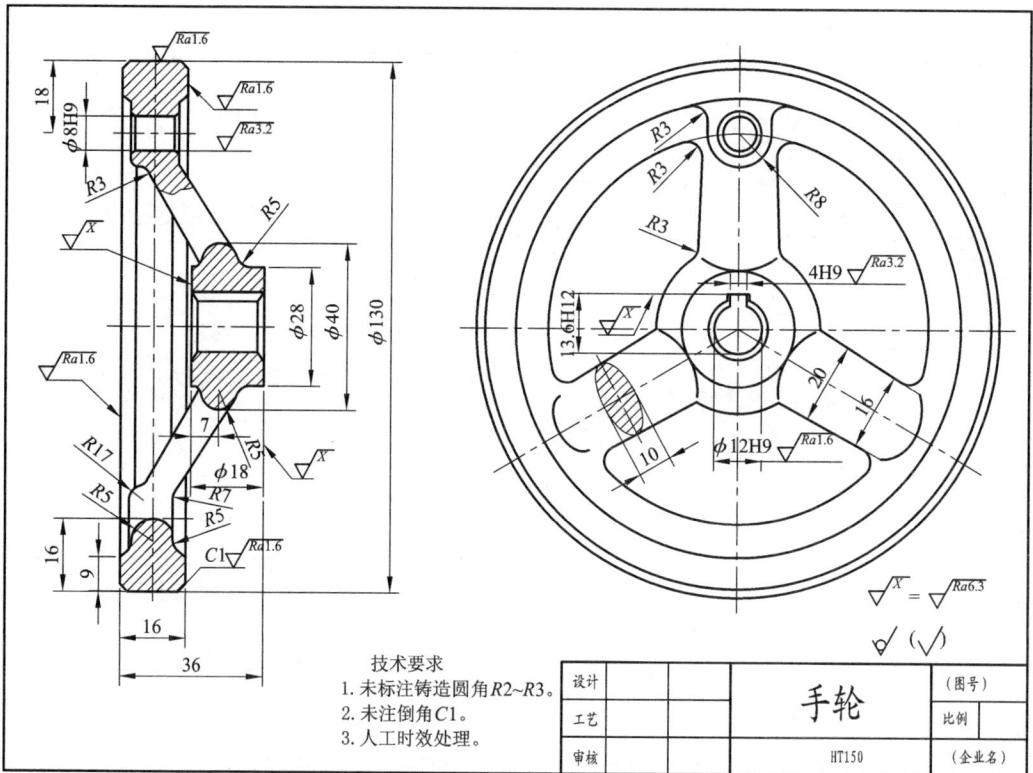

图7－32　轮盘类零件

2. 视图选择

盘盖类零件多以车削为主，故按加工位置原则将轴线水平放置画主视图。由其结构特点，还需采用左视图来表达零件的外形。对基本视图未能表达清楚的其他结构形状，可采用断面图、局部放大图或局部视图表达轮、盘、盖类零件，主要在车床上加工，所以轴线亦应水平放置，一般选择非圆方向为主视图，根据其形状特点再配合画出局部视图或左视图，如图7－32所示。

【案例7-5】 对图7-33所示法兰盘(轮盘类零件)进行合理布局选择和尺寸标注。

任务实施

阅读端盖零件图：分析视图，想象零件各组成部分的结构形状和相对位置，分析尺寸和技术要求，了解零件的加工方法和精度等。

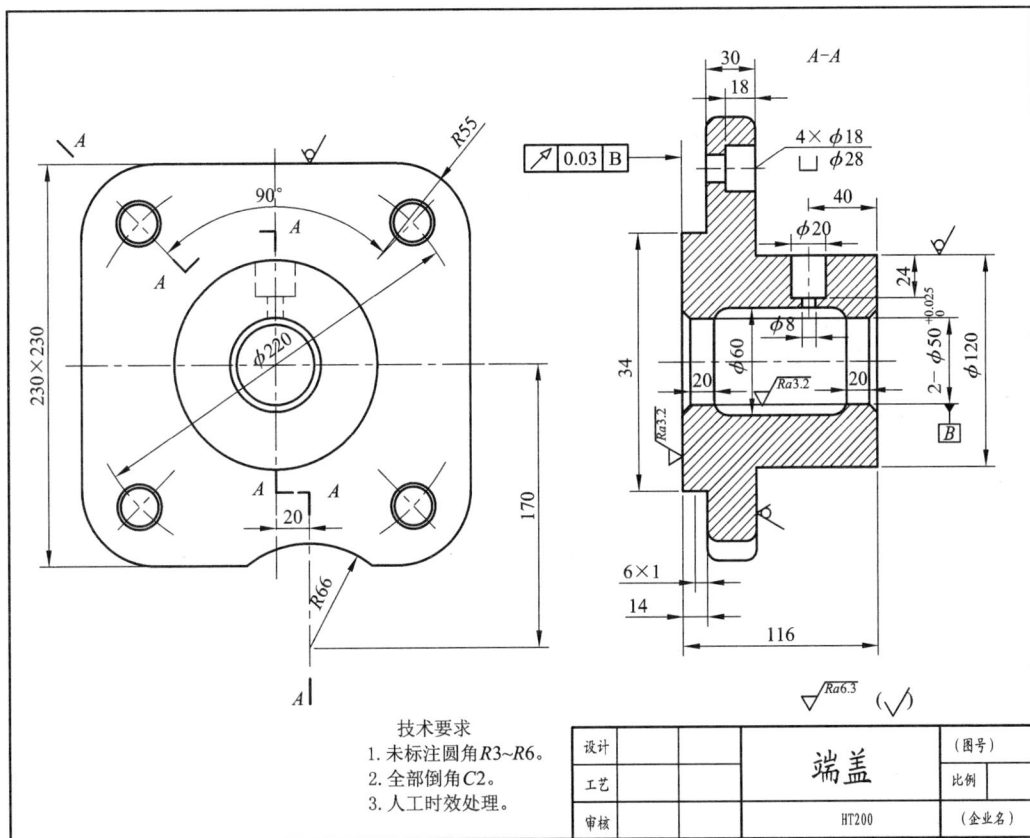

图7-33　法兰盘

注：轮、盘、盖类零件，主要在车床上加工，所以轴线亦应水平放置，一般选择非圆方向为主视图，根据其形状特点再配合画出局部视图或左视图。

任务7.6　叉架类零件表达方案的选择

任务描述

能对叉架类零件进行合理的布置，正确地进行全部尺寸标注(标注的要求是正确——标注的尺寸符合国家制图新标准规定标注方法；齐全——尺寸标注既没有重复，也没有遗漏；清晰——标注的尺寸清晰明了，布局合理，方便看图)，对于掌握尺寸标注的方法，正确标注其他形体尺寸具有代表性意义。完成图7-34叉架类零件视图的设置。

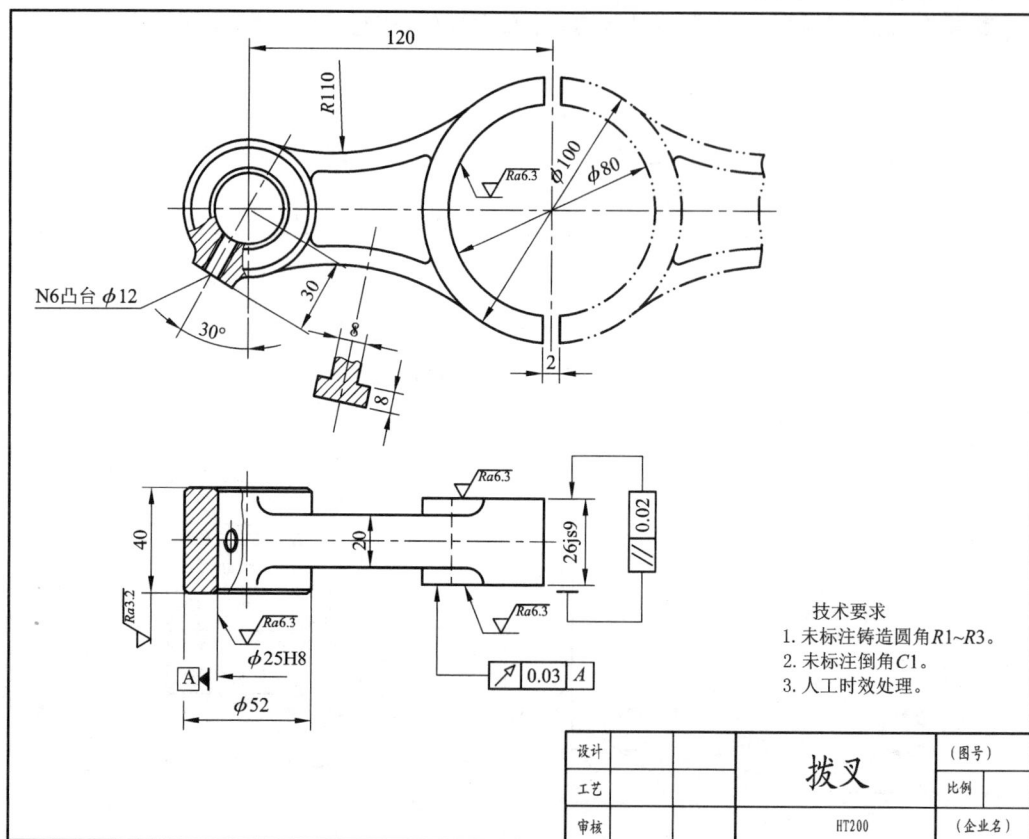

图 7 – 34 拨叉零件图

任务分析

这类零件包括各种用途的叉杆和支架零件，一般由支承部分、工作部分和连接部分组成，主要起连接、传动、支承等作用。常见的零件有拨叉、连杆、支架和摇臂等。

知识准备

1. 结构特点

如图 7 – 34 所示，叉架类零件的形状结构一般比较复杂，加工方法和加工位置不止一个，所以主视图一般以工作位置摆放，需要的视图也较多，一般需 2 ~ 3 个视图，再根据需要配置一些局部视图、斜视图或断面图。

2. 视图选择

选择主视图时，主要考虑工作位置原则和形状特征原则。叉架类零件一般选择两个基本视图，如果形状说明需要的常采用局部视图、局部剖视图或断面图等表达方法。

【案例 7 – 6】 图 7 – 34 所示为拨叉零件，主视图按工作位置绘制，采用了局部剖视图，还采用移出剖面图表示肋板的断面形状，俯视图采用了局部剖视图。

任务实施

阅读图 7-35 支架零件图：分析视图，想象零件各组成部分的结构形状和相对位置，分析尺寸和技术要求，了解零件的加工方法和精度等。

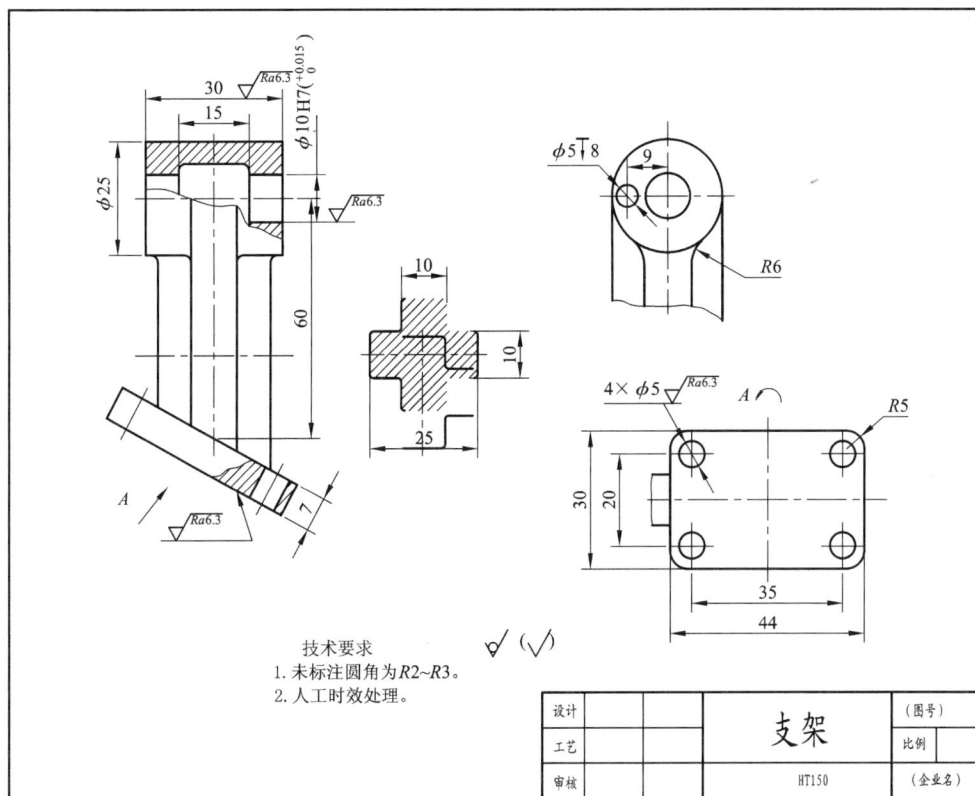

图 7-35 支架零件图

任务 7.7 箱体类零件表达方案的选择

任务描述

能对箱体类零件进行合理的布置，正确地进行全部尺寸标注(标注的要求是正确——标注的尺寸符合国家制图新标准规定标注方法；齐全——尺寸标注既没有重复，也没有遗漏；清晰——标注的尺寸清晰明了，布局合理，方便看图)，对于掌握尺寸标注的方法，正确标注其他形体尺寸具有代表性意义。完成图 7-41 箱体类零件视图的设置与尺寸标注。

任务分析

各种阀体、泵体、减速器箱体等都属于箱体类零件。箱体类零件是机器或部件的主要零件之一，起到支承、定位、密封和包容内部机构的作用。

知识准备

箱体类零件——减速器箱体

箱体类零件的结构一般比较复杂,加工位置不止一个,其他零件和它有装配关系,因此,主视图一般按工作位置绘制,需采用多个视图,且各视图之间应保持直接的投影关系,没表达清楚的地方再采用局部视图或局部断面图表示。如图 7 – 36 所示的涡轮减速器箱体,其结构比较复杂,基础形体由底板、箱壳、肋板、互相垂直的涡杆轴孔(水平)和涡

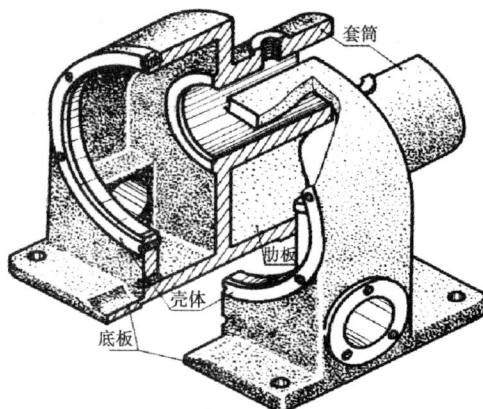

图 7 – 36 涡轮减速器箱体轴测图

轮轴孔系(垂直)组成,涡轮轴孔在底板和箱壳之间,其轴线与涡杆轴孔的轴线垂直异面,肋板将底板、箱壳和涡轮轴孔连结成一个整体。

减速器箱体主视图采用全剖视图,主要表达涡杆轴孔、箱壳、肋板的形状和关系;左视图采用 D – D 局部剖视,主要表达涡轮轴孔、箱壳的形状和关系;俯视图采用 C – C 半剖视图,主要表达箱壳和底板、涡轮轴孔和涡杆轴孔的位置关系;此外采用 E 向视图,F 向及 B 向局部向视图,如图 7 – 37 所示。

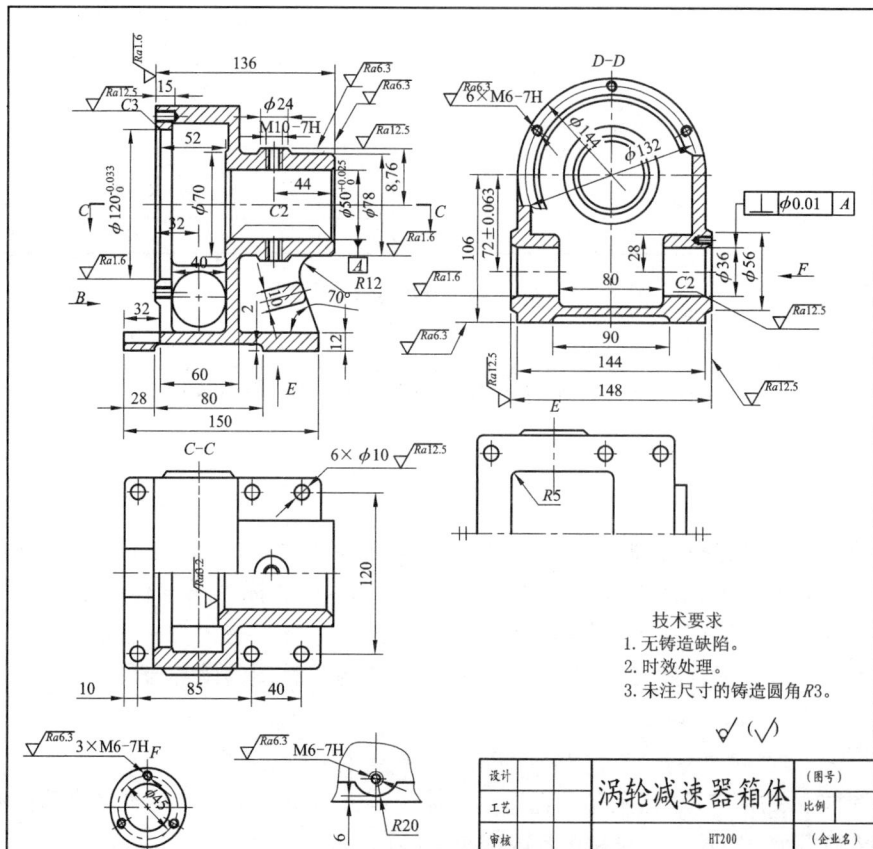

图 7 – 37 涡轮减速器箱体零件图

任务实施

（1）对图 7 - 38 所示固定钳身零件进行视图的布置与尺寸标注。

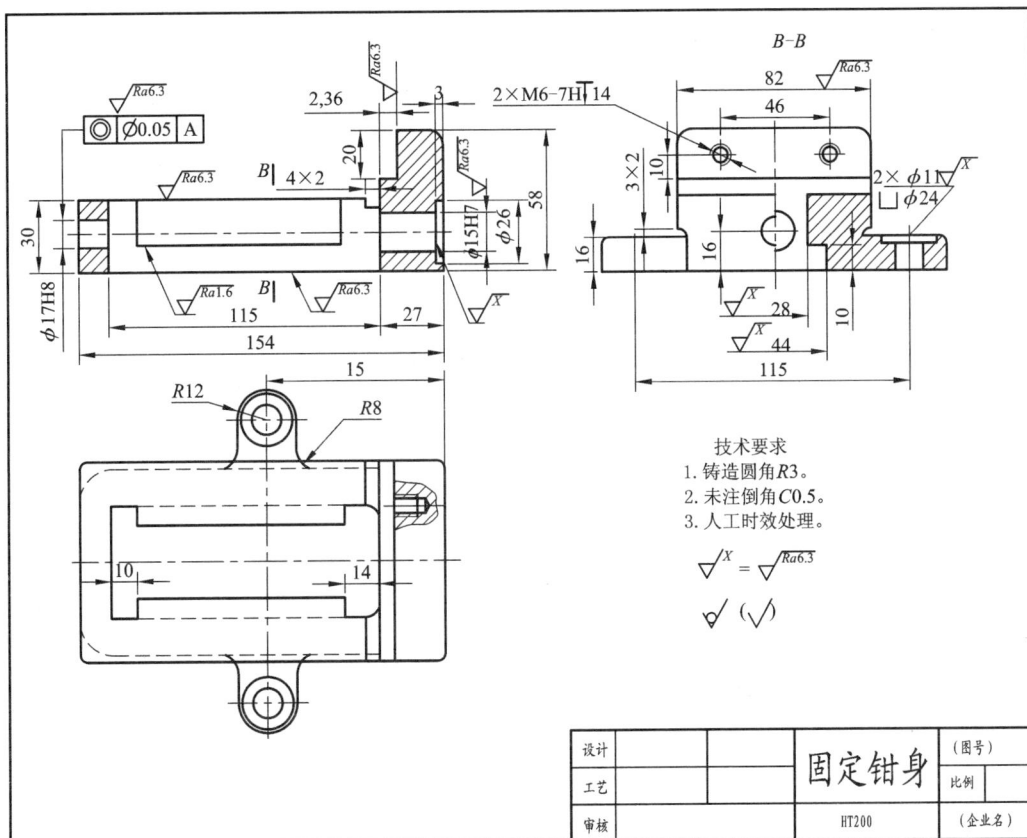

图 7 - 38　固定钳身零件工作图

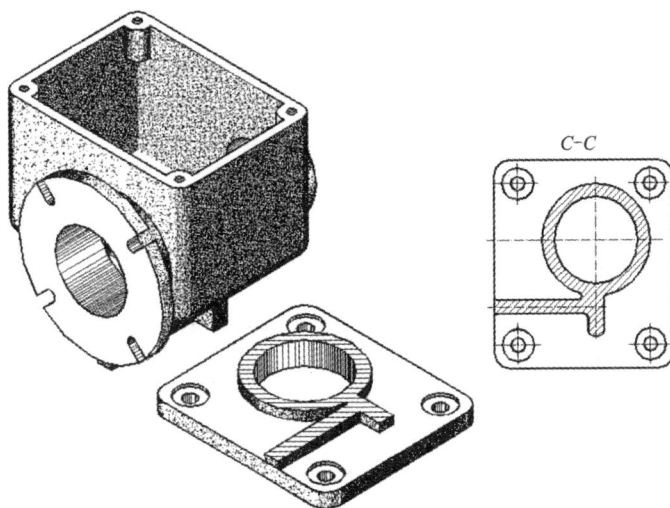

图 7 - 39　减速器箱体 C - C 视图

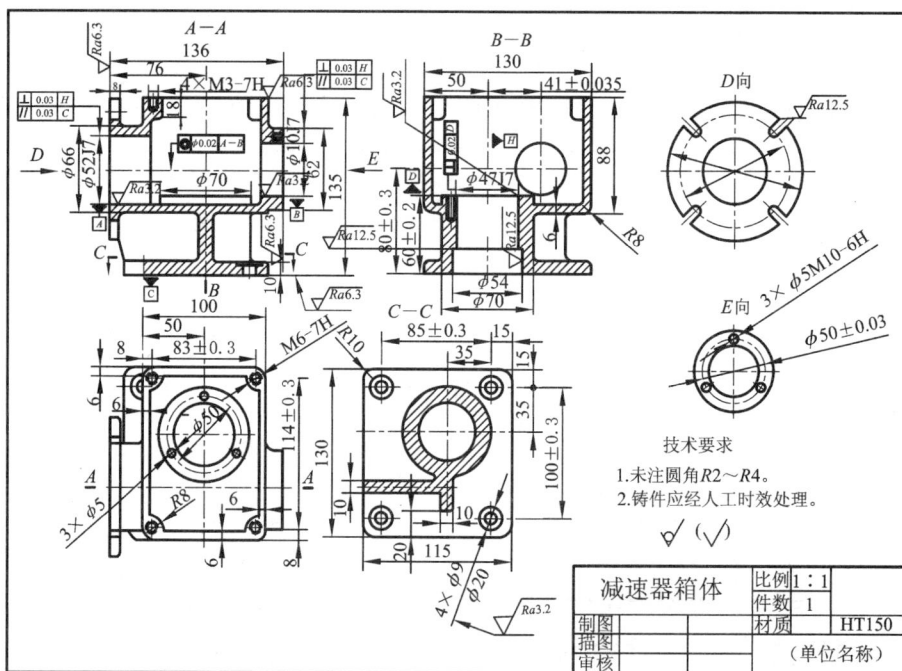

图7-40　减速器箱体图

（2）对图7-41所示箱体类零件进行视图的布置与尺寸标注。

学习小结

通过以上典型零件的表达方案分析，可总结出主视图的选择要考虑以下原则：

1. 主视图选择注意点

（1）形状特征最明显　主视图是零件图中的核心，主视图的投影方向直接影响其他视图的投影方向，所以，主视图要将组成零件的各形体之间的相互位置和主要形体的形状结构表达清楚。

（2）以加工位置确定主视图　其目的是为了加工制造者看图方便。

（3）以工作位置确定主视图　工作位置是指零件装配在机器或部件中工作时的位置，按工作位置选取主视图，容易想象零件在机器中的作用。

主视图确定后，其他视图要配合主视图在完整、清晰地表达出零件的形状结构前提下，尽可能减少视图的数量，所以，配置其他视图时应注意以下几个问题：①每个视图都要有明确的表达重点，各个视图相互配合、相互补充，表达内容不应重复。②根据零件的内部结构选择恰当的剖视图和断面图，选择剖视图和断面图时，一定要明确剖视图和断面图的意义，使其发挥最大的作用。③对尚未表达清楚的局部形状和细小结构，补充必要的局部视图和局部放大图。

2. 零件图的尺寸标注应注意点

（1）零件上的重要尺寸必须直接注出，以保证设计要求。如零件图上反映零件所属机器（或）部件规格性能的尺寸、零件间的配合尺寸、有装配要求的尺寸以及保证机器（或部件）正确安装的尺寸等，都应直接注出，不能通过其他尺寸计算。

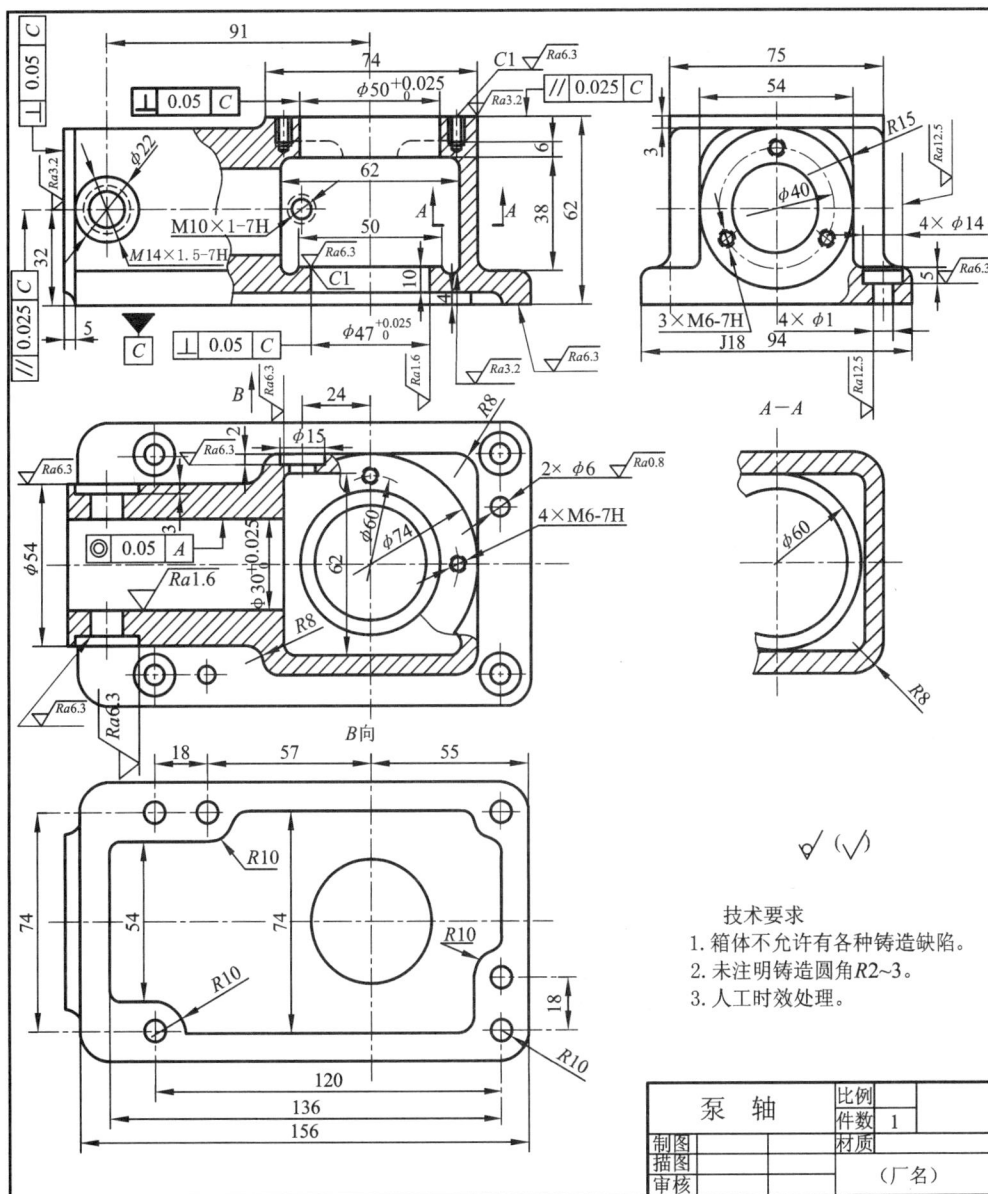

图 7 - 41

（2）一个方向上有若干个毛坯表面，一般只能有一个毛坯面与加工面有联系尺寸，而其他毛坯面则要以该毛坯面为基准进行标注，如图 7 - 19 所示，这样标注虽不好直接测量，但通过间接测量也容易保证尺寸要求。这是因为毛坯面制造误差较大，如果有多个毛坯面以统一的基准进行标注，则加工该基准时，往往不能同时保证这些尺寸要求。

（3）尺寸标注要尽可能符合工艺要求。如图 7 - 20 所示，轴承盖的半圆孔是和轴承座配合在一起加工的，所以要标注直径。半圆键的键槽也要标注直径，以便于选择铣刀。铣平键槽时，键槽深要以素线为基准。轴的长度尺寸考虑了加工时的顺序。

自我评估（总分150分，时间150分钟，注：填空题68×2＝136分）

一、轴套类零件1（图7－42）

1. 该零件的名称＿＿＿＿＿，主视图符合＿＿＿＿＿位置。

2. 零件采用了＿＿＿＿＿个基本视图，基本视图的名称为＿＿＿＿＿。

3. 零件图采用了＿＿＿＿＿＿＿＿＿＿＿＿＿＿＿表达方法。

4. 在图中标出长度、宽度、高度方向的尺寸基准。

5. 说明 $\phi36k6$ 的含义＿＿＿＿＿＿＿＿＿＿＿＿＿＿＿。

6. $\boxed{\odot\ |\ \phi0.02\ |\ A\text{--}B}$ 的含义：被测要素＿＿＿＿＿＿＿＿＿＿＿＿＿＿。

   基准要素＿＿＿＿＿＿＿＿＿＿＿＿＿＿＿。

   公差项目＿＿＿＿＿＿＿＿＿＿＿＿＿＿＿。

   公差值＿＿＿＿＿＿＿＿＿＿＿＿＿＿＿。

7. 在指定位置参考 I 画出 III 的局部放大图。

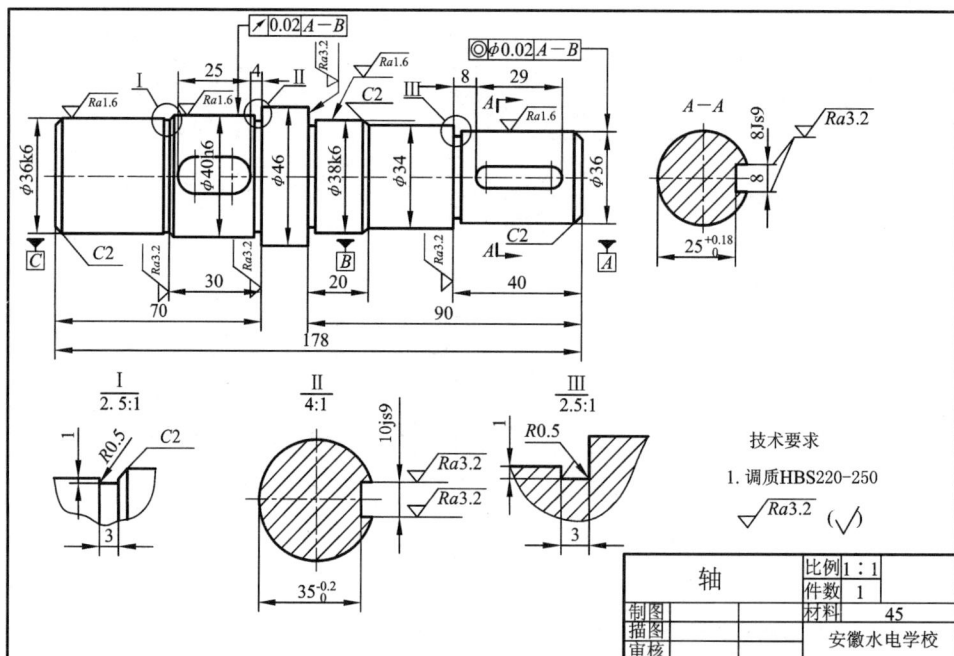

图 7－42

二、泵轴零件2（图7－43）

套类零件是回转体，一般可车削加工而成，在视图表达时，只要画出＿＿＿＿＿＿再加上＿＿＿＿＿图和尺寸标注，就可以把它的主要形状特征以及局部结构表达出来了。为了便于加工时看图，轴线一般按水平放置进行投影。

在标注套类零件的直径尺寸时，常以它的＿＿＿＿＿作为主要尺寸基准；而标注长度方向的尺寸时，则以它的＿＿＿＿＿作为尺寸基准。

对于套类零件，内外圆直径比较重要，它们通常是安装表面或是重要工作表面。如图中所示的表面粗糙度为 $Ra1.6$ 是内孔表面，而止口表面粗糙度则定为＿＿＿＿＿。

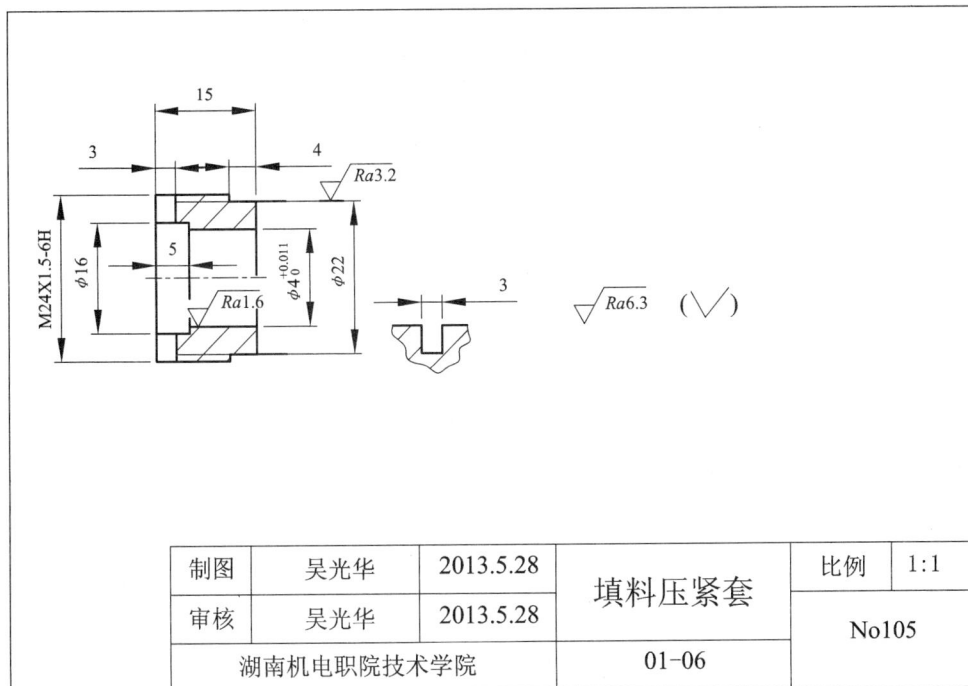

制图	吴光华	2013.5.28	填料压紧套	比例	1:1
审核	吴光华	2013.5.28		No105	
湖南机电职院技术学院			01-06		

图 7-43 填料压紧套零件图

三、盘盖类零件(图 7-44)

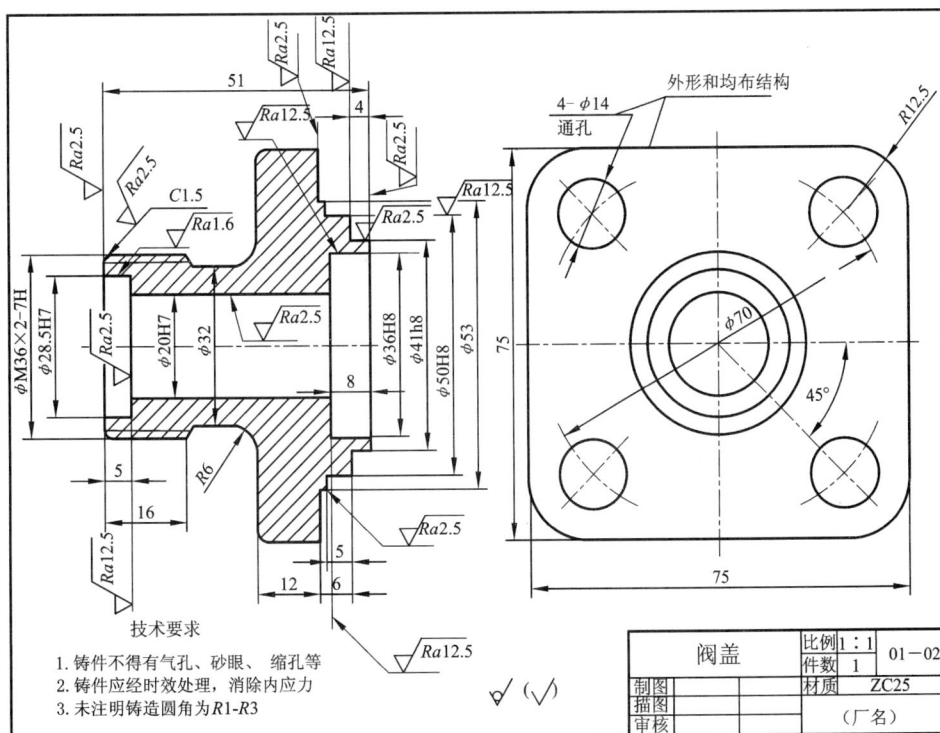

技术要求
1. 铸件不得有气孔、砂眼、缩孔等
2. 铸件应经时效处理,消除内力
3. 未注明铸造圆角为R1-R3

阀盖	比例 1:1	01-02
	件数 1	
制图		材质 ZC25
描图		
审核		(厂名)

图 7-44 阀盖

这类零件的基本形状是扁平的盘状，一般有端盖、阀盖、齿轮等零件，它们的主要结构大体上为回转体，通常还带有各种形状的凸缘、均布的圆孔和肋板等局部结构。在视图选择时，一般选择过对称面或回转轴线的剖视图作_____，同时还需增加适当的其他视图（如左视图、右视图或俯视图）把零件的_____表达出来。如图中所示就增加了一个左视图，以表达带圆角的方形凸缘和四个均布的通孔。

在标注盘盖类零件的尺寸时，通常选用通过轴孔的轴线作为_____，_____常选用重要的端面。

四、叉架类零件（图7-45）

这类零件一般有拨叉、连杆、支座等零件。由于它们的加工位置多变，在选择主视图时，主要考虑工作位置和形状特征。对其他视图的选择，常常需要两个或两个以上的基本视图，并且还要用适当的局部视图、断面图等表达方法来表达零件的局部结构。踏脚座零件图中所示视图选择表达方案精练、清晰，对于表达轴承和肋的宽度来说，_____是没有必要的，而对于_____，采用剖面比较合适。

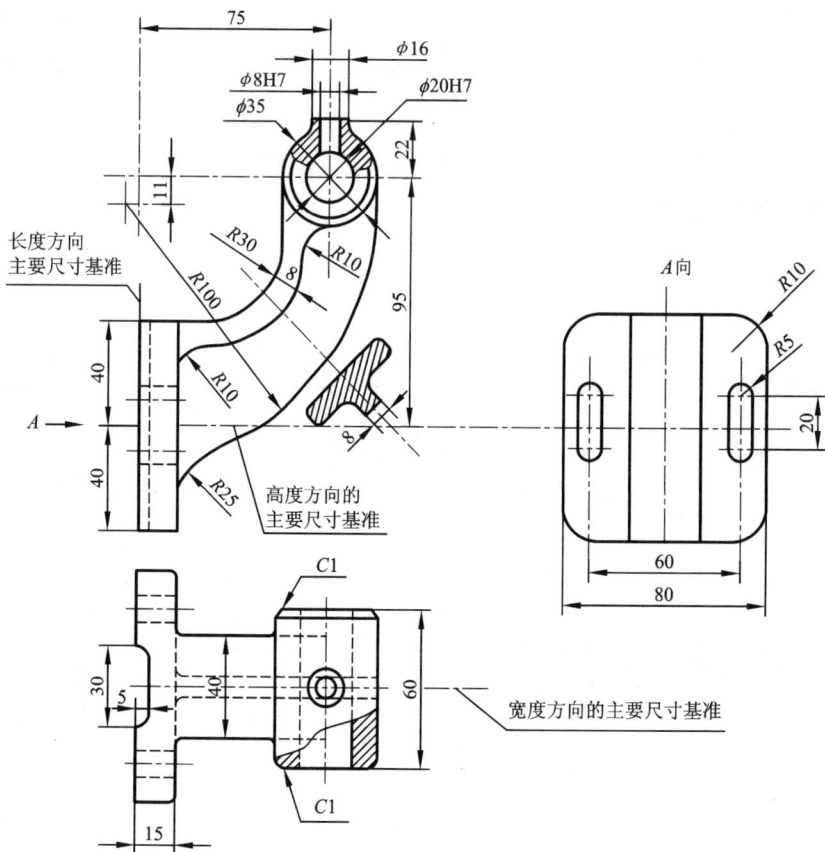

图7-45 叉架

在标注叉架类零件的尺寸时，通常选用_____或零件的_____作为尺寸基准。尺寸标注方法参见图7-45。

五、箱体类零件

一般来说，这类零件的形状、结构比前面三类零件复杂，而且加工位置的变化更多。这类零件一般有阀体、泵体、减速器箱体等。在选择主视图时，主要考虑工作位置和形状特征。选用其他视图时，应根据实际情况采用适当的剖视、断面、局部视图和斜视图等多种辅助视图，以清晰地表达零件的内外结构。

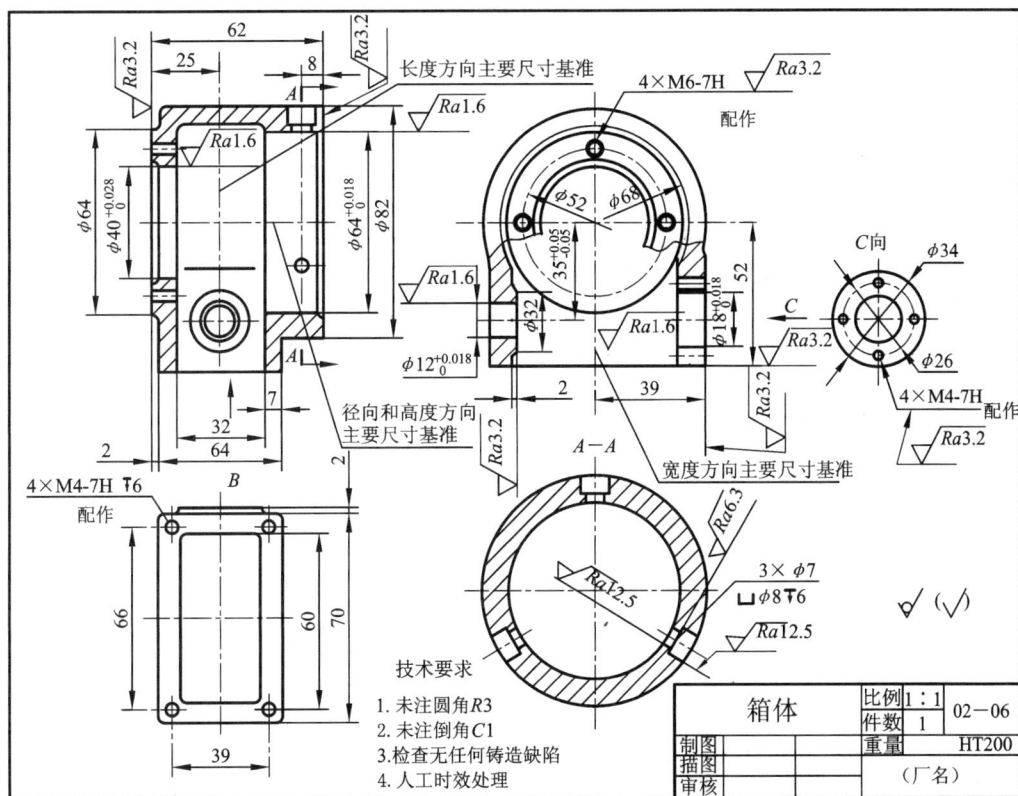

图 7－46

在标注尺寸方面，通常选用设计上要求的_____、重要的安装面、接触面（或加工面）、箱体某些主要结构的对称面（_____、_____）等作为尺寸基准。对于箱体上需要切削加工的部分，应尽可能按便于加工和检验的要求来标注尺寸。

六、汽车发动机活塞零件

1. 该零件采用了____个视图，其视图名称分别为_____、_____和_____。

2. 精度等级最高为____级，属于基_____制，在_____视图_____处。

3. 表面粗糙度要求最高处数值为_____，不加工表面的表示符号为_____。

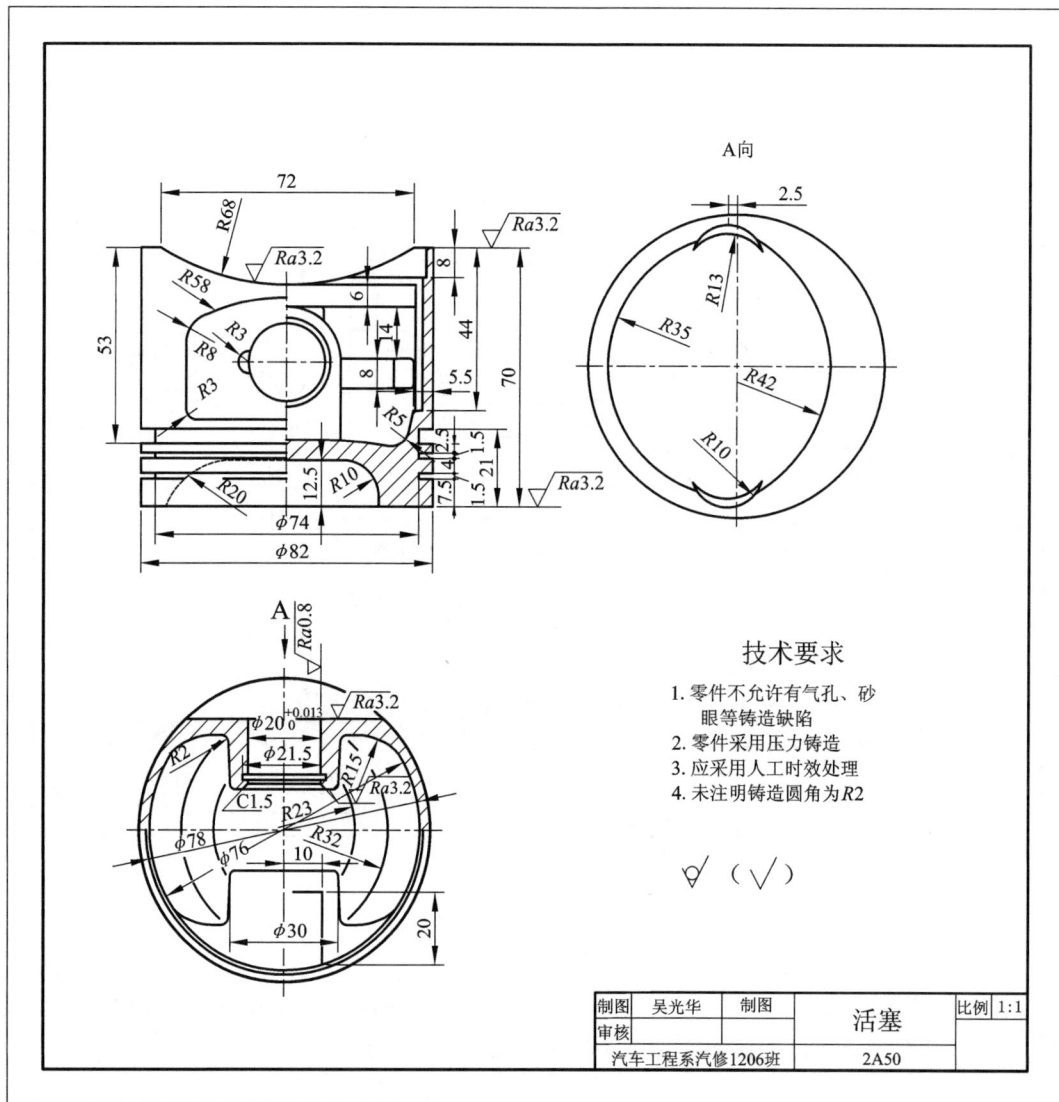

图 7-47　发动机活塞零件图

七、表面粗糙度的概念及主要评定参数

1. 表面粗糙度的概念

（1）零件表面上具有_____所组成的微观几何形状特性，称为表面粗糙度。这主要是在加工零件时，由于刀具在零件表面上留下的刀痕及切削分裂时表面金属的塑性变形所形成的。零件表面粗糙度是评定零件表面质量的一项技术指标，它对零件的配合性质、工作精

度、耐磨性、抗腐蚀性、密封性、外观等都有影响。在保证机器性能的前提下,为获得相应的零件表面粗糙度,应根据零件的作用,选用恰当的加工方法,尽量降低生产成本。

(2)表面粗糙度的代号、符号及其标注 GB/T 131—1993 规定了表面粗糙度代号及其注法。图样上表示零件_____。

符号	意义及说明
√	基本符号,表示表面可用任何方法获得。当不加注粗糙度参数值或有关说明(例如表面处理,局部热处理状况等)时,仅适用于简化代号标。
▽	基本符号加一短画,表示表面是用去除材料的方法获得,如车,铣,钻,磨,剪切,抛光,腐蚀,电火化加工,气割等。
√	基本符号加一小圆,表示表面是用不去除材料的方法获得。如铸,锻,冲压变形,冷轧,粉末冶金等,或者用于保持原供应状况的表面(包括保持上道工序的状况)。

图 7-48　表面粗糙度的符号及意义

(3)表面粗糙度的主要评定参数

零件表面粗糙度的评定参数有:

(1)轮廓算术平均偏差(Ra)——在_____内,轮廓偏距绝对值的算术平均值。_____见表。

(2)_____(Rz)——在取样长度内,轮廓峰顶线与轮廓谷底线的距离。

使用时优先选用 Ra 参数。

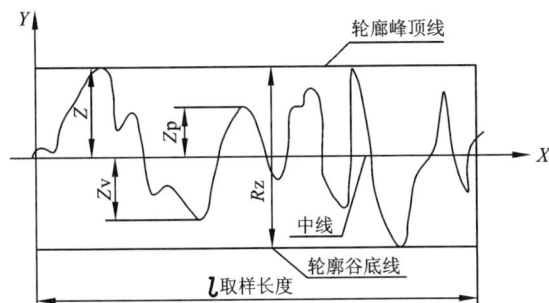

图 7-49

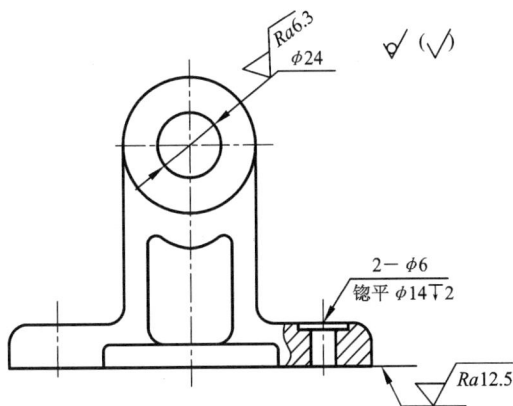

图 7-50

2.表面粗糙度的标注要求

(1)表面粗糙度代(符)号在图样上的标注方法。

(2)表面粗糙度代(符)号一般_____上,符号的尖端必须从材料外指向表面。

3.表面粗糙度的标注示例

在同一图样上,每一表面一般只标注一次代(符)号,并尽可能地靠近有关的尺寸线。当空间狭小或不便标注时可以引出标注。当零件所有表面具有相同的表面粗糙度要求时,可统一标注在图样的_____,当零件的大部分表面具有相同的表面粗糙度要求时,对其中使用最多的一种代(符)号可以同时注在图样的右上角,并加注"_____"两字。凡统一标注的表面粗糙度代(符)号及说明文字,其高度均应该是图样标注的 1.4 倍。

零件上_____(如孔、齿、槽等)的表面和用细实线

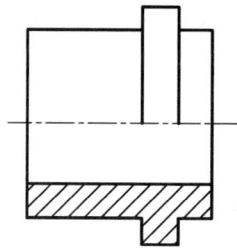

图 7 - 51

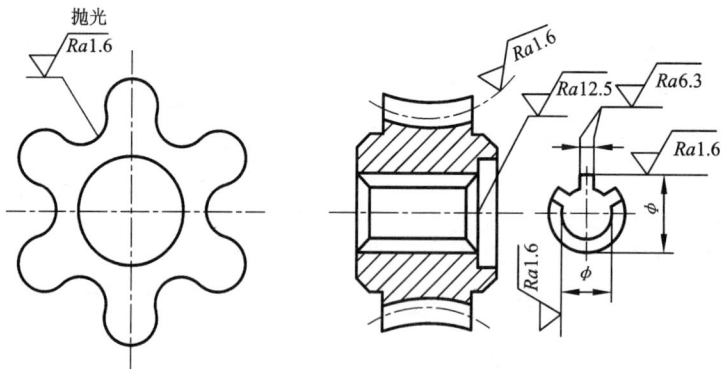

图 7 - 52

连接不连续的同一表面,其表面粗糙度代(符)号只注一次。

有要求时,应用细实线画出其分界线,并注出相应的表面粗糙度代号和尺寸。

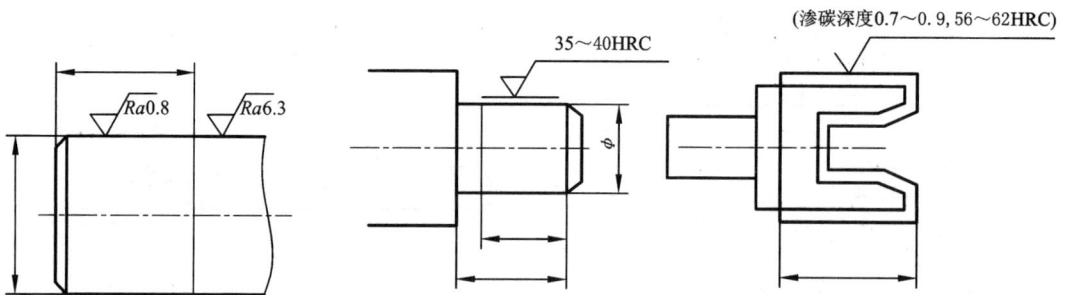

图 7 - 53   图 7 - 54

需要将零件_____或_____,应用粗点画线画出其范围并标注出相应尺寸,也可将其要求注写在表面粗糙度符号长边的横线上。

八、标准公差和基本偏差

（1）为便于生产，实现零件的互换性及满足不同的使用要求，国家标准《极限与配合》规定了公差带由标准公差和基本偏差两个要素组成。标准公差确定_____，而基本偏差确定_____。

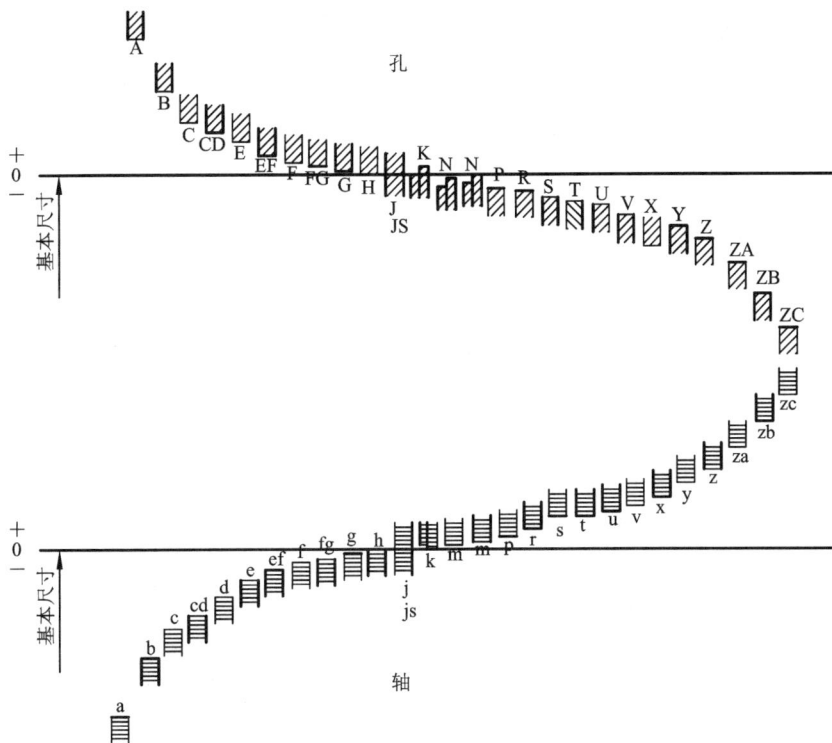

图 7-55

（2）基本偏差

基本偏差是指在标准的极限与配合中，确定公差带相对零线位置的上偏差或下偏差，一般指靠近零线的那个偏差。当公差带在零线的上方时，基本偏差为下偏差；反之，则为上偏差。基本偏差共有 28 个，代号用拉丁字母表示，大写为孔，小写为轴。从基本偏差系列图中可以看出：孔的基本偏差 A～H 和轴的基本偏差 k～zc 为_____，孔的基本偏差 K～ZC 和轴的基本偏差 a～h 为_____，_____对称分布于零线两边、孔和轴的上、下偏差分别都是 +IT/2、-IT/2。基本偏差系列图只表示公差带的位置，不表示公差的大小，因此，公差带一端是开口，开口的另一端由标准公差限定。

基本尺寸相同的、相互结合的孔和轴公差带之间的关系，称为配合。根据使用要求的不同，孔和轴之间的配合有松有紧，因而国标规定配合种类：

（1）_____孔与轴装配时，有间隙（包括最小间隙等于零）的配合。孔的公差带在轴的公差带之上。

（2）_____孔与轴装配时，可能有间隙或过盈的配合。孔的公差带与轴的公差带互相交叠。

（3）_____孔与轴装配时，有过盈（包括最小过盈等于零）的配合。孔的公差带在轴的公差带之下。

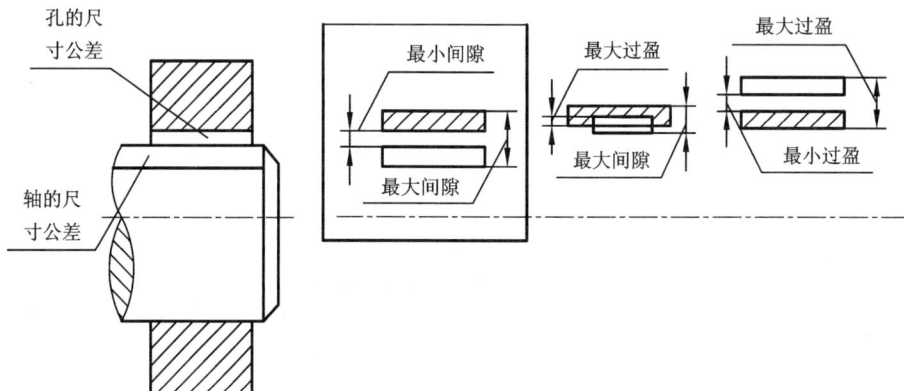

图 7-56

基准制：

（1）_____是指基本偏差为一定的孔的公差带与不同基本偏差的轴的公差带形成各种配合的一种制度，见图 7-57（a）。基孔制的孔称为基准孔，其基本偏差代号为 H，其下偏差为零。

（2）_____是指基本偏差为一定的轴的公差带与不同基本偏差的孔的公差带形成各种配合的一种制度，见图 7-57（b）。基轴制的轴称为基准轴，其基本偏差代号为 h，其上偏差为零。

（3）_____由孔和轴的公差带代号组成，写成分数形式，分子为孔的公差带代号，分母为轴的公差带代号。凡是分子中含 H 的为基孔制配合，凡是分母中含 h 的为基轴制配合。

（4）公差与配合在图样上的标注

①在_____，采用组合式注法。

②在_____，有三种形式。

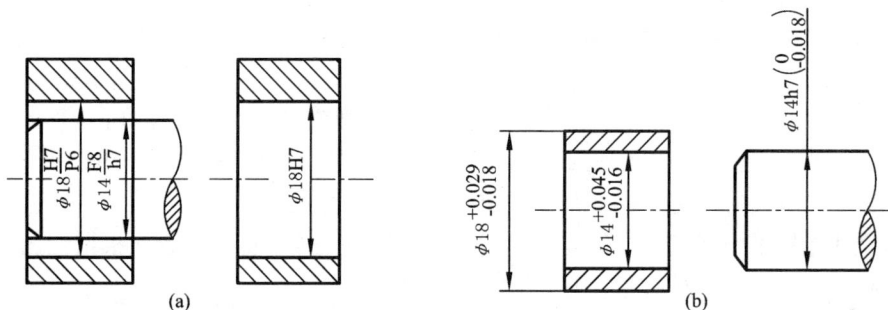

图 7-57

九、形位公差

零件加工后，不仅存在尺寸误差，而且会产生_____的误差。圆柱体，即使在尺寸合格时，也有可能出现一端大，另一端小或中间细两端粗等情况，其截面也有可能不圆，这属于形状方面的误差。阶梯轴，加工后可能出现各轴段不同轴线的情况，这属于位置方面的误差。所以，形状公差是指实际形状对理想形状的允许变动量。位置公差是指实际位置对理想位置的允许变动量。两者简称形位公差。

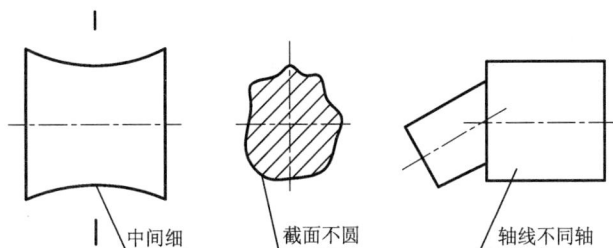

中间细　　　截面不圆　　　轴线不同轴

图 7 - 58

1. 形状和位置公差的代号

国家标准 GB/T 1182—1996 规定用代号来标注形状和位置公差。在实际生产中，当无法用代号标注形位公差时，允许在技术要求中用文字说明。_____包括：形位公差各项目的符号，形位公差框格及指引线，形位公差数值和其他有关符号，以及_____等。框格内字体的高度 h 与图样中的尺寸数字等高。

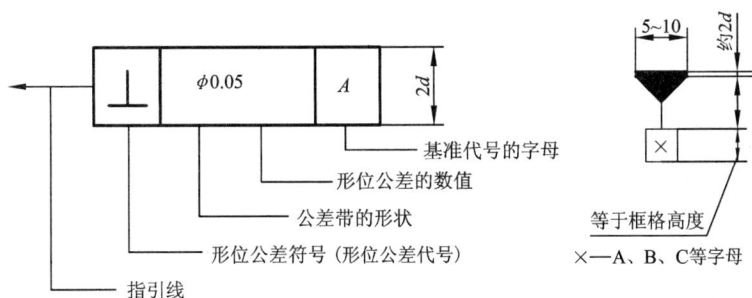

基准代号的字母
形位公差的数值
公差带的形状
形位公差符号（形位公差代号）
指引线

5~10
约2d
等于框格高度
×—A、B、C等字母

图 7 - 59

2. 形位公差标注示例

一根气门阀杆，在图中所标注的形位公差附近添加的文字，只是为了给读者作说明而重复写上的，在实际的图样中不需要重复注写。

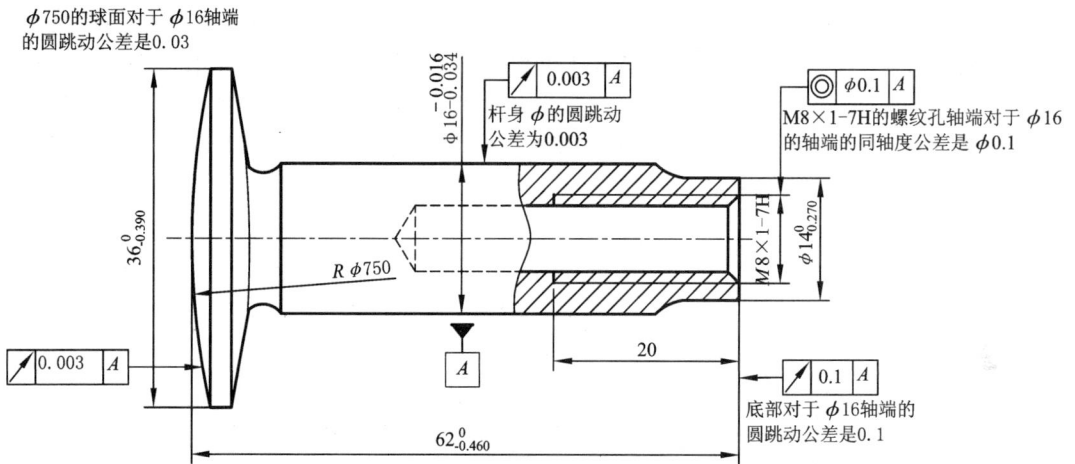

图 7 – 60

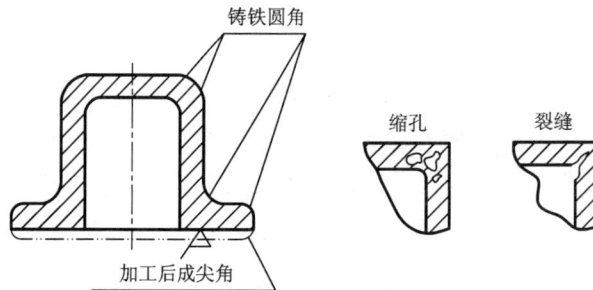

图 7 – 61

十、零件上的常见工艺结构

1. 铸造工艺结构

（1）铸造圆角

当零件的毛坯为铸件时，因铸造工艺的要求，铸件各表面相交的转角处都应做成圆角。可防止铸件浇铸时转角处的落砂现象及避免金属冷却时产生_____。铸造圆角的大小一般取 $R = 3 \sim 5 \text{mm}$，可在技术要求中统一注明。

（2）_____用铸造的方法制造零件毛坯时，为了便于在砂型中取出模样，一般沿模样拔模方向作成约 1:20 的斜度，叫做拔模斜度。因此在铸件上也有相应的拔模斜度，这种斜度在图上可以不予标注，也不一定画出，如图 7 – 62 所示；必要时，可以在技术要求中用文字说明。

（3）_____当铸件的壁厚不均匀时，铸件在浇铸后，因各处金属冷却速度不同，将产生裂纹和缩孔现象。因此，铸件的壁厚应尽量均匀，当必须采用不同壁厚连接时，应采用逐渐过渡的方式，铸件的壁厚尺寸一般采用直接注出。

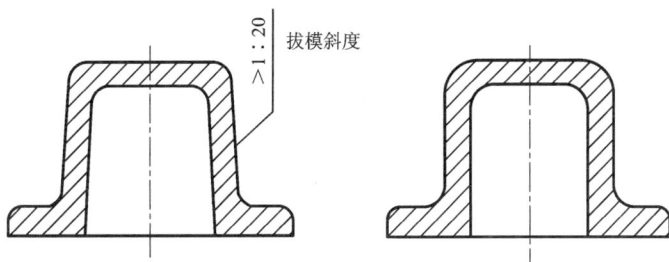

图 7 - 62

2. 零件上的机械加工结构

（1）_____和_____在零件切削加工时，为了便于退出刀具及保证装配时相关零件的接触面靠紧，在被加工表面台阶处应预先加工出退刀槽或砂轮越程槽。车削外圆时的退刀槽，其尺寸一般可按_____或_____方式标注。_____或_____时的砂轮越程槽。

（2）钻孔结构

用钻头钻出的_____，在底部有一个 120° 的锥角，钻孔深度指的是圆柱部分的深度，不包括锥坑。在_____的过渡处，也存在锥角 120° 圆台，其画法及尺寸注法见图 7 - 63。

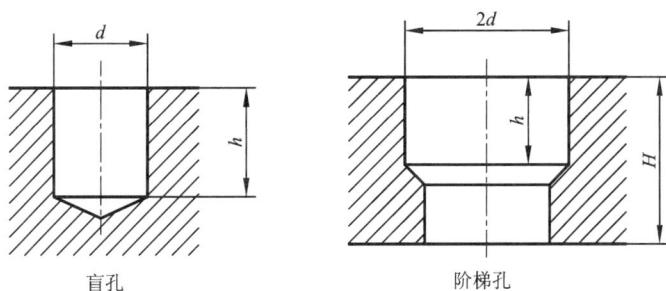

盲孔　　　　　　　　阶梯孔

图 7 - 63

（3）凸台和凹坑

零件上与其他零件的接触面，一般都要加工。为了减少加工面积，并保证零件表面之间有良好的接触，常常在铸件上设计出凸台、凹坑（见图 7 - 64）。螺栓连接的_____或_____的形式；为了减少加工面积，而做成_____。

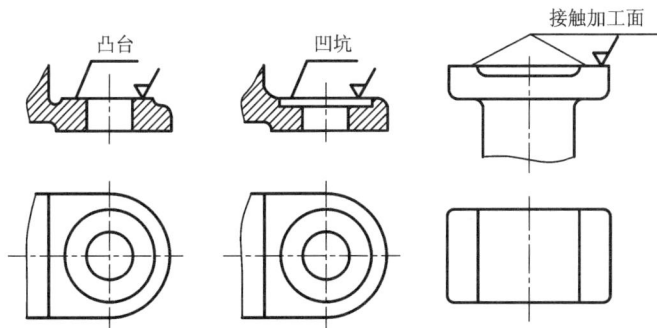

图 7 - 64

十、零件图绘制(14 分)

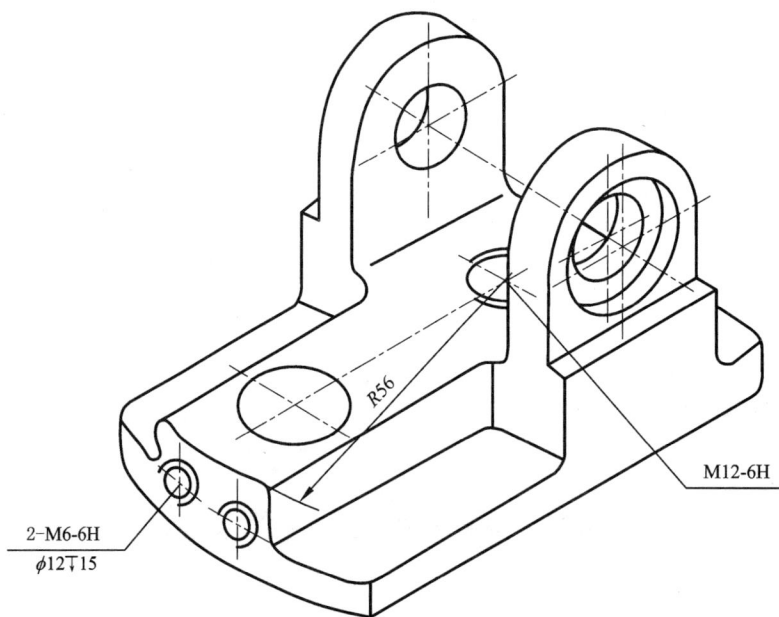

图 7 - 65

文字标注(图中):
R56

M12-6H

2-M6-6H
$\phi 12 \overline{\,} 15$

项目八　常用件及标准件结构要素及表示方法

学习目标

(1) 会画内、外螺纹的规定画法及内外螺纹旋合的画法；
(2) 知道螺纹的代号含义及标注；
(3) 能够对单个圆柱齿轮和两圆柱齿轮啮合正确作图；
(4) 能够用视图正确表达键、滚动轴承、弹簧等零件。

任务 8.1　螺纹与螺纹紧固件

任务描述

标准件：用量很大的零件如螺栓、螺母、螺钉、垫圈、键等，为了便于成批或大量生产，国家有关部门对这类零件的结构和尺寸等都作了规定，成为标准化、系列化的零件。通常作为各类零件的连接件，也是汽车部件的重要零件。

任务：图 8-1 中零件是工业上常用的标准件。如何正确表达下列零件？如何表达下列零件的装配状态？

六角头螺栓　　　双头螺柱　　　六角螺母　　　六角开槽螺母

内六角圆柱头螺钉　开槽圆柱螺钉　半圆头螺钉　开槽沉头螺钉

平垫圈　弹簧垫圈　圆螺母用止动垫圈　圆螺母　紧定螺钉

图 8-1　螺纹零件

任务分析

螺纹的形成，螺纹的基本要素，螺纹的规定画法，螺纹的标注方法，螺纹紧固件的规定标记，螺纹紧固件的连接画法。

图8-2　外螺纹

图8-3　内螺纹

知识准备

螺纹是在圆柱或圆锥表面上，沿着螺旋线形成的具有相同剖面形状（如等边三角形、正方形、梯形、锯齿形……）的连续凸起和沟槽。在圆柱或圆锥外表面所形成的螺纹称为外螺纹，在圆柱或圆锥内表面所形成的螺纹称为内螺纹。用于连接的螺纹称为连接螺纹；用于传递运动或动力的螺纹称为传动螺纹。

一、螺纹的形成和基本要素

1. 螺纹的形成

各种螺纹都是根据螺旋线原理加工而成，螺纹加工大部分采用机械化批量生产。小批量、单件产品，外螺纹可采用车床加工，如图8-4所示。内螺纹可以在车床上加工，也可以先在工件上钻孔，再用丝锥攻制而成，如图8-5所示。

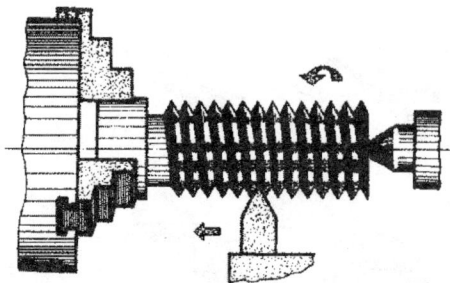

图8-4　外螺纹加工

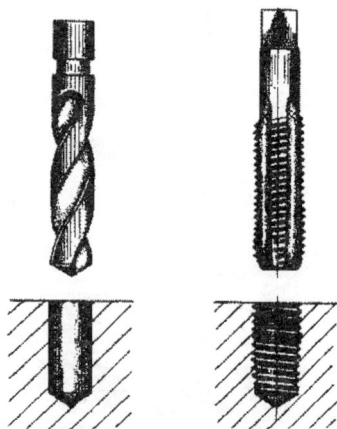

图8-5　内螺纹加工

2.螺纹的基本要素

螺纹的基本要素包括牙型、直径(大径、小径、中径)、线数、螺距和导程、旋向等。

(1)牙型

在通过螺纹轴线的剖面上，螺纹的轮廓形状称为螺纹牙型。常见的螺纹牙型有三角形(60°、55°)、梯形、锯齿形、矩形等。常见标准螺纹的牙型及符号如图8-6所示。

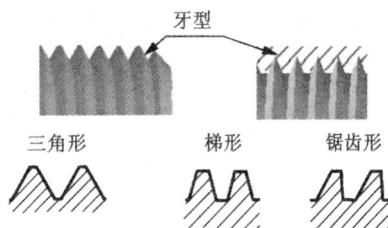

图8-6　标准螺纹的牙型

(2)直径(如图8-7所示)

大径 d、D　是指与外螺纹的牙顶或内螺纹的牙底相切的假想圆柱或圆锥的直径。内螺纹的大径用大写字母 D 表示，外螺纹的大径用小写字母 d 表示。

小径 d_1　是指与外螺纹的牙底或内螺纹的牙顶相切的假想圆柱或圆锥的直径。

中径 d_2　是指一个假想圆柱或圆锥的直径，该圆柱或圆锥的母线通过牙型上沟槽和凸起宽度相等的地方。

公称直径　代表螺纹尺寸的直径，指螺纹大径的基本尺寸。

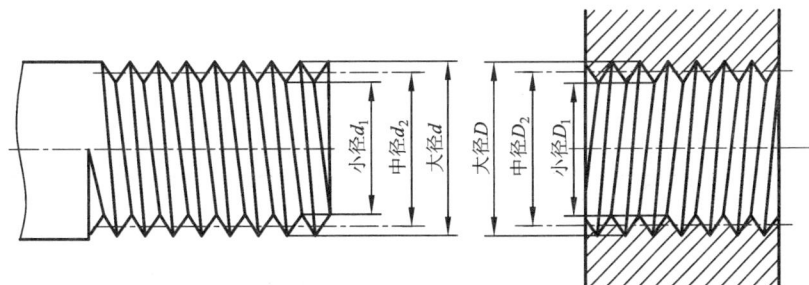

图8-7　螺纹的直径

(3)线数

形成螺纹的螺旋线条数称为线数，线数用字母 n 表示。沿一条螺旋线形成的螺纹称为单线螺纹，沿两条以上螺旋线形成的螺纹称为多线螺纹，如图8-8所示。

(4)螺距和导程

相邻两牙在中径线上对应两点间的轴向距离称为螺距，螺距用字母 P 表示；同一螺旋线上的相邻两牙在中径线上对应两点间的轴向距离称为导程，导程用字母 P_h 表示，如图8-8所示。线数 n、螺距 P 和导程 P_h 之间的关系为：$P_h = P \times n$。

(5)旋向

螺纹分为左旋螺纹和右旋螺纹两种。顺时针旋转时旋入的螺纹是右旋螺纹，逆时针旋转时旋入的螺纹是左旋螺纹，如图8-9所示。工程上常用右旋螺纹。

国家标准对螺纹的牙型、大径和螺距做了统一规定。这三项要素均符合国家标准的螺纹称为标准螺纹；凡牙型不符合国家标准的螺纹称为非标准螺纹。

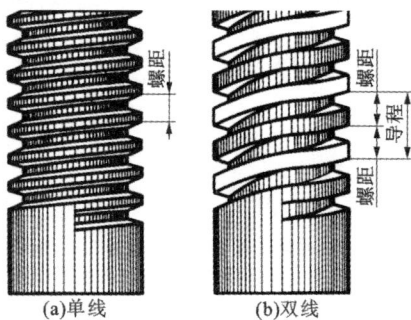

图8-8 单线螺纹和双线螺纹

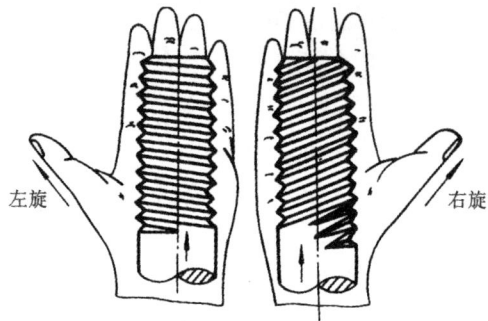

图8-9 螺纹的旋向

二、螺纹的规定画法和标注

螺纹一般不按真实投影作图,而是采用机械制图国家标准规定的画法以简化作图过程。

(1)外螺纹的画法

外螺纹的大径用粗实线表示,小径用细实线表示。螺纹小径按大径的0.85倍绘制。在不反映圆的视图中,小径的细实线应画入倒角内,螺纹终止线用粗实线表示,如图8-10(a)所示。当需要表示螺纹收尾时,螺纹尾部的小径用与轴线成30°的细实线绘制,如图8-10(b)所示。在反映圆的视图中,表示小径的细实线圆只画约3/4圈,螺杆端面上的倒角圆省略不画,如图8-10(a)、(b)、(c)所示。剖视图中的螺纹终止线和剖面线画法如图8-10(c)所示。

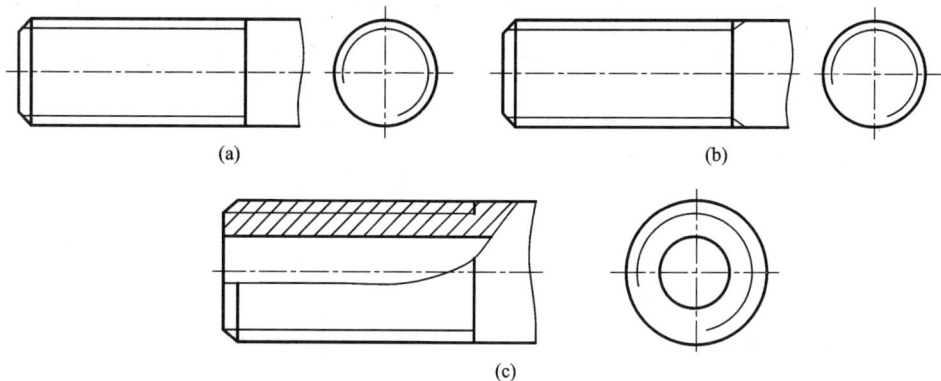

图8-10 外螺纹画法

(2)内螺纹的画法

内螺纹通常采用剖视图表达。在不反映圆的视图中,大径用细实线表示,小径和螺纹终止线用粗实线表示,且小径取大径的0.85倍,注意剖面线应画到粗实线;若是盲孔,终止线到孔的末端的距离可按大径的0.5绘制;在反映圆的视图中,大径用约3/4圈的细实线圆弧绘制,孔口倒角圆不画,如图8-11(a)、(b)所示。当螺孔相交时,其相贯线的画法如图8-11(c)所示。当螺纹的投影不可见时,所有图线均画成细虚线,如图8-11(d)所示。

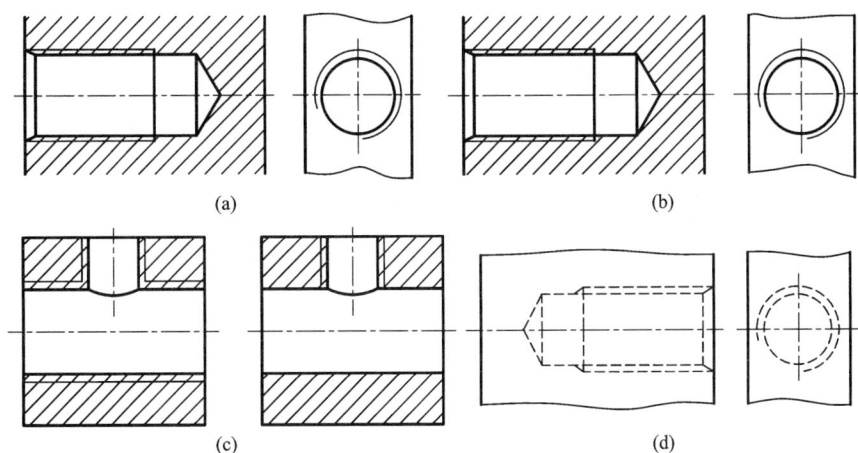

(a)　　　　　　　　　　　　　(b)

(c)　　　　　　　　　　　　　(d)

图 8 - 11　内螺纹的画法

（3）内、外螺纹旋合的画法

只有当内、外螺纹的五项基本要素相同时，内、外螺纹才能进行连接。用剖视图表示螺纹连接时，旋合部分按外螺纹的画法绘制，未旋合部分按各自原有的画法绘制，如图 8 - 12 和图 8 - 13 所示。画图时必须注意：表示内、外螺纹大径的细实线和粗实线，以及表示内、外螺纹小径的粗实线和细实线应分别对齐；在剖切平面通过螺纹轴线的剖视图中，实心螺杆按不剖绘制。

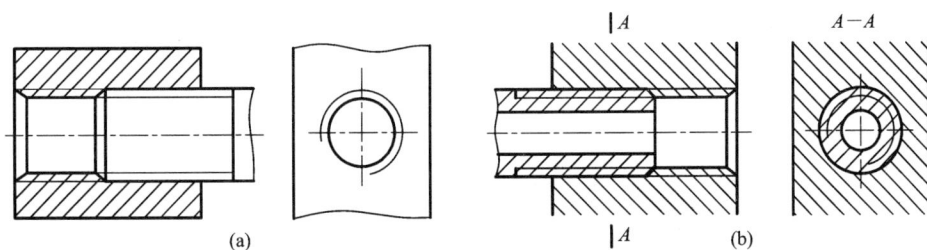

(a)　　　　　　　　　　　　　(b)

图 8 - 12　内、外螺纹旋合的画法（一）

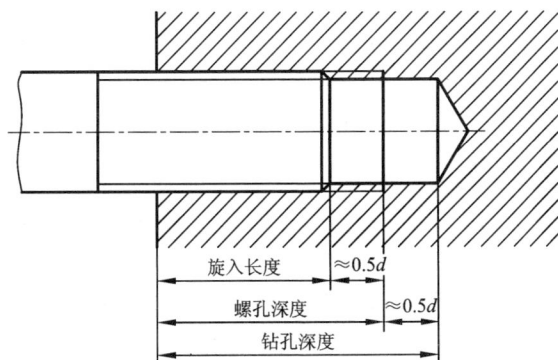

图 8 - 13　内、外螺纹旋合的画法（二）

（4）螺纹牙型的表示法

螺纹的牙型一般不需要在图形中画出。当需要表示螺纹的牙型时，可按图 8 - 14 的形式绘制。

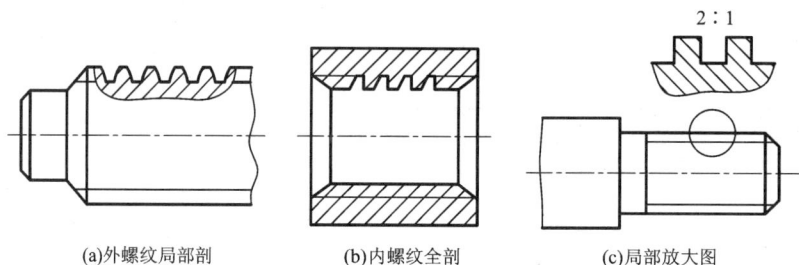

(a)外螺纹局部剖　　　　　(b)内螺纹全剖　　　　　(c)局部放大图

图 8 - 14　螺纹牙型的表示法

（5）圆锥螺纹的画法

具有圆锥螺纹的零件，其螺纹部分在投影为圆的视图中，只需画出一端螺纹视图，如图 8 - 15所示。

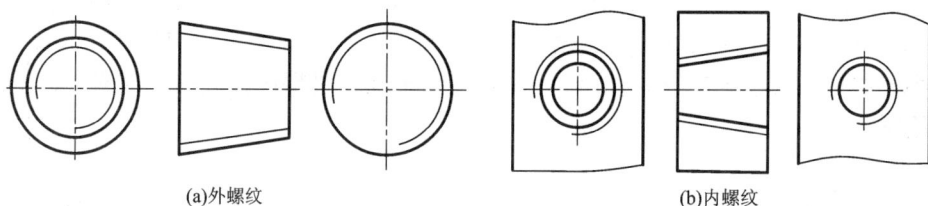

(a)外螺纹　　　　　　　　　　　　(b)内螺纹

图 8 - 15　圆锥螺纹的画法

三、螺纹的标注方法

由于螺纹的规定画法不能表达出螺纹的种类和螺纹的要素，因此在图中对标准螺纹需要进行正确的标注。下面分别介绍各种螺纹的标注方法。

1.普通螺纹

普通螺纹用尺寸标注形式注在内、外螺纹的大径上，其标注的具体项目及格式如下：

螺纹代号公称直径×螺距旋向 - 中径公差带代号、顶径公差带代号 - 旋合长度代号

普通螺纹的螺纹代号用字母"M"表示。

普通粗牙螺纹不必标注螺距，普通细牙螺纹必须标注螺距。公称直径、导程和螺距数值的单位为 mm。

右旋螺纹不必标注，左旋螺纹应标注字母"LH"。

中径公差带代号和顶径公差带代号由表示公差等级的数字和字母组成。大写字母代表内螺纹，小写字母代表外螺纹。顶径是指外螺纹的大径和内螺纹的小径，若两组公差带相同，则只写一组。表示内、外螺纹旋合时，内螺纹公差带在前，外螺纹公差带在后，中间用"/"分开。在特定情况下，中径公差精度螺纹不注公差带代号（内螺纹：5H，公称直径小于和等于1.4mm 时；6H，公称直径大于和等于1.6mm 时。外螺纹：5h，公称直径小于和等于1.4mm 时；6h，公称直径大于和等于1.6mm 时）。

普通螺纹的旋合长度分为短、中、长三组，其代号分别是 S、N、L。若是中等旋合长度，其旋合代号 N 可省略。

图 8－16 所示为普通螺纹标注示例。

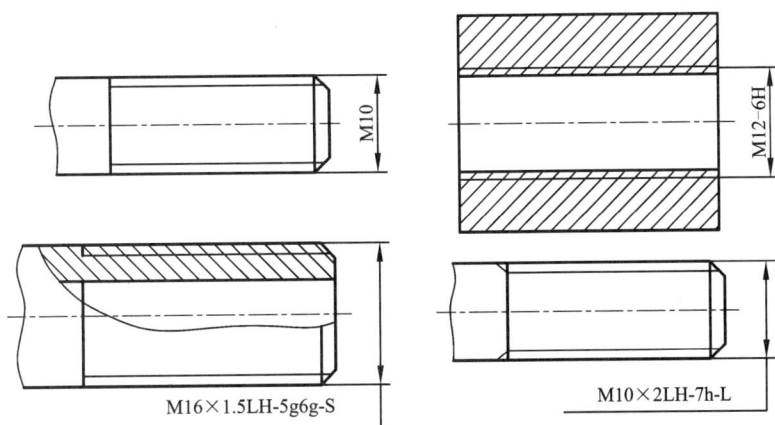

图 8－16　普通螺纹标注示例

2. 传动螺纹

传动螺纹主要指梯形螺纹和锯齿形螺纹，它们也用尺寸标注形式，注在内、外螺纹的大径上，其标注的具体项目及格式如下：

螺纹代号公称直径×导程(P 螺距)旋向－中径公差带代号－旋合长度代号

梯形螺纹的螺纹代号用字母"T"表示，锯齿形螺纹的螺纹代号用字母"B"表示。

多线螺纹标注导程与螺距，单线螺纹只标注螺距。

右旋螺纹不标注代号，左旋螺纹标注字母"LH"。

传动螺纹只注中径公差带代号。

旋合长度只注"S"（短）、"L"（长），中等旋合长度代号"N"省略标注。

图 8－17 所示为传动螺纹标注示例。

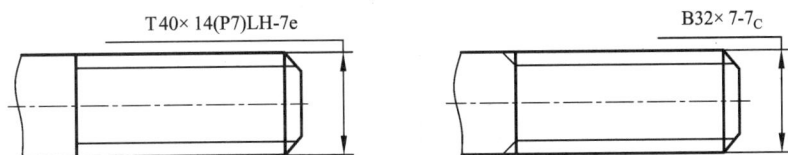

图 8－17　传动螺纹标注示例

3. 管螺纹

管螺纹的标记必须标注在大径的引出线上。常用的管螺纹分为螺纹密封的管螺纹和非螺纹密封的管螺纹。这里要注意，管螺纹的尺寸代号并不是指螺纹大径，也不是管螺纹本身任何一个直径，其大径和小径等参数可从有关标准中查出。

管螺纹标注的具体项目及格式如下：

螺纹密封管螺纹代号：螺纹特征代号　尺寸代号×旋向代号

非螺纹密封管螺纹代号：螺纹特征代号　尺寸代号　公差等级代号－旋向代号

螺纹密封螺纹又分为：与圆锥内螺纹相配合的圆锥外螺纹，其特征代号是 R_1；与圆锥内螺纹相配合的圆锥外螺纹，其特征代号为 R_2；圆锥内螺纹，特征代号是 R_c；圆柱内螺纹，特征代号是 R_p。旋向代号只注左旋"LH"。

非螺纹密封管螺纹的特征代号是 G。它的公差等级代号分 A、B 两个精度等级。外螺纹需注明，内螺纹不注此项代号。右旋螺纹不注旋向代号，左旋螺纹标"LH"。

图 8 - 18 所示为管螺纹标注示例。

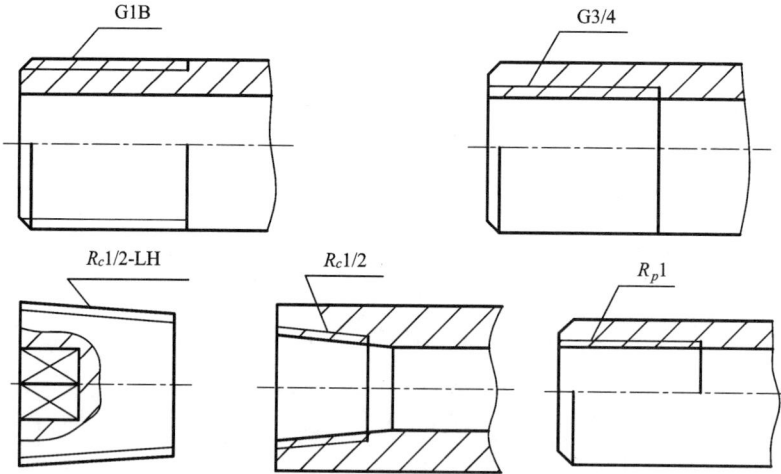

图 8 - 18　管螺纹的标注

四、常用螺纹紧固件的种类和标记

常用螺纹紧固件有螺栓、双头螺柱、螺钉、螺母和垫圈。它们的结构、尺寸都已分别标准化，称为标准件，使用或绘图时，可以从相应标准中查到所需的结构尺寸。

表 8 - 1 中列出了常用螺纹紧固件的种类与标记。

表 8 - 1　常用螺纹紧固件

螺纹种类			特征代号	外形图	用途
连接螺纹	粗牙	普通螺纹	M		是最常用的连接螺纹
	细牙				用于细小的精密零件或薄壁零件
	管螺纹		G		用于水管、油管、气管等薄壁管子上，用于管路的连接
传动螺纹	梯形螺纹		T		用于各种机床的丝杠，作传动用
	锯齿形螺纹		B		只能传递单方向的动力

1. 螺栓

螺栓由头部及杆部两部分组成,头部形状以六角形的应用最广。决定螺栓的规格尺寸为螺纹公称直径 d 及螺栓长度 L。选定一种螺栓后,其他各部分尺寸可根据有关标准查得。

螺栓的标记形式:名称、标准代号、特征代号、公称直径×公称长度

例:螺栓 GB/T 5782—2000M12×80,是指公称直径 d =12,公称长度 L =80(不包括头部)的螺栓。

2. 双头螺柱

双头螺柱的两头制有螺纹,一端旋入被连接件的预制螺孔中,称为旋入端;另一端与螺母旋合,紧固另一个被连接件,称为紧固端。双头螺柱的规格尺寸为螺柱直径 d 及紧固端长度 L,其他各部分尺寸可根据有关标准查得。

双头螺柱的标记形式:名称、标准代号、特征代号、公称直径×公称长度

例:螺柱 GB/T 898—1988M10×50,是指公称直径 d =10,公称长度 L =50(不包括旋入端)的双头螺柱。

3. 螺母

螺母通常与螺栓或螺柱配合着使用,起连接作用,以六角螺母应用最广。螺母的规格尺寸为螺纹公称直径 D,选定一种螺母后,其各部分尺寸可根据有关标准查得。

螺母的标记形式:名称、标准代号、特征代号、公称直径

例:螺母 GB/T 6170—2000M12,指螺纹规格 D =12 的螺母。

4. 垫圈

垫圈通常垫在螺母和被连接件之间,目的是增加螺母与被连接零件之间的接触面,保护被连接件的表面不致因拧螺母而被刮伤。垫圈分为平垫圈和弹簧垫圈,弹簧垫圈还可以防止因振动而引起的螺母松动的作用。选择垫圈的规格尺寸为螺栓直径 d,垫圈选定后,其各部分尺寸可根据有关标准查得。

平垫圈的标记形式:名称、标准代号、规格尺寸 - 性能等级

弹簧垫圈的标记形式:名称、标准代号、规格尺寸

例:垫圈 GB/T 97.1—198516 - 140HV,指规格尺寸 d =16,性能等级为 140HV 的平垫圈。垫圈 GB/T 93—1987 - 20,指规格尺寸为 d =20 的弹簧垫圈。

5. 螺钉

螺钉按使用性质可分为连接螺钉和紧定螺钉两种,连接螺钉的一端为螺纹,另一端为头部。紧定螺钉主要用于当被连接件扭矩不大时防止两相配零件之间发生相对运动的场合。螺钉规格尺寸为螺钉直径 d 及长度 L,可根据需要从标准中选用。

螺钉的标记形式:名称、标准代号、特征代号、公称直径×公称长度

例:螺钉 GB/T 65—2000M10×40,是指公称直径 d =10,公称长度 L =40(不包括头部)的螺钉。

五、常用螺纹紧固件及连接图画法

1. 螺栓连接

螺栓用来连接两个不太厚并能钻成通孔的零件,并与垫圈、螺母配合进行连接,如图 8 - 19 所示。

(1)螺栓连接中的紧固件画法

螺栓连接的紧固件有螺栓、螺母和垫圈。紧固件一般用比例画法绘制。所谓比例画法就是以螺栓上螺纹的公称直径为主要参数，其余各部分结构尺寸均按与公称直径成一定比例关系绘制。

尺寸比例关系如下(图8-20)：

螺栓：d、L(根据要求确定)

$d_1 \approx 0.85d$　$b \approx 2d$　$e = 2d$　$R_1 = d$　$R = 1.5d$　$k = 0.7d$　$c = 0.1d$

螺母：D(根据要求确定)

$m = 0.8d$　其他尺寸与螺栓头部相同。

垫圈：$d_2 = 2.2d$　$d_1 = 1.1d$　$d_3 = 1.5d$　$h = 0.15d$　$s = 0.2d$　$n = 0.12d$

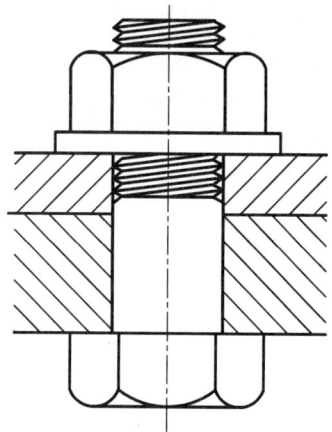

图8-19　螺栓连接

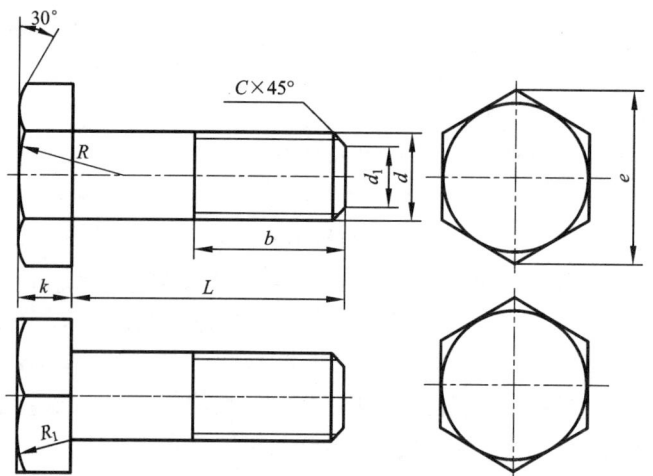

(a)六角头螺栓的比例画法

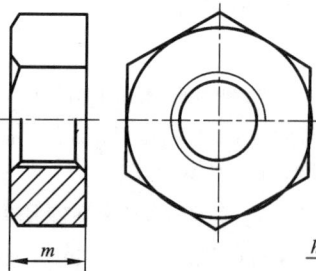

(b)六角螺母的比例画法

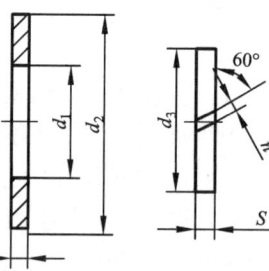

(c)垫圈的比例画法

图8-20　螺栓、螺母、垫圈的比例画法

(2)螺栓连接的画法

用比例画法画螺栓连接的装配图时，应注意以下几点：

1)两零件的接触表面只画一条线,不得加粗。凡不接触的表面,不论间隙大小,都应画出间隙(如螺栓和孔之间应画出间隙)。

2)剖切平面通过螺栓轴线时,螺栓、螺母、垫圈可按不剖绘制,仍画外形。必要时,可采用局部剖视。

3)两零件相邻接时,不同零件的剖面线方向应相反,或者方向一致而间隔不等。

4)螺栓长度 $L \geq t_1 + t_2 +$ 垫圈厚度 + 螺母厚度 + $(0.2 \sim 0.3)d$,根据上式的估计值,然后选取与估算值相近的标准长度值作为 L 值。

5)被连接件上加工的螺栓孔直径稍大于螺栓直径,取 $1.1d$。

螺栓连接的比例画法见图 8 – 21 所示。

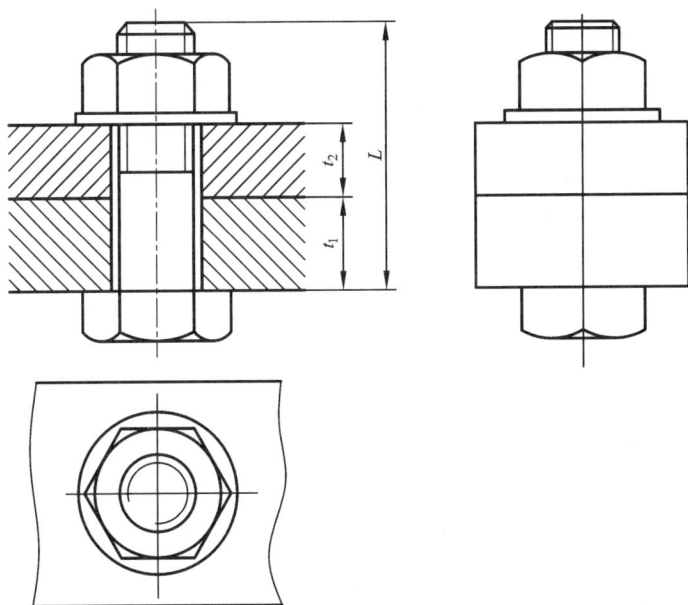

图 8 – 21 螺栓连接图

2.螺柱连接

当两个被连接件中有一个很厚,或者不适合用螺栓连接时,常用双头螺柱连接。双头螺柱两端均加工有螺纹,一端与被连接件旋合,另一端与螺母旋合,如图 8 – 22(a)所示。用比例画法绘制双头螺柱的装配图时应注意以下几点:

(1)旋入端的螺纹终止线应与结合面平齐,表示旋入端已经拧紧。

(2)旋入端的长度 b_m 要根据被旋入件的材料而定,被旋入端的材料为钢时,$b_m = 1d$;被旋入端的材料为铸铁或铜时,$b_m = 1.25d \sim 1.5d$;被连接件为铝合金等轻金属时,取 $b_m = 2d$。

(3)旋入端的螺孔深度取 $b_m + 0.5d$,钻孔深度取 $b_m + d$,如图 8 – 22 所示。

(4)螺柱的公称长度 $L \geq \delta +$ 垫圈厚度 + 螺母厚度 + $(0.2 \sim 0.3)d$,然后选取与估算值相近的标准长度值作为 L 值。

双头螺柱连接的比例画法如图 8 – 22(b)所示。

3.螺钉连接

螺钉连接一般用于受力不大又不需要经常拆卸的场合,如图 8 – 23 所示。

用比例画法绘制螺钉连接,其旋入端与螺柱相同,被连接板的孔部画法与螺栓相同,被连接板的孔径取 $1.1d$。螺钉的有效长度 $L=\delta+b_m$,并根据标准校正。画图时注意以下两点:

(1)螺钉的螺纹终止线不能与结合面平齐,而应画在盖板的范围内。

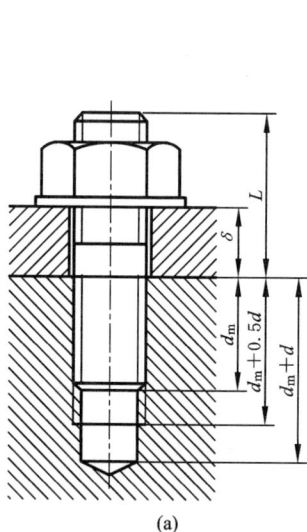

图8-22　双头螺柱连接图

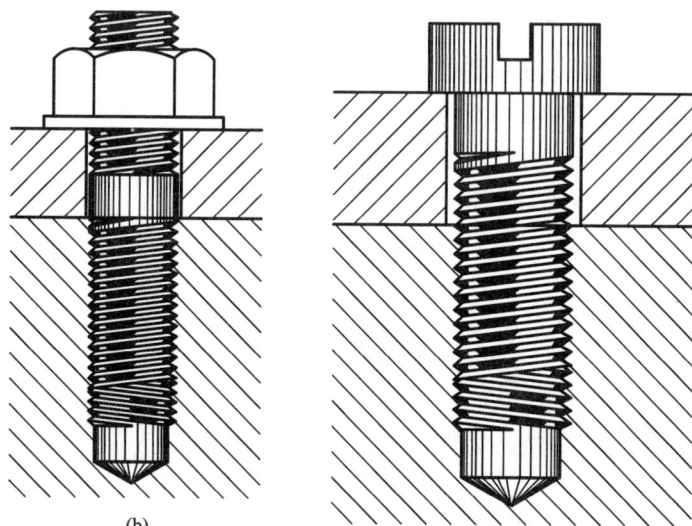

图8-23　螺钉连接

(2)具有沟槽的螺钉头部,在主视图中应被放正,在俯视图中规定画成45°倾斜。螺钉连接的比例画法如图8-24所示。

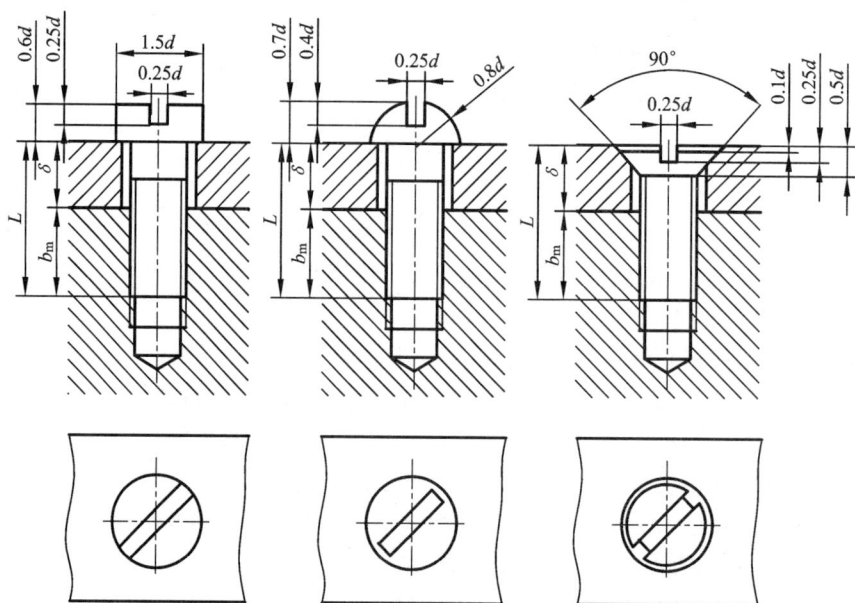

图8-24　螺钉连接的比例画法

任务 8.2　键和销

任务描述

键主要用于轴和轴上零件(如齿轮、带轮)之间的周向连接,以传递扭矩和运动;销主要用于零件之间的定位,如图 8-25 所示。

任务:用三视图表达图 8-25 中的零件。生活中这些零件常用在哪些设备上,请举例。

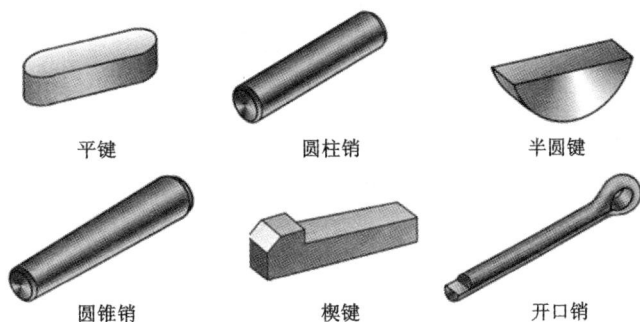

| 平键 | 圆柱销 | 半圆键 |

| 圆锥销 | 楔键 | 开口销 |

图 8-25　键和销

任务分析

键连接的画法和规定标记,销连接的画法。

知识准备

一、键连接

1.键连接的作用和种类

键主要用于轴和轴上的零件(如带轮、齿轮等)之间的连接,起着传递扭矩的作用。如图 8-26所示,将键嵌入轴上的键槽中,再将带有键槽的齿轮装在轴上,当轴转动时,因为键的存在,齿轮就与轴同步转动,达到传递动力的目的。键的种类很多,常用的有普通平键、半圆键和钩头楔键三种。

(a)　　　　　　　　(b)

图 8-26　键连接

2. 普通平键的种类和标记

普通平键根据其头部结构的不同可以分为圆头普通平键(A 型)、平头普通平键(B 型)、和单圆头普通平键(C 型)三种类型,如图 8 - 27 所示。

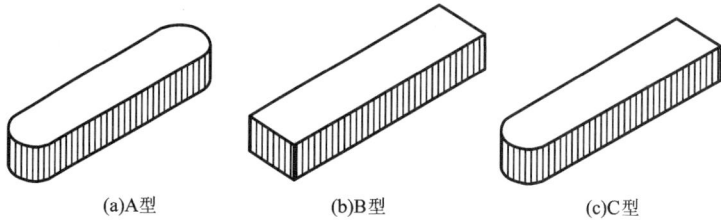

(a)A型 (b)B型 (c)C型

图 8 - 27　普通平键的类型

普通平键的标记格式和内容为:键型式代号宽度×长度标准代号。其中 A 型可省略型式代号。例如:宽度 $b = 18$mm, 高度 $h = 11$mm, 长度 $L = 100$mm 的圆头普通平键(A 型), 其标记是:键 18 × 100GB1096—2003。宽度 $b = 18$mm, 高度 $h = 11$mm, 长度 $L = 100$mm 的平头普通平键(B 型), 其标记是:键 B18 × 100GB1096—2003。宽度 $b = 18$mm, 高度 $h = 11$mm, 长度 $L = 100$mm 的单圆头普通平键(C 型), 其标记是:键 C18 × 100GB1096—2003。

3. 普通平键的连接画法

采用普通平键连接时,键的长度 L 和宽度 b 要根据轴的直径 d 和传递的扭矩大小从标准中选取适当值。轴和轮毂上的键槽的表达方法及尺寸如图 8 - 28 所示。在装配图上,普通平键的连接画法如图 8 - 29 所示。

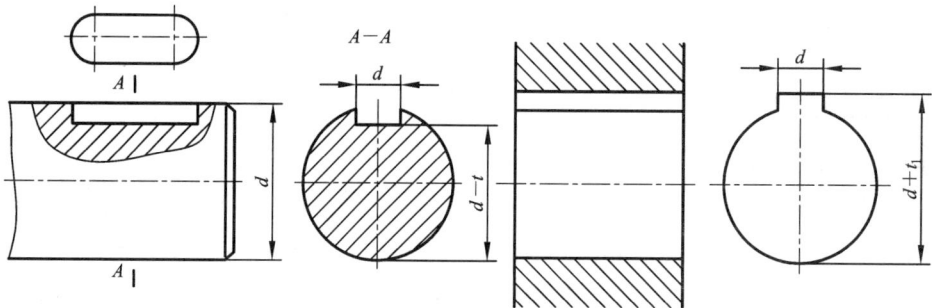

图 8 - 28　轴和轮毂上的键槽

二、销连接

销主要用来固定零件之间的相对位置,起定位作用,也可用于轴与轮毂的连接,传递不大的载荷,还可作为安全装置中的过载剪断元件。销的常用材料为 35 钢和 45 钢。

销有圆柱销和圆锥销两种基本类型,这两类销均已标准化。圆柱销利用微量过盈固定在销孔中,经过多次装拆后,连接的紧固性及精度降低,故只宜用于不常拆卸处。圆锥销有 1:50 的锥度,装拆比圆柱销方便,多次装拆对连接的紧固性及定位精度影响较小,因此应用广泛。

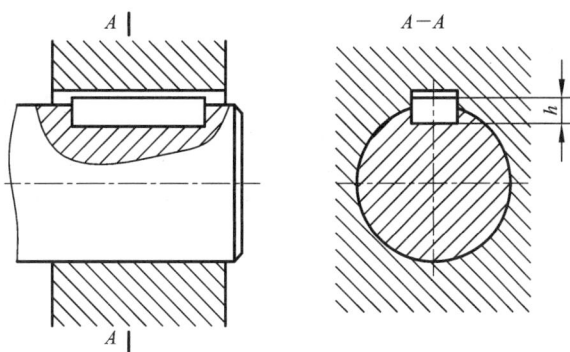

图 8 – 29 普通平键的连接画法

销连接的画法如图 8 – 30 所示。

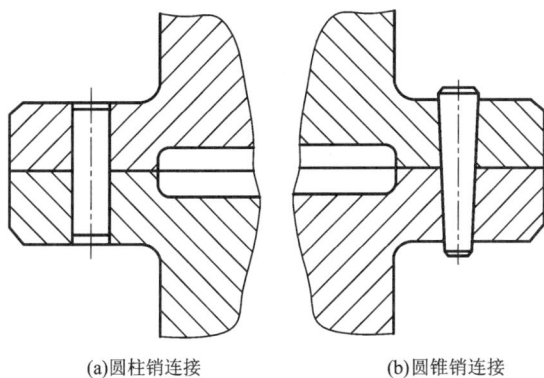

(a)圆柱销连接   (b)圆锥销连接

图 8 – 30 销连接的画法

任务8.3 齿轮

任务描述

齿轮是机器设备中应用十分广泛的传动零件，用来传递运动和动力，改变轴的旋向和转速。常见的传动齿轮有三种：圆柱齿轮传动——用于两平行轴间的传动；圆锥齿轮传动——用于两相交轴间的传动；蜗杆蜗轮传动——用于两交错轴间的传动，如图 8 – 31 所示。汽车中齿轮的应用主要在变速器，如图 8 – 32 所示。

任务：图 8 – 32 为汽车齿轮变速器，请找出此变速器的齿轮种类与表示方法。

任务分析

齿轮的作用和常见的齿轮传动形式，直齿圆柱齿轮的画法和啮合画法，各部分的名称与尺寸关系。

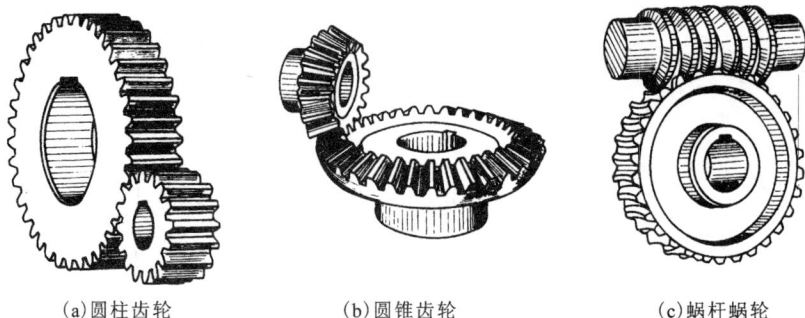

(a)圆柱齿轮　　　　　　　(b)圆锥齿轮　　　　　　　(c)蜗杆蜗轮

图 8 – 31　齿轮传动形式

图 8 – 32　汽车齿轮变速器

知识准备

一、直齿圆柱齿轮各部分的名称及参数

如图 8 – 33 所示。

(1)齿数 z——齿轮上轮齿的个数。

(2)齿顶圆直径 d_a——通过齿顶的圆柱面直径。

(3)齿根圆直径 d_f——通过齿根的圆柱面直径。

(4)分度圆直径 d——分度圆直径是齿轮设计和加工时的重要参数。分度圆是一个假想的圆,在该圆上齿厚 s 与槽宽 e 相等,它的直径称为分度圆直径。

(5)齿高 h——齿顶圆和齿根圆之间的径向距离。

(6)齿顶高 h_a——齿顶圆和分度圆之间的径向距离。

(7)齿根高 h_f——分度圆与齿根圆之间的径向距离。

(8)齿距 p——在分度圆上,相邻两齿对应齿廓之间的弧长。

(9)齿厚 s——在分度圆上,一个齿的两侧对应齿廓之间的弧长。

(10)槽宽 e——在分度圆上,一个齿槽的两侧相应齿廓之间的弧长。

(11)模数 m——由于分度圆的周长 $\pi d = p \cdot z$,所以 $d = \dfrac{p}{\pi} \cdot z$,$\dfrac{p}{\pi}$ 就称为齿轮的模数。模数以 mm 为单位,它是齿轮设计和制造的重要参数。为便于齿轮的设计和制造,减少齿轮成形刀具的规格及数量,国家标准对模数规定了标准值。

标准直齿圆柱齿轮各部分尺寸计算表见表 8 – 2。

表8-2　标准直齿圆柱齿轮各部分尺寸计算

名　称	代号	计算公式	说　明
齿　数	z	根据设计要求或测绘而定	z、m是齿轮的基本参数,设计计算时,先确
模　数	m	$m = p/\pi$,根据强度计算或测绘而得	定m、z,然后得出其他各部分尺寸
分度圆直径	d	$d = mz$	
齿顶圆直径	d_a	$d_a = d + 2h_a = m(z+2)$	齿顶高 $h_a = m$
齿根圆直径	d_f	$d_f = d - 2h_f = m(z-2.5)$	齿根高 $h_f = 1.25m$
齿　宽	b	$b = 2p \sim 3p$	齿距 $p = \pi m$
中 心 距	a	$a = (d_1 + d_2)/2 = (z_1 + z_2)m/2$	齿高 $h = h_a + h_f$

12.压力角 α——相互啮合的一对齿轮,其受力方向(齿廓曲线的公法线方向)与运动方向之间所夹的锐角,称为压力角。同一齿廓的不同点上的压力角是不同的。在分度圆上的压力角,称为标准压力角。国家标准规定,标准压力角为20°。

13.中心距 a——两啮合齿轮轴线之间的距离。

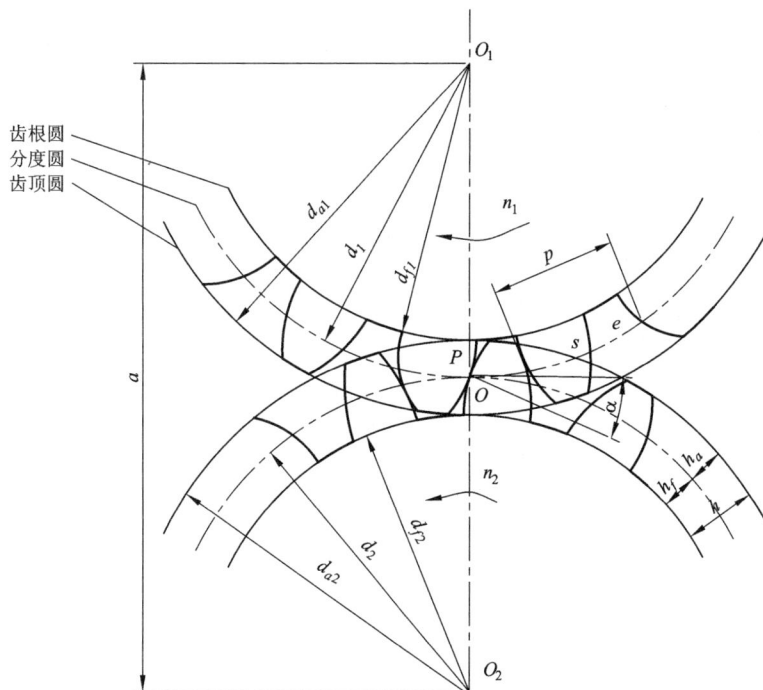

图8-33　直齿圆柱齿轮各部分名称和代号

二、直齿圆柱齿轮的尺寸计算

在已知模数 m 和齿数 z 时,齿轮轮齿的其他参数均可按表8-3中的公式计算出来。

表 8 – 3　标准直齿圆柱齿轮各基本尺寸计算公式

基本参数：模数 m 和齿数 z

序号	名称	表示符号	计算公式
1	齿距	p	$p = \pi m$
2	齿顶高	h_a	$h_a = m$
3	齿根高	h_f	$h_f = 1.25m$
4	齿高	h	$h = 2.25m$
5	分度圆直径	d	$d = mz$
6	齿顶圆直径	d_a	$d_a = m(z+2)$
7	齿根圆直径	d_f	$d_f = m(z-2.5)$
8	中心距	a	$a = m(z_1 + z_2)/2$

三、直齿圆柱齿轮的规定画法

1. 单个齿轮的画法

单个齿轮一般用两个视图表示。国家标准规定齿顶圆和齿顶线用粗实线绘制，分度圆和分度线用细点画线表示，齿根圆和齿根线用细实线绘制(也可以省略不画)。在剖视图中，齿根线用粗实线绘制，并不能省略。当剖切平面通过齿轮轴线时，轮齿一律按不剖绘制。单个齿轮的画法如图 8 – 34 所示。

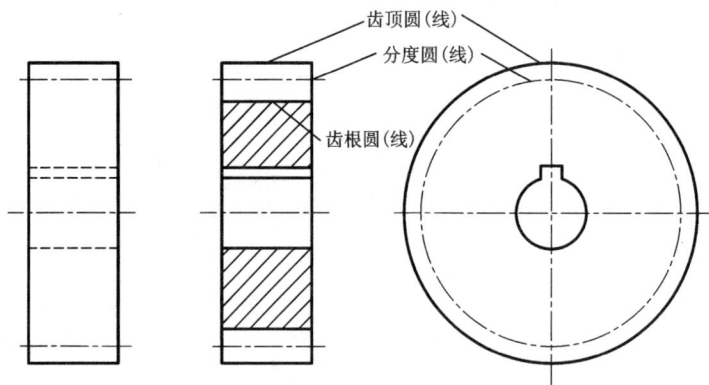

图 8 – 34　单个直齿圆柱齿轮的画法

2. 一对齿轮啮合的画法

一对齿轮的啮合图，一般可以采用两个视图表达，在垂直于圆柱齿轮轴线的投影面的视图中(反映为圆的视图)，啮合区内的齿顶圆均用粗实线绘制，分度圆相切，如图 8 – 35(b)所示。也可用省略画法如图 8 – 35(d)所示。在不反映圆的视图上，啮合区的齿顶线不需画出，分度线用粗实线绘制，如图 8 – 35(c)所示。采用剖视图表达时，在啮合区内将一个齿轮的齿顶线用粗实线绘制，另一个齿轮的轮齿被遮挡，其齿顶线用虚线绘制，如图 8 – 35(a)、图 8 – 36 所示。

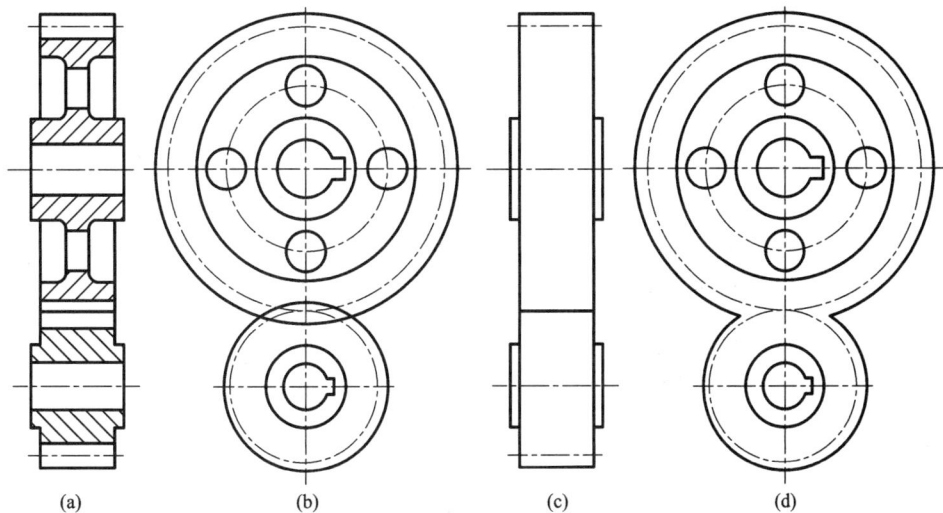

图 8 – 35　直齿圆柱齿轮的啮合画法

(a)　　　　　　　(b)　　　　　　　(c)　　　　　　　(d)

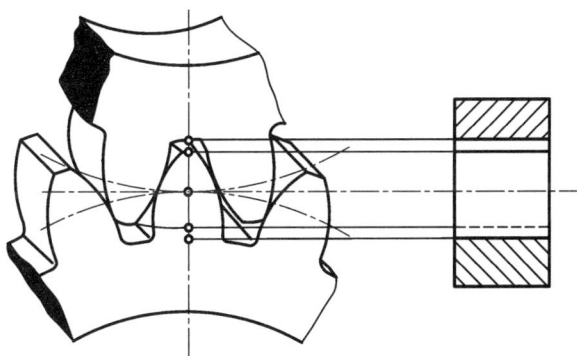

图 8 – 36　轮齿啮合区在剖视图中的画法

四、直齿圆锥齿轮

1. 直齿圆锥齿轮各部分的名称

由于圆锥齿轮的轮齿加工在圆锥面上，所以圆锥齿轮在齿宽范围内有大、小端之分，如图 8 – 37(a)所示。为了计算和制造方便，国家标准规定以大端为准。在圆锥齿轮上，有关的名称和术语有：齿顶圆锥面(顶锥)、齿根圆锥面(根锥)、分度圆锥面(分锥)、背锥面(背锥)、前锥面(前锥)、分度圆锥角 δ、齿高 h、齿顶高 h_a 及齿根高 h_f 等，如图 8 – 37(b)所示。

2. 直齿圆锥齿轮的画法简介

单个圆锥齿轮的画图步骤如图 8 – 38 所示。

3. 圆锥齿轮啮合图画法(如图 8 – 39 所示)

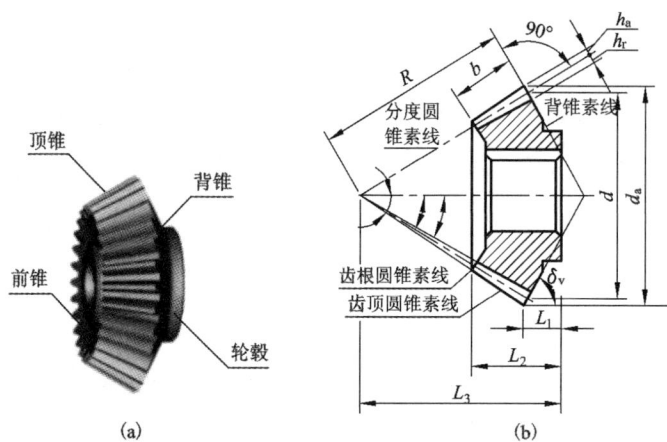

图 8-37　圆锥齿轮各部分名称

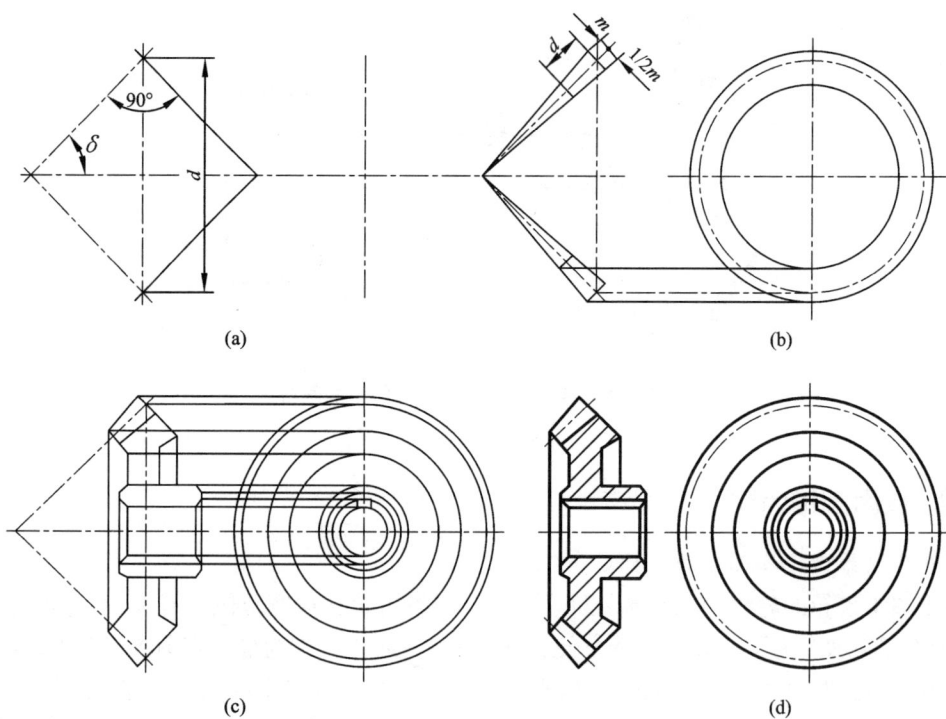

图 8-38　单个圆锥齿轮的画图步骤

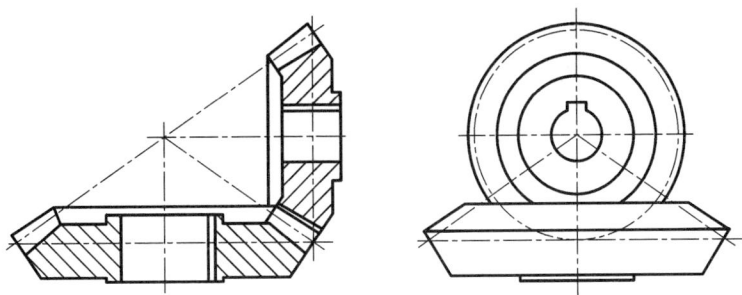

图 8 - 39 圆锥齿轮啮合图的画法

五、蜗杆、蜗轮简介

1. 蜗杆的规定画法

蜗杆的形状如梯形螺杆,轴向剖面齿形为梯形,顶角为40°,一般用一个视图表达。它的齿顶线、分度线、齿根线画法与圆柱齿轮相同,牙型可用局部剖视或局部放大图画出。具体画法,如图 8 - 40 所示。

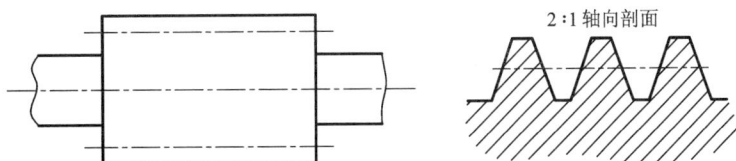

2:1轴向剖面

图 8 - 40 蜗杆的规定画法

2. 蜗轮的规定画法

蜗轮的画法与圆柱齿轮基本相同,如图 8 - 41 所示。在投影为圆的视图中,轮齿部分只需画出分度圆和齿顶圆,其他圆可省略不画,其他结构形状按投影绘制。

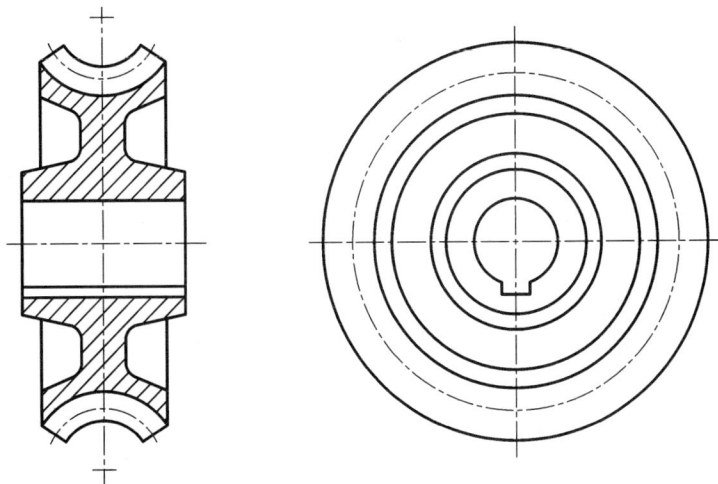

图 8 - 41 蜗轮的规定画法

3.蜗杆、蜗轮的啮合画法

蜗杆、蜗轮的啮合画法,如图 8 - 42 所示。在主视图中,蜗轮被蜗杆遮住的部分不必画出。在左视图中蜗轮的分度圆与蜗杆的分度线应相切。

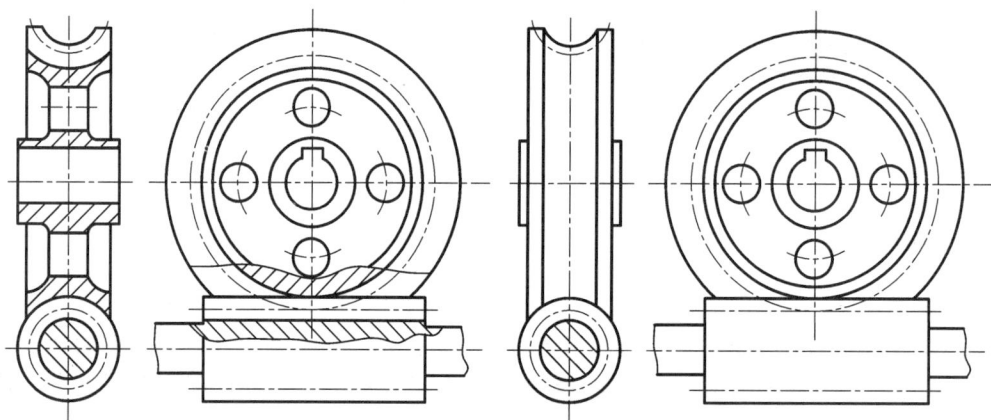

图 8 - 42　蜗杆蜗轮的啮合画法

任务 8.4　轴承

任务描述

轴承(bearing)是机械中的固定机件。当其他机件在轴上彼此产生相对运动时,用来保持轴的中心位置及控制该运动的机件,就称之为轴承。

轴承是支承旋转轴并承受轴上载荷的部件。常见的汽车轴承有汽车发动机用轴承,驱动系列轴承,底盘系列轴承等。

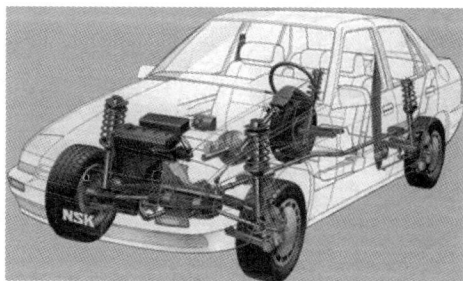

图 8 - 43　汽车轴承系列

图 8 - 44　汽车轮毂轴承

任务:请拆分自行车轴承。此类零件常用在什么部位?有什么作用?

图 8 – 45　轴承

任务分析

滚动轴承的种类、用途和规定画法。

知识准备

滚动轴承是用来支承旋转轴的部件，结构紧凑，摩擦阻力小，能在较大的载荷、较高的转速下工作，转动精度较高，在工业中应用十分广泛。滚动轴承的结构及尺寸已经标准化，由专业厂家生产，选用时可查阅有关标准。

1. 滚动轴承的结构和类型

滚动轴承的结构一般由四部分组成，如图 8 – 46 所示。

外圈——装在机体或轴承座内，一般固定不动。

内圈——装在轴上，与轴紧密配合且随轴转动。

滚动体——装在内外圈之间的滚道中，有滚珠、滚柱、滚锥等类型。

保持架——用来均匀分隔滚动体，防止滚动体之间相互摩擦与碰撞。

滚动轴承按承受载荷的方向可分为以下三种类型：

向心轴承——主要承受径向载荷。常用的向心轴承如深沟球轴承见图 8 – 47(a)。

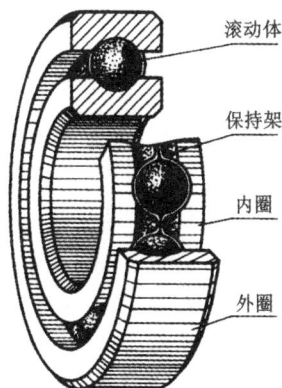

图 8 – 46　滚动轴承的结构

推力轴承——只承受轴向载荷。常用的推力轴承如推力球轴承，见图 8 – 47(b)。

向心推力轴承——同时承受轴向和径向载荷。常用的向心推力轴承如圆锥滚子轴承，见图 8 – 47(c)。

(a)向心轴承　　　　　(b)推力轴承　　　　　(c)向心推力轴承

图 8 – 47　滚动轴承的分类

2. 滚动轴承的代号

滚动轴承的代号一般打印在轴承的端面上，由基本代号、前置代号和后置代号三部分组成，排列顺序如下：前置代号，基本代号，后置代号。

（1）基本代号

基本代号表示滚动轴承的基本类型、结构及尺寸，是滚动轴承代号的基础。基本代号由轴承类型代号、尺寸系列代号和内径代号构成（滚针轴承除外），其排列顺序如下：

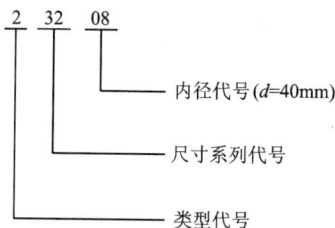

```
2  32  08
            内径代号(d=40mm)
         尺寸系列代号
      类型代号
```

1）类型代号

轴承类型代号用阿拉伯数字或大写拉丁字母表示。

2）尺寸系列代号

尺寸系列代号由滚动轴承的宽（高）度系列代号和直径系列代号组合而成，用两位数字表示。它主要用来区别内径相同而宽（高）度和外径不同的轴承。详细情况请查阅有关标准。

3）内径代号

内径代号表示轴承的公称内径。

（2）前置代号和后置代号

前置代号和后置代号是轴承在结构形状、尺寸、公差、技术要求等有改变时，在其基本代号左、右添加的补充代号。具体情况可查阅有关的国家标准。

轴承代号标记示例：

6208，第一位数 6 表示类型代号，为深沟球轴承。第二位数 2 表示尺寸系列代号，宽度系列代号 0 省略，直径系列代号为 2。后两位数 08 表示内径代号，$d = 8 \times 5 = 40 \text{mm}$。

N2110，第一个字母 N 表示类型代号，为圆柱滚子轴承。第二、三两位数 21 表示尺寸系列代号，宽度系列代号为 2，直径系列代号为 1。后两位数 10 表示内径代号，内径 $d = 10 \times 5 = 50 \text{mm}$。

3. 滚动轴承的画法

国家标准 GB/T 4459.8—1998 对滚动轴承的画法作了统一规定，有简化画法和规定画法，简化画法又分为通用画法和特征画法两种。

（1）简化画法

用简化画法绘制滚动轴承时，应采用通用画法和特征画法。但在同一图样中，一般只采用其中的一种画法。

1）通用画法

在剖视图中，当不需要确切地表示滚动轴承的外形轮廓、载荷特性、结构特征时，可用矩形线框以及位于线框中央正立的十字形符号来表示。矩形线框和十字形符号均用粗实线绘制，十字形符号不应与矩形线框接触，通用画法的尺寸比例如图 8 - 48 所示。

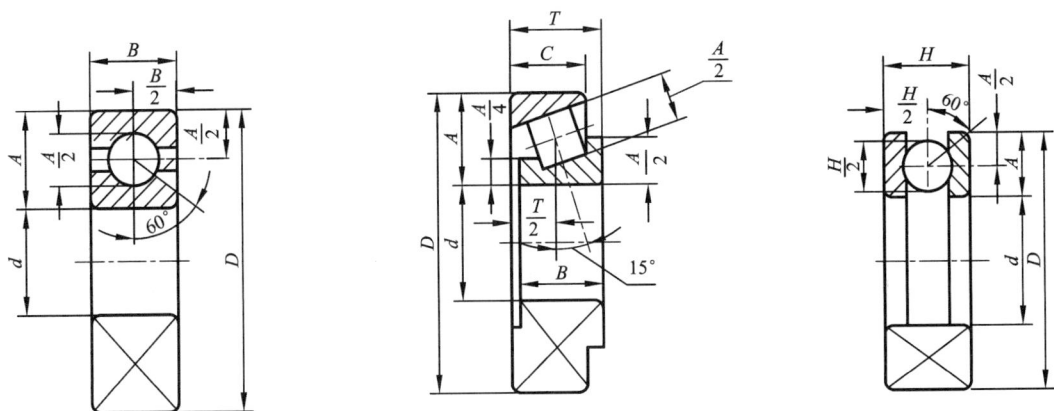

图8-48　滚动轴承通用画法

2) 特征画法

在剖视图中，如果需要比较形象地表示滚动轴承的结构特征时，可以在矩形线框内画出其结构要素符号的方法表示。特征画法的矩形线框、结构要素符号均用粗实线绘制。常用滚动轴承的特征画法的尺寸比例如图8-49所示。

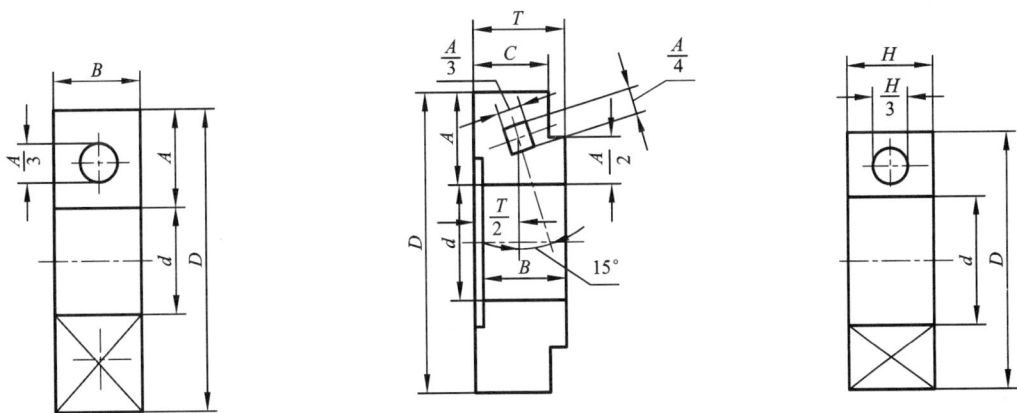

图8-49　滚动轴承特征画法

(2) 规定画法

必要时，滚动轴承可采用规定画法绘制。采用规定画法绘制滚动轴承的剖视图时，轴承的滚动体不画剖面线，其各套圈等可画成方向和间隔相同的剖面线，滚动轴承的保持架及倒角等可省略不画。规定画法一般绘制在轴的一侧，另一侧按通用画法绘制。规定画法中各种符号、矩形线框和轮廓线均用粗实线绘制。其尺寸比例如图8-50所示。

轴类类型和代号	名称和标准号	查表得主要数据	规定画法 通用画法	特征画法
 60000 型	深沟球轴承 GB/T 1276— 1994	D d B	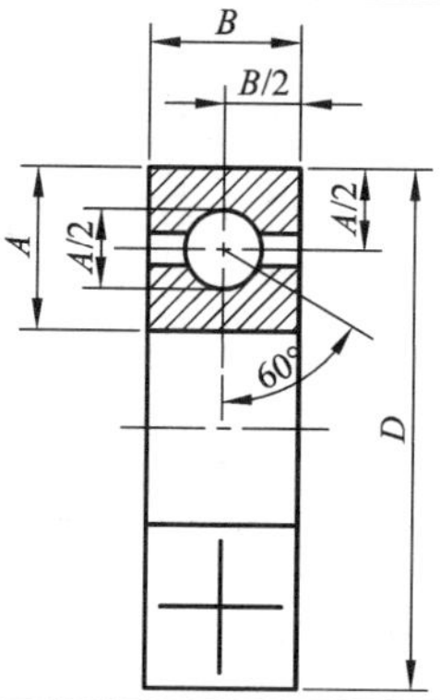	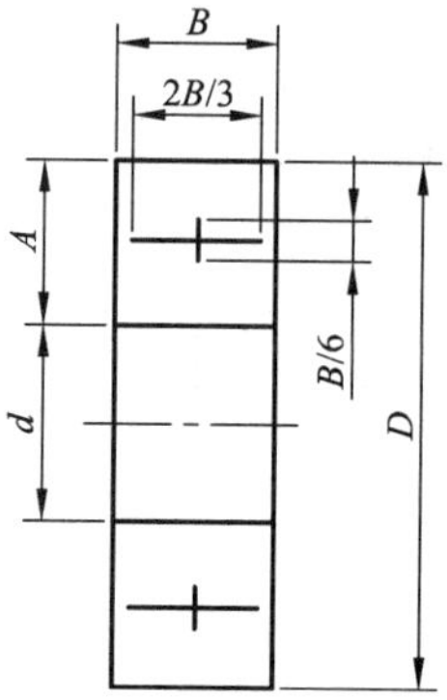
 30000 型	圆锥滚子轴承 GB/T 1297— 1994	D d O T C B	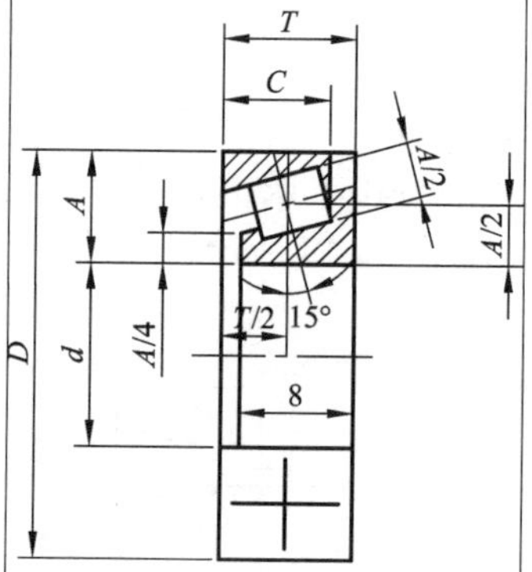	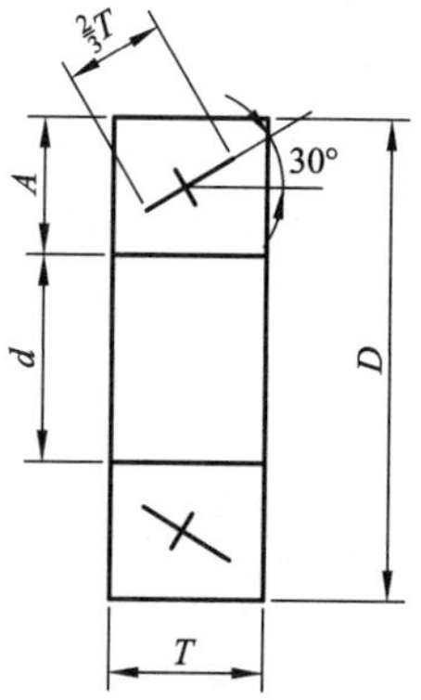
 50000 型	单向推力球轴承 GB/T 301— 1995	D d T	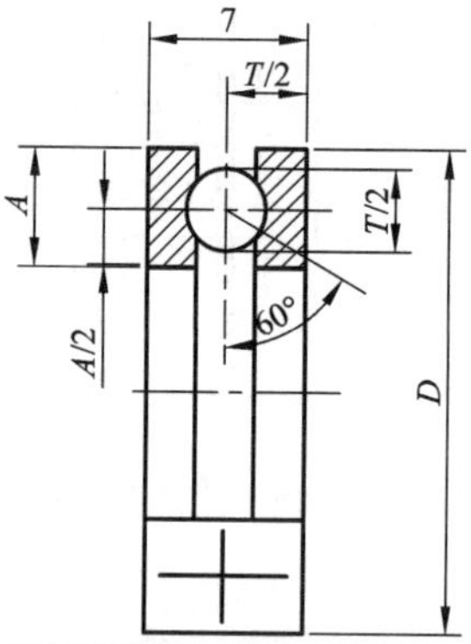	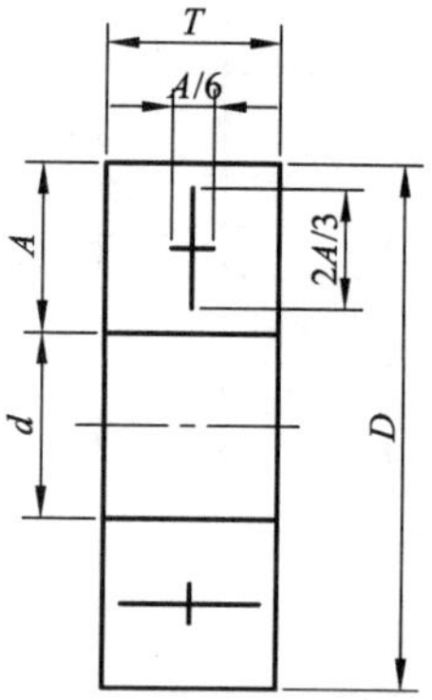

图 8 - 50　滚动轴承规定画法

任务 8.5　弹簧

任务描述

弹簧是机械、电器设备中一种常用的零件，主要用于减震、夹紧、储存能量和测力等。弹簧的种类很多，使用较多的是圆柱螺旋弹簧，如图 8 - 51 所示。图 8 - 52 为汽车弹簧缓冲器。

(a)压缩弹簧　　　　　　(b)拉伸弹簧　　　　　　(c)扭力弹簧

图 8 – 51　圆柱螺旋弹簧

任务：图 8 – 52 为汽车弹簧缓冲器，指出在此装置中弹簧的位置及其作用。

任务分析

主要介绍圆柱螺旋压缩弹簧的尺寸计算和规定画法。

知识准备

1. 圆柱螺旋压缩弹簧各部分的名称及尺寸计算

(1) 簧丝直径 d——制造弹簧所用金属丝的直径。

(2) 弹簧外径 D——弹簧的最大直径。

图 8 – 52　汽车弹簧缓冲器

(3) 弹簧内径 D_1——弹簧的内孔直径，即弹簧的最小直径。$D_1 = D - 2d$。

(4) 弹簧中径 D_2——弹簧轴剖面内簧丝中心所在柱面的直径，即弹簧的平均直径，$D_2 = (D + D_1)/2 = D_1 + d = D - d$。

(5) 有效圈数 n——保持相等节距且参与工作的圈数。

(6) 支承圈数 n_2——为了使弹簧工作平衡，端面受力均匀，制造时将弹簧两端的 $\frac{3}{4}$ 至 $1\frac{1}{4}$ 圈压紧靠实，并磨出支承平面。这些圈主要起支承作用，所以称为支承圈。支承圈数 n_2 表示两端支承圈数的总和。一般有 1.5、2、2.5 圈三种。

(7) 总圈数 n_1——有效圈数和支承圈数的总和，即 $n_1 = n + n_2$。

(8) 节距 t——相邻两有效圈上对应点间的轴向距离。

(9) 自由高度 H_0——未受载荷作用时的弹簧高度(或长度)，$H_0 = nt + (n_2 - 0.5)d$。

(10) 弹簧的展开长度 L——制造弹簧时所需的金属丝长度，$L \approx n_1 \sqrt{(\pi D_2)^2 + t^2}$。

(11) 旋向——与螺旋线的旋向意义相同，分为左旋和右旋两种。

2. 圆柱螺旋压缩弹簧的规定画法

(1) 弹簧的画法

GB/T 4459.4—2003 对弹簧的画法作了如下规定：

1) 在平行于螺旋弹簧轴线的投影面的视图中，其各圈的轮廓应画成直线。

2)有效圈数在四圈以上时,可以每端只画出 1~2 圈(支承圈除外),其余省略不画。

3)螺旋弹簧均可画成右旋,但左旋弹簧不论画成左旋或右旋,均需注写旋向"左"字。

4)螺旋压缩弹簧如要求两端并紧且磨平时,不论支承圈多少均按支承圈 2.5 圈绘制,必要时也可按支承圈的实际结构绘制。

弹簧的表示方法有剖视、视图和示意画法,如图 8-53 所示。

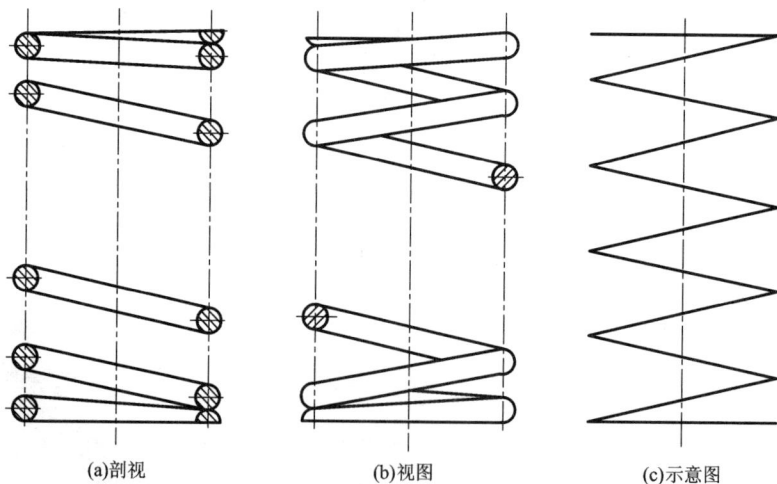

(a)剖视   (b)视图   (c)示意图

图 8-53　圆柱螺旋压缩弹簧的表示法

圆柱螺旋压缩弹簧的画图步骤如图 8-54 所示。

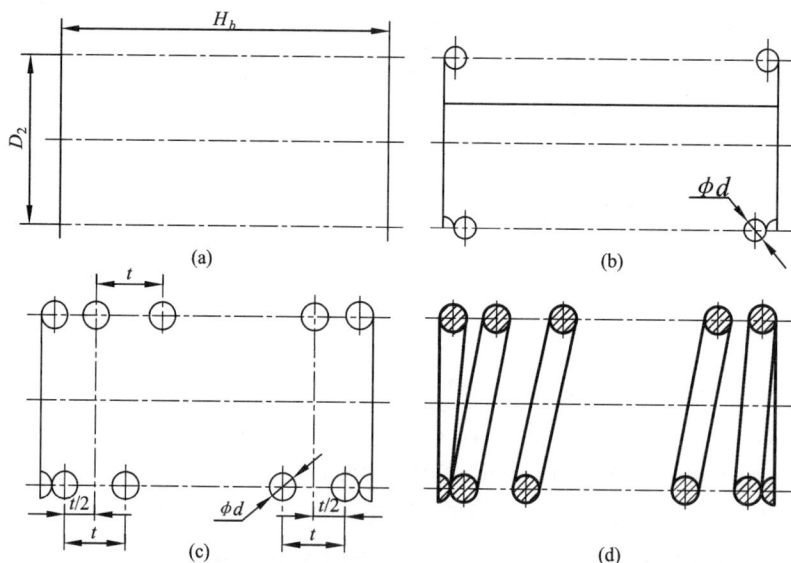

图 8-54　圆柱螺旋压缩弹簧的画图步骤

(2)装配图中弹簧的简化画法

在装配图中,弹簧被看做实心物体,因此,被弹簧挡住的结构一般不画出。可见部分应画至弹簧的外轮廓或弹簧的中径处,如图 8-55(a)、(b)所示。当簧丝直径在图形上小于或等于2mm并被剖切时，其剖面可以涂黑表示，如图8-55(b)所示。也可采用示意画法，如图8-55(c)所示。

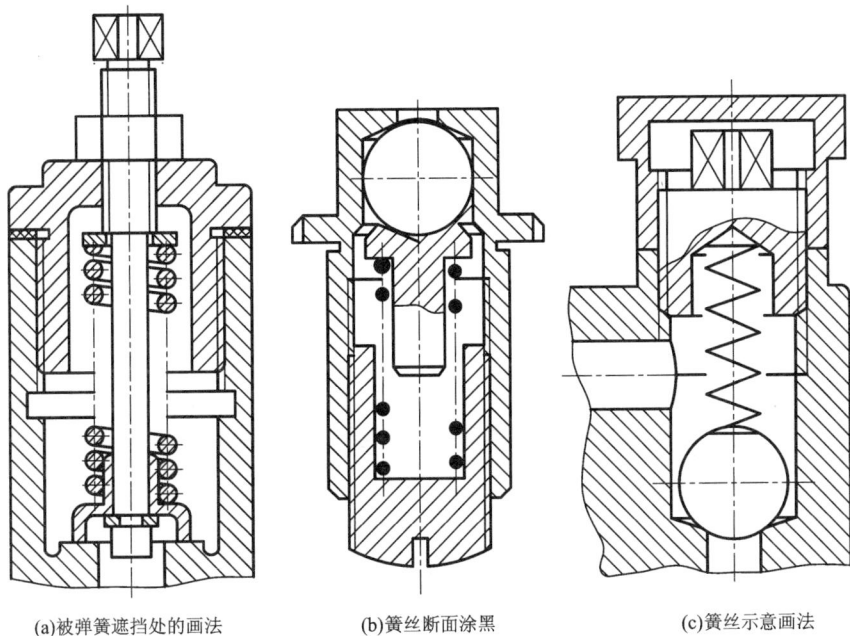

(a)被弹簧遮挡处的画法　　　(b)簧丝断面涂黑　　　(c)簧丝示意画法

图8-55　装配图中弹簧的画法

任务实施

图8-56为汽车变速器，请查找相关资料与观察实物，任选一款车综合统计一个完整的汽车变速器中螺纹、键、销、齿轮、轴承、弹簧的种类与数量。

提示：可以到学校汽车实训场地观察，也可充分利用网络资源，熟悉各种常用标准件的结构形状与用途，学习如何正确表示。

图8-56　汽车变速器

学习小结

1. 螺纹与螺纹紧固件

螺纹有五个要素，其中强调螺纹的三个基本要素。

内、外螺纹的直径及表示字母。强调：外螺纹的顶径指大径，底径指小径，内螺纹的顶径指小径；底径指大径。

单个螺纹的画法，抓住三条基本线：大径线、小径线、螺纹终止线。

内、外螺纹连接的画法。强调：旋合部分按照外螺纹画法表示。

各种螺纹的标注方法。

常用螺纹紧固件的规定标记。

三种常用螺纹紧固件的连接画法及其应用场合。

2. 键和销

键的作用和种类：键主要用于轴和轴上的零件（如带轮、齿轮等）之间的连接，起着传递扭矩的作用；键的种类很多，常用的有普通平键、半圆键和钩头楔键三种。

键连接的装配画法，零件上键槽的画法和尺寸标注。

销的作用和种类：销主要用来固定零件之间的相对位置，起定位作用，也可用于轴与轮毂的连接，传递不大的载荷，还可作为安全装置中的过载剪断元件。销的常用材料为35钢、45钢。销有圆柱销和圆锥销两种基本类型，这两类销均已标准化。

3. 齿轮

齿轮的种类、用途及模数的定义。

直齿圆柱齿轮的画法、尺寸标注和啮合画法。

直齿圆柱齿轮的各部分名称、定义和尺寸计算方法。

4. 轴承

滚动轴承是用来支承旋转轴的部件，结构紧凑，摩擦阻力小，能在较大的载荷、较高的转速下工作，转动精度较高，在工业中应用十分广泛。滚动轴承的结构及尺寸已经标准化，由专业厂家生产，选用时可查阅有关标准。

5. 弹簧

弹簧是机械、电器设备中一种常用的零件，主要用于减震、夹紧、储存能量和测力等。弹簧的种类很多，使用较多的是圆柱螺旋弹簧。主要要求掌握圆柱螺旋压缩弹簧的尺寸计算和规定画法。

自我评估（总分150分，时间150分钟）

一、判断题（每小题3分，共15分）

1. 螺纹的导程就等于螺纹的螺距。（　　）

2. 螺栓用于被连接零件允许钻成通孔的情况。（　　）

3. 一对齿轮啮合时，模数和压力角必须相等。（　　）

4. 在平行于螺旋弹簧轴线的投影面的视图中，其各圈的轮廓应画成直线。（　　）

二、单项选择题（每小题3分，共15分）

1. 连接螺纹最常用的牙型是（　　）

A. 梯形　　　　B. 锯齿形　　　　C. 三角形　　　　D. 矩形

2. 关于螺杆与螺孔装配图的画法（图8-57），正确的是（　　）。

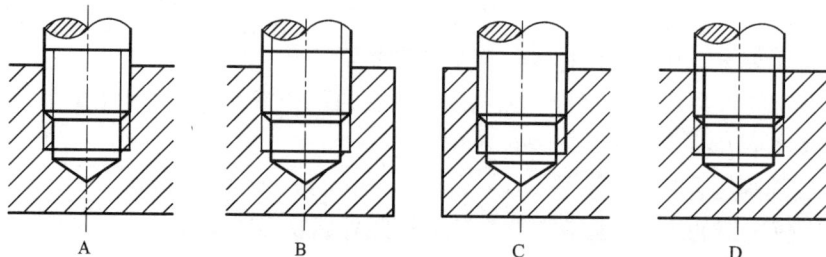

图 8-57

3. 画单个齿轮的齿根圆时以何线型表示（　　）。

A. 粗实线　　　　B. 细实线　　　　　C. 点画线　　　　　D. 虚线

4. 下面四个图的尺寸标注(图 8 − 58)，正确的是(　　　　)。

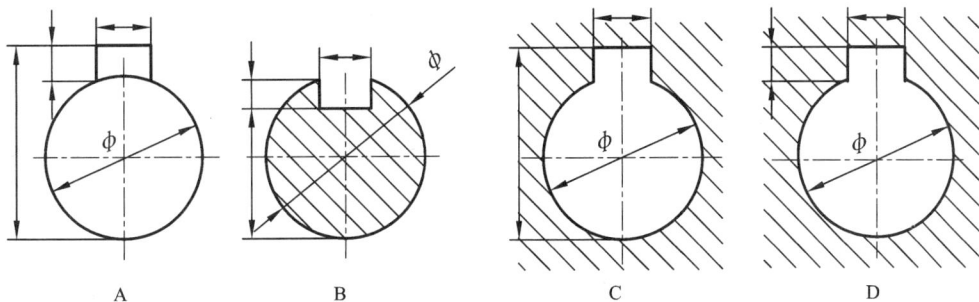

图 8 − 58

5. 轴承型号为 6208，则其内径为(　　　　)。

A. 62mm　　　　B. 8mm　　　　　C. 40mm　　　　　D. 80mm

三、作图题(共 120 分)

1. 分析螺纹画法中的错误(图 8 − 59)，在指定位置画出正确的视图。(36 分)

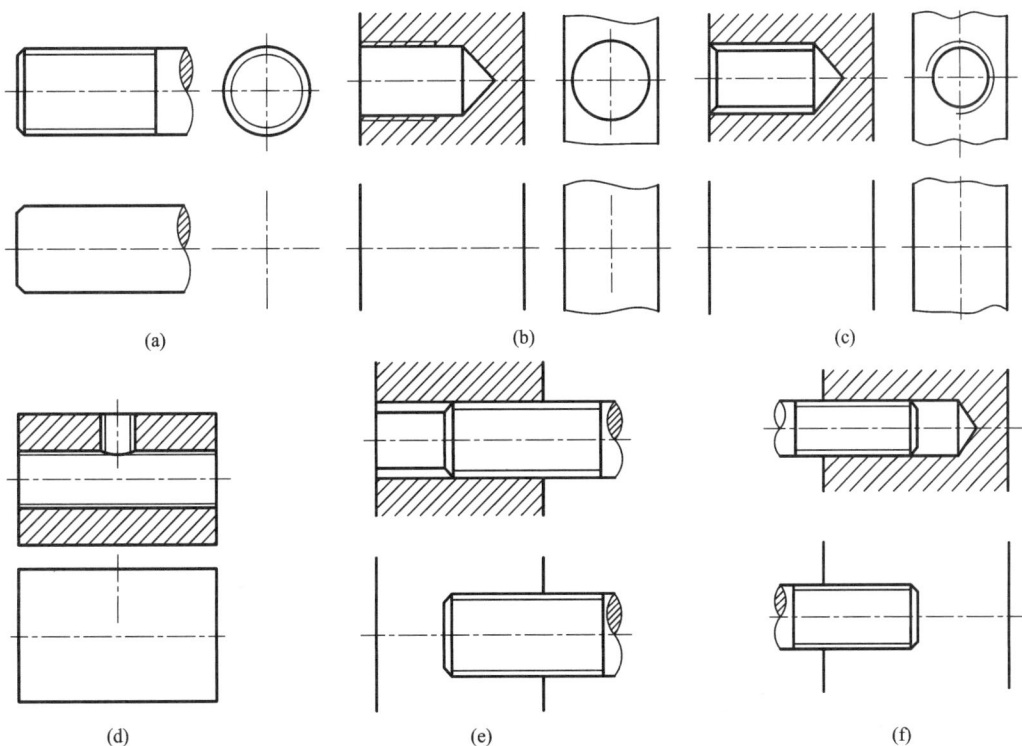

图 8 − 59

2. 画出螺栓连接装配图(图 8 - 60)。(4 分)

(1)螺栓 GB/T 5782—2000 M20 × L(L 计算后取标准值)

(2)螺母 GB/T 6170—2000 M20

(3)垫圈 GB/T 97.1—2002 20

3. 完成螺钉连接装配图(图 8 - 61)。(5 分)

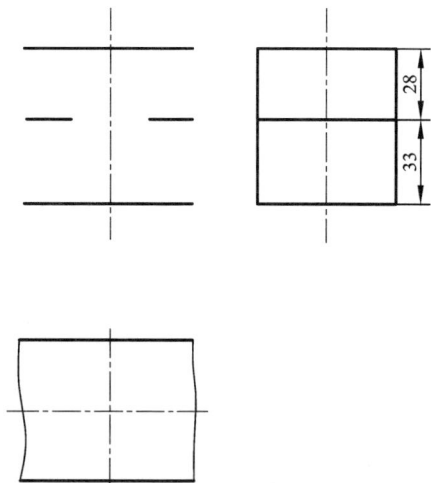

图 8 - 60

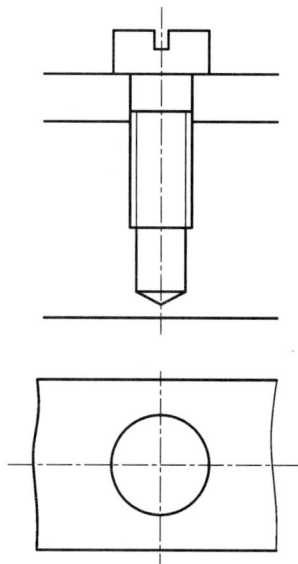

图 8 - 61

4. 画出螺柱连接装配图(图 8 - 62)。(8 分)

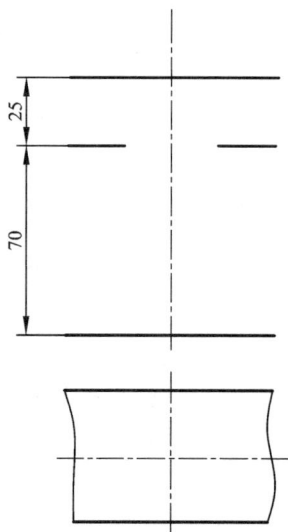

图 8 - 62

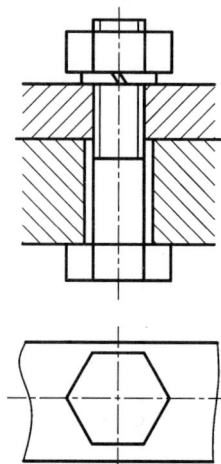

图 8 - 63

(1)螺柱 GB/T 899—1998 M20 × L(L 计算后取标准值)

（2）螺母 GB/T 6170—2000　M20

（3）垫圈 GB/T 93—1987　20

（4）机座材料：铸铁

5. 完成螺栓连接装配图（图 8 – 63，采用简化画法）。（8 分）

6. 查表画出轴和轴孔上的键槽（图 8 – 64，轴的公称直径从图上量取），并标注尺寸。（8 分）

7. 画出上题中的键连接装配图（图 8 – 65）。（8 分）

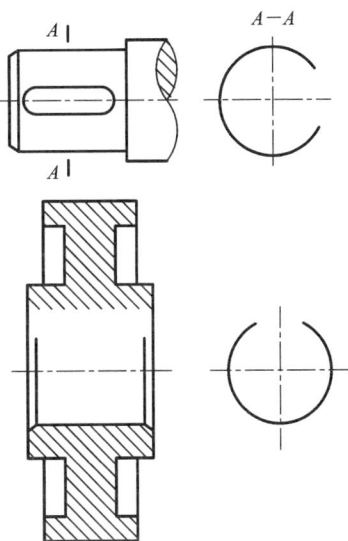

图 8 – 64

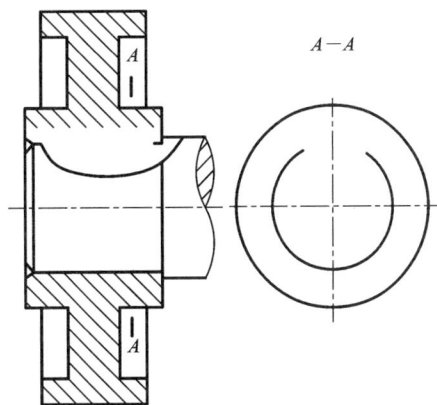

图 8 – 65

8. 画出圆柱螺旋压缩弹簧的全剖视图，并标注尺寸。其主要参数为：外径 $\phi60$，簧丝直径 $\phi8$，节距 15，有效圈数 7.5，总圈数 10，右旋。（8 分）

9. 检查轴承规定画法和通用画法中的错误（图 8 – 66），在右侧画出正确的视图。（5 分）

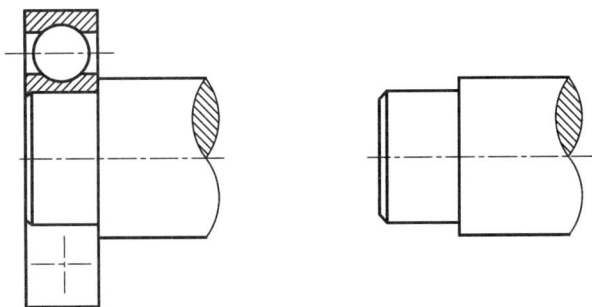

图 8 – 66

10. 补全直齿圆柱齿轮的主视图和左视图（图 8 – 68），并标注尺寸（模数 $m = 3$，齿数 $z = 34$）。（5 分）

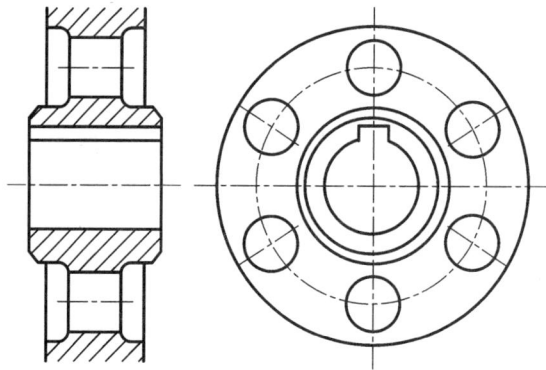

图 8－68

11. 补全齿轮啮合的主视图和左视图(图 8－69)。(5 分)

12. 补全直齿圆锥齿轮的主视图和左视图(图 8－70，模数 $m=3$)。(10 分)

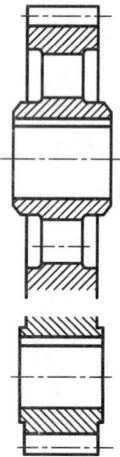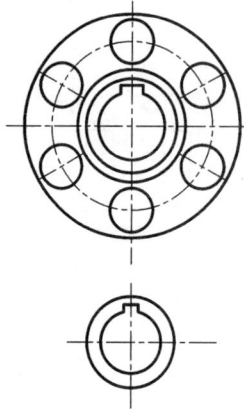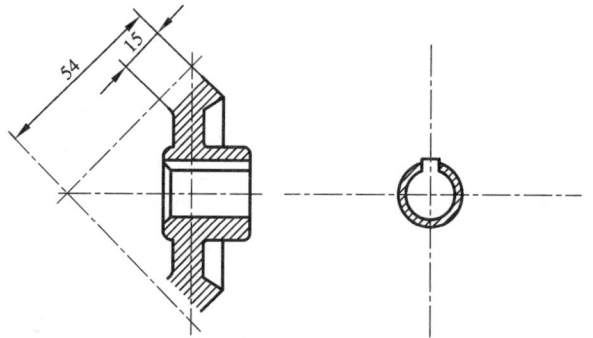

图 8－69   图 8－70

13. 补全直齿圆锥齿轮啮合的主视图和左视图(图 8－71)。(10 分)

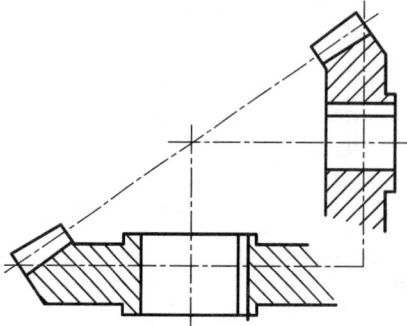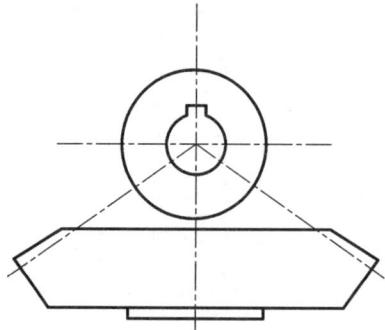

图 8－71

汽车部件装配图

学习目标

(1)掌握汽车部件装配图的内容及表达方法。
(2)掌握汽车部件装配图的尺寸标注要求及方法。
(3)通过汽车部件装配图了解常见装配结构。
(4)能够识读汽车部件装配图。
(5)能够绘制中等复杂程度的汽车部件装配图。

任务9.1　汽车部件装配图的内容与表达方法

任务描述

表达装配体(指机器或部件)的图样,称为装配图。装配图反映设计者的意图,表达装配体的工作原理、性能要求、各零件间的装配关系和零件的主要结构形状,以及在装配、检验、安装时所需的尺寸数据和技术要求。

任务分析

在产品制造中,先根据零件图生产出合格零件,再根据装配图进行装配、检验。此外在安装、维修机器时,也要通过装配图了解装配体的结构和性能。装配图是机械设计、制造、使用、维修以及进行技术交流的重要技术文件。

知识准备

一、装配图的内容

图9-1为活塞连杆组件立体图,图9-2所示为活塞连杆组件的装配图。装配图包括的具体内容如下。

1.一组图形

用一般表达方法和特殊表达方法,正确、完整、清晰和简便地表达装配体的工作原理,零件之间的装配关系、连接关系,零件的主要结构形状。

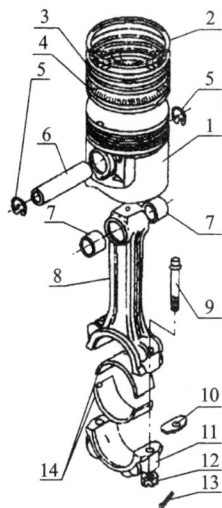

图9-1　活塞连杆
组件立体图

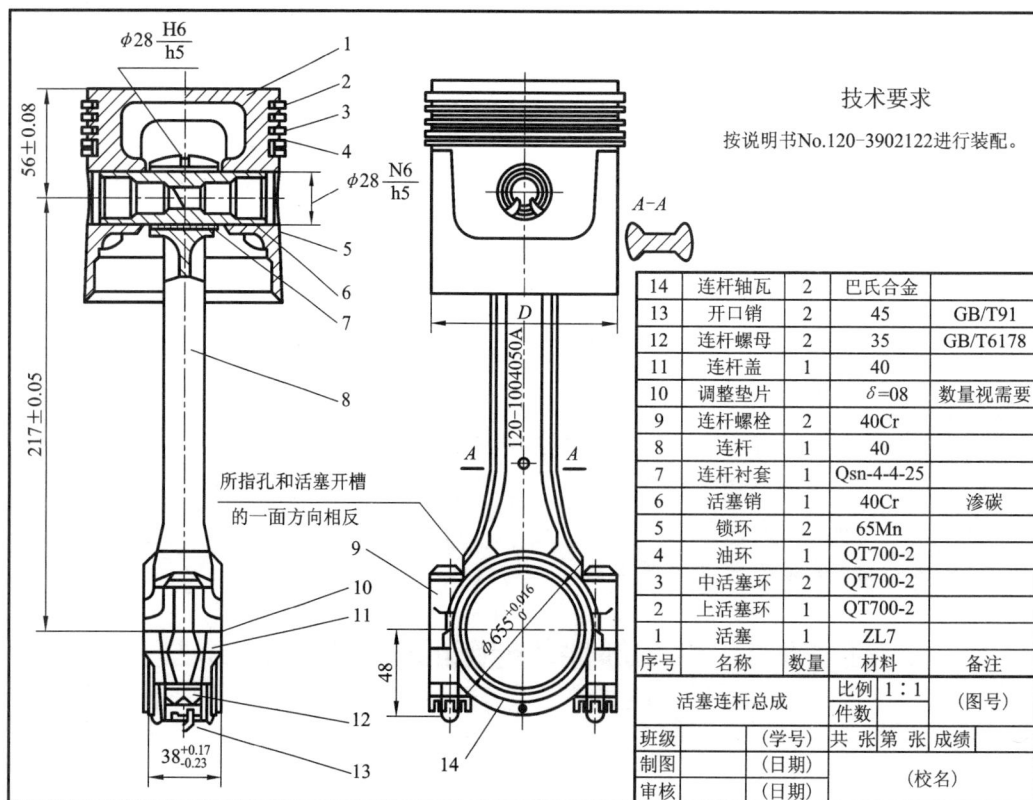

图 9-2 活塞连杆组件

2. 必要的尺寸

在装配图上必须标注出表示装配体的性能、规格以及装配、检验、安装时所需的尺寸。

3. 技术要求

用文字或符号说明装配体的性能、装配、检验、调试、使用等方面的要求。

4. 标题栏、零件的序号和明细栏

在装配图上，必须对每个零件编号，并在明细栏中依次列出零件序号、代号、名称、数量、材料等。标题栏中，写明装配体的名称、图号、绘图比例以及有关人员的签名等。

二、装配图的表达方法

零件图中的各种表示法(视图、剖视图、断面图等)同样适用于装配图，但装配图着重表达装配体的结构特点、工作原理以及各零件间的装配关系。国家标准制定了装配图的规定画法和特殊画法。

1. 规定画法

(1)相邻两个零件的接触面和配合面，规定只画一条轮廓线。如图 9-3 中，键的两侧与轴的键槽两侧面为配合面，所以仅画一条线。相邻两个零件的基本尺寸不同，两表面不接触时，无论它们之间间隙多小，均应画两条轮廓线。如图9-3中，键的上面与孔键槽的底面为不接触面，所以应画两条线。

(2)在剖视图中，相邻的两个零件的剖面线应相反，3个或3个以上的零件相接触时，可用剖面线间隔不同、倾斜方向不同或错开等方法加以区别，如图9-4所示。但在同一张图样上，同一零件的剖面线的方向和间隔在各视图中必须保持一致。

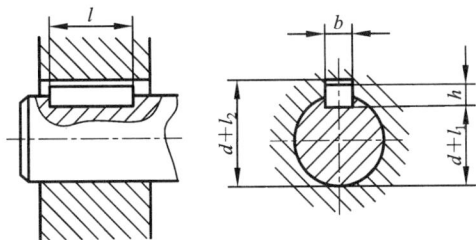

图9-3 接触面与非接触面   图9-4 几个相邻零件的剖面线的画法

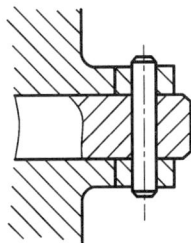

断面厚度小于2mm时，允许以涂黑来代替剖面线。如图9-5中的密封垫圈13。

(3)为了简化作图，在剖视图中，对于一些实心件(如轴、连杆、球等)和一些标准件(如螺母、螺栓、键、销等)，若按纵向剖切，且剖切面通过其轴线时，则这些零件按不剖绘制，如图9-5中件27(轴)和件31(销)。如果实心件上有些结构和装配关系需要表达时，可采用局部剖视图加以表达，如图9-2中的件7(轴)与件5(键)。

2.特殊画法

(1)拆卸画法。在装配图的某一视图中，若要表达某些被一个或几个零件遮挡的装配关系或其他零件时，可假想拆去一个或几个遮挡零件，只画出所表达的部分视图。这种画法称为拆卸画法。应用拆卸画法绘图，应在视图上方标注"拆去件××"等字样，如图9-2中的左视图。

(2)沿结合面剖切画法。为了表达内部结构，可采用沿结合面剖切画法，如图9-5中的俯视图。

(3)单独表示。某个零件在装配图中，如需要表达某个零件的形状时，可单独画出该零件的某一视图。但必须在该视图上方注出零件的名称，在相应视图的附近用箭头指明投影方向，并注明相同的字母。如图9-5中，单独画出了件8(视孔盖)A斜视图。

(4)假想画法。①在装配图中，为了表示运动零件的运动范围或极限位置时，可采用双点画线画出零件；②在装配图中，当需要表示与本装配体有装配关系，但又不属于本装配体的其他零件或部件时，可采用双点画线画出该零件的轮廓，如图9-2中的铣刀和图9-6中的主轴箱。

(5)夸大画法。在装配图中，对很薄的垫片、细金属丝、小间隙、小锥度、小斜度等无法按其实际尺寸画出，或不能明显表达其结构(如小锥度和小斜度)时，均可采用夸大画法。如图9-3中，键与齿轮上键槽之间的间隙，就是采用夸大画法画出的。

(6)展开画法。为了表达某些重叠的装配关系及传动路线，可假想将空间轴系按传动顺序展开在同一平面上，再画出剖视图，如图9-6所示的三星轮系展开画法。

3.简化画法

(1)在装配图中，零件的部分工艺结构如倒角、圆角、退刀槽等允许不画。

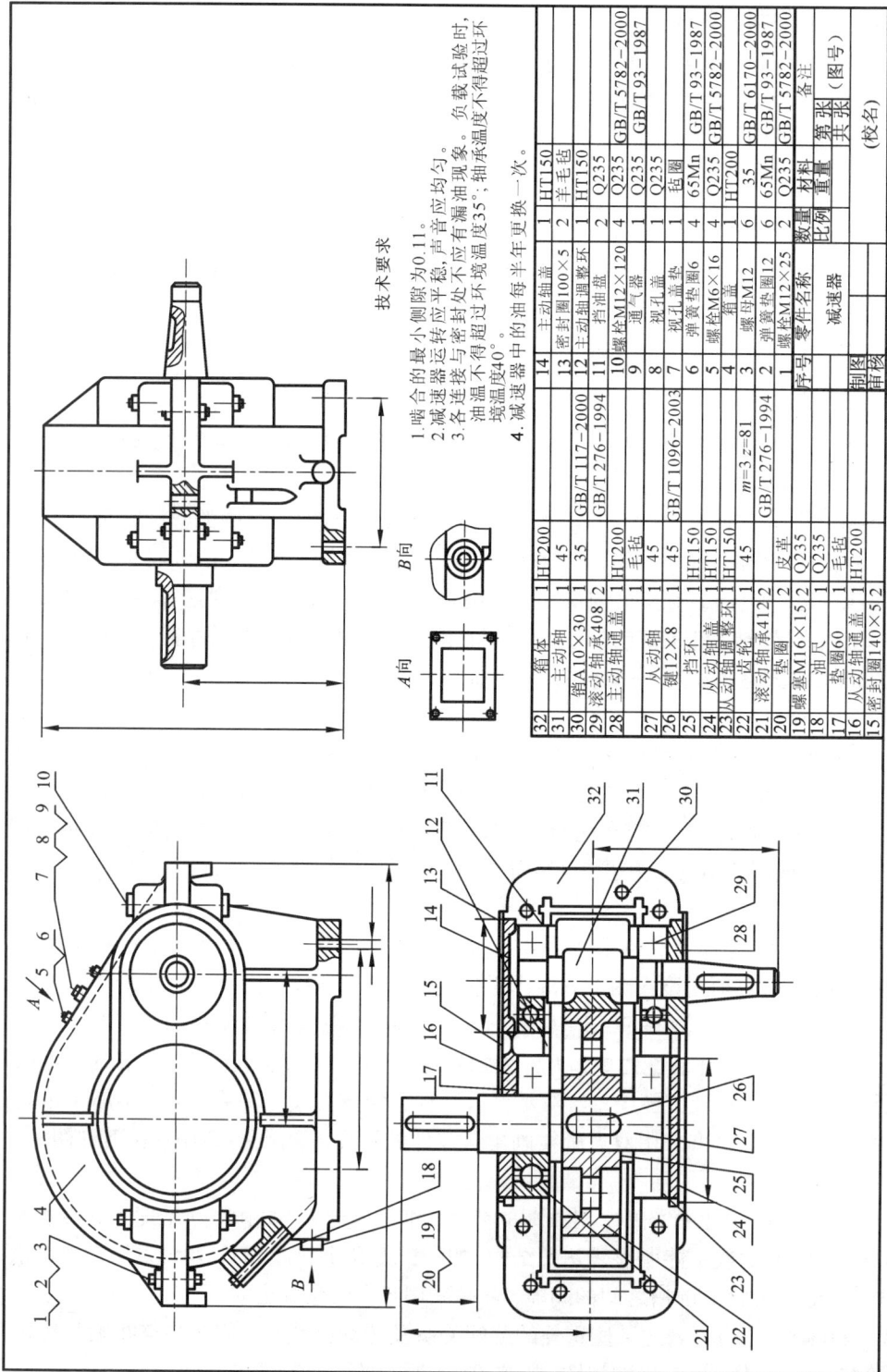

技术要求

1. 啮合的最小侧隙为0.11。
2. 减速器运转应平稳,声音应均匀,不应有漏油现象。负载试验时,轴承温度不得超过环境温度35°,
3. 各连接处与密封处不应漏油。油池温度不得超过环境温度40°。
4. 减速器中的油每半年更换一次。

序号	零件名称	数量	材料	备注(图号)
32	箱体	1	HT200	
31	主动轴	1	45	
30	销A10×30	2	35	GB/T 117-2000
29	滚动轴承408	2		GB/T 276-1994
28	主动轴通盖	1	HT200	
27	毛毡	1	毛毡	
26	从动轴	1	45	
25	键12×8	1	45	GB/T 1096-2003
24	挡圈	1	HT150	
23	从动轴调整环	1	HT150	
22	齿轮	1	HT150	m=3 z=81
21	滚动轴承412	2		GB/T 276-1994
20	垫环	1	45	
19	螺塞M16×15	1	Q235	
18	油尺	1	Q235	
17	从动轴通盖	1	HT200	
16	毛毡	1	毛毡	
15	密封圈140×5	2	毛毡	
14	主动轴盖	1	HT150	
13	密封圈100×5	2	羊毛毡	
12	主动轴调整环	1	HT150	
11	挡油盘	2	Q235	
10	螺栓M12×120	4	Q235	GB/T 5782-2000
9	通气器	1	Q235	
8	视孔盖板	1	Q235	
7	垫圈	1	拉圈	
6	弹簧垫圈6	4	65Mn	GB/T 93-1987
5	螺栓M6×16	4	Q235	GB/T 5782-2000
4	箱盖	1	HT200	
3	螺母M12	6	35	GB/T 6170-2000
2	弹簧垫圈12	6	65Mn	GB/T 93-1987
1	螺栓M12×25	6	Q235	GB/T 5782-2000

制图		减速器		
审核		比例	重量	第　张　共　张
				(校名)

图9-5　减速器装配图

（2）在装配图中，螺母和螺栓头部允许采用简化画法。若有相同的零件组（如螺纹连接件等）时，允许较详细地画出一处或几处，其余可只用点画线表示其中心位置。如图9-2中的螺栓组的画法。

（3）在剖视图中，滚动轴承被剖切时，允许按滚动轴承的规定的简化画法画出，如图9-7所示。

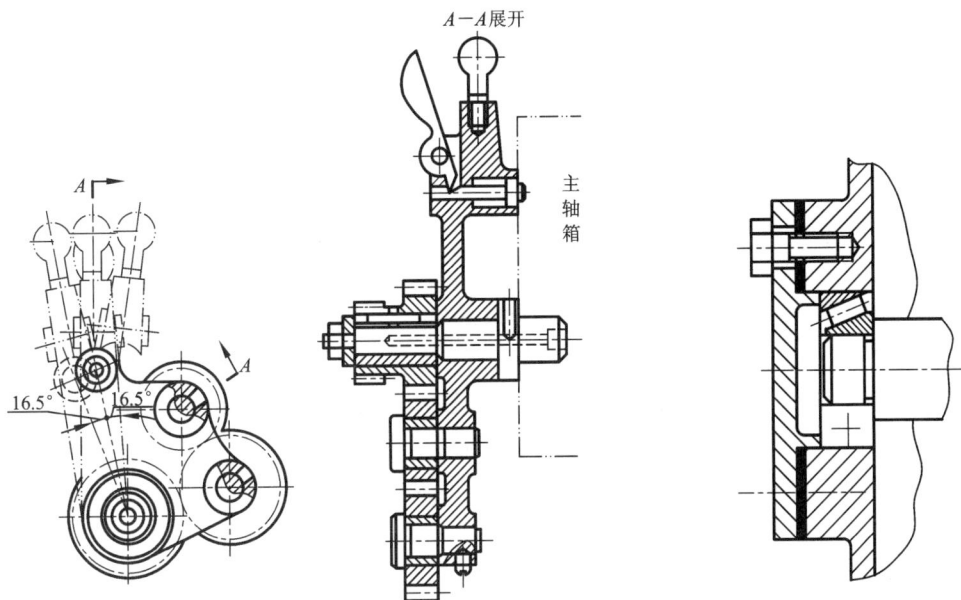

图9-6 三星轮系展开画法

图9-7 装配图中的轴承简化画法

任务9.2 汽车部件装配图尺寸与技术要求

任务描述

汽车部件装配图中应标注出必要的尺寸，说明装配体的性能、装配、检验等方面的技术指标；以表明装配体的性能、装配、检验、安装或调试等要求。

任务分析

汽车部件装配图上标注尺寸与零件图标注尺寸的目的不同，因为装配图不是制造零件的直接依据，而是安装、配作、（检验后）调整的依据，所以在装配图中不需标注零件的全部尺寸，而只需注出几种必要的尺寸。装配图中的技术要求用文字书写，说明装配体的性能、装配、检验等方面的技术指标。

知识准备

一、汽车部件装配图的尺寸标注

汽车部件装配图上应标注以下几种尺寸：

1. 性能尺寸（规格尺寸）

表示装配体的性能或规格的尺寸。如图 9 – 2 中活塞孔外径尺寸 D、连杆内孔尺寸 $\phi65.5$。

2. 装配尺寸

(1) 配合尺寸：表示两个零件之间配合性质的尺寸，如图 9 – 2 中左视图上部两处配合尺寸 $\phi28H6/h5$。

(2) 相对位置尺寸：它是表示零件装配时，需要保证的零件相对位置尺寸。如图 9 – 2 中活塞销孔与连杆轴孔中心距尺寸 217。

3. 外形尺寸

表示装配体外形轮廓的尺寸，也就是总长、总宽、总高。这些是装配体在包装、运输、厂房设计和安装时需要考虑的尺寸。如图 9 – 2 中的总高 321（ = 56 + 217 + 48），宽 D。

4. 安装尺寸

装配体安装在地基或与其他机器或部件相连接时所需要的尺寸，如图 9 – 2 中的 48（安装螺栓的一半长度）。

5. 其他重要尺寸

设计中经过计算或选定的尺寸。如图 9 – 2 中的 38。

二、技术要求的注写

装配图中的技术要求用文字书写，说明装配体的性能、装配、检验等方面的技术指标。它一般包括以下几方面内容：

(1) 装配体装配后应达到的精确度，如准确度、装配间隙等。

(2) 对装配体维护、保养的要求，以及操作时的注意事项等。

以上内容应根据装配体的具体情况而定。书写在图纸空白处，如图 9 – 2 所示。

任务9.3   汽车部件装配图中零部件序号及明细表

任务描述

为了便于看图和图样管理，对汽车部件装配图中所有零部件均需编号。同时，在标题栏上方的明细栏中与图中序号一一对应地予以列出。

任务分析

汽车部件装配图中的所有零件或部件都必须编号，并填写明细栏，以便统计零件数量，进行生产的准备工作。

一、零件序号及其编排方法

零件序号包括：指引线、序号数字和序号排列顺序。

如图 9 - 2 所示，在装配图中每个零件的可见轮廓范围内，画一小黑点，用细实线引出指引线，并在其末端的横线（画细实线）上注写零件序号。若所指的零件很薄或为涂黑者，可用箭头代替小黑点。

相同的零件只对其中一个进行编号，其数量填写在明细栏内。一组紧固件或装配关系清楚的零件组，可采用公共的指引线编号。

各指引线不能相交，当通过剖面区域时，指引线不能与剖面线平行。指引线可画成折线，但只可曲折一次。

零件序号应按顺时针或逆时针方向顺序编号，并沿水平和垂直方向排列整齐。

二、明细栏

明细栏是机器或部件中全部零件的详细目录，其内容和格式详见国家技术制图标准《明细栏》（GB/T 10609.2—2009）。明细栏画在装配图右下角标题栏的上方，栏内分格线为细实线，左边外框线为粗实线，栏中的编号与装配图中的零件序号必须一致。填写内容应遵守下列规定：

（1）零件序号应自下而上。如位置不够时，可将明细栏顺序画在标题栏的左方，如图 9 - 2 所示。

（2）"代号"栏内，注出每种零件的图样代号或标准件的标准代号，如 GB/T 891。

（3）"名称"栏内，注出每种零件的名称，若为标准件应注出规定标记中除标准号以外的其余内容，如螺钉 M6 × 18。对齿轮、弹簧等具有重要参数的零件，还应注出参数。

（4）"材料"栏内，填写制造该零件所用的材料标记，如 HT150。

（5）"备注"栏内，可填写必要的附加说明或其他有关的重要内容，例如齿轮的齿数、模数等。

任务 9.4　读汽车部件装配图的方法与步骤

任务描述

在产品的设计、安装、调试、维修及技术交流时，都需要识读装配图。不同工作岗位的技术人员，读装配图的目的和内容有不同的侧重和要求。有的仅需了解机器或部件的工作原理和用途，以便选用；有的为了维修而必须了解部件中各零件间的装配关系、连接方式、装拆顺序；有时对设备修复、革新改造还要拆画部件中某个零件，需要进一步分析并看懂该零件的结构形状以及有关技术要求等。

任务分析

在设计时，需依据装配图设计零件并画出零件图；在装配时，需要根据装配图将零件装配成部件和机器；在使用、维修或技术交流时，也常常要参阅装配图来了解设计者的意图和部件或机器的结构特点以及正确的操作方法等。熟练地读装配图是工程技术人员必须具备的能力。

知识准备

一、读装配图应达到的基本要求

（1）了解装配体的名称、性能、用途及工作原理。

（2）弄清零件间的装配关系及连接关系。

（3）看懂零件的结构形状及作用。

二、读装配图的方法和步骤

1. 概括了解

从装配图的标题栏中可知装配体的名称；结合生产知识可略知它的用途；由比例，尺寸就可知装配体的大小。由明细栏可知组成装配体的零件的名称、数量，从而可推测装配体的复杂程度。

图9-8为齿轮泵的装配图，由标题栏与明细栏中可知：齿轮泵由16种零件组成，它是机器供油系统中的一个主要部件。由尺寸可知泵体体积不大。其用了5个视图表达，是中等复杂程度的部件。

齿轮泵是液压传动和润滑系统中常用的部件，其工作原理如图9-9所示。当主动齿轮按逆时针方向旋转时，带动从动齿轮按顺时针方向旋转。这时，齿轮啮合区的左边压力降低，产生局部真空，油池中的润滑油在大气压力的作用下，由进油口进入齿轮泵的低压区，随着齿轮的旋转，齿槽中的油不断地沿着箭头方向送至右边，把油经出油口压出，送至机器的各润滑部位。

2. 分析视图

弄清每个视图的名称和表达方法，各视图之间的剖切位置，投影关系。了解各个视图的表达重点。从图9-8中可以看出，装配图主要是由主视图、俯视图、右视图、左视图及泵盖的右视图组成。

主视图是按泵的工作位置选取，采用了局部剖视图，表达泵的主要装配关系、结构形状。右视图采用了$C-C$全剖视图，主要说明泵的工作原理、进出油口的结构。与主视图配合表达泵体的结构形状。

俯视图是通过两个齿轮轴线剖切的全剖视图，主要表达主动齿轮轴与从动齿轮轴、泵盖与泵体的装配关系，并表达了泵体底板的形状。

左视图采用拆卸画法，主要表达件6压盖的外形和泵体的外形。

件1（泵盖）D向视图主要表达泵盖的外形及连接螺孔、销孔的位置。

3. 分析零件

分析零件结构形状，深入了解零件间的装配关系以及装配体的工作原理，是读图的关键。

利用件号和零件剖面线的不同方向和间隔，根据投影关系，把一个个零件的视图范围划分出来。从主视图入手，根据各装配干线，对照零件在各视图中的投影关系，弄清各零件的

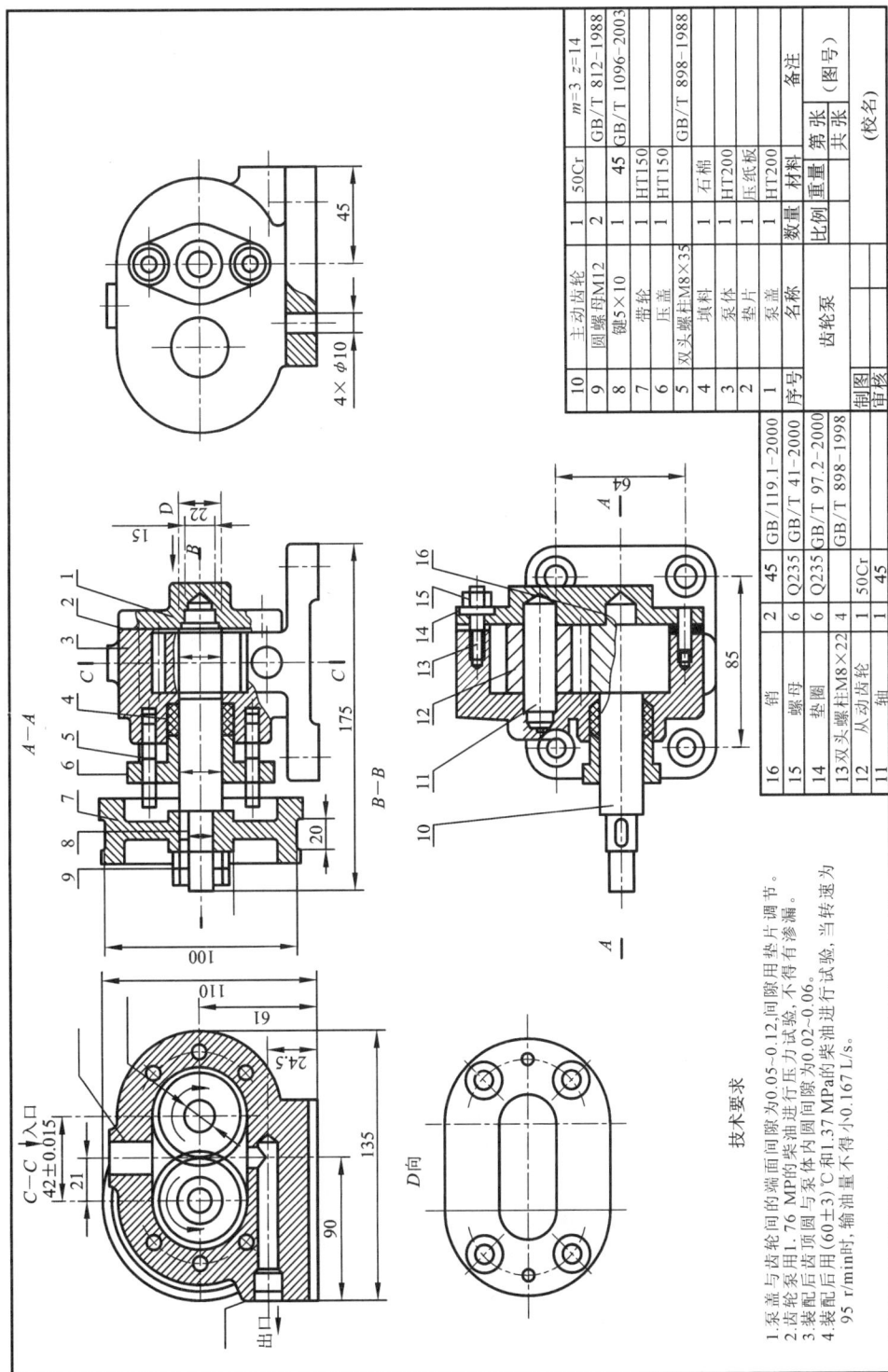

图9-8 齿轮泵的装配图

技术要求

1. 泵盖与齿轮间的端面间隙为0.05~0.12,间隙用垫片调节。
2. 齿轮泵用1.76 MPa的柴油进行压力试验,不得渗漏。
3. 装配后齿顶圆与泵体内圆间隙为0.02~0.06。
4. 装配后用M8×22的柴油和1.37 MPa的柴油进行试验,当转速为 95 r/min时,输油量不得小于0.167 L/s。

10		主动齿轮	1	50Cr		m=3 z=14
9		圆螺母M12	2			GB/T 812-1988
8		键5×10	1	45		GB/T 1096-2003
7		带轮	1	HT150		
6		压盖	1	HT150		
5		双头螺柱M8×35				GB/T 898-1988
4		填料	1	石棉		
3		泵体	1	HT200		
2		垫片	1	压纸板		
1		泵盖	1	HT200		
序号		名称	数量	材料	比例	备注
		齿轮泵			重量	第 张 共 张 (图号)
						(校名)

16		销	2	45	GB/T 119.1-2000
15		螺母	6	Q235	GB/T 41-2000
14		垫圈	6	Q235	GB/T 97.2-2000
13		双头螺柱M8×22	4		GB/T 898-1998
12		从动齿轮	1	50Cr	
11		轴	1	45	

制图

审核

结构形状，各零件间的装配关系和连接形式，了解它们的作用进而分析装配体的工作原理。

图9-8中，首先将熟悉的标准件从装配图中"分离"出去；然后分析简单的零件如件1泵盖、件6压盖和件7带轮。看懂后也将它们"剔除"；最后分析复杂的件3泵体。在主、俯、右、左视图中找出泵体的对应投影关系，分离出的泵体视图，如图9-10所示。应用形体分析法、线面分析法和分析零件视图的方法，弄清泵体的结构形状，如图9-11所示。

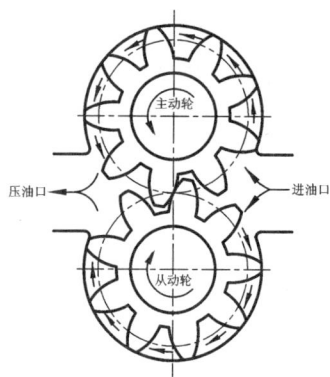

图9-9   齿轮泵的工作原理

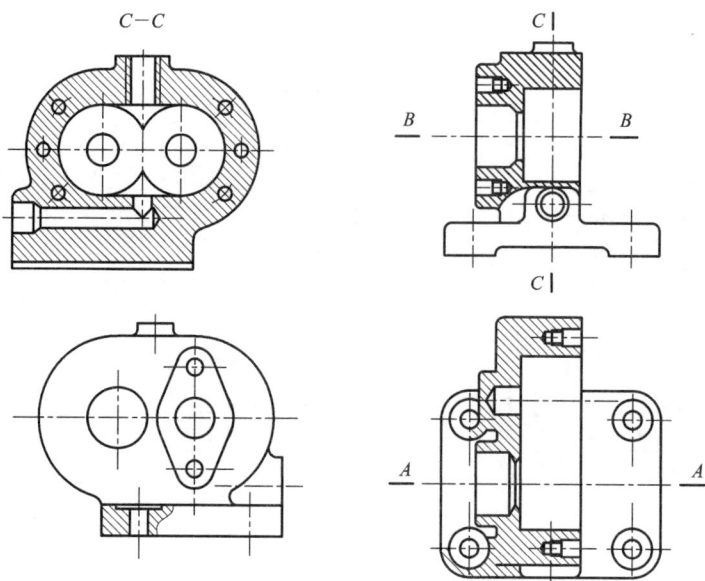

图9-10   泵体分离图

图9-11   泵体的三维立体图

4.综合归纳

在对装配体零件间的装配关系和主要零件的结构进行分析的基础上,还要对尺寸、技术要求进行全面的综合,进一步明确机器的工作原理,而且对零件的形状、动作过程有一个全面的认识。

通过图 9 - 8 中的主、俯视图中,$\phi16H7/h6$、$\phi22H7/h6$ 配合的标注,可以看出件 10 主动齿轮、件 11 轴与泵体和泵盖孔是间隙配合。件 11 轴与件 12 从动齿轮孔采用 $\phi16H7/r6$ 的过盈配合。两个零件靠过盈配合连接在一起。

通过分析,不难看出齿轮泵的工作原理。当动力通过件 7 带轮、件 8 键传给件 10 主动齿轮,主动齿轮带动件 12 从动齿轮一起旋转。两个齿轮旋转方向如右视图所示。液体从上孔进入件 3 泵体中,充满各个齿间,并被齿轮沿着泵体的内壁送到另一侧,当齿轮啮合时,液体被挤压而从出口处以一定的压力排出。

另外,装配图中还表达了密封装置。如件 2 垫片、件 4 填料等,以及件 9 圆螺母的防松装置。

[**案例 9 - 1**]　由图 9 - 12 减速器轴分解图识读减速器装配图(图 9 - 13)。

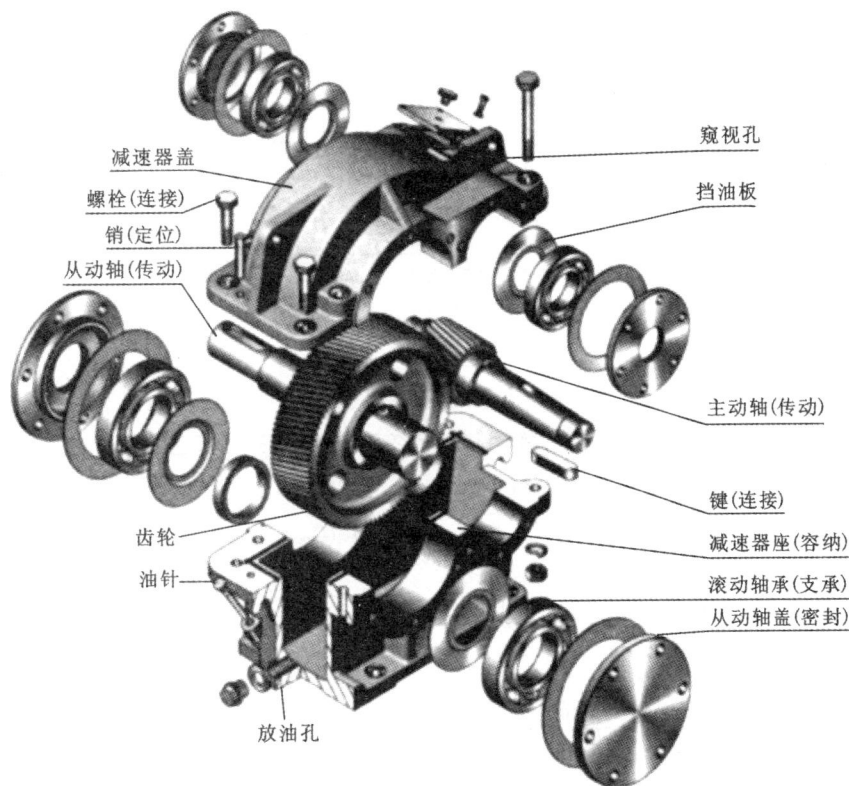

图 9 - 12　减速器轴分解图

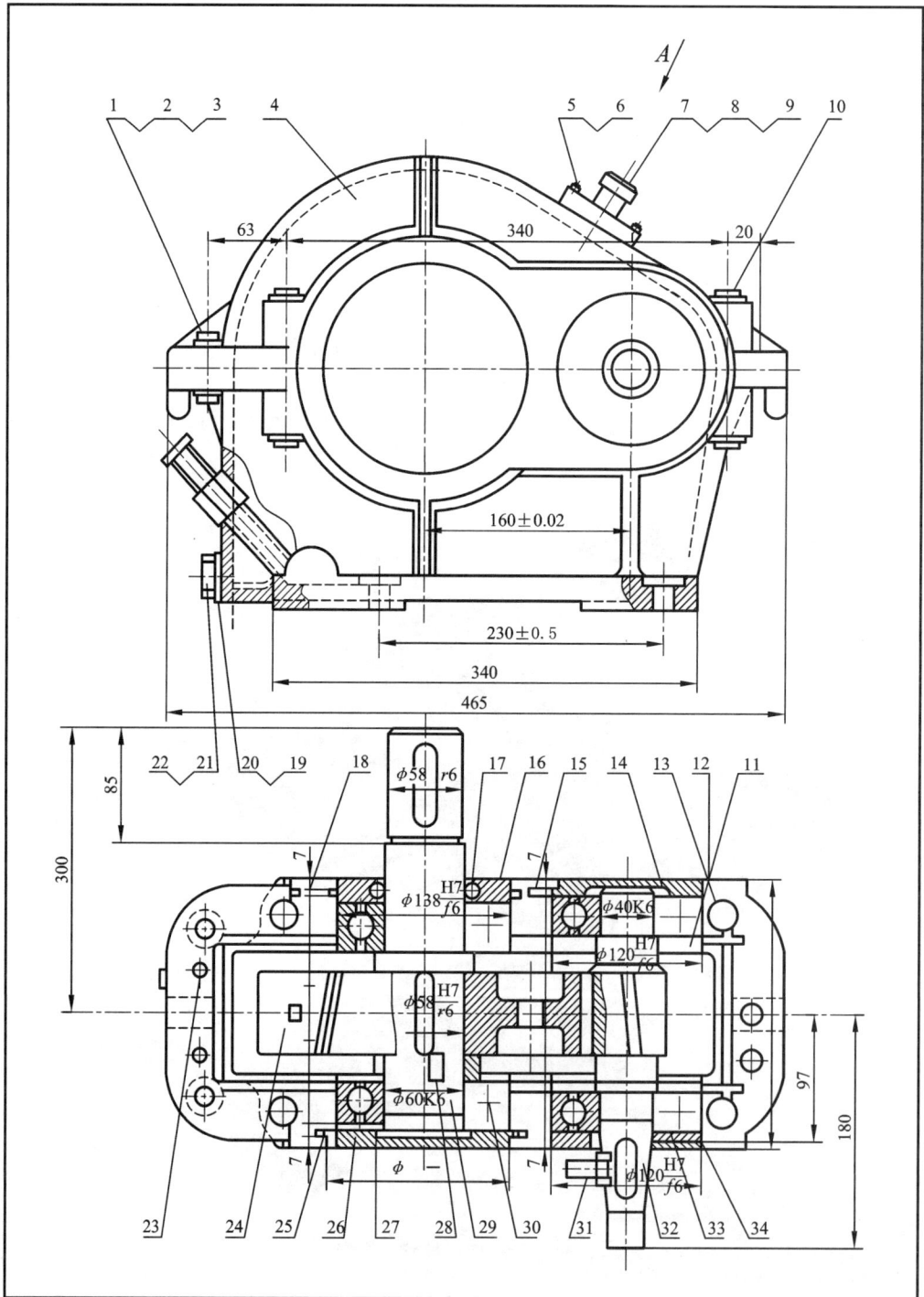

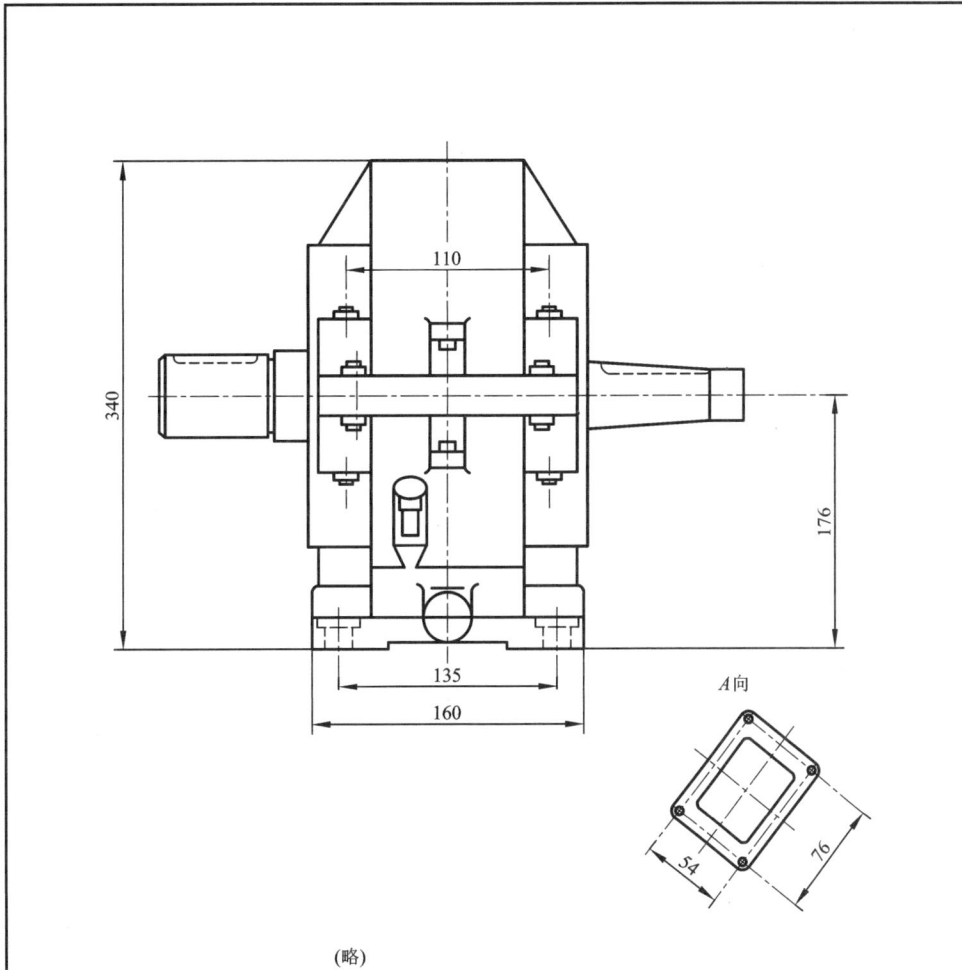

A向

（略）

16		从动轴承盖	1	HT150	
15		密封环40×5	2		
14		主动轴盖	1	HT150	
13		密封环100×5	2		
12		主动轴调整环	1	HT150	
11		挡油板	2	Q235	
10	GB/T5782—2000	螺栓M12×120	4	8.8级	
9		通气塞	1	Q235	
8		视孔盖	1	Q235	
7		视孔盖垫	1		
6	GB/T5782—2000	螺栓M6×16	4	8.8级	
5	GB/T93—1987	垫圈6	4	65Mn	
4		箱盖	1	HT200	
3	GB/T93—1987	垫圈12	6	65Mn	
2	GB/T6170—2000	螺母M12	6	8级	
1	GB/T5782—2000	螺栓M12×25	2	8.8级	

34	GB/T276—1994	滚动轴承6408	2	组合件	
33		主动轴透盖	1	HT150	
32		主动轴	1	45	m=3, z=16
31		毡圈	1	毛毡	
30	GB/T276—1994	滚动轴承6412	2	组合件	
29		从动轴	1	45	
28	GB/T1096—2003	键18×11×56	1	45	
27		挡环	4	HT150	
26		从动轴盖	1	HT150	
25		从动轴调整环	1	HT150	
24		齿轮	1	ZG310—570	m=3, z=81
23	GB/T1176—2000	销10×30	2		
22		皮圈	1	皮革	
21		螺塞	1	Q235	
20		油针头	1	Q235	
19		油针头	1	Q235	
18		箱体	1	HT200	
17		毡圈	1	毛毡	

序号	代 号	名 称	数量	材料	备注

制图（姓名）（日期） **减速器** 比例
审核 图 号
（校名 学号）（质 量）

图 9-13 减速器装配图

1. 概括了解

由装配图的零件编号和明细栏可知,减速器由 34 种零件组成,其中标准件 11 种,主要零件是轴、齿轮、箱体与箱盖等。

减速器装配图选用主、俯、左三个基本视图表达其内外结构形状。按工作位置确定的主视图表达了减速器的整机外形,并采用两处局部剖视表示箱体底座上的安装孔和油针孔的局部形状。俯视图是沿箱盖与箱体结合面剖切的剖视图,集中表达减速器的工作原理以及各零件间的装配关系。左视图补充表达减速器整体的外形轮廓。此外,另有一个单独表示零件 8 的 A 向视图。

装配图上还标注了必要的尺寸:"160 ± 0.02"是减速器中心距规格尺寸;"ϕ60H7/h6"、"ϕ60G7/m6"、"150H7/h6"等是有关零件之间的配合尺寸;"465、340、(180 + 300)480"是减速器的总体尺寸。

2. 工作原理

减速器是通过一对(或数对)齿数不同的齿轮啮合传动,达到高速旋转运动变为低速旋转运动的减速机构。

本减速器为单级传动圆柱齿轮减速器,即通过一对齿数不同的齿轮啮合旋转,动力由主动轴 32(齿轮轴)的伸出端输入,小齿轮旋转带动大齿轮 24 旋转,并通过键 28,将动力传递到 29(从动轴)输出。由于主动齿轮的齿数比从动齿轮的齿数少得多,所以主动轴的高速转,经齿轮传动降为从动轴的低速转,从而达到减速的目的。

3. 装配体的结构分析

(1)减速器有两条主要装配干线。一条以主动轴(齿轮轴)32 的轴线为公共轴心线,其上的小齿轮居中,由主动轴盖 14、两个滚动轴承 34、两个挡油板 11 和一个主动轴通盖 33 装配而成。由于小齿轮的齿数较少,所以与轴做成整体,称为齿轮轴。另一条装配干线是以与齿轮 34(大齿轮)配合的从动轴 29 的轴线为公共轴心线,大齿轮居中,也是由两个端盖 16 和 26、两个滚动轴承和挡油板装配而成。从动轴与大齿轮用平键连接。

(2)轴通常由轴承支承,由于本减速器采用圆柱齿轮传动,无轴向力,所以滚动轴承选用深沟球轴承。在减速器中,轴的位置是靠轴承等零件组合确定的,轴在工作时,只能旋转,不允许沿轴线方向移动。从俯视图可看出(对照图 9 - 12). 主动轴 32 上装有滚动轴承 34,挡油板 11 等零件,主动轴端盖 14 和主动轴通盖 33 分别顶住两个滚动轴承的外圈,滚动轴承的内圈通过挡油板靠在轴的轴肩上,从而使齿轮轴在轴向定位。为了避免齿轮轴在高速旋转中因受热伸长而将滚动轴承卡住,在通盖 14 与滚动轴承外圈之间必须预留空隙(0.2 ~ 0.3mm),间隙的大小可由挡油板来控制。

(3)减速器中各运动零件的表面需要润滑,以减少磨损,因此,在减速器的箱体中装有润滑油。为了防止润滑油渗漏,在一些零件上或零件之间要有起密封作用的结构和装置。大齿轮应浸在润滑油中,其深度一般为两倍齿高,可用油针测定。齿轮旋转时将油带起,引起飞溅和雾化,不仅润滑齿轮,还散布到各部位,这是一种飞溅润滑方式。从俯视图(对照图 9 - 12)看出,两条装配干线中的端盖 14、26 和通盖 16、33,毡圈 17、31 等都能防止润滑油沿轴的表面向外渗漏。挡油板的作用是借助它旋转时的离心力,将板面上的油甩掉,以防飞溅的润滑油进入滚动轴承内而稀释润滑脂。

(4)从主视图上还可看出:箱盖与箱体用螺栓 10 连接,将轴的位置固定,并保证减速器的密封性。销 23 是使箱盖与箱体在装配时能准确对中定位。视孔盖由螺栓 6 加垫圈 5 固定在箱盖上，通过视孔观察和加油。润滑油必须定期更换，污油通过放油孔排出，平时由螺塞 21 堵住。

4. 零件的结构分析

零件是组成机器或部件的基本单元，零件的结构形状、大小和技术要求，是根据该零件的作用以及与其他零件的装配连接方式，由设计和工艺要求决定的。

从设计要求考虑，零件在部件中通常是起容纳、支承、配合、连接、传动、密封或防松等作用，这是确定零件主要结构的因素(图 9 - 13)。

从工艺要求考虑，为了加工制造和安装方便，通常有倒圆、退刀(越程)槽、倒角等结构，这是确定零件局部结构的因素。

通过对装配体和零件的结构分析，可对零件各部分结构形状的作用加深理解，并对装配图的识读也更加全面和深入。

下面着重对减速器中的从动轴和箱体进行结构分析。

(1)从动轴

从动轴(图 9 - 14)的主要功用是装在轴承中支承齿轮传递扭矩(或动力)，轴的左端和右端轴段上的键槽分别是通过键与外部设备和齿轮连接；中间轴段通过滚动轴承支承在箱体上；中间的凸肩是为了固定齿轮的轴向位置。为了便于装配，保护装配表面，多处做成倒角、退刀槽。

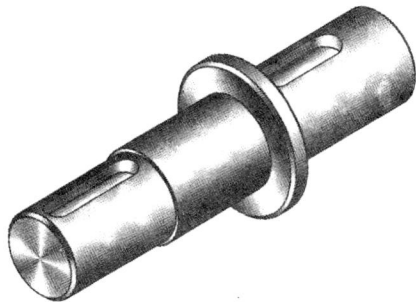

图 9 - 14　减速器从动轴

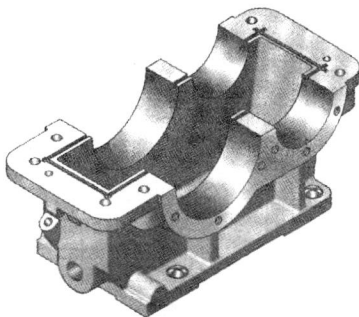

图 9 - 15　减速器箱体

(2)箱体

箱体(图 9 - 15)的主要功用是容纳、支承轴和齿轮，并与箱盖连接。

从减速器装配图的主、俯、左视图对照箱体的轴测图分析，箱体中间的长方形空腔是容纳齿轮和润滑油的油池；箱体左下部斜凸台上的油针孔可观察油池内润滑油的高度，油针孔下面是放油孔；箱体前后的半圆弧(柱面)凸缘是为了支承主动轴和从动轴(轴的两端装有滚动轴承)；箱体的顶面上有与箱盖连接的定位销孔和螺栓孔，箱体底板上有四个安装孔，底板与半圆弧凸缘之间有加强肋；从俯视图中还可以看到在箱体顶面上有一圈矩形槽(对照图 9 - 12)，是为了密封防止油流出的油槽，使油流回油池内。

根据上述分析，对减速器的视图表达、工作原理、装配关系以及整体结构有了比较全面的认识。如果要求拆画减速器中某个零件(如箱体)，还需要更深入分析该零件在减速器中的作用与其他零件的关系,从而进一步弄清其结构形状,再按拆画零件图的方法与步骤画出零件图。

任务实施

请查找汽车变速器(图8-56)的相关资料,并观察实物,了解汽车变速箱的结构特点、零件种类与数量,分析其装配图。

学习小结

(1)装配图反映设计者的意图,表达装配体的工作原理、性能要求、各零件间的装配关系和零件的主要结构形状;以及在装配、检验、安装时所需的尺寸数据和技术要求。因此,必须了解装配图的内容与表达方法。

(2)汽车部件装配图中应标注出必要的尺寸,说明装配体的性能、装配、检验等方面的技术指标;以表明装配体的性能、装配、检验、安装或调试等要求。装配图中不需标注零件的全部尺寸,只需注出几种必要的尺寸(规格尺寸、装配尺寸、外形尺寸、安装尺寸、其他重要尺寸)。装配图中的技术要求用文字书写,说明装配体的性能、装配、检验等方面的技术指标。

(3)汽车部件装配图中的所有零件或部件都必须编号,并填写明细栏,以便统计零件数量,进行生产的准备工作。

(4)在设计时,需依据装配图设计零件并画出零件图;在装配时,需要根据装配图将零件装配成部件和机器;在使用、维修或技术交流时,也常常要参阅装配图来了解设计者的意图和部件或机器的结构特点以及正确的操作方法等。

自我评估(总分100分,时间120分钟)

根据千斤顶零件图(图9-17)组画装配图,根据装配示意图和零件图绘制装配图,图纸幅面和比例自选。

工作原理:千斤顶是顶起重物的部件,使用时只需逆时针方向转动旋转杆,起重螺杆就向上移动,并将物体顶起。

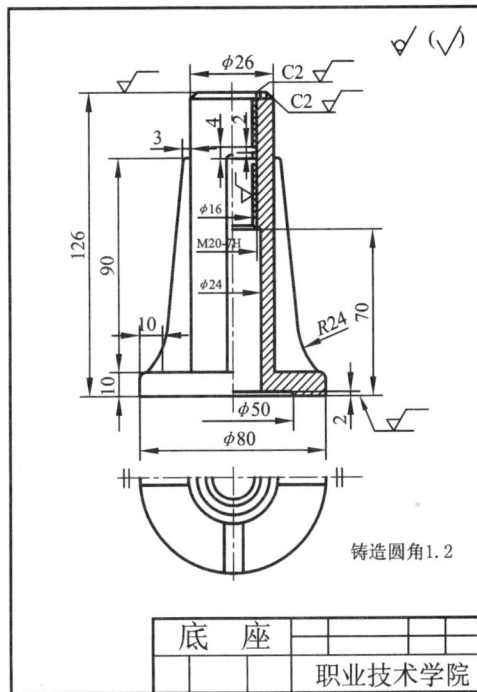

底　座　职业技术学院

（a）

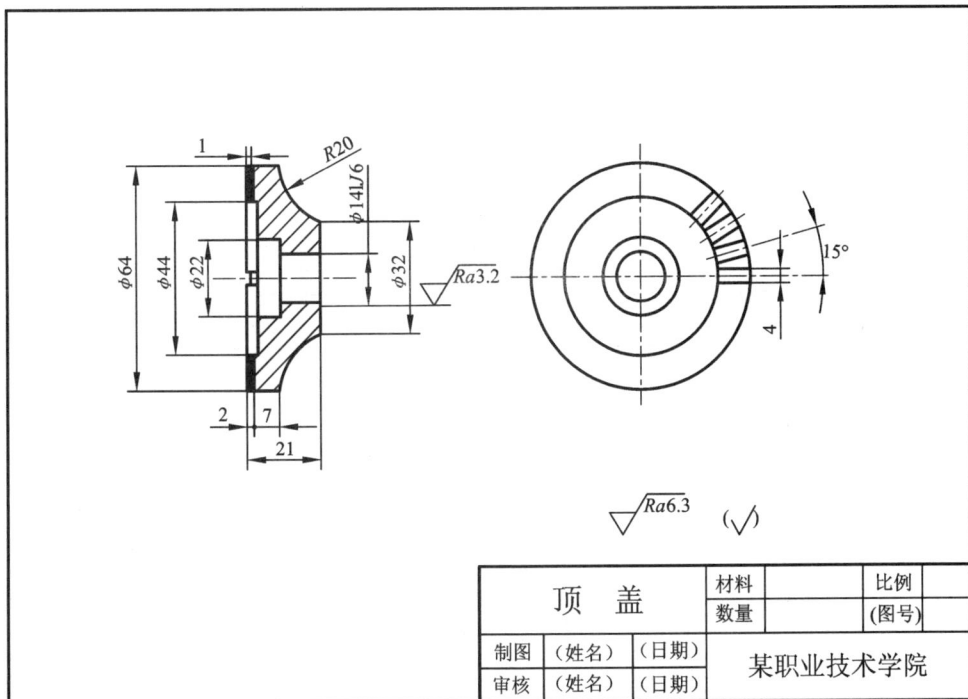

顶　盖	材料		比例	
	数量		(图号)	
制图	（姓名）	（日期）	某职业技术学院	
审核	（姓名）	（日期）		

（b）

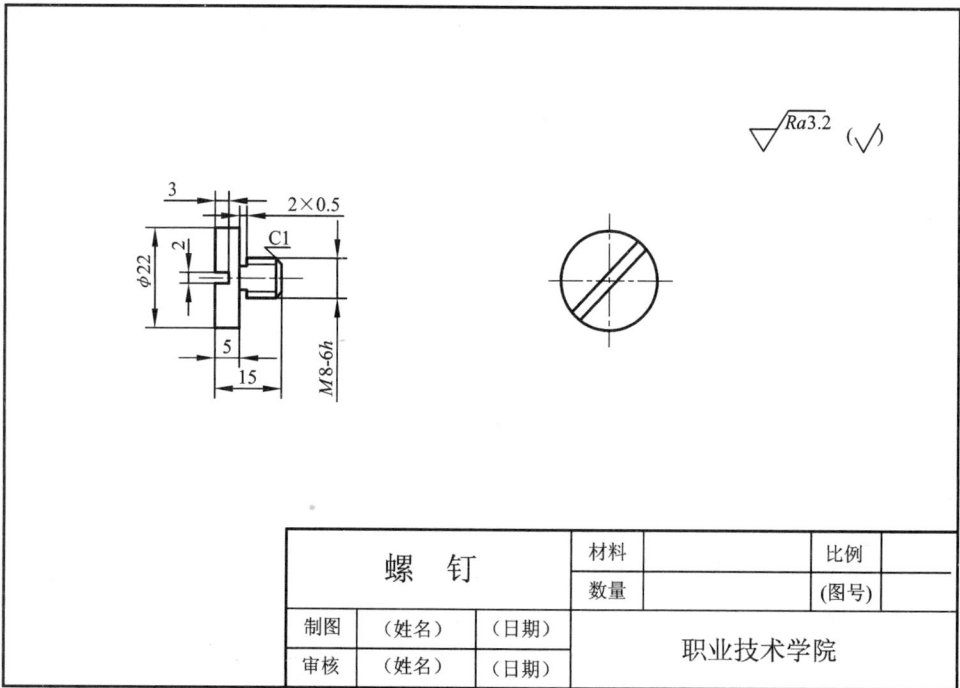

(c)

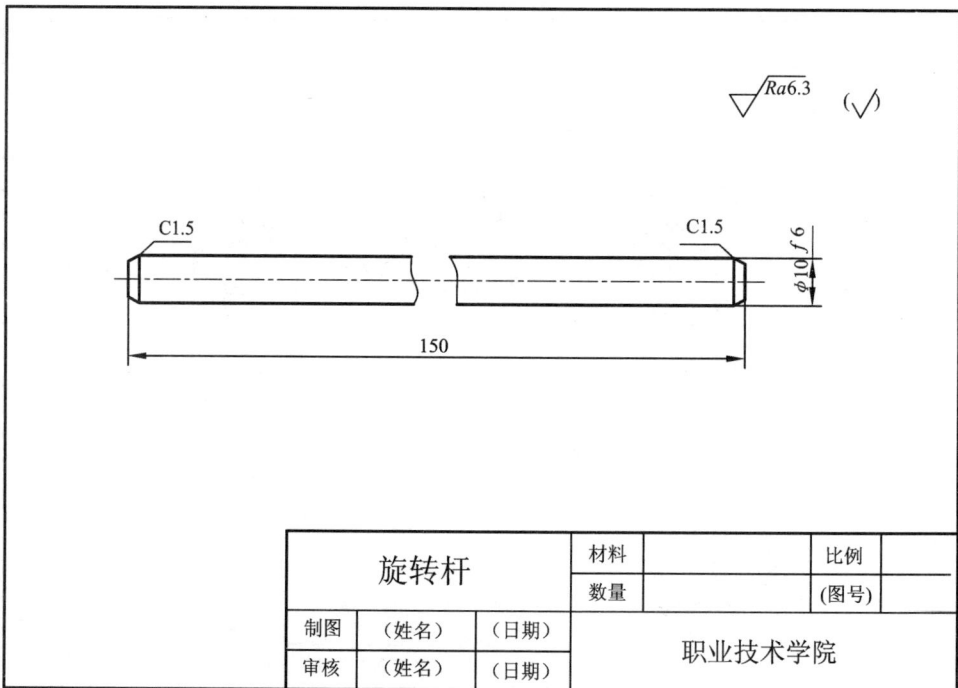

(d)

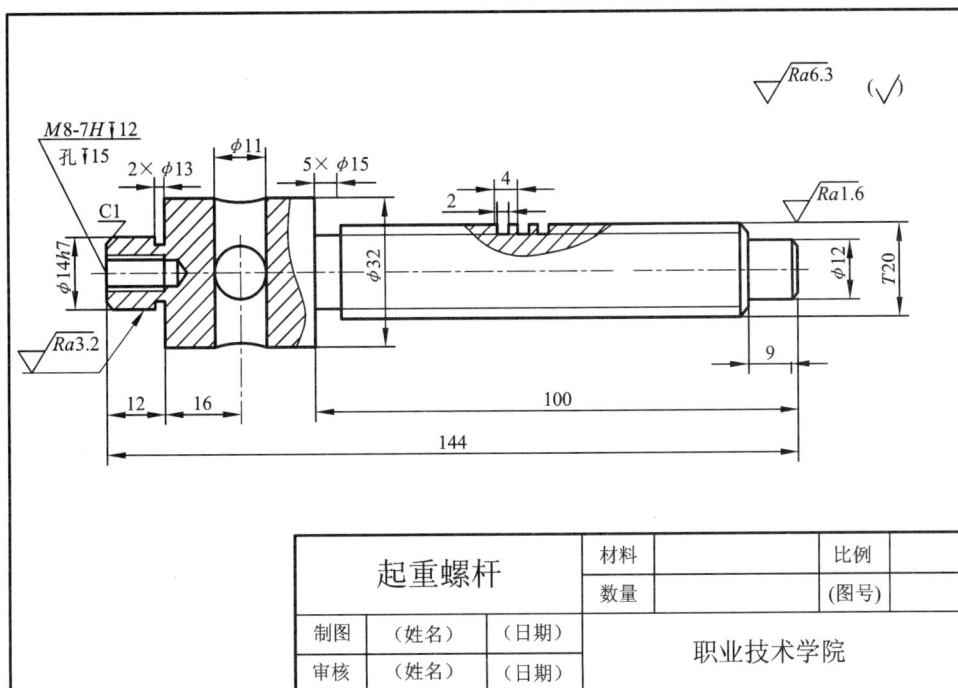

（e）

图 9 - 17　千斤顶零件图组

习题集

项目一　制图的基本知识与技能

1. 将所给图线或图形抄画在右边。

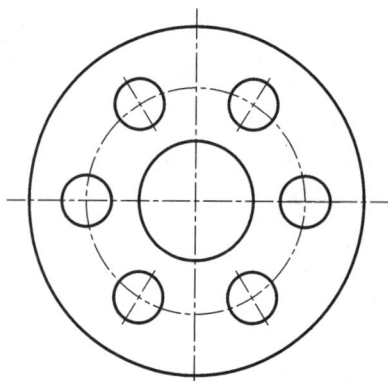

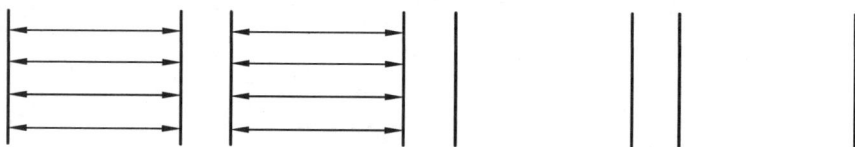

2. 参照所给图形，按给定尺寸用 1:2 比例画出图形并标注尺寸。

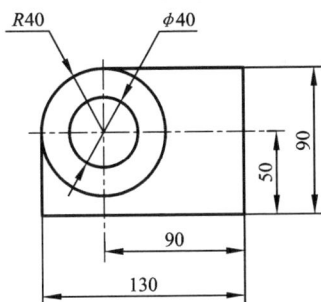

3. 参照下面所给图例，用给定的半径 R 作圆弧连接。

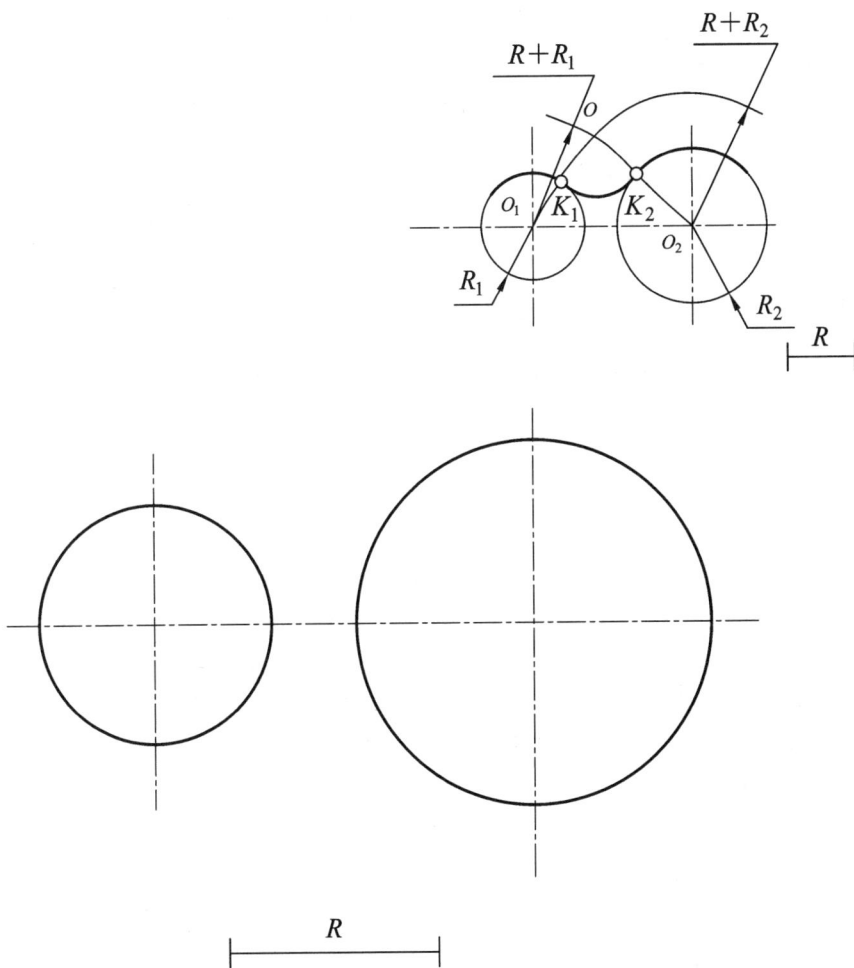

项目二　正投影作图基础

1. 根据立体图中各点的空间位置，画出它们的投影图，并量出各点距各投影面的距离（mm），填入表格。

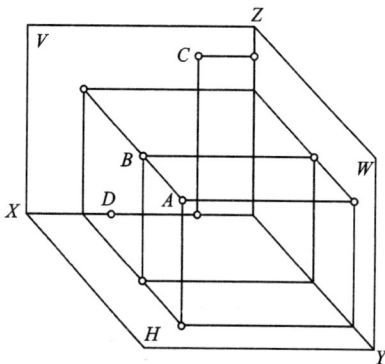

A			
B			
C			
D			

2. 完成平面 A、B、C 的水平投影。

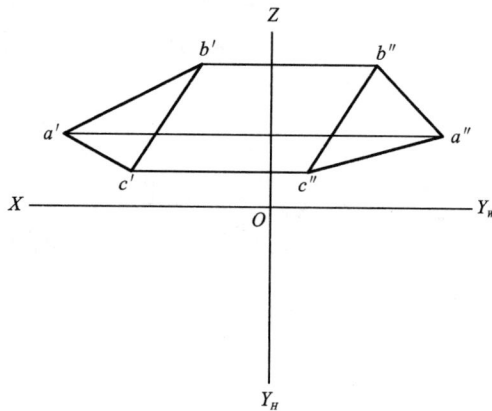

3. 已知点 A 距 V 面 15 mm，距 W 面 20，距 H 面 25 mm；点 B 在 V 面内，距 H 面 20 mm；点 C 距 V 面 20 mm，距 H 面 15 mm 距 W 面 30；点 D 在 H 面内，距 V 面 10 mm。完成它们的投影图（无图，自行作图）。

4. 已知直线 AB 的 V 面、H 面投影，AB 上有一点 C，使 $AC : CB = 3 : 2$，求点 C 的三面投影。

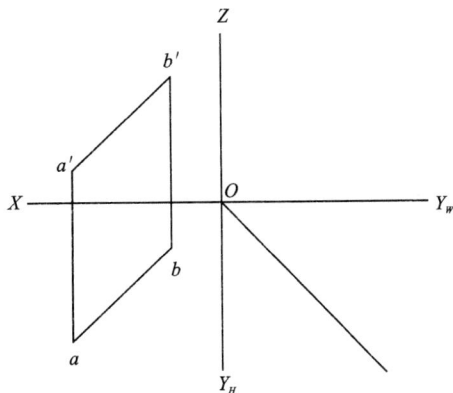

5. 已知 A、B、C、D 四点的两个投影，求作第三面投影。

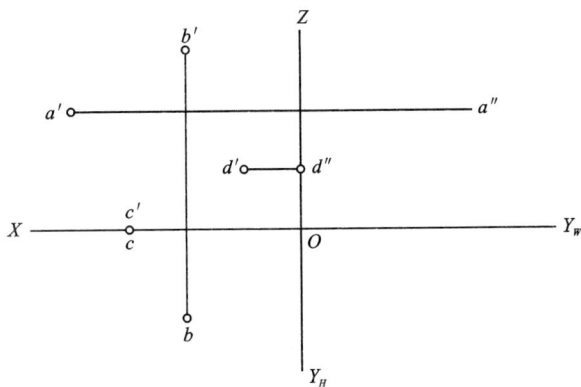

6. 比较 C、D 两点的相对位置。

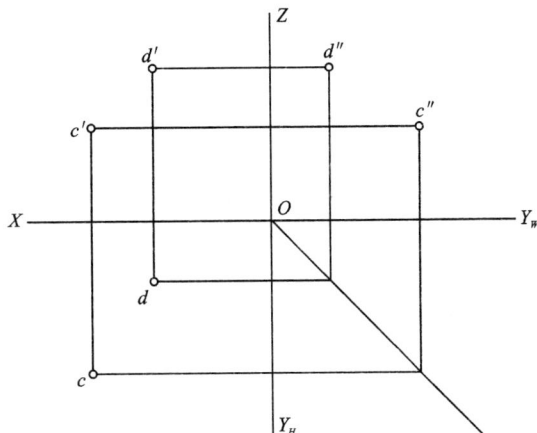

D 与 C 相比, D 在 C 的_____方(上或下);_____方(前或后);_____方(左或右)。

7.求出直线的第三面投影,并判断各直线对投影面的相对位置。

(1)AB 是_____线。

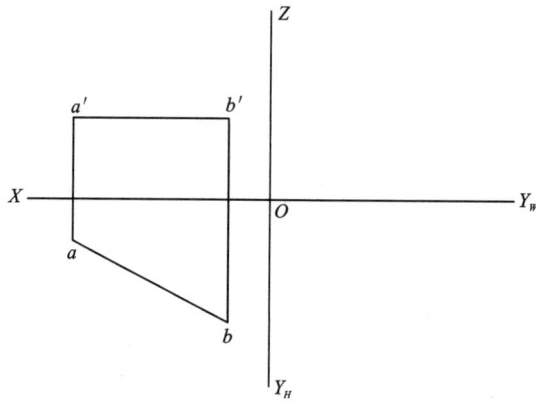

(2)CD 是_____线。

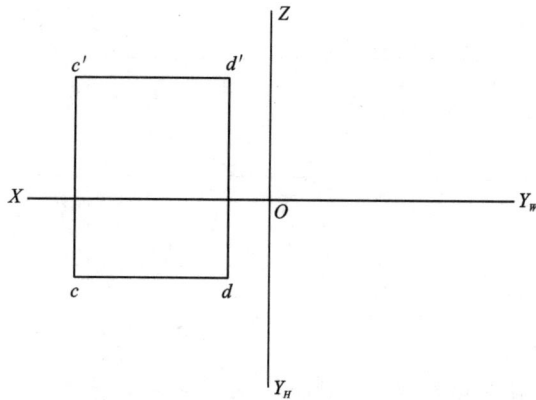

(3)EF 是_____线。

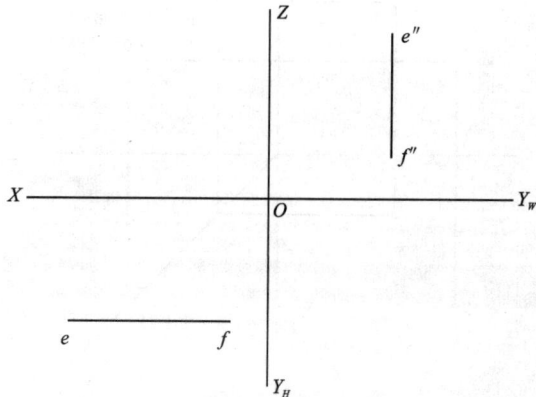

8. 按已知条件画出直线的三面投影。

（1）已知正平线 AB，距 V 面 20 mm，与 H 面的夹角 $\alpha = 30°$，实长 30 mm。

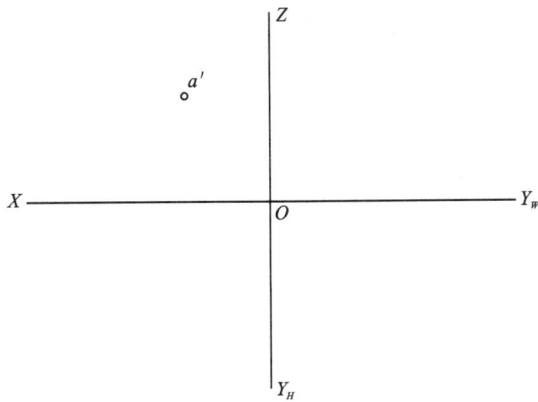

（2）已知铅垂线 CD 距 V 面 15 mm，实长 20 mm。

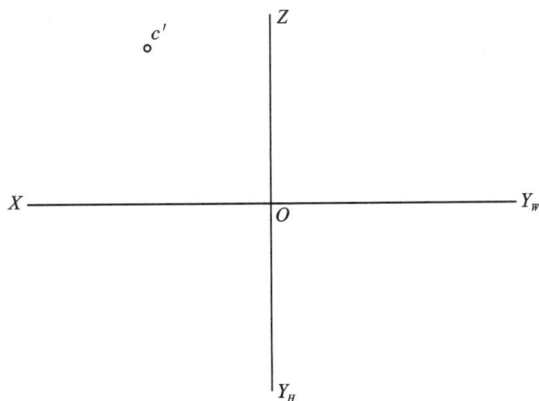

9. 画出下列各平面的第三面投影，判断其对投影面的相对位置，并标出特殊位置平面对投影面倾角的真实大小。

（1）三角形 ABC 是_____面。

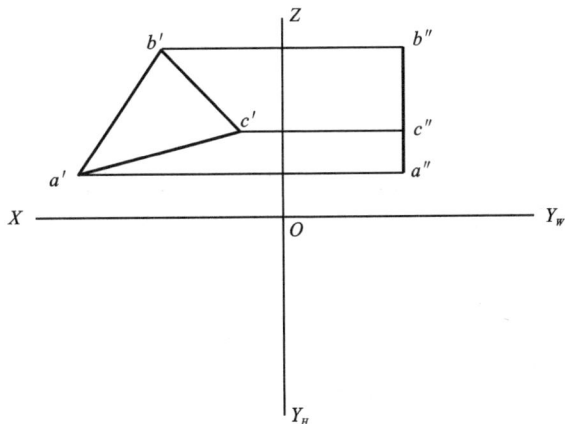

（2）三角形 *ABC* 是_____面。

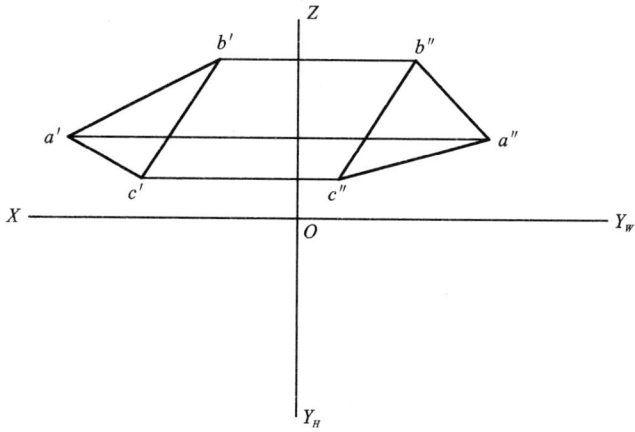

（3）四边形 *ABCD* 是_____面。

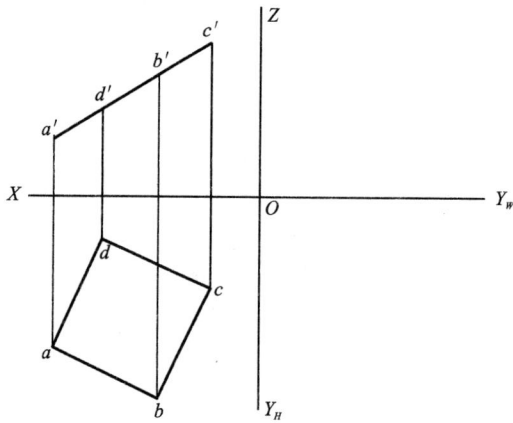

（4）多边形 *ABCDEFGH* 是_____面。

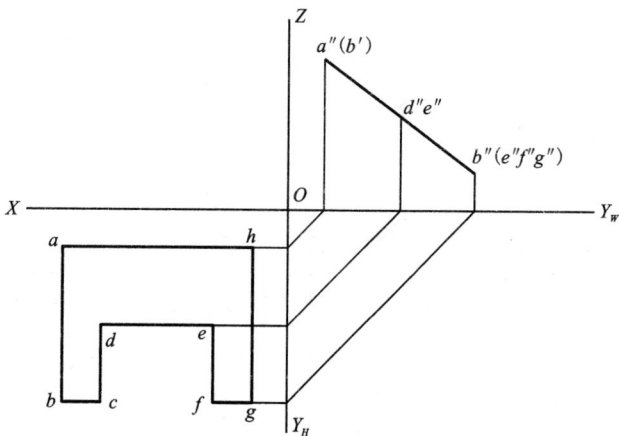

10. 已知点 K 在平面三角形 ABC 内，试完成三面投影。

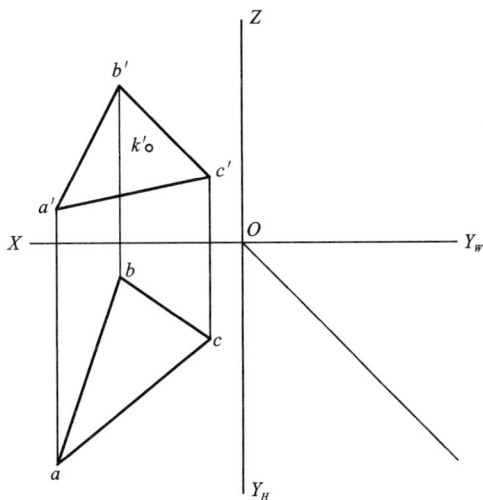

11. 已知点 K 在平面 ABC 内，求出其正面投影；判断点 D 是否在平面内。

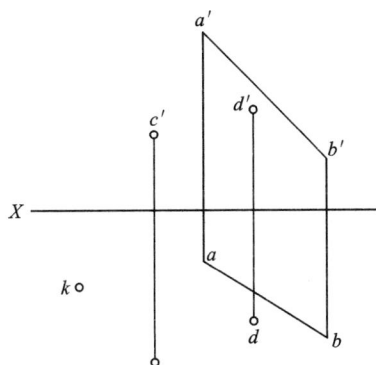

12. 试完成平面内三角形 EFG 的水平面投影。

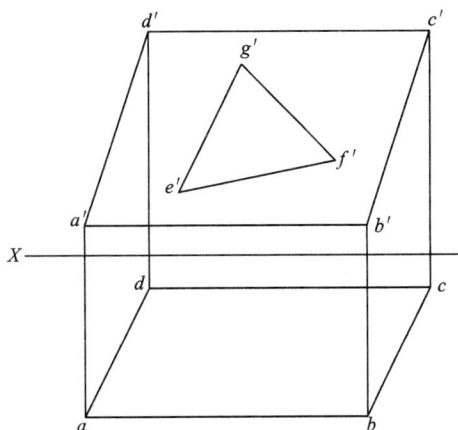

13. 完成五边形 *ABCDE* 的正面投影(已知 *AB* 为侧平线)。

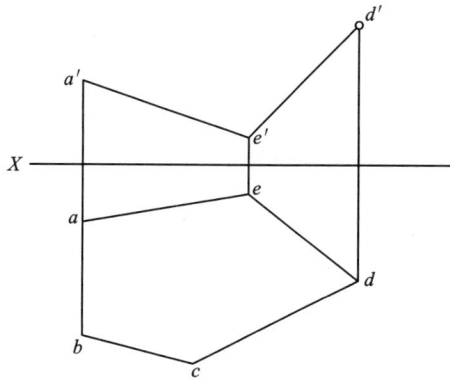

14. 根据已给的新投影轴,求出点 *A*、*B* 的新投影。

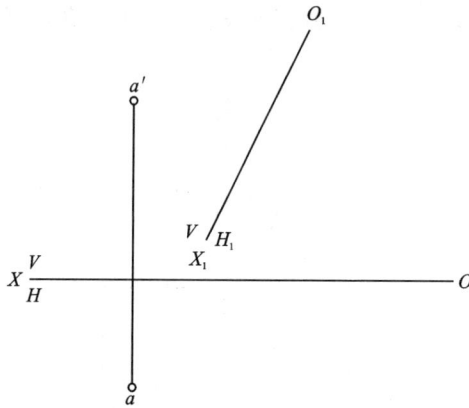

15. 求出点的 *H*、*V* 面投影。

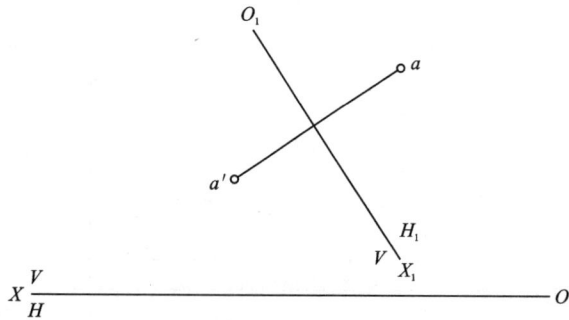

16. 已知直线 AB 的端点 B 比 A 高，且 $AB = 25\text{mm}$，试求其正面投影。

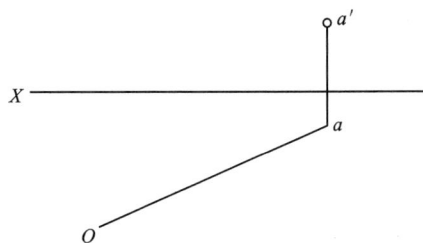

项目三　基本体作图基础

1. 补画第三视图，并作出立体表面上点 M、N 的另两个投影。

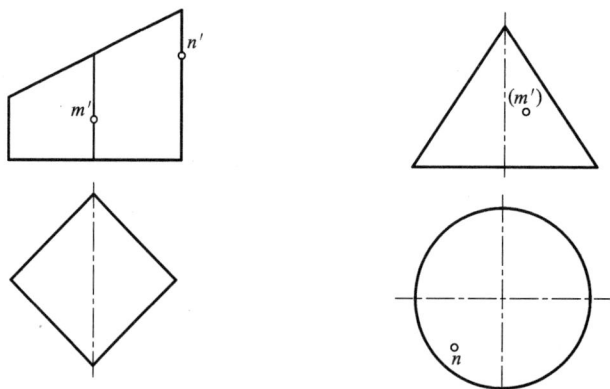

2. 分析截交线的投影，参照立体图补画第三视图。

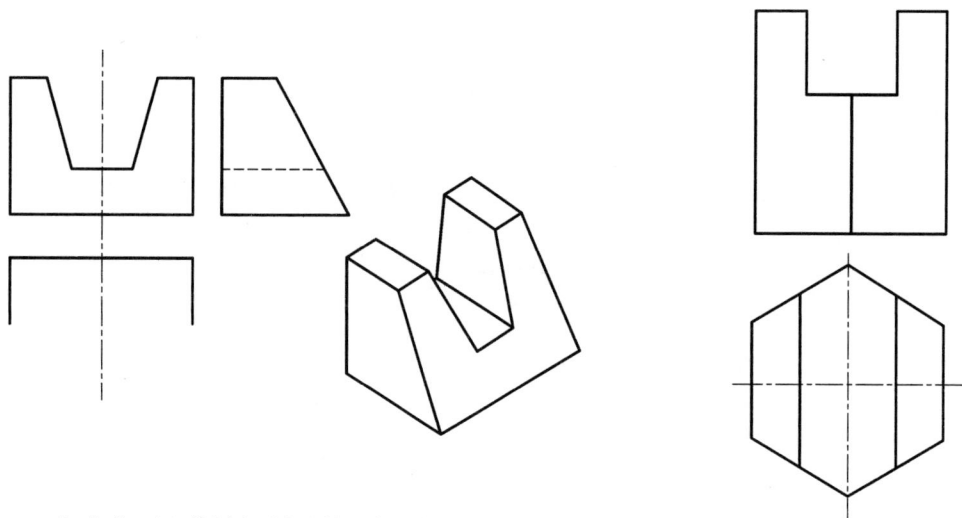

3. 完成曲面立体被切割后的左视图。

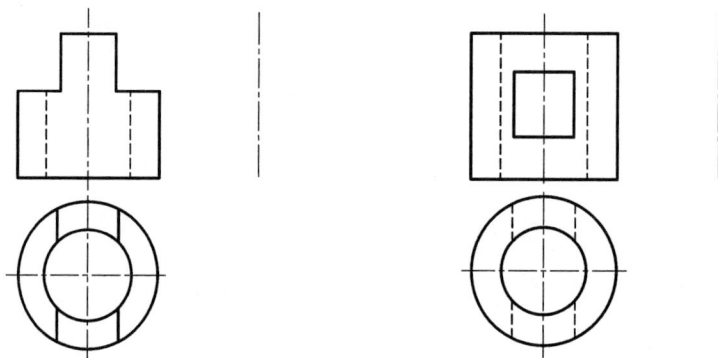

4. 完成曲面立体被切割后的左视图或俯视图。

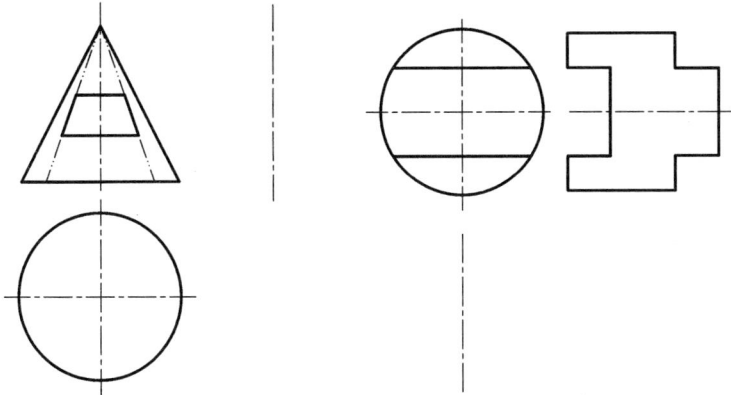

5. 补全相贯线的投影。

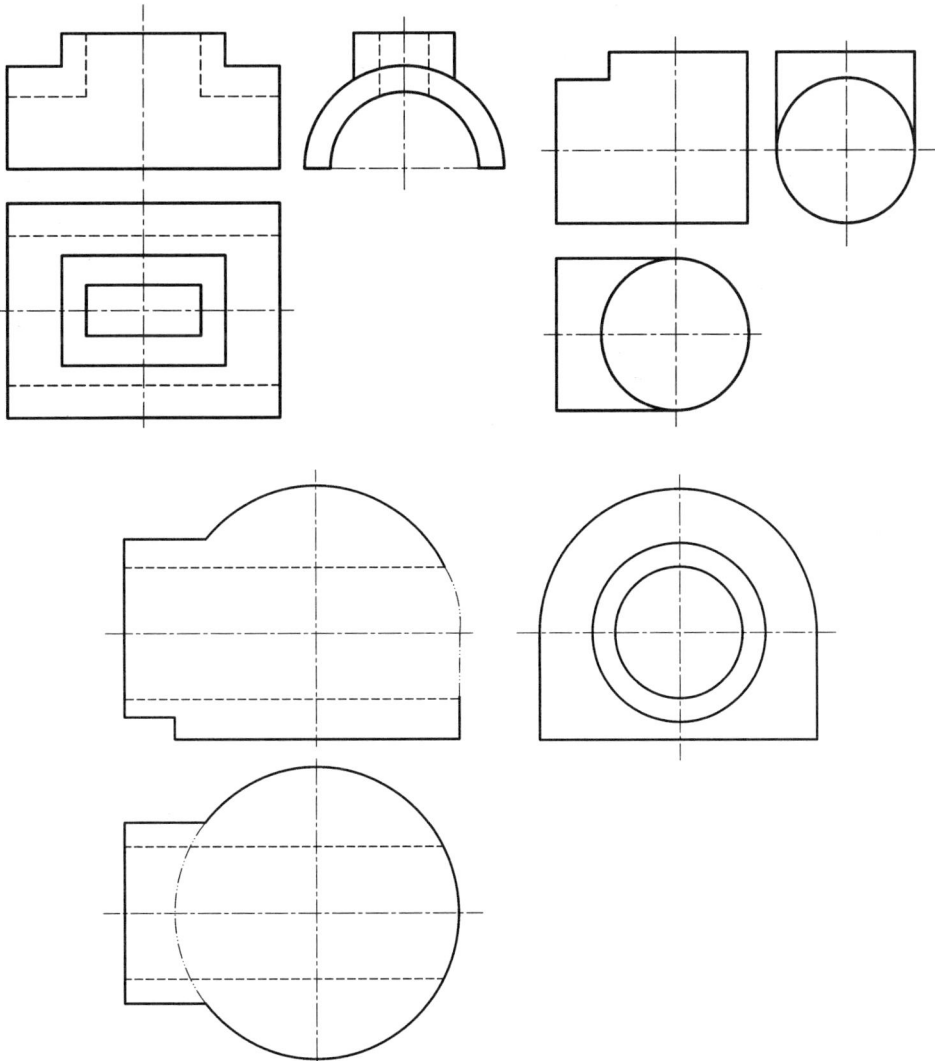

项目四　轴测图

1. 由给定视图画正等轴测图。

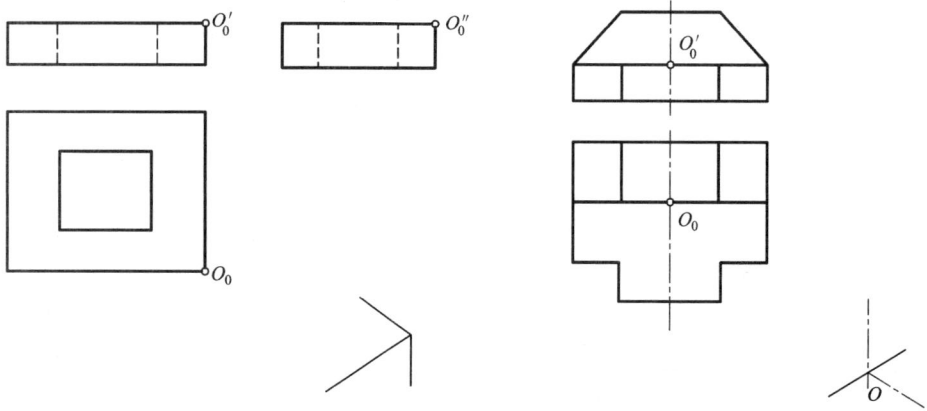

2. 按给定的三视图想象柱体的形状，补画视图中的缺线，并画正等轴测图。

3. 由视图画正等轴测图（平面体）。

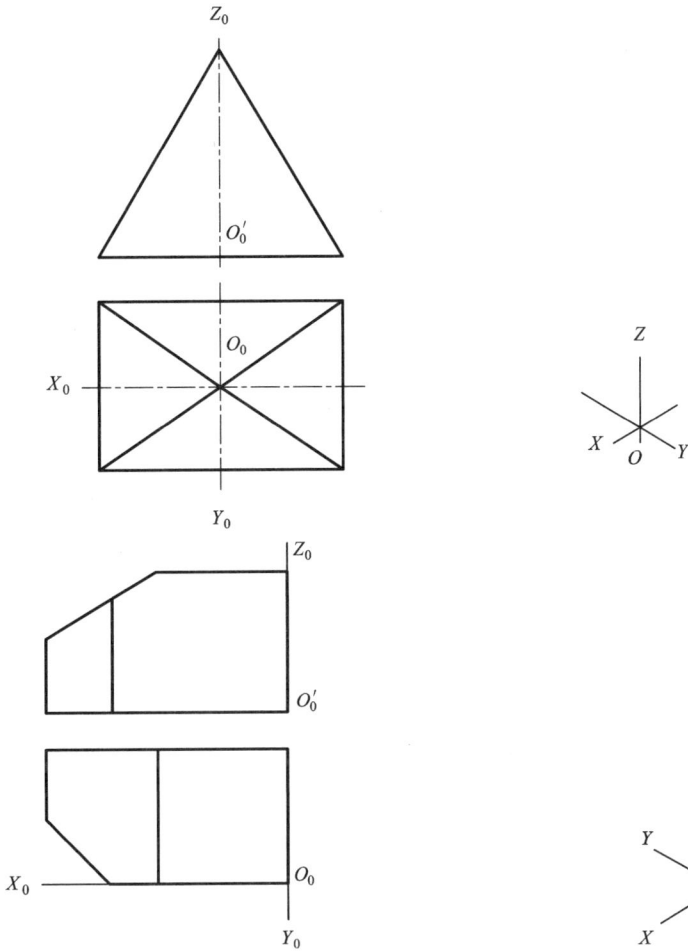

4. 由视图画正等轴测图（曲面体）。

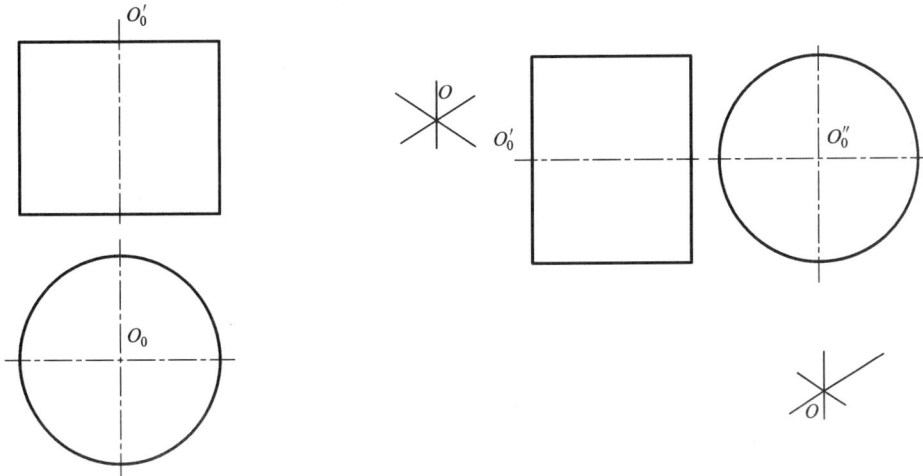

5. 按给定的两视图补画第三视图，并画正等轴测图。

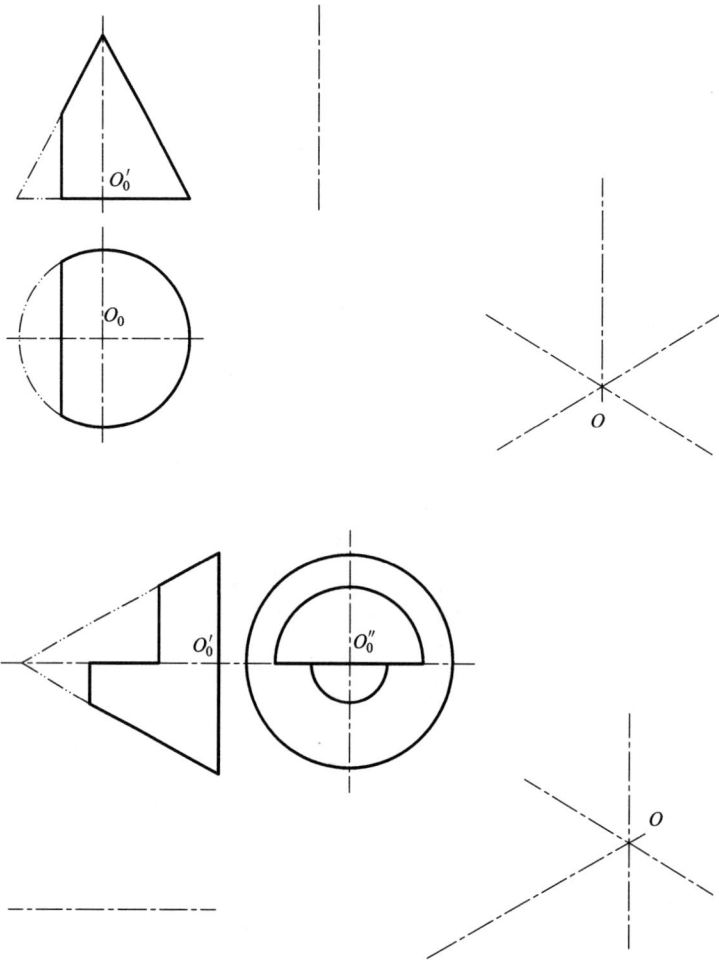

6.补画视图中的漏线，并在该立体的轴测图轮廓内完成轴测草图。

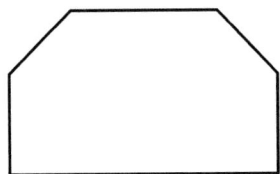

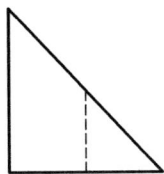

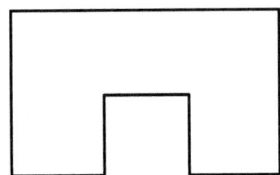

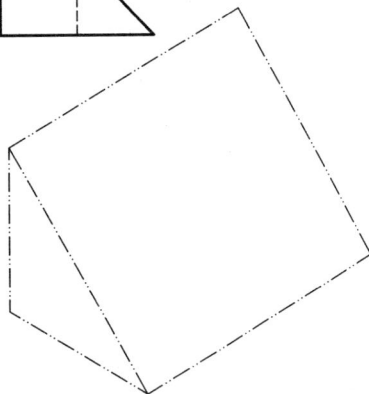

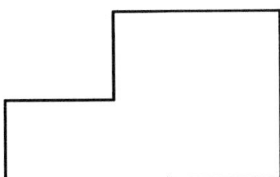

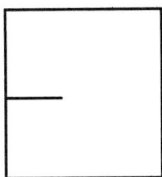

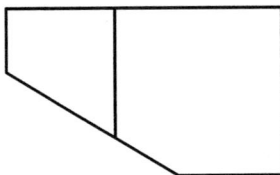

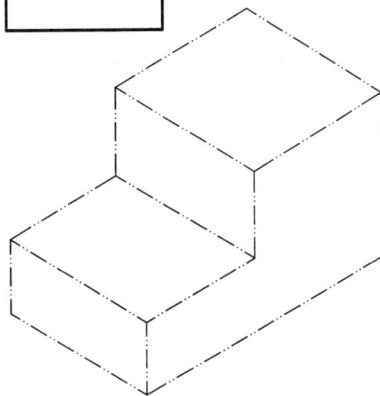

项目五　组合体

1. 参照立体示意图，补画三视图中的漏线。

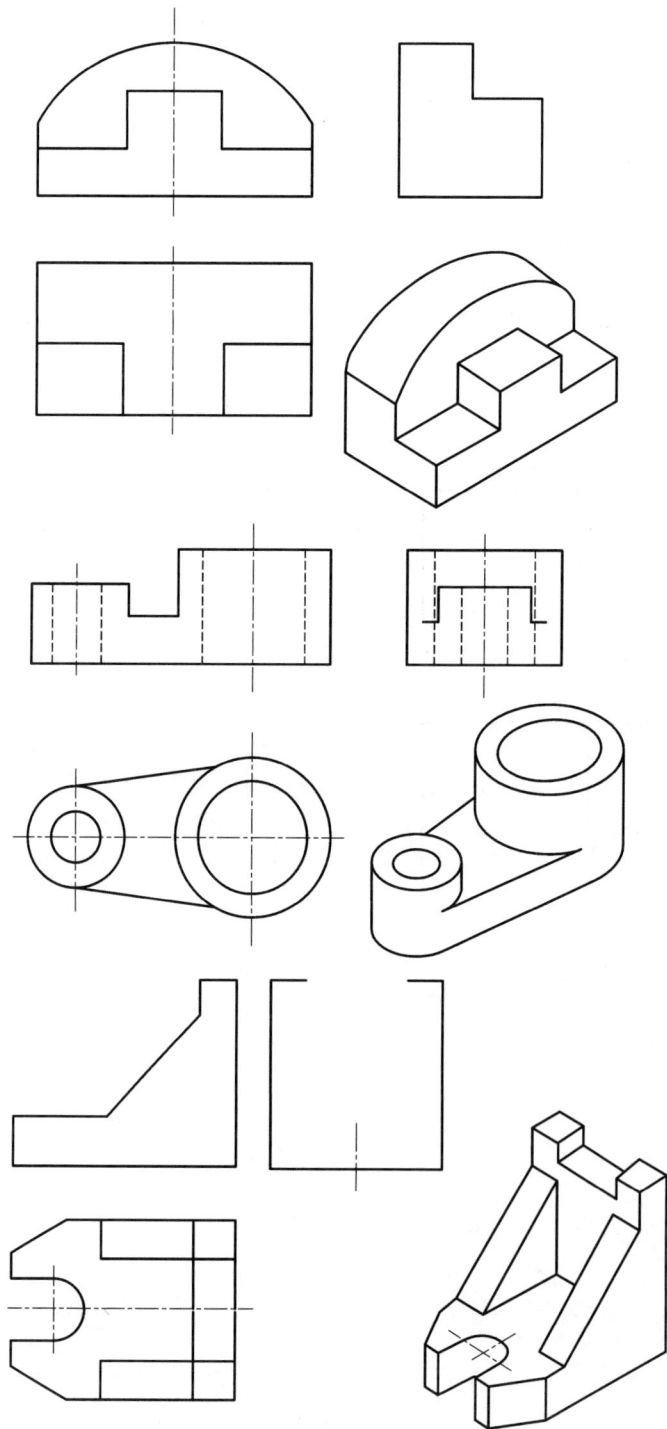

2. 参照立体示意图和给定的视图补画其他视图。

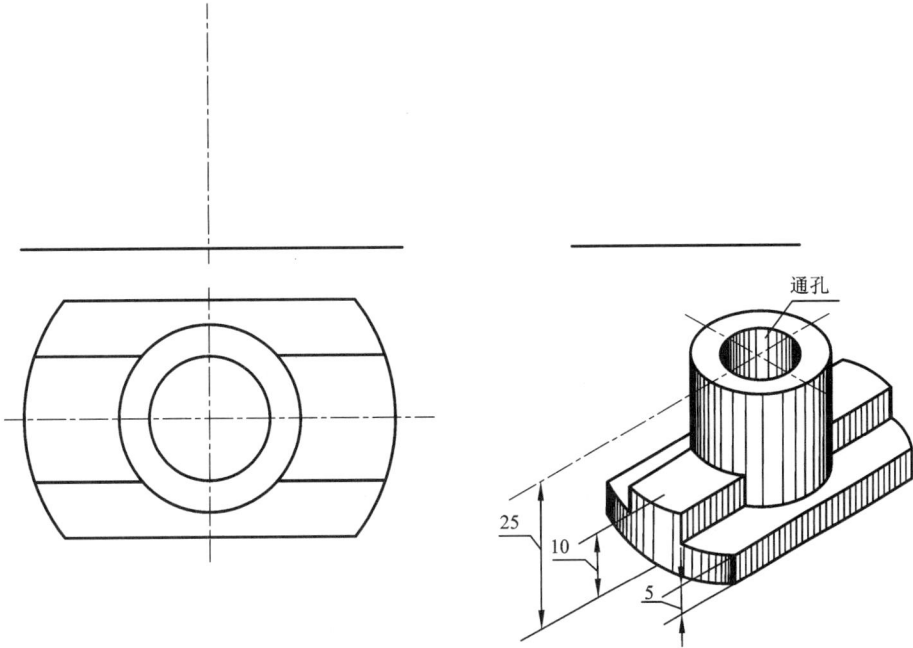

通孔

25
10
5

3. 用符号▲标出宽度、高度方向尺寸主要基准，并补注视图中遗漏的尺寸。

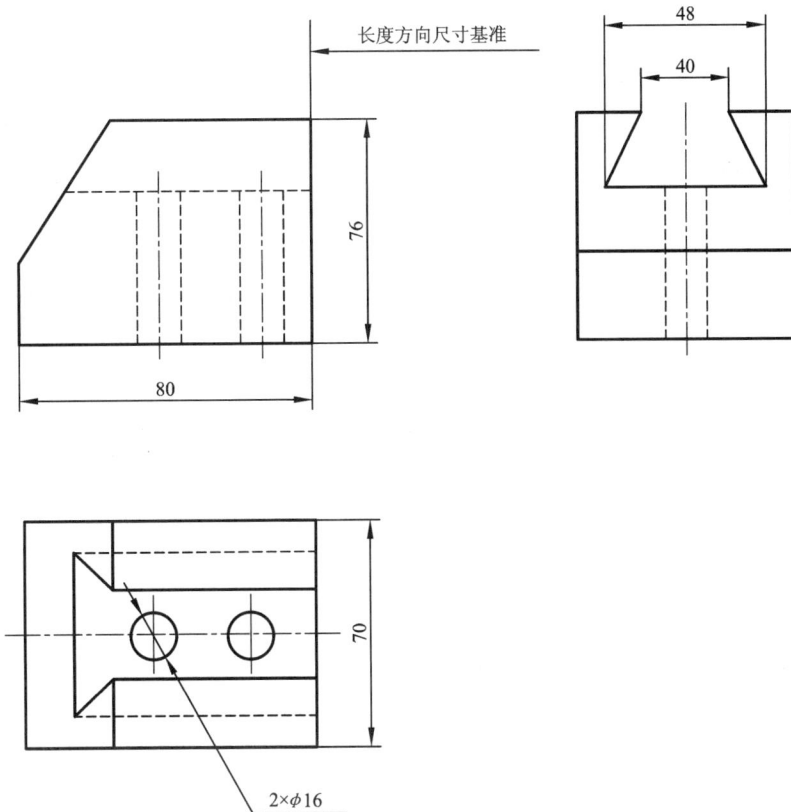

长度方向尺寸基准

48

40

76

80

70

2×φ16

4.标出组合体的尺寸，数值从视图中量取，并标出尺寸基准。

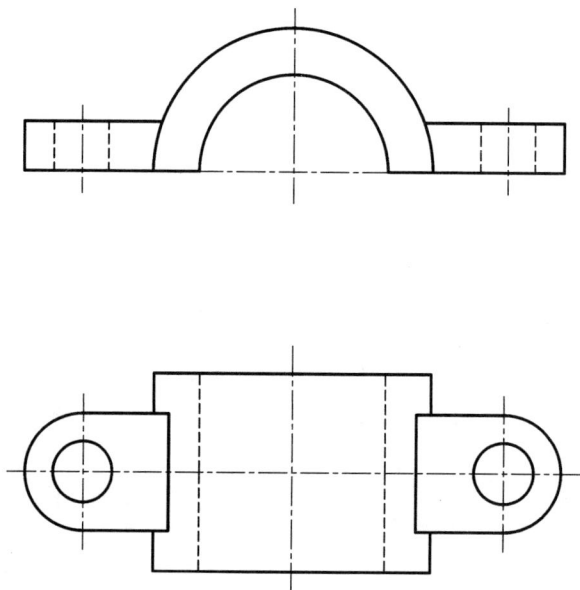

5.画组合体的三视图（比例1∶1），并标尺寸。

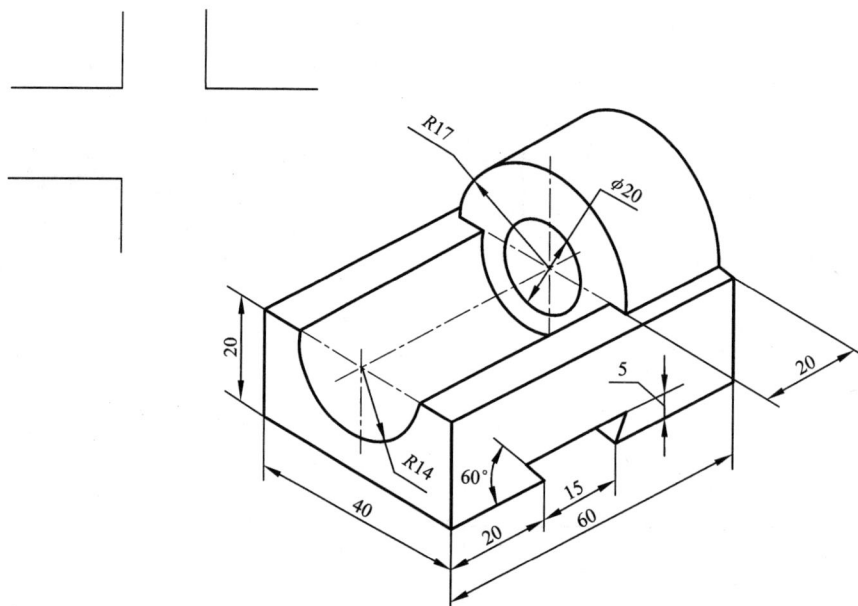

6.根据组合体的视图画轴测图，尺寸按 1:1 量取。

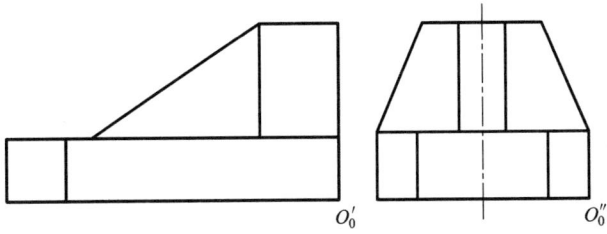

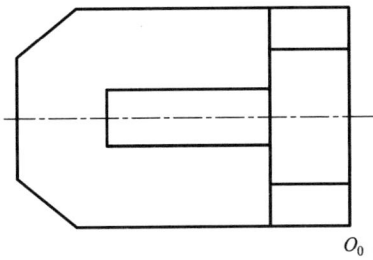

7.补画俯视图（半圆板厚 5mm，若有凸出部分，向前伸出 3mm）。

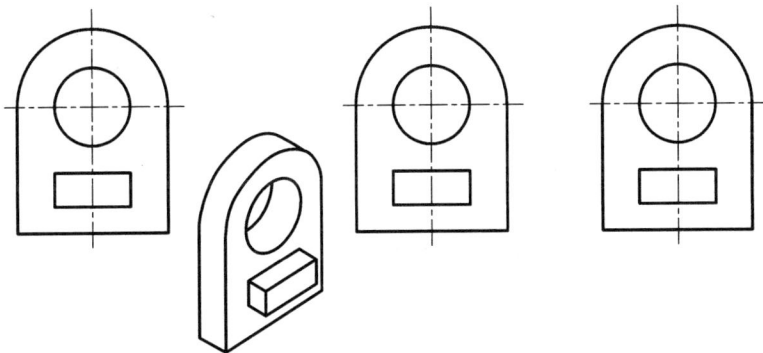

8.补画左视图。

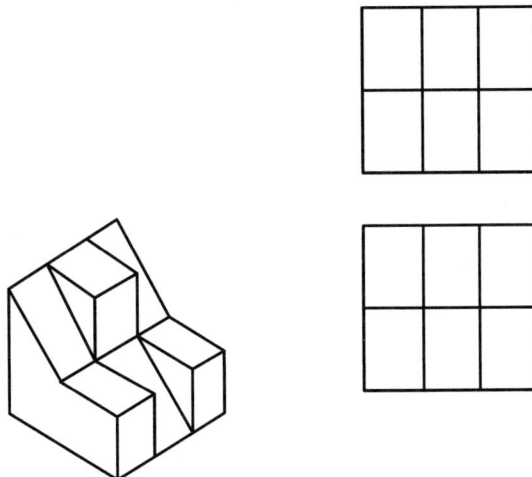

9.读懂组合体三视图，填空。

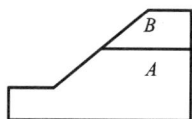

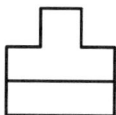

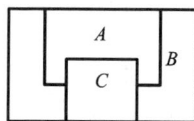

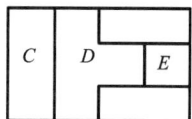

线框A表示 _____ 面
线框D表示 _____ 面
面A在面B之 _____（前、后）
面C在面E之 _____（上、下）
将D在主、俯、左视图中的投
影涂红色（如为积聚投影，则将
其描红）

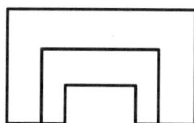

线框A表示 _____ 面
线框C表示 _____ 面
面B在面C之 _____（前、后）
将A在主、俯、左视图中的投
影涂红色（如为积聚投影，则将
其描红）

10.由已知两视图补画第三视图。

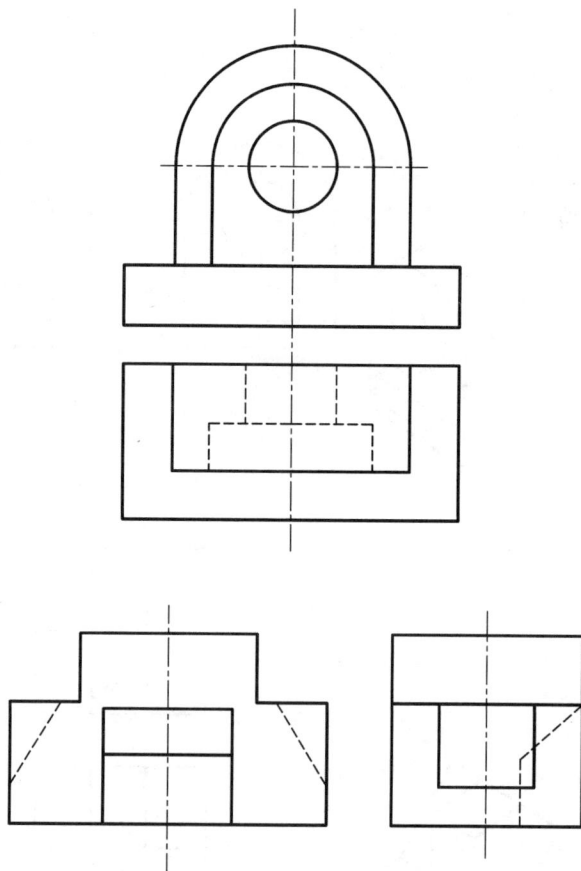

11. 由已知两视图补画第三视图。

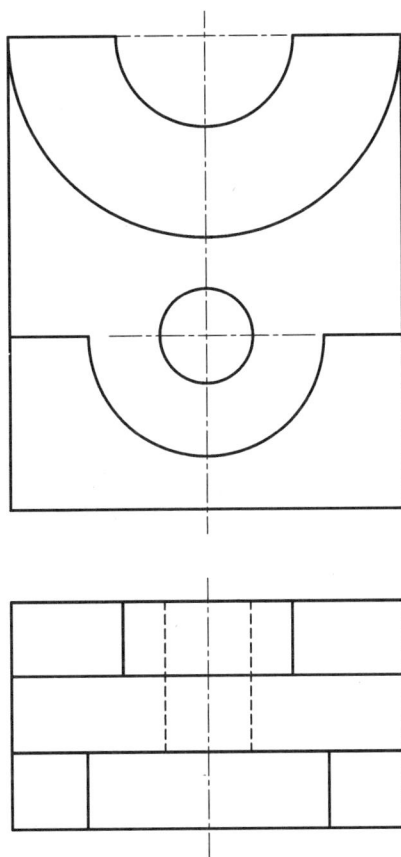

12. 根据给定的主视图，构思不同形状的组合体，并画出它们的俯、左视图。

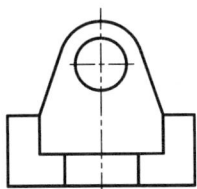

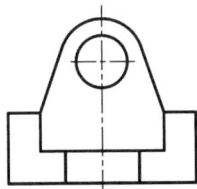

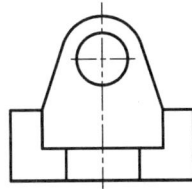

项目六 汽车零件的表示方法

1.看懂三视图，画出右视图和 A 向、B 向视图。

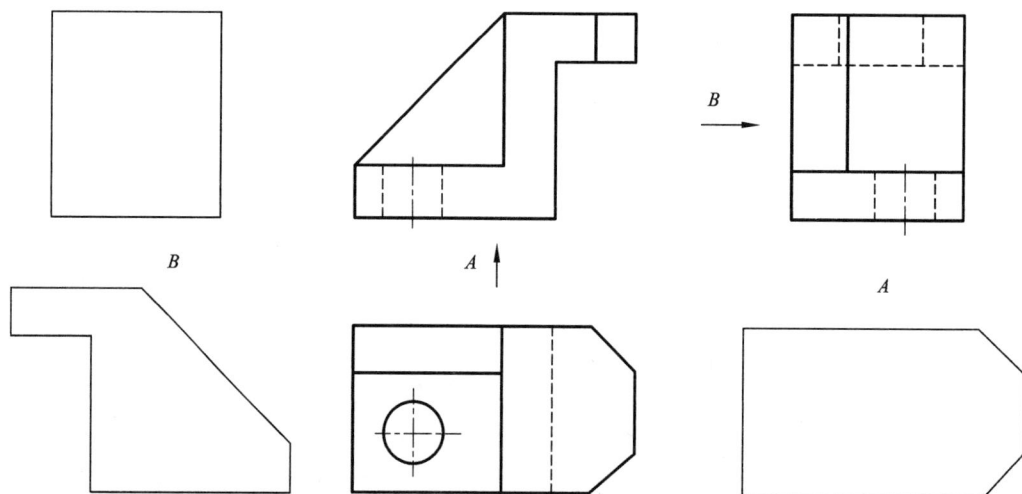

B

A

B

A

2.在指定位置作局部视图和斜视图。

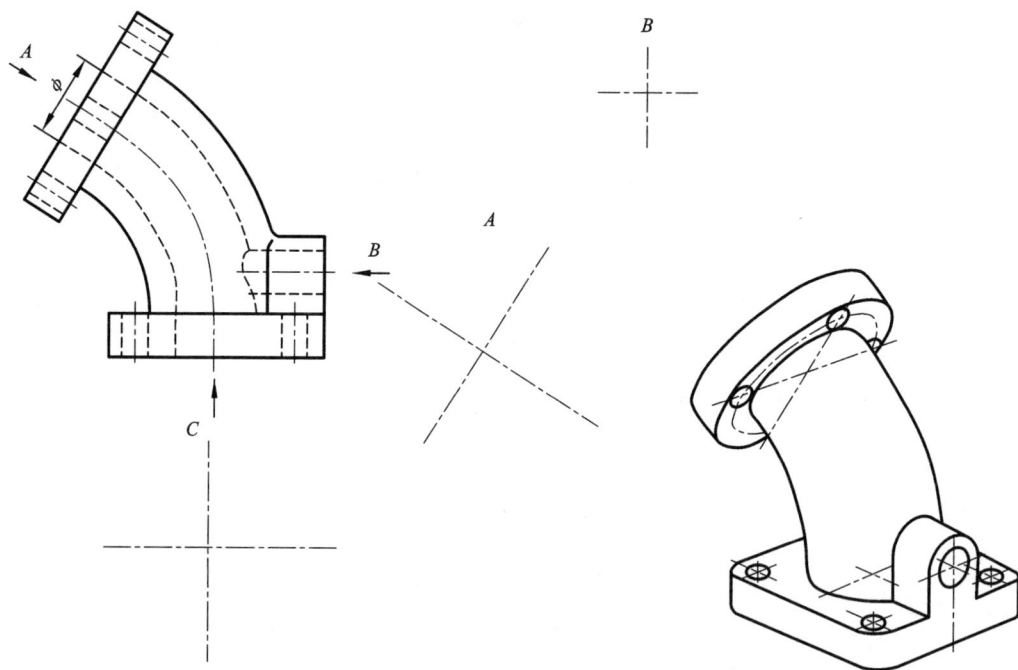

A

B

C

A

B

3. 读懂弯板的各部分形状后完成局部视图和斜视图, 并按规定标注。

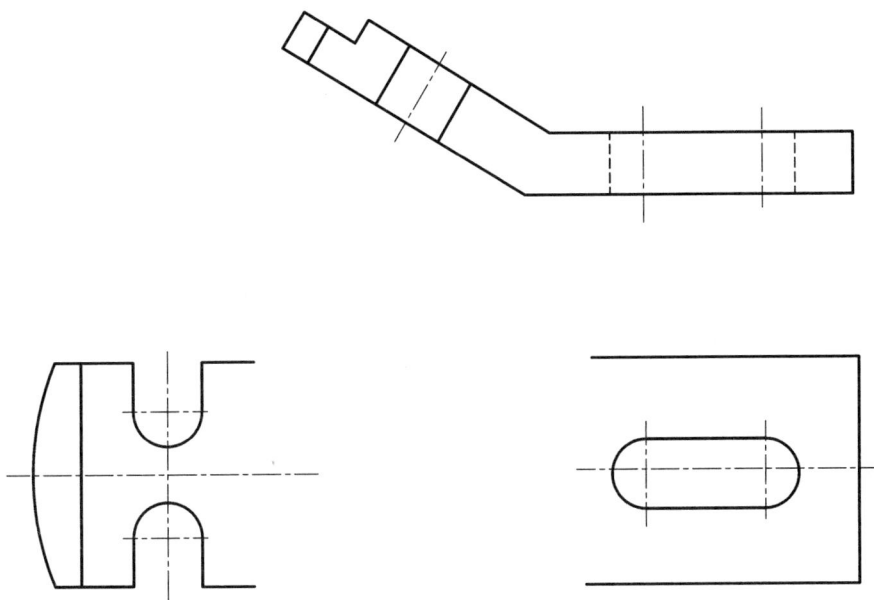

4. 将主视图画成全剖视图。

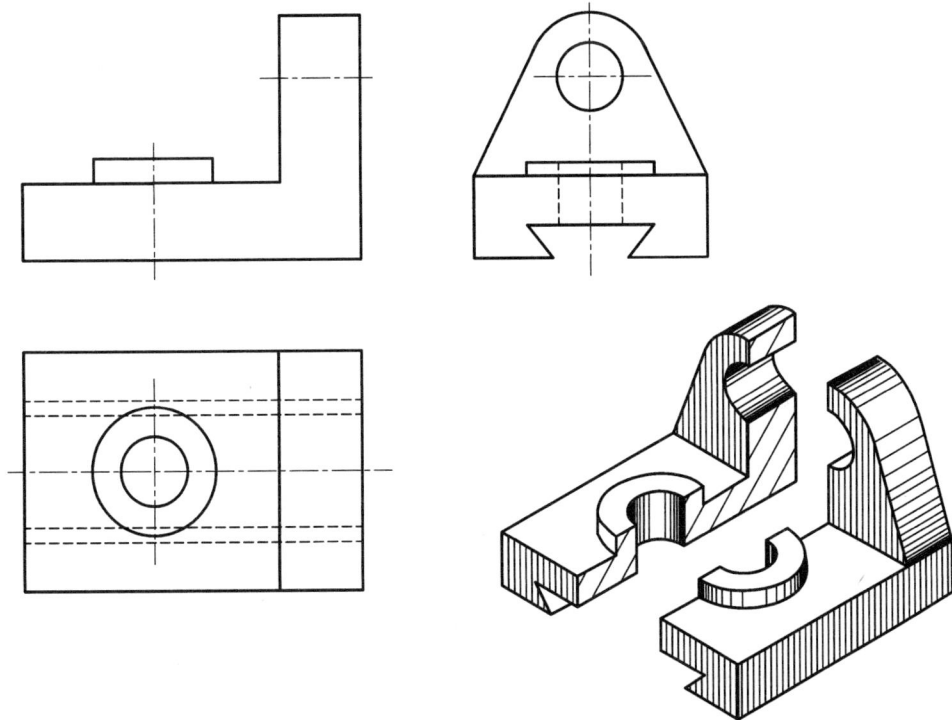

5. 补全剖视图中的漏线。

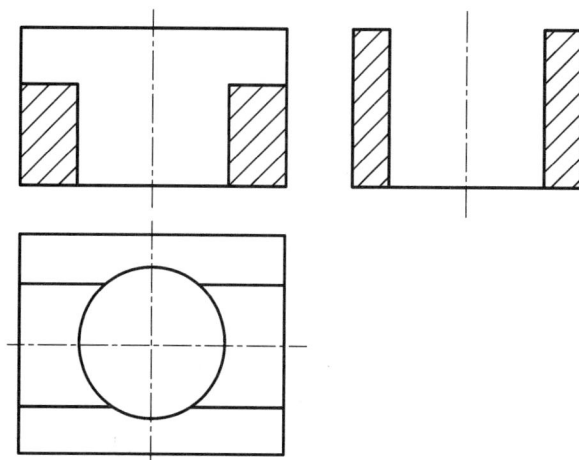

6. 在指定位置将主视图改画成全剖视图。

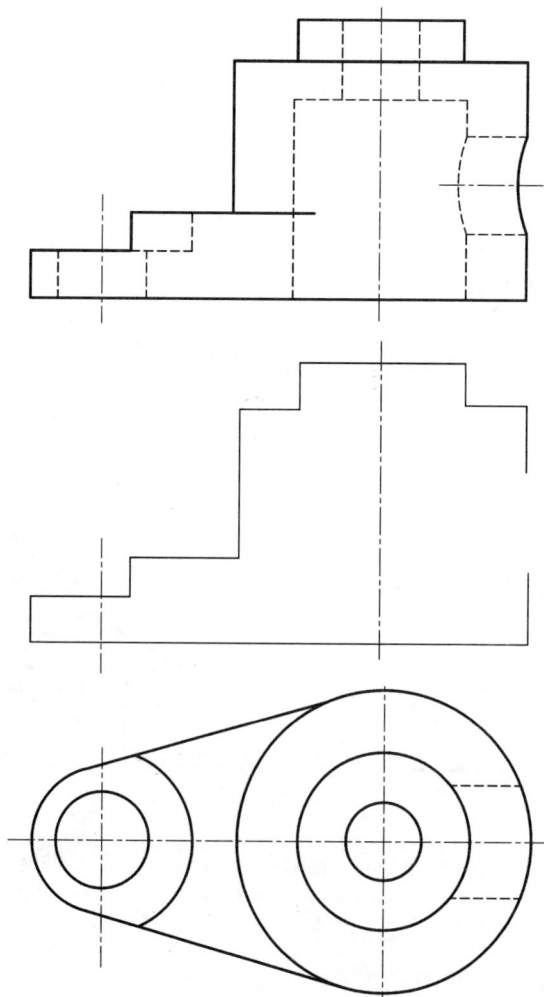

7. 作出 $B-B$ 全剖视图。

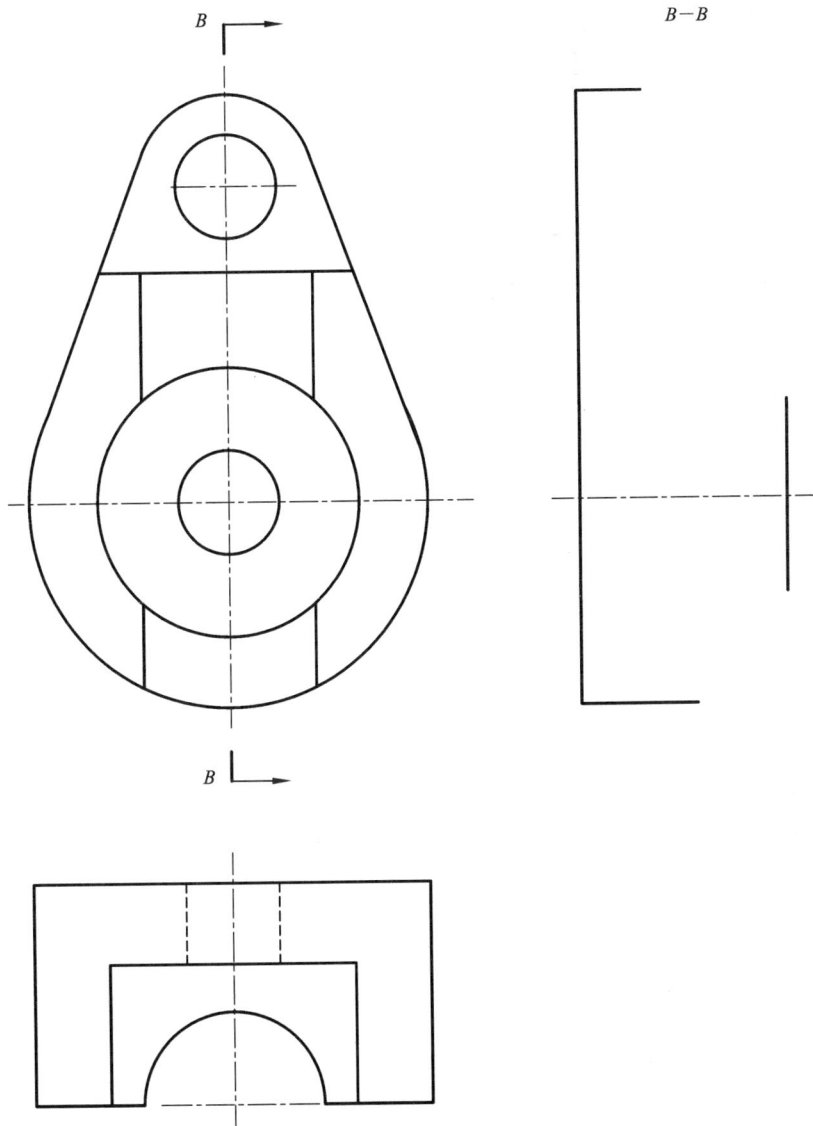

B

$B-B$

B

8.将主视图画成半剖视，左视图画成全剖视。

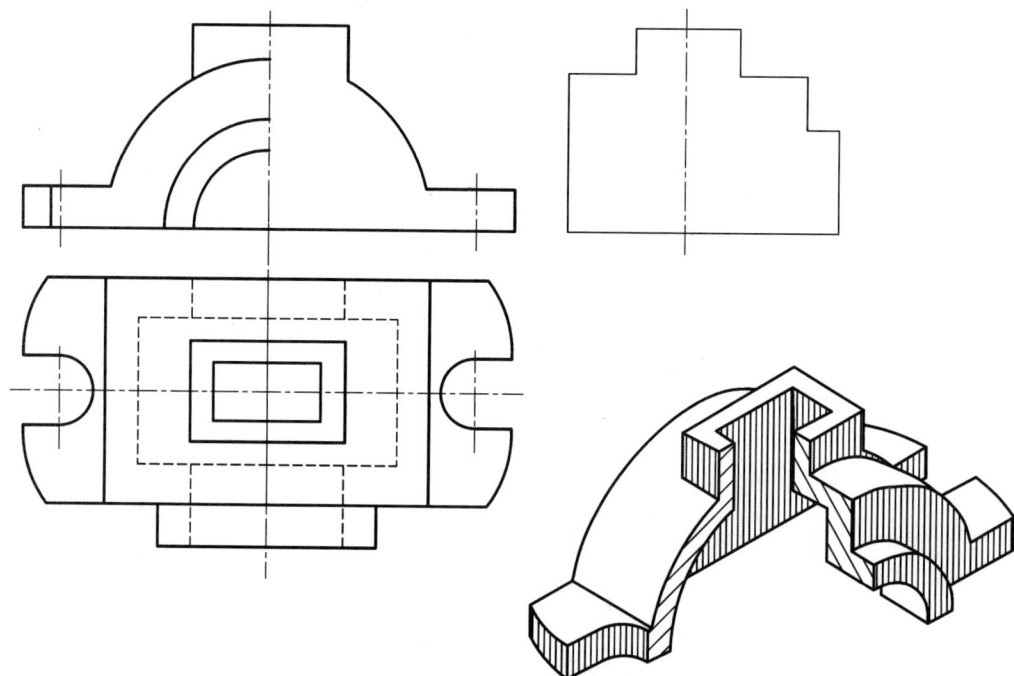

9.补全主视图中的漏线。

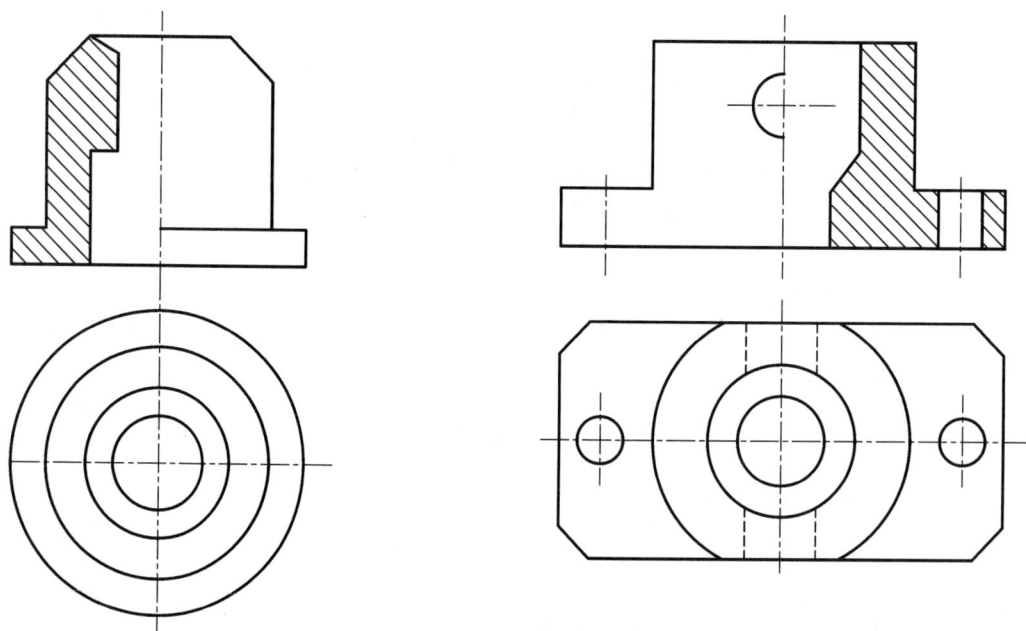

10. 作 $C-C$ 剖视图。

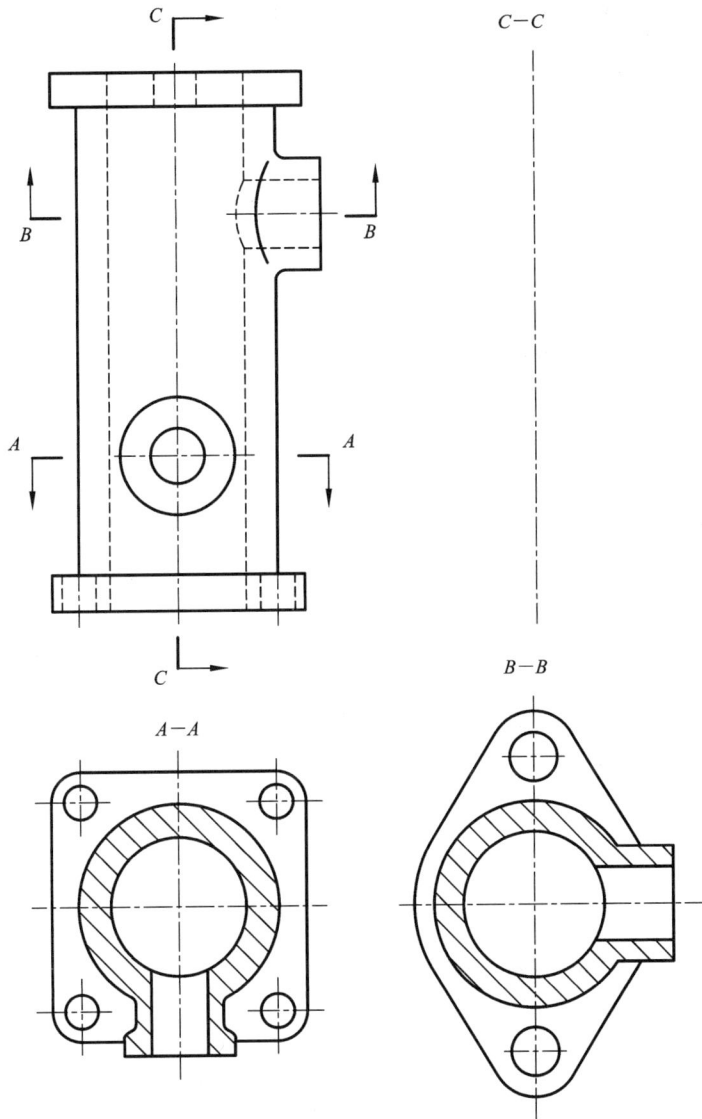

$C-C$

$A-A$

$B-B$

11. 用几个平行的剖切平面将主视图画成全剖视图。

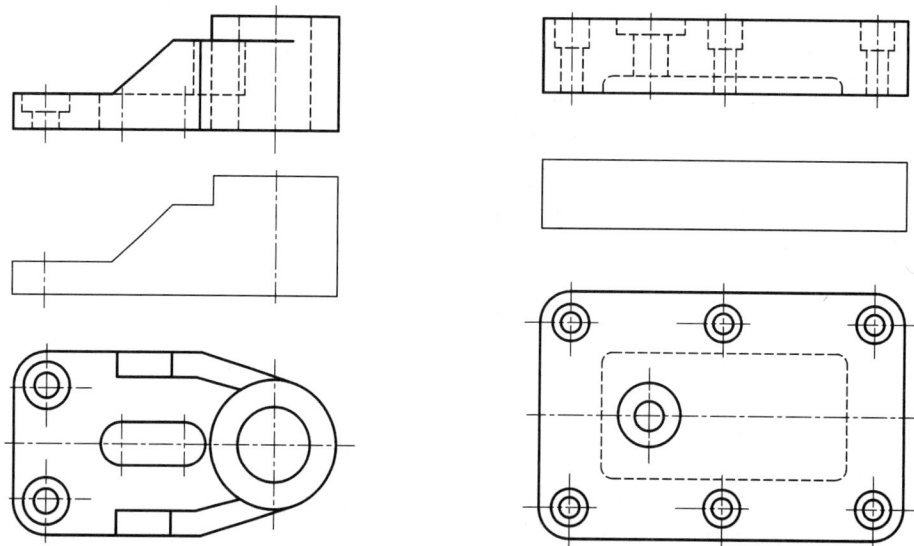

12. 用相交的剖切面剖开机件，在指定位置将主视图画成全剖视图。

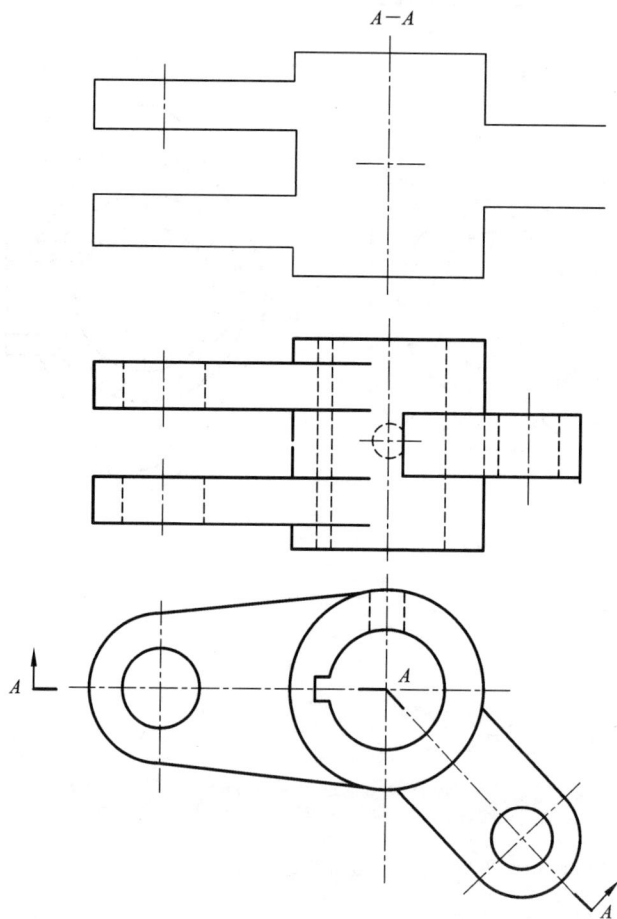

A—A

13. 在指定位置作出断面图（单面键槽深4mm，右端面有双面平面）。

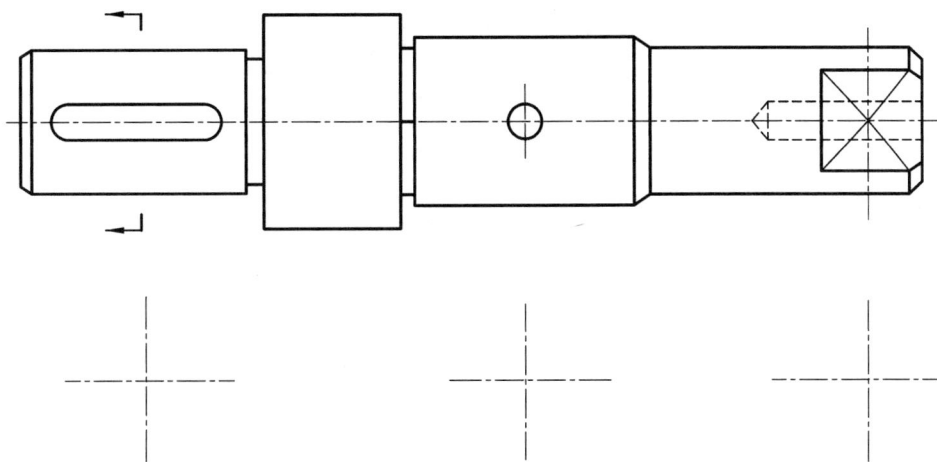

14. 分析断面图的表达错误，并在下图中画出正确的断面图。

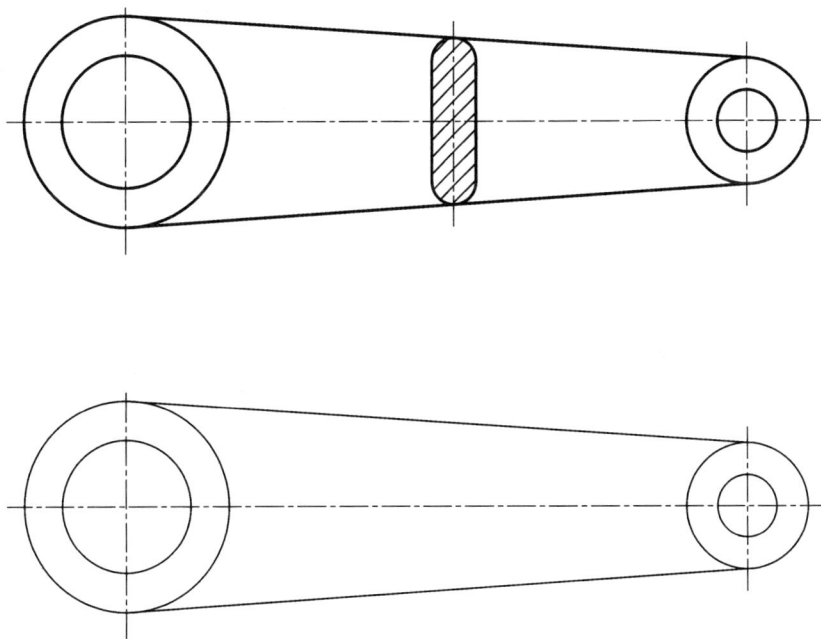

15. 将主视图改画成全剖视图。

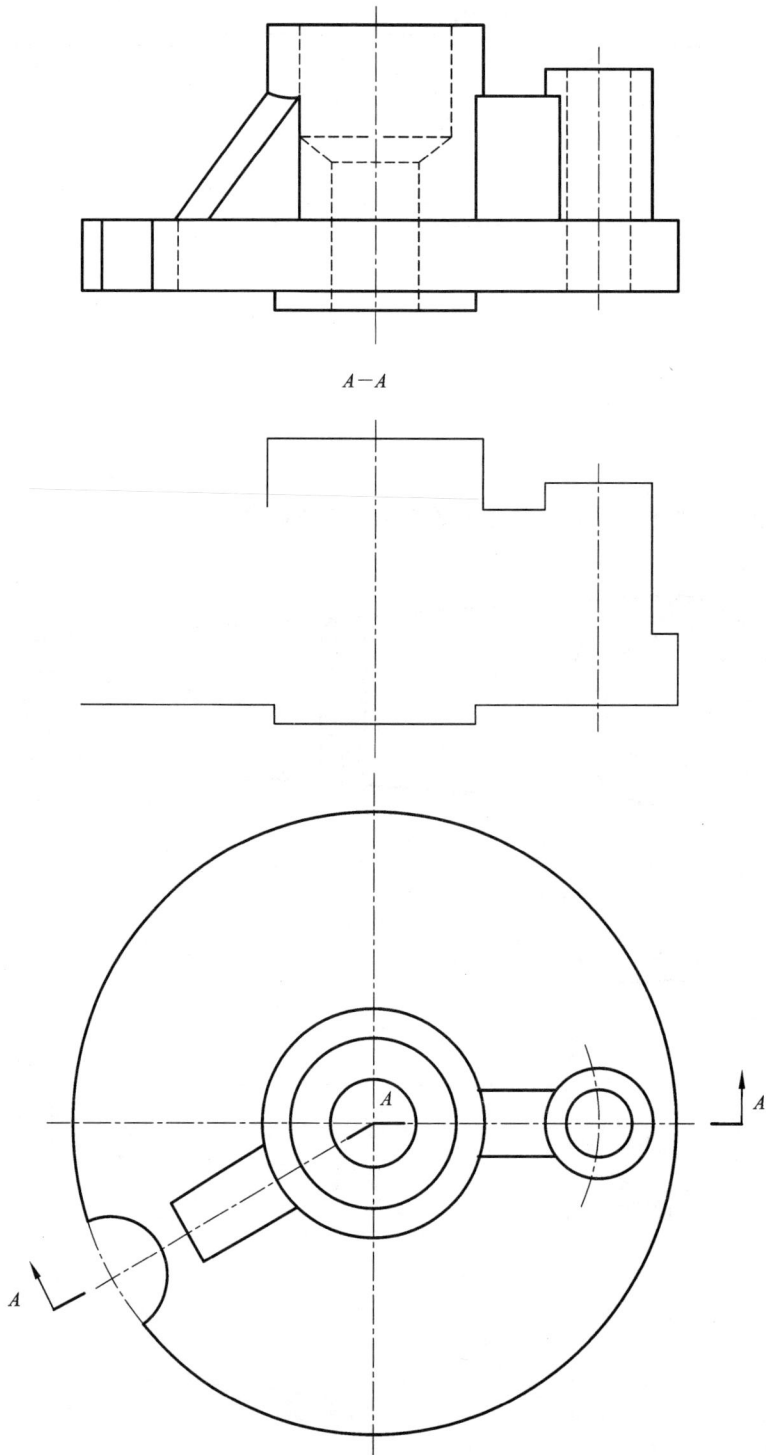

$A-A$

项目七 零件的结构分析及尺寸标注

1. 分析螺纹画法中的错误，并在指定位置画出其正确的图形。

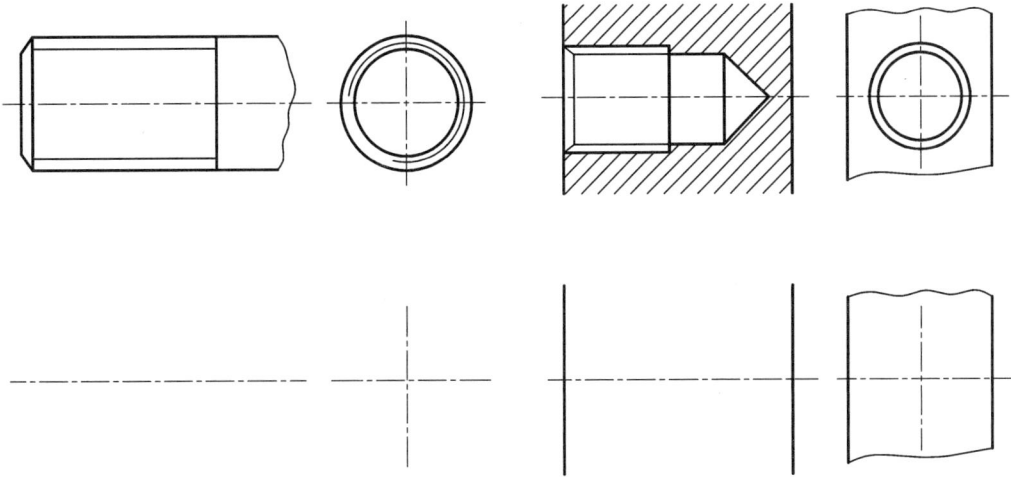

2. 按螺纹的标记填表。

螺纹标记	螺纹种类	大径	螺距	导程	线数	旋向	公差代号
M20 − 6h							
M16 × 1 − 5g6g							
M24LH − 7H							
B32 × 6LH − 7e							
Tr48 × 16(P8) − 8H							

3. 按螺纹的标记填表。

螺纹标记	螺纹种类	尺寸代号	大径	螺距	旋向	公差等级
G1A						
R₁1/2						
Rc1 − LH						
Rp2						

4. 螺栓连接。螺栓 GB/T 5782M12×55

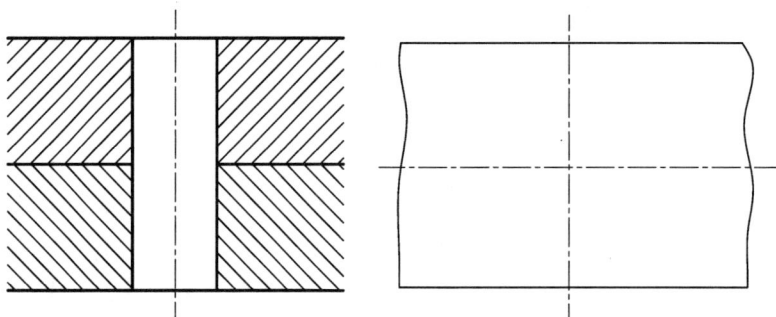

5. 键连接。

已知齿轮和轴用 A 型圆头普通平键连接，轴孔直径 20mm，键的长度为 18mm。

(1)写出键的规定标记；

(2)查表确定键和键槽的尺寸，画全下列视图、剖视图和断面图，并标注图中轴径和键槽的尺寸。

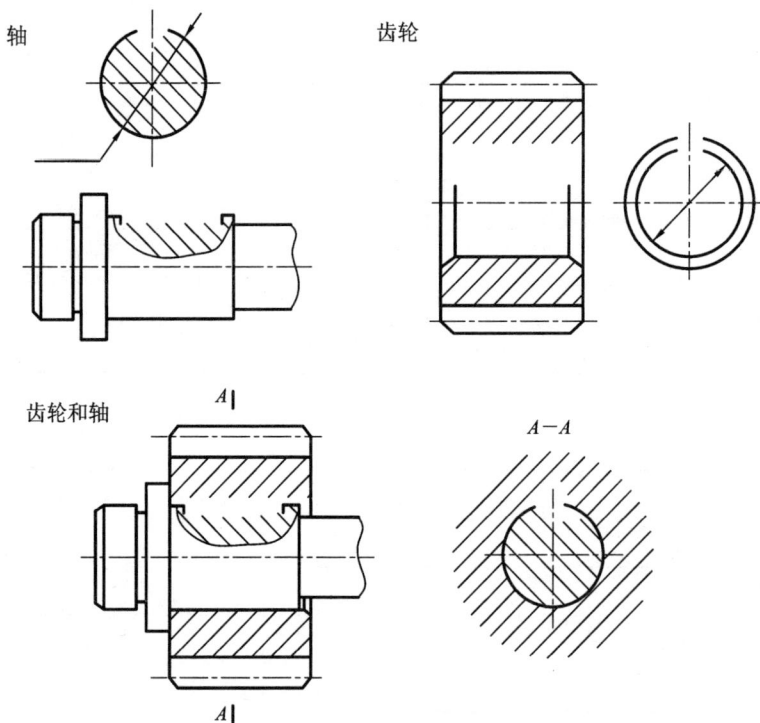

6.已知直齿圆柱齿轮 $m=5$，$z=40$，计算该齿轮的分度圆、齿顶圆和齿根圆的直径。用 1:2比例补全下列两视图，并注尺寸。

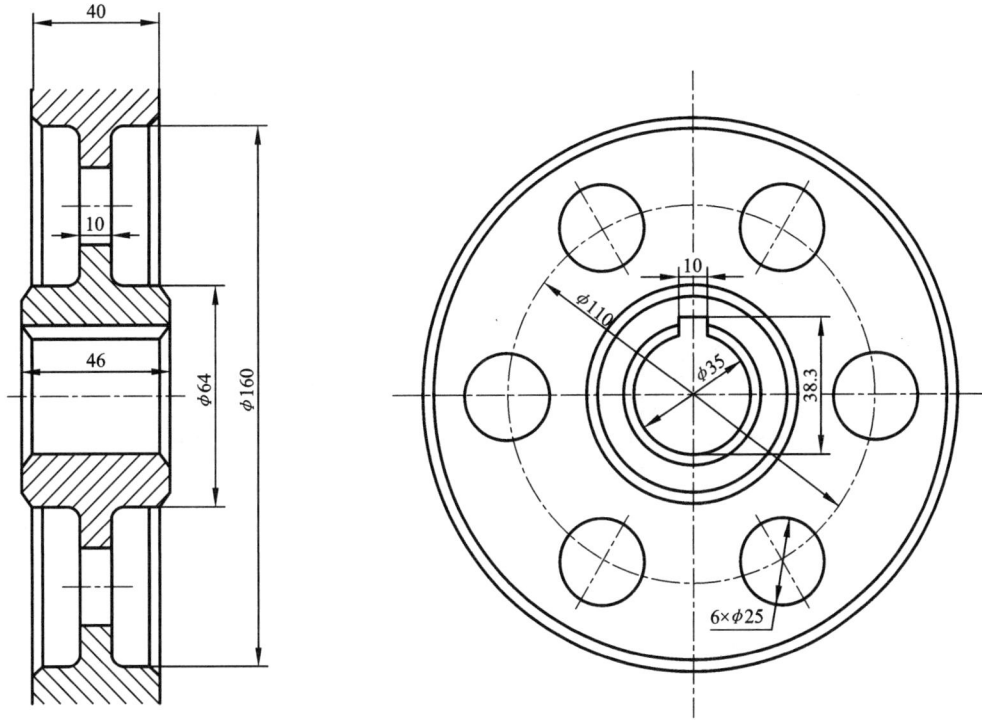

7.已知大齿轮的模数 $m=4$，齿数 $z_2=38$，两齿的中心距 $a=108$mm，试计算大齿轮分度圆、齿顶圆及齿根圆的直径，用 $1:2$ 比例补全直齿圆柱齿轮的啮合图。

计算　　(1)小齿轮　　分度圆 $d_1 = $ _____

　　　　　　　　　　齿顶圆 $d_{a1} = $ _____

　　　　　　　　　　齿根圆 $d_{f1} = $ _____

　　　　(2)大齿轮　　分度圆 $d_2 = $ _____

　　　　　　　　　　齿顶圆 $d_{a2} = $ _____

　　　　　　　　　　齿根圆 $d_{f2} = $ _____

　　　　(3)传动比 $i = $ _____

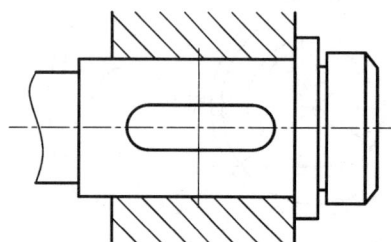
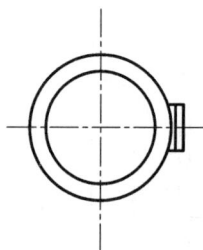
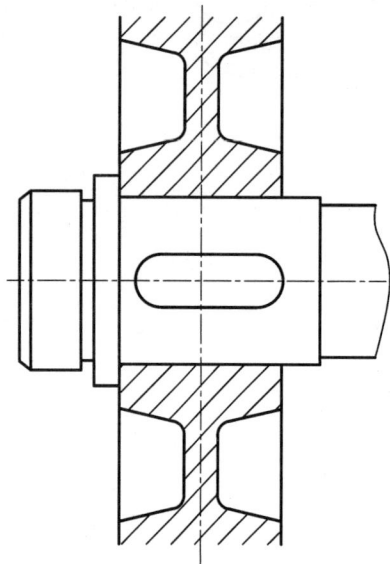
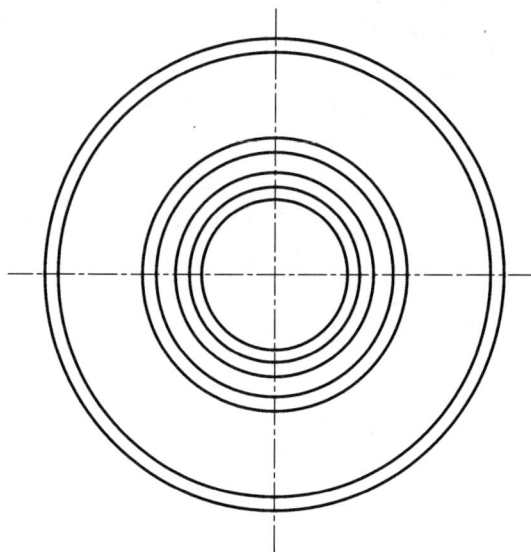

项目八　常用件及标准件结构要素及表示方法

1.参照立体示意图和已选定的一个视图,确定表达方案(比例1:1)。

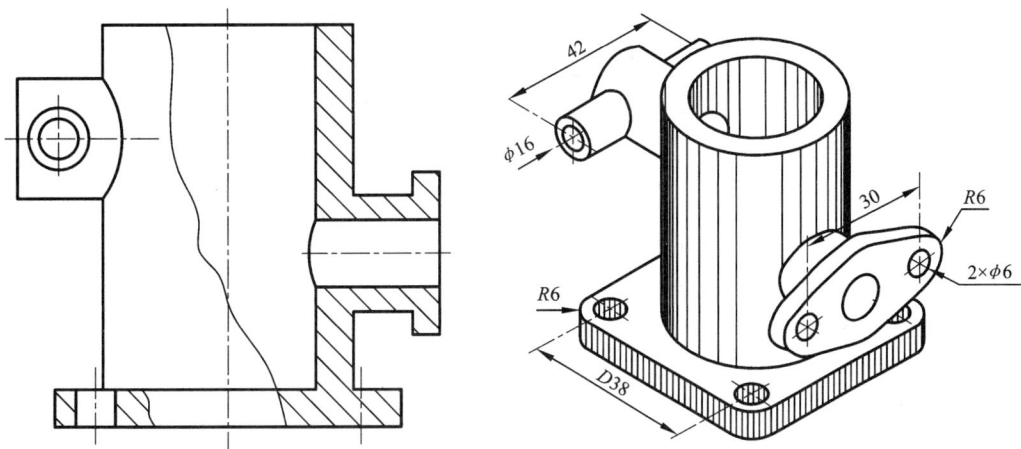

2.用符号▲指出踏脚座长、宽、高三个方向的主要尺寸基准,注全尺寸,数值从图中量取(取整数),比例1:2。

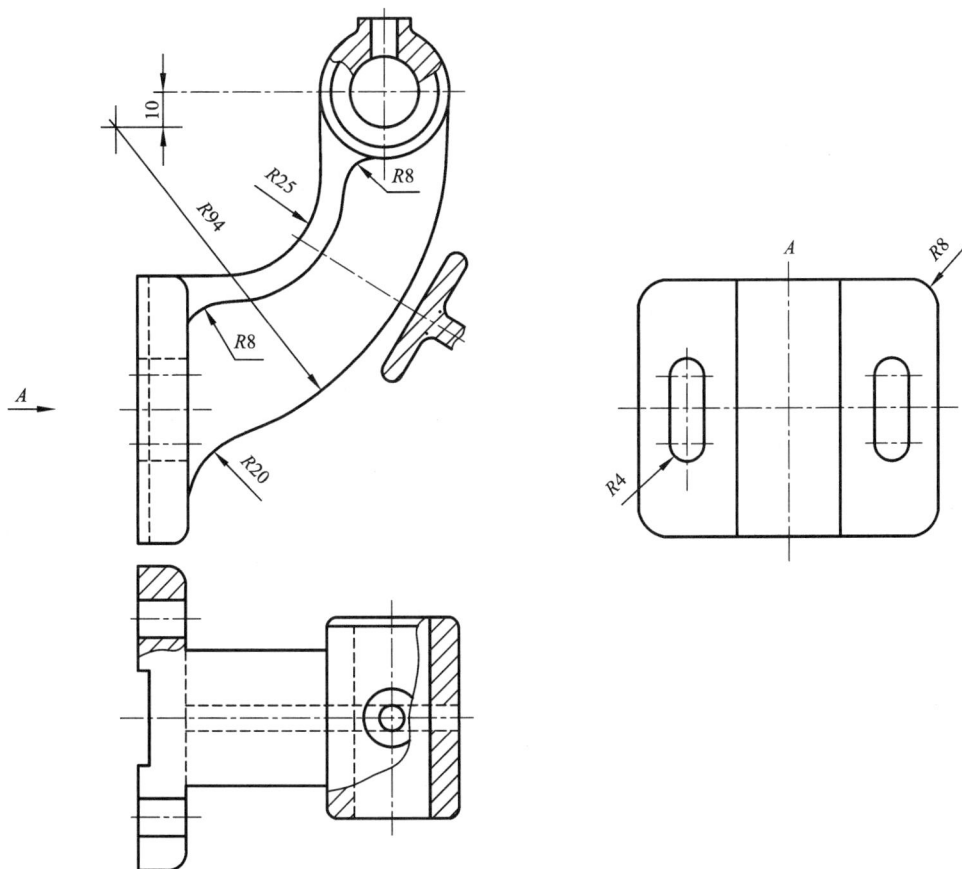

3. 分析下面所给图表面粗糙度标注的错误, 然后在下图正确标注。

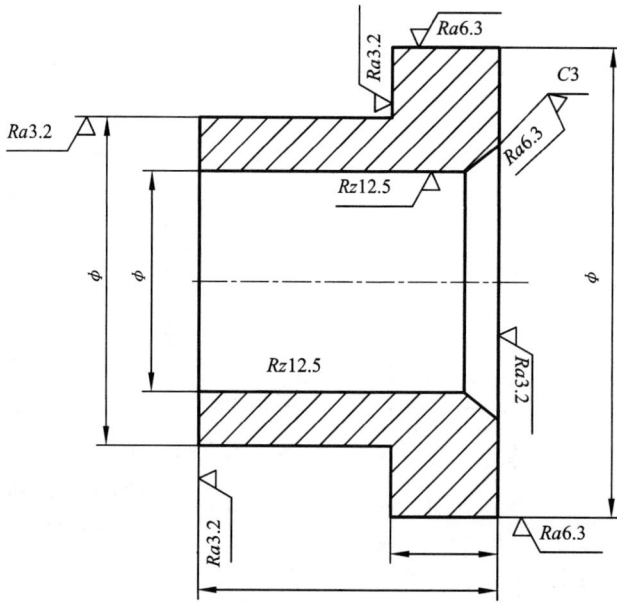

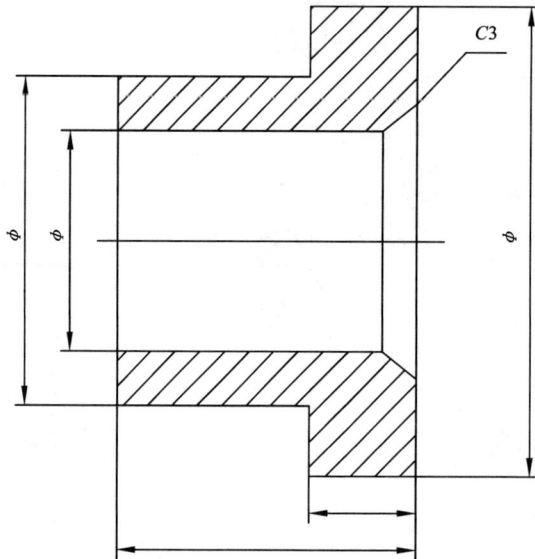

4.根据图中标注填写表格。

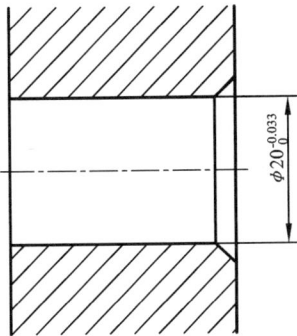

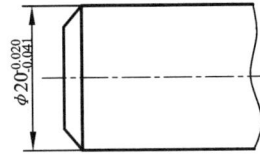

名称	孔	轴
基本尺寸		
最大极限尺寸		
最小极限尺寸		
上偏差		
下偏差		
公差		

5.根据零件图的标注，在装配图上标注出配合代号，并填空。

轴与轴套孔是_____制_____配合。

轴套与泵体孔是_____制_____配合。

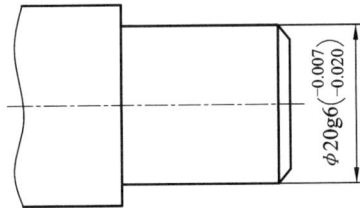

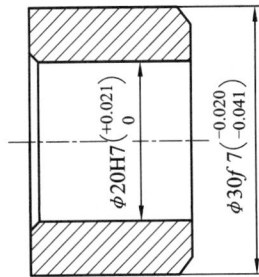

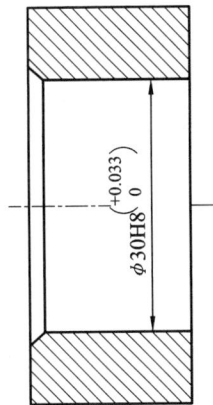

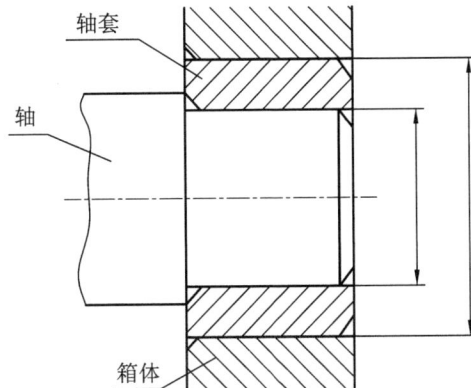

6.读零件图。

(1)11×11 表示_____部位,形状为_____,起_____作用。

(2)右端 $8.5_{-0.022}^{0}$ 属于_____制,精度等级为_____。

(3)该零件长度方向的基准为_____,径向尺寸基准为_____。

(4)最细粗糙度为_____,该表面可通过_____加工获得。

(5)调质是指_____处理,220~250 HBS 的意义是_____。

(6) $\sqrt{Ra25}$ (√)的意义是_____。

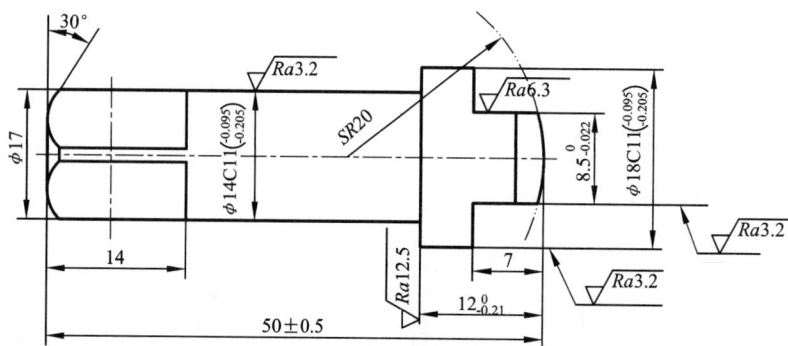

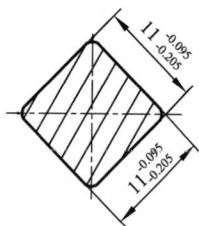

技术要求
1. 调质处理(220~250)HBS。
2. 去毛刺,锐边。

制图	(姓名)	(日期)	阀杆		比例	
审核					(图号)	
(校名		学号)	40Cr			

7.读套筒零件图,填空和补画断面图。

(1)主视图符合零件的_____位置,采用_____图。

(2)用符号▼指出径向与轴向的主要尺寸基准。

(3)套筒左端面有_____个螺孔,_____为8,_____深10,_____深12。

(4)套筒左端两条细虚线之间的距离是_____,图中标有①处的直径是_____,标有②处线框的定型尺寸是_____,定位尺寸是_____。

(5)图中标有③处的曲线是由_____和_____相交而形成的_____线。

(6)局部放大图中④处所指表面的粗糙度为_____。

(7)查表确定极限偏差:$\phi 95 h6$ _____、$\phi 60 H7$ _____。

(8)在给定位置补画断面图。

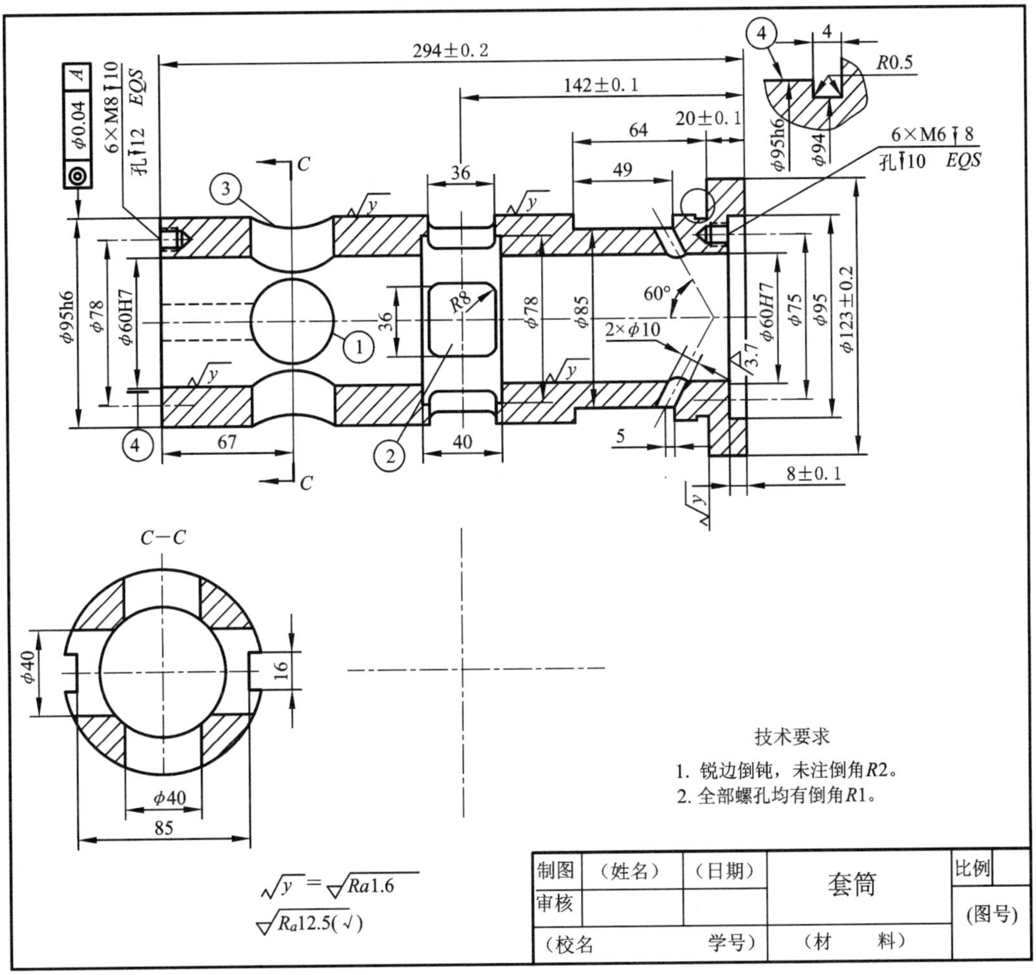

294±0.2
142±0.1
64
20±0.1
49
36
4
R0.5
φ95h6
φ94
6×M6↧8
孔↧10 EQS
φ0.04 A
6×M8↧10
孔↧12 EQS
C
C
R8
60°
2×φ10
φ95h6
φ78
φ60H7
φ78
φ85
φ60H7
φ75
φ95
φ123±0.2
3.7
67
40
5
8±0.1
C−C
φ40
16
φ40
85
$\sqrt{y}=\sqrt{Ra1.6}$
$\sqrt{Ra12.5}(\surd)$
技术要求
1. 锐边倒钝，未注倒角R2。
2. 全部螺孔均有倒角R1。
制图 （姓名） （日期）
审核
（校名 学号）
套筒
（材 料）
比例
(图号)

项目九　汽车部件装配图

1. 由零件图画装配图。

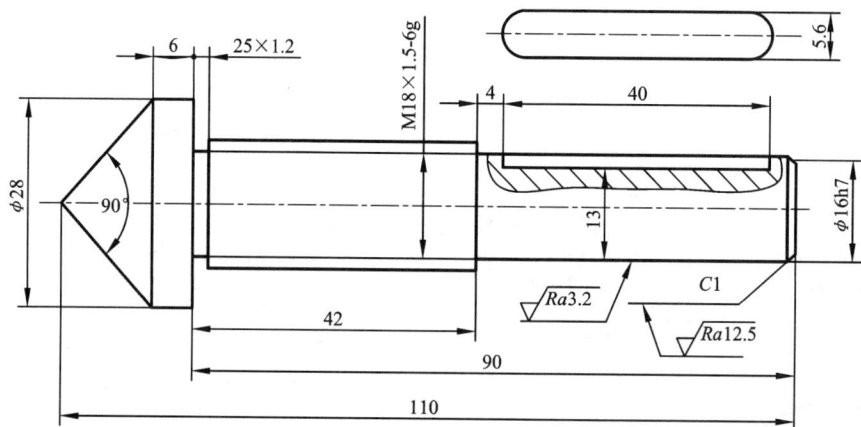

名称：顶尖
材料：45
技术要求：调质处理(220～250)HBS

$\sqrt{Ra3.2}$　(√)

2. 看懂夹线体装配图，拆画件2夹套零件图。

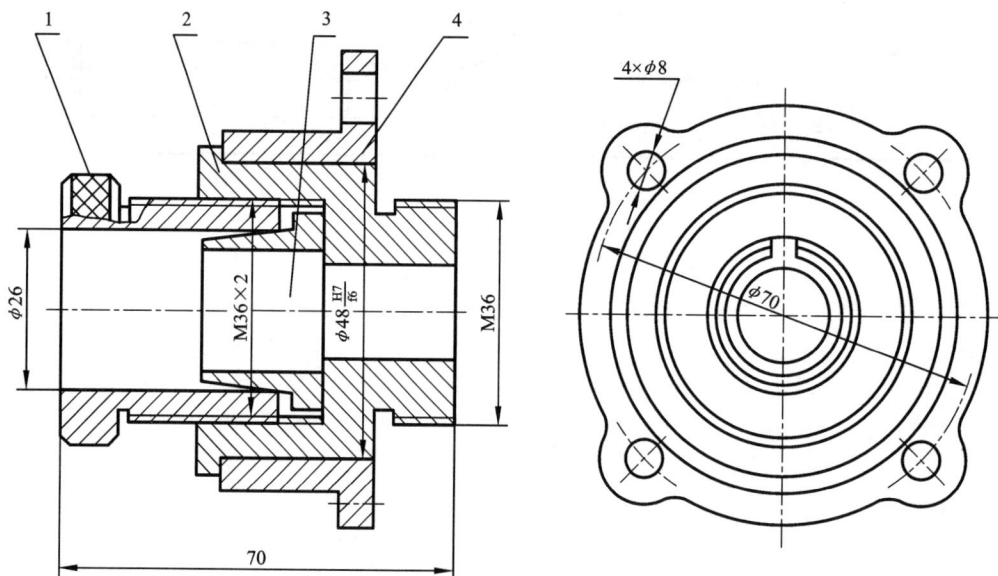

3. 换向阀读图要求。

(1)本装配图共用_____个图形表达，$A - A$ 断面表示_____和_____之间的装配关系。

(2)换向阀由_____种零件组成，其中标准件有_____种。

(3)换向阀的规格尺寸为_____，图中标记 $Rp_{3/8}$ 的含义是：Rp 是_____代号，它表示_____螺纹，3/8 是_____代号。

(4)3×ϕ8 孔的作用是_____，其定位尺寸为_____。

(5)锁紧螺母的作用是_____。

(6)拆画零件 1 阀体或零件 2 阀芯零件图。

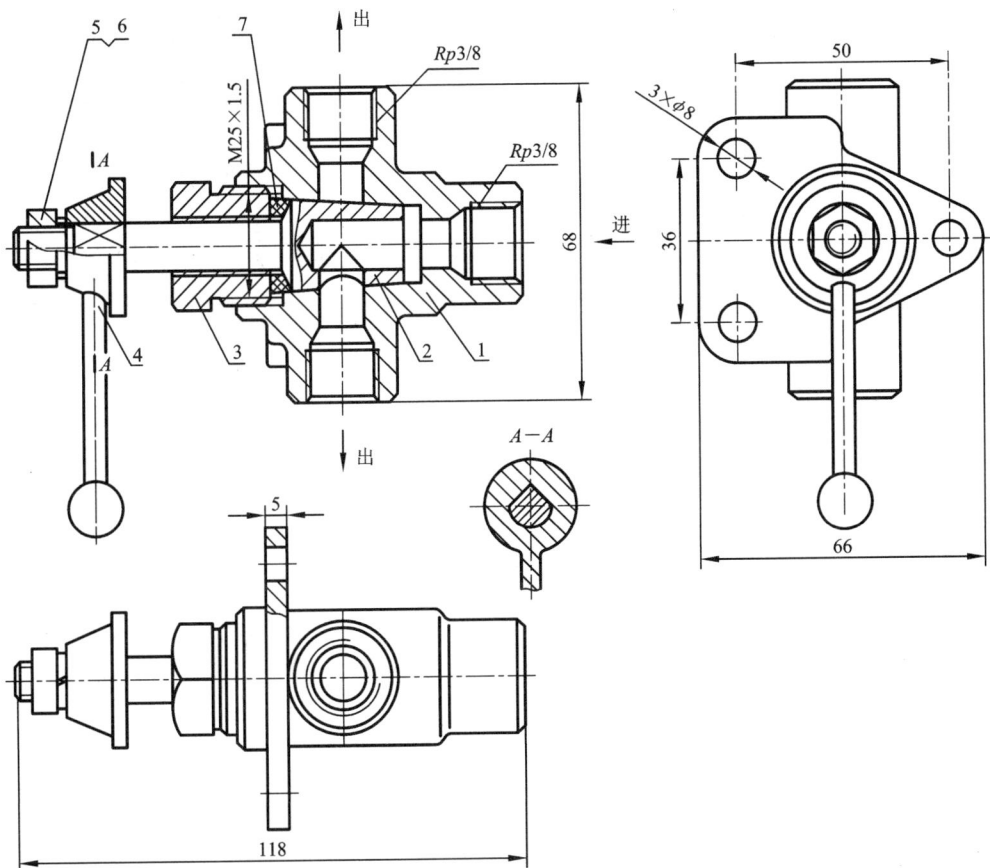

4.钻模读图要求：

(1)钻模由_____种零件组成，其中标准件有_____种。

(2)主视图采用_____图，俯视图采用_____图，左视图采用_____图。

(3)件 1 底座侧面弧形槽的作用是_____，共有_____个槽。

(4)ϕ22H7/h6 是件_____与件_____的_____尺寸。件 4 的公差代号为_____，件 8 的公差代号为_____。

(5)ϕ26H7/h6 表示件_____与件_____是_____制_____配合。

(6)ϕ66h6 是_____尺寸，ϕ86、73 是_____尺寸。

(7)件 4 与件 1 是_____配合，件 3 与件 2 是_____配合。

(8)被加工采用_____画法表示。

(9)拆卸工件时应先旋松_____号件，再取下_____号件，然后取下钻板模，取出被加工的零件。

（10）拆画件 1 底座的零件草图或零件图。

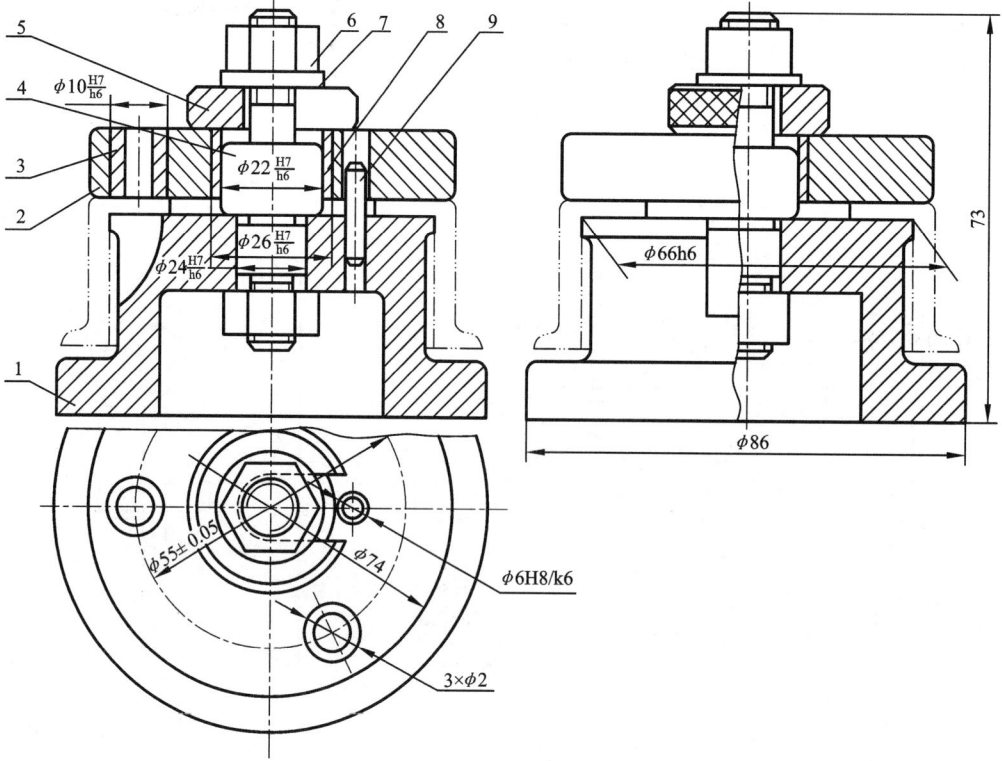

参考文献

［1］全国技术产品文件标准化技术委员会.技术产品文件标准汇编：机械制图卷.北京：中国标准出版社，2007

［2］钱可强.机械制图.北京：高等教育出版社，2003

［3］李俊武.工程制图.北京：机械工业出版社，2007

［4］李澄.机械制图.北京：高等教育出版社，2008

［5］姚民雄.机械制图.北京：电子工业出版社，2009

［6］姜勇.机械制图与计算机绘图.北京：人民邮电出版社，2010

［7］吕守祥.机械制图.北京：机械工业出版社，2007

图书在版编目（CIP）数据

汽车零部件识图／李立斌，吴光华主编. —2 版
—长沙：中南大学出版社，2013.8
ISBN 978 – 7 – 5487 – 0937 – 4

Ⅰ. 汽…　Ⅱ. ①李…②吴…　Ⅲ. 汽车－零部件－机械图－
识别　Ⅳ. U463

中国版本图书馆 CIP 数据核字（2013）第 188122 号

汽车零部件识图

（第 2 版）

主编　李立斌　吴光华

□责任编辑　周芝芹
□责任印制　易红卫
□出版发行　**中南大学出版社**
　　　　　　社址：长沙市麓山南路　　　　邮编：410083
　　　　　　发行科电话：0731 – 88876770　　传真：0731 – 88710482
□印　　装　长沙印通印刷有限公司

□开　　本　787×1092　1/16　□印张 18.25　□字数 452 千字　□插页 2
□版　　次　2013 年 8 月第 2 版　□2019 年 8 月第 2 次印刷
□书　　号　ISBN 978 – 7 – 5487 – 0937 – 4
□定　　价　45.00 元

项目一　汽车底盘认识及维修基本知识

汽车底盘的认知及举升机的使用

一、项目准备

1. 工位要求

(1)场地应明亮、卫生、整洁，设备仪器及工量具应准备到位。

(2)实训车辆要停放在可靠位置，常用工具放在操作台上。

2. 工具仪器设备清单

序号	工具仪器设备名称	说明
1	工具车	配备常用工具
2	举升机	剪式、柱式
3	实验用车	
4	汽车底盘实验台	

3. 辅助材料清单

序号	工具仪器设备名称	说明
1	抹布	
2	润滑油	

二、项目考核注意事项

(1)学生应着工作服，操作过程应规范、标准，注意人身安全；

(2)将汽车平稳举起、平稳落地；

(3)考核时间为 25 分钟，考核时间一到考生应停止操作；

(4)与考核无关的人员不得进入场地；

(5)考核完毕后学生应马上离开场地。

附件 1：评分标准(老师用)

附件 2：操作工单(学生用)

附件1：评分标准（老师用）

汽车底盘的认知及举升机的使用

考核起止时间：＿＿＿＿＿＿＿＿＿＿＿　　　　选手签号：＿＿＿＿＿＿＿＿＿＿＿

监考员签字：＿＿＿＿＿＿＿＿＿＿＿

序号	评分项目	配分	评判标准	评分记录	扣分	得分
1	举升机的认知及使用	25	不熟悉举升机使用方法扣5分			
			支撑位置不正确扣5分			
			操作不规范扣10分			
			不熟悉操作注意事项的扣5分			
2	汽车底盘的认知	55	找不出四大系统的扣5分			
			不知道底盘布置类型的扣5分			
			找不出给定的部件的每个扣5分			
			对说不出指定部件的每个扣5分			
3	操作现场整洁	10	工具没整理扣5分			
			操作现场没整理扣5分			
6	安全生产	10	因违规操作造成触电、火灾、人身和设备事故，本项目全程否定			
7	合计	100				

附件2：操作工单（学生用）

汽车底盘的认知及举升机的使用工单

考核日期：_____ 选手签号：_____

车　型		举升机型号	

（一）准备工作

	情况记录
1.工具及仪器设备准备	
2.维修手册准备	
3.实训车辆	

（二）操作过程

举升机使用	使用要领：
底盘的认知	该车的底盘布置型式为：_____ 汽车底盘的组成部件有：_____ 传动系主要部件有：_____ 制动系主要部件有：_____ 转向系主要部件有：_____
维修结论	

项目二　离合器构造与检修

离合器拆装与检修

一、项目准备

1. 工位要求

（1）场地应明亮、卫生、整洁，设备仪器及工量具应准备到位；

（2）每个场地不少于 6 个工位，每个工位场地面积不小于 10 m²；

（3）所有工量具都存放于工具箱内，所有操作均在操作台上完成；

（4）典型膜片式离合器。

2. 工具仪器设备清单

序号	工具仪器设备名称	说明
1	工具车	配备常用工具
2	百分表	
3	离合器拆装专用工具	
4	维修手册	与离合器考核项目配套
5	零件盆	
6	游标卡尺	
7	钢直尺	
8	塞尺	
9	工作台	
10	扭力扳手	
11	卡环钳	
12	典型膜片离合器、周布弹簧离合器	

3. 辅助材料清单

序号	工具仪器设备名称	说明
1	记号笔	
2	抹布	
3	润滑脂	
4	制动液	

二、项目考核注意事项

(1)学生应着工作服,操作过程应规范、标准、注意人身安全;

(2)将离合器总成从车上拆下解体,检修、装配组合完毕后装回到车上;

(3)考核时间为30分钟,考核时间到考生应停止操作;

(4)其他与考核无关的人员不得进入场地;

(5)考核完毕后学生应马上离开场地。

附件1:评分标准(老师用)

附件2:操作工单(学生用)

附件1：评分标准（老师用）

离合器拆装与检修评分标准

考核起止时间：_____　　　　选手签号：_____

监考员签字：_____

序号	评分项目	配分	评判标准	评分记录	扣分	得分
1	工具及设备的准备	5	未检查工具设备扣2分			
			工具准备错误扣2分			
			工具摆放不整齐扣1分			
2	离合器的拆卸	20	未先做装配记号、标记的扣5分			
			未分次交替均匀松固定螺钉扣3分			
			拆装动作不规范扣5分			
			工具使用错误一次扣2分			
			零件落地扣2分			
			零件未按顺序放置的扣3分			
3	离合器的检测	30	使用量具不正确扣5分			
			检测动作不规范扣5分			
			少检测一项扣5分			
			没有进行零件外观检查扣10分			
			检测数据误差大于±0.02 mm扣5分			
			不能判断零件好坏扣10分			
4	离合器的安装、调整	30	零件安装时对错标记或装反扣5分			
			没有调整项目扣10分			
			拆装动作不规范扣5分			
			工具使用错误一次扣2分			
			零件落地扣3分			
			没按规定拧紧螺栓扣5分			
5	操作现场整洁	5	工具没整理扣3分			
			操作现场没整理扣2分			
6	安全生产	10	因违规操作触电、火灾、人身和设备事故，本项目全程否定			
7	合计	100				

附件2：操作工单（学生用）

离合器拆装与检修操作工单

考核日期：_____   选手签号：_____

车　　型		离合器类型	

（一）准备工作

	情况记录
1.工具及仪器设备准备	
2.维修手册准备	

（二）操作过程

离合器拆装	拆装要领：
离合器的检测	观察零件工作表面为：_____ 从动盘摩擦片铆钉深度为：_____ 从动盘端面跳动度为：_____ 压盘平面度为：_____ 膜片弹簧与分离轴承接触部位磨损深度和宽度为：_____ 膜片弹簧分离内端到专用工具之间间隙为：_____
维修结论	

项目三　手动变速器构造与检修

两轴变速器拆装与检修

一、项目准备

1. 工位要求

(1)场地应明亮、卫生、整洁,设备仪器及工量具应准备到位;

(2)每个场地不少于 6 个工位,每个工位场地面积不小于 10 m²;

(3)所有工量具都存放于工具箱内,所有操作均在操作台上完成。

2. 工具仪器设备清单

序号	工具仪器设备名称	说明
1	工具车	配备常用工具
2	扭力扳手	
3	手锤	
4	维修手册	
5	零件盆	
6	百分表及表座	
7	轴承拆装专用工具	
8	塞尺	
9	专用工具	
10	千分尺	
11	安装两轴变速器总成的翻转架	

3. 辅助材料清单

序号	工具仪器设备名称	说明
1	棉纱或抹布	
2	变速器油、润滑脂	
3	密封胶　密封垫	
4	清洗液	

二、项目考核注意事项

(1)学生应着工作服,操作过程应规范、标准、注意人身安全;

（2）操作应包括将变速器主要部件拆下解体，检修、装配组合完整；

（3）考核时间为 30 分钟，考核时间到考生应停止操作；

（4）其他与考核无关的人员不得进入场地；

（5）考核完毕后学生应马上离开场地。

附件 1：评分标准（老师用）

附件 2：操作工单（学生用）

附件1：评分标准（老师用）

两轴手动变速器拆装与检修评分标准

考核起止时间：_____   选手签号：_____

监考员签字：_____

序号	评分项目	配分	评判标准	评分记录	扣分	得分
1	工具及设备的准备	5	未检查工具设备扣2分			
			工具准备错误扣2分			
			工具摆放不整齐扣1分			
2	变速器的拆卸	20	未先拆放油螺栓扣5分			
			未分次交替均匀松连杆螺栓扣3分			
			拆装动作不规范扣5分			
			工具使用错误一次扣2分			
			零件落地扣3分			
			零件未按顺序摆放扣2分			
3	变速器的检测	30	使用量具不正确扣5分			
			检测动作不规范扣5分			
			少检测一项扣5分			
			没有进行零件外观检查扣5分			
			检测数据误差大于±0.02 mm扣5分			
			不能判断零件好坏扣10分			
4	变速器的安装	30	零件安装对错标记或装反扣5分			
			没有涂抹机油或润滑脂扣5分			
			安装动作不规范扣5分			
			工具使用错误一次扣2分			
			零件落地扣3分			
			安装后运转有卡滞扣10分			
5	操作现场整洁	5	翻转架未恢复原状扣2分			
			工具没整理扣2分			
			操作现场没整理扣1分			
6	安全生产	10	因违规操作触电、火灾、人身和设备事故，本项目全程否定			
7	合计	100				

附件2: 操作工单(学生用)

两轴变速器拆装与检修操作工单

考核日期: _____　选手签号: _____

车　型		变速器类型	

（一）准备工作

	情况记录
1.工具及仪器设备准备	
2.维修手册准备	
3.固定变速器拆装台架	

（二）操作过程

变速器 的拆装	拆装要领:
变速器 的检测	观察零件工作表面为: _____ 轮齿磨损厚度: _____ 锁环与接合齿圈端面之间的间隙为: _____ 输入轴的轴颈磨损量为: _____
维修 结论	

项目四　自动变速器构造与检修

自动变速器拆装与检修

一、项目准备

1. 工位要求

(1) 场地应明亮、卫生、整洁，设备仪器及工量具应准备到位；

(2) 每个场地不少于 6 个工位，每个工位场地面积不小于 10 m²；

(3) 所有工量具都存放于工具箱内，所有操作均在操作台上完成；

(4) 安装自动变速器总成的翻转架及工作台。

2. 工具仪器设备清单

序号	工具仪器设备名称	说明
1	工具车	配备常用工具
2	扭力扳手	
3	手锤	
4	维修手册	与自动变速器考核项目配套
5	零件盆	
6	百分表及表座	
7	直尺	
8	塞尺	
9	专用工具	
10	千分尺	

3. 辅助材料清单

序号	工具仪器设备名称	说明
1	记号笔	
2	棉纱或抹布	
3	自动变速器油、润滑脂	
4	密封胶	

二、项目考核注意事项

（1）学生应着工作服，操作过程应规范、标准、注意人身安全；

（2）操作应包括将自动变速器主要部件拆下解体，检修、装配组合完整；

（3）考核时间为30分钟，考核时间到考生应停止操作；

（4）其他与考核无关的人员不得进入场地；

（5）考核完毕后学生应马上离开场地。

附件1：评分标准（老师用）

附件2：操作工单（学生用）

附件 1：评分标准（老师用）

自动变速器拆装与检修评分标准

考核起止时间：＿＿＿＿＿＿＿＿＿＿＿＿＿　　　选手签号：＿＿＿＿＿＿＿＿＿＿＿＿＿

监考员签字：＿＿＿＿＿＿＿＿＿＿＿＿＿

序号	评分项目	配分	评判标准	评分记录	扣分	得分
1	工具及设备的准备	5	未检查工具设备扣 2 分			
			工具准备错误扣 2 分			
			工具摆放不整齐扣 1 分			
2	自动变速器的拆卸	20	未先拆放油螺栓扣 5 分			
			未拆下蓄电池负极电缆扣 3 分			
			未取下起动机扣 5 分			
			工具使用错误一次扣 2 分			
			零件落地扣 3 分			
			零件未按顺序摆放扣 2 分			
3	自动变速器的分解	30	取下变矩器方法不正确扣 5 分			
			未拆除所有安装在自动变速器壳体上的部件扣 5 分			
			分解步骤不正确扣 5 分			
			零件落地扣 5 分			
			拆卸减振器活塞方法不正确扣 5 分			
			拆卸零件不归类扣 10 分			
4	行星齿轮变速器分解	30	拉出超速制动器鼓方法不对扣 5 分			
			拆卸 2 挡强制制动带活塞方法不对扣 5 分			
			拆出前行星排动作不规范扣 5 分			
			工具使用错误一次扣 2 分			
			零件落地扣 3 分			
			拆卸输出轴、后行星排和低挡及倒挡制动器组件顺序和方法不正确扣 10 分			
5	操作现场整洁	5	乱动乱窜扣 2 分			
			工具没整理扣 2 分			
			操作现场没整理扣 1 分			
6	安全生产	10	因违规操作触电、火灾、人身和设备事故，本项目全程否定			
7	合计	100				

附件2：操作工单(学生用)

自动变速器拆装与检修操作工单

考核日期：_____　　选手签号：_____

车　型		变速器型号	

（一）准备工作

	情况记录
1. 工具及仪器设备准备	
2. 维修手册准备	
3. 固定变速器拆装台架	

（二）操作过程

自动变速器的拆卸	拆装步骤：
自动变速器的分解	自动变速器的分解方法与步骤：
维修结论	

项目五　万向传动装置构造与检修

等速万向节式万向传动装置的拆装与检查

一、项目准备

1. 工位要求

（1）场地应明亮、卫生、整洁，设备仪器及工量具应准备到位；

（2）每个场地不少于 6 个工位，每个工位场地面积不小于 10 m²；

（3）所有工量具都存放于工具箱内，所有操作均在操作台上完成。

2. 工具仪器设备清单

序号	工具仪器设备名称	说明
1	工具车	配备常用工具
2	扭力扳手	
3	手锤	
4	维修手册	
5	零件盆	
6	百分表及表座	
7	轴承拆装专用工具	
8	钢锯	
9	专用工具	
10	实训车辆	
11	球笼式万向节、十字轴式万向节	

3. 辅助材料清单

序号	工具仪器设备名称	说明
1	棉纱或抹布	
2	变速器油、润滑脂	
3	密封胶　密封垫	
4	汽油	

二、项目考核注意事项

（1）学生应着工作服，操作过程应规范、标准、注意人身安全；

（2）操作应包括万向传动装置主要部件拆下解体，检查、装配组合完整；

（3）考核时间为30分钟，考核时间到考生应停止操作；

（4）其他与考核无关的人员不得进入场地；

（5）考核完毕后学生应马上离开场地。

附件1：评分标准（老师用）

附件2：操作工单（学生用）

附件1：评分标准（老师用）

等速万向节式万向传动装置的拆装与检查评分标准

考核起止时间：_____　　　选手签号：_____

监考员签字：_____

序号	评分项目	配分	评判标准	评分记录	扣分	得分
1	工具及设备的准备	5	未检查工具设备扣2分			
			工具准备错误扣2分			
			工具摆放不整齐扣1分			
2	传动轴、万向节的拆卸	20	未先做装配记号扣5分			
			拆装动作不规范扣5分			
			工具使用错误一次扣5分			
			零件落地扣3分			
			零件未按顺序摆放扣2分			
3	传动轴、万向节的检查	30	使用量具不正确扣5分			
			检测动作不规范扣5分			
			少检测一项扣5分			
			没有进行零件外观检查扣5分			
			检测数据误差大于±0.02 mm扣5分			
			不能判断零件好坏扣10分			
4	万向传动装置的安装	30	零件安装对错标记或装反扣5分			
			没有涂抹机油或润滑脂扣5分			
			安装动作不规范扣5分			
			工具使用错误一次扣2分			
			零件落地扣3分			
			安装后运转有卡滞扣10分			
5	操作现场整洁	5	翻转架未恢复原状扣2分			
			工具没整理扣2分			
			操作现场没整理扣1分			
6	安全生产	10	因违规操作触电、火灾、人身和设备事故，本项目全程否定			
7	合计	100				

附件2：操作工单（学生用）

等速万向节式万向传动装置的拆装与检查操作工单

考核日期：＿＿＿＿＿＿＿＿＿　　选手签号：＿＿＿＿＿＿＿＿＿

车　型		万向节型号	

（一）准备工作

	情况记录
1. 工具及仪器设备准备	
2. 维修手册准备	
3. 实训车辆准备	

（二）操作过程

万向传动装置的拆装	拆装要领：
传动轴、万向节的检测	传动轴的径向跳动度为：＿＿＿＿＿＿＿＿＿＿＿＿＿＿ 轴承情况：＿＿＿＿＿＿＿＿＿＿＿＿＿＿＿＿＿＿＿ 万向节情况：＿＿＿＿＿＿＿＿＿＿＿＿＿＿＿＿＿＿ 轴管情况：＿＿＿＿＿＿＿＿＿＿＿＿＿＿＿＿＿＿＿
维修结论	

项目六 驱动桥构造与检修

主减速器拆装与调整

一、项目准备

1. 工位要求

(1)场地应明亮、卫生、整洁，设备仪器及工量具应准备到位；

(2)所有工量具都存放于工具箱内，所有操作均在操作台上完成。

2. 工具仪器设备清单

序号	工具仪器设备名称	说明
1	工具车	配备常用工具
2	扭力扳手	
3	典型驱动桥	
4	维修手册	
5	零件盆	
6	专用工具	
7	弹簧秤	
8	塞尺	
9	百分表	

3. 辅助材料清单

序号	工具仪器设备名称	说明
1	红丹油	
2	抹布	
3	润滑油　润滑脂	

二、项目考核注意事项

(1)学生应着工作服，操作过程应规范、标准、注意人身安全；

(2)将主减速器主、从动锥齿轮从桥壳内拆下，装配后调整至标准状态；

(3)考核时间为30分钟，考核时间到考生应停止操作；

(4)其他与考核无关的人员不得进入场地；

(5)考核完毕后学生应马上离开场地。

附件1：评分标准(老师用)

附件2：操作工单(学生用)

附件1：评分标准（老师用）

主减速器拆装与调整评分标准

考核起止时间：_____   选手签号：_____

监考员签字：_____

序号	评分项目	配分	评判标准	评分记录	扣分	得分
1	工具及设备的准备	5	未检查工具设备扣2分			
			工具准备错误扣2分			
			工具摆放不整齐扣1分			
2	主减速器拆卸	20	未先拆油底壳扣5分			
			未分次交替均匀松连杆螺栓扣3分			
			拆装动作不规范扣5分			
			工具使用错误一次扣2分			
			零件落地扣5分			
3	主减速器的检查	30	使用量具不正确扣5分			
			检测动作不规范扣5分			
			少检测一项扣5分			
			没有进行零件外观检查扣10分			
			检测数据误差大于±0.02mm扣5分			
			不能判断零件好坏扣10分			
4	主减速器的安装与调整	30	零件安装对错标记或装反扣5分			
			调整顺序错误扣10分			
			拆装动作不规范扣5分			
			工具使用错误一次扣2分			
			零件落地扣3分			
5	操作现场整洁	5	翻转架未恢复原状扣2分			
			工具没整理扣2分			
			操作现场没整理扣1分			
6	安全生产	10	因违规操作触电、火灾、人身和设备事故，本项目全程否定			
7	合计	100				

附件2：操作工单（学生用）

主减速器拆装与调整评分标准

考核日期：_____　　选手签号：_____

车　型		主减速器类型	

（一）准备工作

	情况记录
1. 工具及仪器设备准备	
2. 维修手册准备	
3.	

（二）操作过程

主减速器拆装	拆装要领：
主减速器的调整	轴承预紧度：_____ 啮合印痕：_____ 啮合间隙：_____
维修结论	

项目七　四轮驱动和分动器构造与检修

分动器拆装与调整

一、项目准备

1. 工位要求

(1)场地应明亮、卫生、整洁，设备仪器及工量具应准备到位；

(2)所有工量具都存放于工具箱内，所有操作均在操作台上完成；

2. 工具仪器设备清单

序号	工具仪器设备名称	说明
1	工具车	配备常用工具
2	扭力扳手	
3	典型驱动桥	
4	维修手册	
5	零件盆	
6	专用工具	
7	弹簧秤	
8	塞尺	
9	百分表	

3. 辅助材料清单

序号	工具仪器设备名称	说明
1	润滑油、密封胶	
2	抹布	
3	钢丝刷	

二、项目考核注意事项

(1)学生应着工作服，操作过程应规范、标准、注意人身安全；

(2)将分动器从车上拆下，装配后调整应恢复状态；

(3)考核时间为30分钟，考核时间到考生应停止操作；

(4)其他与考核无关的人员不得进入场地；

(5)考核完毕后学生应马上离开场地。

附件1：评分标准(老师用)

附件2：操作工单(学生用)

附件1：评分标准（老师用）

分动器拆装与调整评分标准

考核起止时间：_____　　　选手签号：_____

监考员签字：_____

序号	评分项目	配分	评判标准	评分记录	扣分	得分
1	工具及设备的准备	5	未检查工具设备扣2分			
			工具准备错误扣2分			
			工具摆放不整齐扣1分			
2	分动器拆卸	20	未先拆油底壳扣5分			
			未分次交替均匀松连杆螺栓扣3分			
			拆装动作不规范扣5分			
			工具使用错误一次扣2分			
			零件落地扣5分			
3	分动器的检查	30	使用量具不正确扣5分			
			检测动作不规范扣5分			
			少检测一项扣5分			
			没有进行零件外观检查扣10分			
			检测数据误差大于 ± 0.02 mm 扣5分			
			不能判断零件好坏扣10分			
4	分动器的安装与调整	30	零件安装对错标记或装反扣5分			
			调整顺序错误扣10分			
			拆装动作不规范扣5分			
			工具使用错误一次扣2分			
			零件落地扣3分			
5	操作现场整洁	5	工具没整理扣3分			
			操作现场没整理扣2分			
6	安全生产	10	因违规操作触电、火灾、人身和设备事故，本项目全程否定			
7	合计	100				

附件 2：操作工单（学生用）

分动器拆装与检修操作工单

考核日期：＿＿＿＿＿＿＿＿＿＿＿　　选手签号：＿＿＿＿＿＿＿＿＿＿＿

车　型		分动器型号	

（一）准备工作

	情况记录
1. 工具及仪器设备准备	
2. 维修手册准备	
3.	

（二）操作过程

分动器拆装	拆装要领：
分动器的检查	低挡齿圈磨损情况：＿＿＿＿＿＿＿＿＿＿＿＿＿＿＿ 壳体情况：＿＿＿＿＿＿＿＿＿＿＿＿＿＿＿＿＿＿ 轴承：＿＿＿＿＿＿＿＿＿＿＿＿＿＿＿＿＿＿＿＿＿
维修结论	

项目八　车架和车桥构造与检修

四轮定位的检测与调整

一、项目准备

1. 工位要求

(1)场地应明亮、卫生、整洁,设备仪器及实训车辆应准备到位;

(2)场地面积不小于 10 m²;周围无其他器械;

(3)实训车辆要停放到举升机圆盘上面,常用工具放在操作台上。

2. 工具仪器设备清单

序号	工具仪器设备名称	说明
1	工具车	配备常用工具
2	扭力扳手	
3	举升机	
4	维修手册	
5	零件盆	
6	四轮定位仪	
7	实训车辆	

3. 辅助材料清单

序号	工具仪器设备名称	说明
1	棉纱或抹布	
2	润滑油、润滑脂	

二、项目考核注意事项

(1)学生应着工作服,操作过程应规范、标准、注意人身安全;

(2)操作应包括汽车的固定,车轮传感器的安装,主机的调试、测量和调整;

(3)考核时间为 30 分钟,考核时间到考生应停止操作;

(4)其他与考核无关的人员不得进入场地;

(5)考核完毕后学生应马上离开场地。

附件 1:评分标准(老师用)

附件 2:操作工单(学生用)

附件1：评分标准（老师用）

四轮定位的检测与调整评分标准

考核起止时间：_____　　　　选手签号：_____

监考员签字：_____

序号	评分项目	配分	评判标准	评分记录	扣分	得分
1	工具及设备的准备	10	未检查工具设备扣2分			
			工具准备错误扣2分			
			工具摆放不整齐扣1分			
			没检查车轮气压扣5分			
2	四轮定位仪的安装	20	未按规定顺序安装好车轮检测传感器扣10分			
			未调整四个测试头水平扣5分			
			连接错误一项扣5分			
3	四轮定位仪的测试	25	没有正确输入汽车型号扣5分			
			轮辋跳动补偿操作未做扣5分			
			没有按照导引检查扣5分			
			检测数据误差大扣5分			
			不会判断是否正常扣5分			
4	汽车的定位调整	30	没有按顺序调整扣10分			
			不能进行正确调整扣5分			
			安装动作不规范扣5分			
			安装后运转有卡滞扣10分			
5	操作现场整洁	5	定位仪未恢复原状扣2分			
			工具没整理扣2分			
			操作现场没整理扣1分			
6	安全生产	10	因违规操作触电、火灾、人身和设备事故，本项目全程否定			
7	合计	100				

附件2：操作工单(学生用)

四轮定位的检测与调整操作工单

考核日期：_____ 选手签号：_____

车　型		四轮定位仪类型汽车类型	
(一)准备工作			
		情况记录	
1.工具及仪器设备准备			
2.维修手册准备			
3.检查调整检测车辆			
(二)操作过程			
四轮定位仪的安装	操作要领：		
四轮定位检查调整	主销后倾为：_____ 前轮外倾：_____ 主销内倾：_____ 前轮前束：_____		
维修结论			

项目九 车轮和轮胎构造与检修

车轮动平衡的检验与调整

一、项目准备

1. 工位要求

(1)场地应明亮、卫生、整洁,设备仪器及工量具应准备到位;

(2)所有工量具都存放于工具箱内,各种规格的平衡块放在操作台上的托盘里。

2. 工具仪器设备清单

序号	工具仪器设备名称	说明
1	工具车	配备常用工具
2	扭力扳手	
3	举升机或千斤顶	
4	车轮平衡仪	
5	实训车辆	
6	气压表	
7	充气机	

3. 辅助材料清单

序号	工具仪器设备名称	说明
1	专用楔木或三角木	
2	各种规格的平衡块	
3	肥皂水	

二、项目考核注意事项

(1)学生应着工作服,操作过程应规范、标准、注意人身安全;

(2)操作应包括将车轮拆下;平衡检验、调整;充气检验;装回完整;

(3)考核时间为30分钟,考核时间到考生应停止操作;

(4)其他与考核无关的人员不得进入场地;

(5)考核完毕后学生应马上离开场地。

附件1:评分标准(老师用)

附件2:操作工单(学生用)

附件1：评分标准（老师用）

车轮动平衡的检验与调整评分标准

考核起止时间：＿＿＿＿＿＿＿＿＿＿　　　　选手签号：＿＿＿＿＿＿＿＿＿＿

监考员签字：＿＿＿＿＿＿＿＿＿＿

序号	评分项目	配分	评判标准	评分记录	扣分	得分
1	工具及设备的准备	5	未检查工具设备扣2分			
			工具准备错误扣2分			
			工具摆放不整齐扣1分			
2	车轮的拆卸	20	未先放松螺栓扣5分			
			未分次交叉均匀松螺栓扣3分			
			拆装动作不规范扣5分			
			工具使用错误一次扣2分			
			零件落地扣3分			
			零件未按顺序摆放扣2分			
3	车轮平衡检测及调整	35	顶起部位不正确扣5分			
			未对车轮清洁扣5分			
			尺寸测量、输入错误扣5分			
			操作不规范扣5分			
			轮毂安装不正确扣5分			
			平衡块安装位置不正确扣5分			
			不能车轮平衡与否扣5分			
4	车轮的检查及安装	25	不会使用气压表检查气压扣5分			
			不会使用充气机充气扣5分			
			车轮安装动作不规范扣5分			
			工具使用错误一次扣2分			
			零件落地扣3分			
			安装后运转有卡滞扣5分			
5	操作现场整洁	5	翻转架未恢复原状扣2分			
			工具没整理扣2分			
			操作现场没整理扣1分			
6	安全生产	10	因违规操作触电、火灾、人身和设备事故，本项目全程否定			
7	合计	100				

附件2：操作工单(学生用)

车轮动平衡的检验与调整操作工单

考核日期：＿＿＿＿＿＿＿＿＿＿　　选手签号：＿＿＿＿＿＿＿＿＿＿

车　型		车轮型号	
(一)准备工作			
		情况记录	
1.工具及仪器设备准备			
2.维修手册准备			
3.实训车辆			

(二)操作过程

车轮的拆装	拆装要领：
车轮平衡的检查及调整	a 为：＿＿＿＿＿＿＿＿＿＿＿＿＿＿＿＿＿＿＿ b 为：＿＿＿＿＿＿＿＿＿＿＿＿＿＿＿＿＿＿＿ d 为：＿＿＿＿＿＿＿＿＿＿＿＿＿＿＿＿＿＿＿ 平衡块为：＿＿＿＿＿＿＿＿＿＿＿＿＿＿＿＿
维修结论	

项目十　悬架构造与检修

减振器的拆装与调整

一、项目准备

1. 工位要求

（1）场地应明亮、卫生、整洁，设备仪器及实训车辆应准备到位；

（2）场地面积不小于 10 m²；周围无其他器械；

（3）实训车辆要停放到可靠位置，常用工具放在操作台上。

2. 工具仪器设备清单

序号	工具仪器设备名称	说明
1	工具车	配备常用工具
2	扭力扳手	
3	举升机	
4	维修手册	
5	专用拆装工具	
6	实训车辆	

3. 辅助材料清单

序号	工具仪器设备名称	说明
1	棉纱或抹布	
2	润滑油、润滑脂	

二、项目考核注意事项

（1）学生应着工作服，操作过程应规范、标准、注意人身安全；

（2）操作应包括汽车减震器的检查和拆装；

（3）考核时间为 30 分钟，考核时间到考生应停止操作；

（4）其他与考核无关的人员不得进入场地；

（5）考核完毕后学生应马上离开场地。

附件 1：评分标准（老师用）

附件 2：操作工单（学生用）

附件1：评分标准（老师用）

减振器的拆装与调整评分标准

考核起止时间：_____　　　　选手签号：_____

监考员签字：_____

序号	评分项目	配分	评判标准	评分记录	扣分	得分
1	工具及设备的准备	10	未检查工具设备扣5分			
			工具准备错误扣3分			
			工具摆放不整齐扣2分			
2	减振器的检查	30	不能判断减振器好坏的扣10分			
			未检查减振器漏油现象扣10分			
			未检查减振器连接是否松动扣10分			
3	减振器的拆装	45	拆装顺序错误扣10分			
			不能进行正确调整扣10分			
			零件摆放不整齐扣10分			
			拆装动作不规范扣5分			
			不会判断是否正常扣10分			
5	操作现场整洁	5	实训车辆或实训台未恢复原状扣2分			
			工具没整理扣2分			
			操作现场没整理扣1分			
6	安全生产	10	因违规操作触电、火灾、人身和设备事故，本项目全程否定			
7	合计	100				

附件2：操作工单（学生用）

减振器的拆装与调整操作工单

考核日期：_____ 　　选手签号：_____

车　型		减振器类型	
（一）准备工作			
		情况记录	
1. 工具及仪器设备准备			
2. 维修手册准备			
3. 检查调整检测车辆			
（二）操作过程			
减振器的拆装	操作要领：		
减振器的检查	减振效果：_____ 外壳是否漏油：_____		
维修结论			

项目十一 汽车转向系构造与检修

动力转向器的拆装与检查

一、项目准备

1. 工位要求

(1)场地应明亮、卫生、整洁，设备仪器及实训车辆应准备到位；

(2)实训车辆要停放到可靠位置，常用工具放在操作台上。

2. 工具仪器设备清单

序号	工具仪器设备名称	说明
1	工具车	配备常用工具
2	扭力扳手	
3	压力表	
4	维修手册	
5	专用拆装工具	
6	实训车辆	
7	各种动力转向器	
8	皮带张紧度测量仪	

3. 辅助材料清单

序号	工具仪器设备名称	说明
1	棉纱或抹布	
2	润滑油、润滑脂	
3	转向器油	
4	连接软管	
5	接油器皿	

二、项目考核注意事项

(1)学生应着工作服，操作过程应规范、标准、注意人身安全；

(2)操作应包括整体式动力转向器的全部拆装和检查；

(3)考核时间为30分钟，考核时间到考生应停止操作；

(4)其他与考核无关的人员不得进入场地；

(5)考核完毕后学生应马上离开场地。

附件1：评分标准(老师用)

附件2：操作工单(学生用)

附件1：评分标准（老师用）

动力转向器的拆装与检查评分标准

考核起止时间：_____　　　选手签号：_____

监考员签字：_____

序号	评分项目	配分	评判标准	评分记录	扣分	得分
1	工具及设备的准备	10	未检查工具设备扣5分			
			工具准备错误扣3分			
			工具摆放不整齐扣2分			
2	动力转向器的拆装	45	没有先放出转向器油扣5分			
			拆装顺序错误扣10分			
			拆装动作不规范扣5分			
			零件掉地一次扣3分			
			工具使用错误扣2分			
			没有按规定扭紧螺栓扣5分			
			零件摆放不整齐扣5分			
			装好后没能排出空气扣5分			
			没有按规定加入足量的转向器油扣5分			
3	动力转向器的检查	30	漏检一项扣5分			
			测量数据误差大扣5分			
			使用量具不正确扣5分			
			检测动作不规范扣5分			
			不会判断是否正常扣10分			
5	操作现场整洁	5	实训车辆或实训台未恢复原状扣2分			
			工具没整理扣2分			
			操作现场没整理扣1分			
6	安全生产	10	因违规操作触电、火灾、人身和设备事故，本项目全程否定			
7	合计	100				

附件2：操作工单(学生用)

动力转向器的拆装与检查操作工单

考核日期：＿＿＿＿＿＿＿＿＿＿＿＿＿　　选手签号：＿＿＿＿＿＿＿＿＿＿＿＿＿

车　型		转向器类型	
（一）准备工作			
		情况记录	
1.工具及仪器设备准备			
2.维修手册准备			
3.检查调整检测车辆			
（二）操作过程			
动力转向器 的拆装	操作要领：		
动力转向器 的检查	齿轮、齿条：＿＿＿＿＿＿＿＿＿＿＿＿＿＿＿＿＿＿＿＿＿ 轴承：＿＿＿＿＿＿＿＿＿＿＿＿＿＿＿＿＿＿＿＿＿＿＿＿ 系统压力：＿＿＿＿＿＿＿＿＿＿＿＿＿＿＿＿＿＿＿＿＿＿ 整体密封性：＿＿＿＿＿＿＿＿＿＿＿＿＿＿＿＿＿＿＿＿＿		
维修 结论			

项目十二　制动系检修

车轮制动器的拆装与检修

一、项目准备

1. 工位要求

(1)场地应明亮、卫生、整洁,设备仪器及工量具应准备到位;

(2)实训车辆固定可靠,所有工量具都存放于工具箱内。

2. 工具仪器设备清单

序号	工具仪器设备名称	说明
1	工具车	配备常用工具
2	举升机	
3	实验用车	
4	拆装专用工具	
5	典型车辆及典型制动器	
6	游标卡尺、千分尺、直尺、塞尺	
7	带磁座百分表	
8	手锤	

3. 辅助材料清单

序号	工具仪器设备名称	说明
1	润滑脂	
2	棉纱	
3	清洗液	
4	制动液	
5	胶管、容器	

二、项目考核注意事项

(1)学生应着工作服,操作过程应规范、标准、注意人身安全;

(2)将汽车制动器或实验台恢复成原样;

(3)考核时间为30分钟,考核时间到考生应停止操作;

(4)其他与考核无关的人员不得进入场地;

(5)考核完毕后学生应马上离开场地。

附件1：评分标准(老师用)

附件2：操作工单(学生用)

附件1：评分标准(老师用)

车轮制动器的拆装与检修的使用工单

考核起止时间：_____ 　　选手签号：_____

监考员签字：_____

序号	评分项目	配分	评判标准	评分记录	扣分	得分
1	工具及设备的准备	5	未检查工具设备扣2分			
			工具准备错误扣2分			
			工具摆放不整齐扣1分			
2	盘式制动器的拆卸	20	未先拆放油螺栓扣5分			
			未分次交替均匀松连杆螺栓扣3分			
			拆装动作不规范扣5分			
			工具使用错误一次扣2分			
			零件落地扣3分			
			零件未按顺序摆放扣2分			
3	盘式制动器的检测	30	使用量具不正确扣5分			
			检测动作不规范扣5分			
			少检测一项扣5分			
			没有进行零件外观检查扣5分			
			检测数据误差大于 ±0.02 mm 扣5分			
			不能判断零件好坏扣10分			
4	制动器的安装	30	零件安装对错标记或装反扣5分			
			没有涂抹机油或润滑脂扣5分			
			安装动作不规范扣5分			
			工具使用错误一次扣2分			
			零件落地扣3分			
			安装后没有调整项目的扣10分			
5	操作现场整洁	5	翻转架未恢复原状扣2分			
			工具没整理扣2分			
			操作现场没整理扣1分			
6	安全生产	10	因违规操作触电、火灾、人身和设备事故，本项目全程否定			
7	合计	100				

附件2：操作工单(学生用)

车轮制动器的拆装与检修的使用工单

考核日期：_____　　　选手签号：_____

车　型		制动器类型	

(一)准备工作

	情况记录
1. 工具及仪器设备准备	
2. 维修手册准备	
3. 实训车辆	

(二)操作过程

制动器的拆装	使用要领：
制动器的检测	制动盘厚度为：_____ 制动块厚度为：_____ 制动盘端面跳动度为：_____ 制动盘外观检查情况为：_____
维修结论	